Bettina Alavi / Gerhard Henke-Bockschatz (Hrsg.)

Migration und Fremdverstehen

Geschichtsunterricht und Geschichtskultur in der multiethnischen Gesellschaft

Schriften zur Geschichtsdidaktik
Band 16

Für die Konferenz für Geschichtsdidaktik
herausgegeben von
Uwe Uffelmann, Bernd Mütter,
Bernd Schönemann, Hartmut Voit

Bettina Alavi / Gerhard Henke-Bockschatz (Hrsg.)

Migration und Fremdverstehen

Geschichtsunterricht und Geschichtskultur in der multiethnischen Gesellschaft

Schulz-Kirchner Verlag

Idstein 2004

Bibliografische Information Der Deutschen Bibliothek
Die Deutsche Bibliothek verzeichnet diese Publikation in der Deutschen Nationalbibliografie; detaillierte bibliografische Daten sind im Internet über http://dnb.ddb.de abrufbar.

1. Auflage 2004
ISBN 3-8248-0375-5

Druck und Bindung: Rosch-Buch, Scheßlitz
Printed in Germany

Inhaltsverzeichnis

Sektion 2 – Geschichtskultur

Workshop: Geschichtsunterricht

Workshop: Empirie – Probleme

Workshop: Alternative Zugriffe auf das Tagungsthema

Arbeitskreis Hochschullehrernachwuchs

Vorwort

Die „Konferenz für Geschichtsdidaktik“ pflegt in einem Zweijahresrhythmus ihre Verbandstagungen abzuhalten und die Ergebnisse anschließend zu publizieren. Der vorliegende Band dokumentiert die Beiträge der Tagung, die vom 1. bis 3. Oktober 2003 an der Pädagogischen Hochschule in Freiburg i. Br. stattfand. Thema der Veranstaltung war „Migration und Fremdverstehen. Geschichtsunterricht und Geschichtskultur in der multiethnischen Gesellschaft“. Die Wahl und die Auffächerung des Themas signalisierten, dass „Migration“ nicht nur als ein Phänomen begriffen werden sollte, das im Rahmen einer globalisierten und internationalisierten Gesellschaft aktuell danach drängt, zum Gegenstand historischen Lernens gemacht zu werden. Migration sollte vielmehr darüber hinaus als ein Grundtatbestand menschlichen Lebens in Vergangenheit, Gegenwart und Zukunft verstanden und in dieser Form in die Planung nicht nur einzelner Unterrichtsstunden und Ausstellungen, sondern übergreifender Lehrpläne, Curricula, Museumskonzeptionen etc. einbezogen werden.

Der Band spiegelt in seinem Aufbau weitgehend den Tagungsablauf wider. Traditionell stand am Anfang der Tagung ein Überblick über den aktuellen Stand der Wissenschaftsdisziplin Geschichtsdidaktik. Hieran schloss sich eine einführende Plenumsveranstaltung an, in der das Thema „Migration und Fremdverstehen“ einerseits aus geschichtsdidaktischer Perspektive, andererseits aus den Perspektiven ausgewählter Nachbardisziplinen - Soziologie, Politologie, Ethnologie und Cultural Studies - betrachtet wurde. Am Vormittag des nächsten Tages folgten zwei parallele Sektionen, in denen danach gefragt wurde, wie das Phänomen „Migration“ auf den schulischen Geschichtsunterricht und auf die Schülerinnen und Schüler zu beziehen ist und wie mit „Migration“ in außerschulischen Bereichen der Geschichtskultur umgegangen wird. Der Nachmittag des zweiten Tages war der Mitgliederversammlung der Konferenz für Geschichtsdidaktik sowie den Vorträgen im Rahmen des Arbeitskreises Hochschullehrernachwuchs vorbehalten. Am Vormittag des letzten Tages wurden Workshops angeboten, in denen den Teilnehmerinnen und Teilnehmern Gelegenheit gegeben wurde, sich mit ausgewählten Aspekten des Tagungsthemas aktiv auseinander zu setzen. Am Ende der Tagung stand ein resümierendes Fazit im Plenum.

Die Herausgeber danken den Kolleginnen und Kollegen, die sich an der Vorbereitung und Durchführung der Tagung beteiligt haben. Unser besonderer Dank gilt Herrn Prof. Dr. Gerhard Schneider und Herrn Prof. Dr. Waldemar Grosch, die die Tagung in Freiburg mit großem persönlichen Engagement organisatorisch vorbereitet haben, sowie Herrn Prof. Wolfgang Hug, der die Teilnehmer im Rahmen des Begleitprogramms mit der Stadt Freiburg und ihrem Geist vertraut machte. Zu danken ist schließlich auch Frau Ines Baumgarten für die redaktionelle Betreuung des Manuskriptes und dem Schulz-Kirchner Verlag, der die Herstellung dieses Tagungsbandes und der folgenden Bände der „Schriften zur Geschichtsdidaktik“

übernommen hat. Für einige Beiträge dieses Bandes ist aufgrund des Wunsches der Autorinnen bzw. Autoren die alte Rechtschreibung beibehalten worden.

Heidelberg und Frankfurt am Main im Sommer 2004

Bettina Alavi Gerhard Henke-Bockschatz

Grußwort

Meine sehr verehrten Damen und Herren, lieber Herr Schönemann

Ich freue mich, dass ich heute bei Ihnen sein kann und darf Ihnen die herzlichsten Grüße des Verbandes der Geschichtslehrer Deutschlands überbringen, verbunden mit den besten Wünschen für ein gutes Gelingen Ihrer Veranstaltung!

Die Tatsache, dass Sie den Verband der Geschichtslehrer eingeladen haben und dass ich ein Grußwort zu Ihnen sprechen kann, drückt eine Verbundenheit aus, die von unserem gemeinsamen Anliegen herrührt. Dieses Bekenntnis zur gleichen Zielsetzung begrüße ich sehr, ist doch das Bewusstsein, an der gleichen Sache zu arbeiten, in den letzten 15 Jahren nicht vorhanden gewesen, zumindest was die Zusammenarbeit der beiden Verbandsspitzen betrifft. Vielleicht gelingt es uns sogar in der Zukunft, mit Hilfe enger Kooperation ein neues Profil sowohl wissenschaftlicher als auch an der Praxis orientierter Geschichtsdidaktik zu schaffen, ein Unterfangen, das uns angesichts der von der Öffentlichkeit zunehmend deutlicher eingeforderten Nachweise "gesellschaftlichen Nutzens" durchaus sinnvoll erscheint. Aufgaben haben wir genug: Die Neuordnung der Ausbildungsgänge etwa fordert unsere höchste Aufmerksamkeit dahin gehend, dass bei aller begrüßenswerten Praxisnähe die fachspezifische Ausbildung in den wesentlichen Grundzügen gesichert wird und erhalten bleibt. Dabei werden sowohl an die Bildungsministerien als auch an die Fachdisziplin Forderungen zu richten sein. Besonders brennt gegenwärtig das Problem der sog. Standards auf den Nägeln, die als eine Antwort auf die PISA-Studie dem Vernehmen nach noch in diesem Herbst für das Fach Geschichte in Auftrag gehen sollen. Wir müssen hier eigene Vorstellungen, wenigstens zu den Mindestanforderungen, formulieren, - sonst tun es andere. Das Beispiel der vor wenigen Tagen für Baden-Württemberg erschienenen Standards mag hier warnendes Beispiel sein. Wir werden uns bei diesen Vorschlägen nicht auf allgemeine Kategorien zurückziehen können, sondern auch Inhaltsaussagen machen müssen. Wir werden nicht umhin können, ausgetretene Pfade zu verlassen und z. B. eine Öffnung, etwa in Richtung einer längst überfälligen Berücksichtigung weltgeschichtlicher Perspektiven und Dimensionen, vorzunehmen haben - ein Vorgang, bei dem uns die Lebenswirklichkeit schon fast überholt hat. Auch Dogmen werden auf den Prüfstand zu stellen sein, etwa dass das dominierende Orientierungsraster die Chronologie zu sein habe oder dass immer die ganze Geschichte erfasst werden müsste. Unsere Mainzer Tagung im Dezember, an der tragend Mitglieder aus Ihren Reihen mitwirken, wird sich bemühen, hier einige positive Antworten zu geben.

Wichtig scheint mir auch - um noch ein Drittes zu nennen -, dass wir uns neben der Orientierung an fachimmanenten Kriterien auch um die gesellschaftlichen Entwicklungen kümmern und die daraus folgenden Bedürfnisse zur Kenntnis nehmen, ebenso wie das Wahrnehmungs-, Rezeptions- und Lernverhalten der Schüler, die heute vor uns sitzen.

Nun wünsche ich Ihrer Veranstaltung, die sich eines im besten Sinne aktuellen Themas annimmt, viel Erfolg und gute Ergebnisse!

Peter Lautzas

Bundesvorsitzender des Verbandes der Geschichtslehrer Deutschlands e. V.

Zum Stand der Disziplin

Bernd Schönemann

Liebe Kolleginnen und Kollegen, meine sehr verehrten Damen und Herren,

die Existenz von Wissenschaftsdisziplinen und das Leben von Gelehrten, die sie maßgeblich prägen, stehen am Ende doch in einem Verhältnis der Ungleichzeitigkeit. Wir haben dies in den zurückliegenden Monaten abermals auf schmerzliche Weise erfahren müssen: Am 18. November 2002 verstarb unser Gießener Kollege Prof. Dr. Klaus Bergmann wenige Monate vor Vollendung seines 65. Lebensjahres, und am 06. Mai 2003 ist unser Weingartener Kollege Prof. Dr. Karl Pellens im Alter von 69 Jahren gestorben.

Beide haben die neuere Geschichtsdidaktik auf je spezifische Weise so nachhaltig beeinflußt, daß der durch ihren Tod eingetretene, fachliche wie menschliche Verlust noch lange spürbar bleiben wird.

Natürlich möchte auch ich Sie ganz herzlich zu unserer Zweijahrestagung "Migration und Fremdverstehen" begrüßen und mich im Namen des gesamten Vorstands für Ihr Interesse bedanken, das Sie mit Ihrer Teilnahme bekunden. Migrationen werden bekanntlich durch ein komplexes Gemisch aus Push- und Pull-Faktoren verursacht, und ich bin mir einigermaßen sicher, daß Ihre Anwesenheit sich migrationstheoretisch vornehmlich durch Pull-Faktoren erklären läßt. An erster Stelle nenne ich das *Problem*, für das wir bekanntlich schon vor über 20 Jahren von Rolf Schörken sensibilisiert worden sind.[1] Bettina Alavi hat es angesichts der offenkundig gewordenen migrationsbedingten Veränderungen unserer Gesellschaft 1998 eindrucksvoll reformuliert,[2] und auch der jetzt so genannte Geschichtswettbewerb des Bundespräsidenten hat sich des Problems bereits zweimal angenommen, 1988/89 unter dem Stichwort "Unser Ort - Heimat für Fremde?"[3] und jüngst wieder unter dem Thema "Weggehen - Ankommen. Migration in der Geschichte."[4] Unsere Tagung soll

---

1 Vgl. Rolf Schörken: Geschichtsunterricht in einer kleiner werdenden Welt. Prolegomena zu einer Didaktik des Fremdverstehens. In: Hans Süssmuth (Hrsg.): Geschichtsdidaktische Positionen. Bestandsaufnahme und Neuorientierung. Paderborn u. a. 1980, S. 315-335.

2 Vgl. Bettina Alavi: Geschichtsunterricht in der multiethnischen Gesellschaft. Eine fachdidaktische Studie zur Modifikation des Geschichtsunterrichts aufgrund migrationsbedingter Veränderungen (Interdisziplinäre Studien zum Verhältnis von Migrationen, Ethnizität und gesellschaftlicher Multikulturalität, Bd. 9). Frankfurt a.M. 1998.

3 Vgl. Spuren Suchen 2 (1988) [Ausschreibungsheft] u. 3 (1989) [Ergebnisheft].

4 Vgl. Spuren Suchen 16 (2002) [Ausschreibungsheft] u. 17 (2003) [Ergebnisheft].

diese Diskussion auf dreifache Weise fortführen und ausweiten, nämlich interdisziplinär, unterrichtspraktisch und geschichtskulturell.

Der zweite Pull-Faktor, den ich anführen möchte, wirkt vielleicht weniger offensichtlich, aber ich möchte ihn dennoch gerade aus disziplinpolitischen Gründen nicht unerwähnt lassen: Es ist der *Ereignischarakter* unserer Zweijahrestagungen, der die Binnenkohäsion der Geschichtsdidaktik und ihr Selbstbewußtsein stärkt. Großveranstaltungen wie die Historikertage oder Kongresse der Gesellschaft für Fachdidaktik können unsere regelmäßigen Treffen daher immer nur ergänzen, aber nicht ersetzen.

Der dritte und letzte Pull-Faktor ist offenkundig der *Ort*, das schöne Freiburg im Breisgau. Tagungshistorisch gesehen und in der Diktion der Veranstalter formuliert, haben wir damit einen weiten Weg von "Hessisch-Sibirien" in die "Toskana Deutschlands" zurückgelegt, und ich bin sicher, daß selbst hartgesottene Nordlichter spätestens dann von der Leichtigkeit des Südens erfaßt werden, wenn sich im Rahmen des geselligen Beisammenseins die Gelegenheit bietet, unter kundiger Führung durch unseren Freiburger Kollegen Wolfgang Hug den "Badischen Humor" etwas näher kennenzulernen.

Ohne tatkräftige Unterstützung und umsichtige Organisation "vor Ort" wären Tagungen wie diese undenkbar. Deshalb gilt mein Dank zuvörderst der Pädagogischen Hochschule Freiburg und ihrem Rektor, Herrn Prof. Dr. Wolfgang Schwark - dafür, daß er Zeit für ein Grußwort gefunden, uns die Räume der Hochschule unentgeltlich zur Verfügung gestellt und Mittel freigegeben hat, die unter anderem die Einrichtung eines Tagungsbüros ermöglichten. Sodann stehen wir bei unseren Freiburger Kollegen Waldemar Grosch und Gerhard Schneider in der Schuld, auf deren Schultern die Hauptlast der Organisation lag und liegt. Sie werden vermutlich erst aufatmen, wenn die Tagung abgeschlossen ist, genauso wie Frau Andrea Quisinsky, die sie als studentische Hilfskraft unterstützt – aber so lange möchte ich mit meinem Dank nicht warten.

Last but not least bin ich dem Vorsitzenden des Verbandes der Geschichtslehrer Deutschlands, Herrn Dr. Peter Lautzas, sehr dafür verbunden, daß er meiner Bitte um ein Grußwort zur Eröffnung dieser Tagung entsprochen hat. Damit wird einmal mehr deutlich, daß die lange "Funkstille" zwischen unseren Verbandsspitzen beendet ist und wir in eine neue Phase der Kooperation eintreten, weil wir davon überzeugt sind, daß wir auf wichtigen Feldern - ich nenne nur die Lehrerbildung und die Richtlinien- und Lehrplanrevision - durch gemeinsame Arbeit mehr erreichen als durch getrenntes Agieren. Um Mißverständnissen vorzubeugen: Echtes Interesse am historischen Lehren und Lernen respektiert erfreulicherweise keine Verbandsgrenzen, und deshalb hat es in den zurückliegenden Jahren natürlich eine Vielzahl gemeinsamer Projekte, Tagungen und Publikationen gegeben, an denen Kolleginnen und Kollegen aus der Schulpraxis *ebenso* beteiligt waren wie Verteterinnen und Vertreter der Geschichtsdidaktik an den Hochschulen und Universitäten. "Gehakt" hat es eigentlich *erst* dann und *nur* dann, wenn die Verbände als Ganzheiten ins Spiel kamen, wenn die Ebene der Strategieentwicklung, der programmatischen Profilierung und der praktischen Politik betreten wurde, und eben *damit* soll es jetzt ein Ende haben. Ziel der neuen Kooperation - dessen sind sich alle Beteiligten bewußt - ist nicht etwa eine Harmonie um jeden Preis, die vorhandene Interessenunterschiede und Bewertungsdivergenzen einfach zuschüttet. Vielmehr geht es schlicht darum, Gemeinsamkeiten *und* Unterschiede überhaupt erst einmal auszuloten, sie fair und offen zu diskutieren und *dann* zu entscheiden, was gemeinsam unternommen werden kann.

Der Problemdruck, unter dem das Lehren und Lernen von Geschichte in der Schule steht, nimmt derzeit erkennbar zu. In meinem letzten Bericht vor zwei Jahren habe ich mich bereits ausführlich mit der Problematik der *gestuften Lehrerausbildung* - Stichwort BA/MA - befaßt.[5] Ich will das hier nicht im einzelnen wiederholen, aber doch darauf hinweisen, daß die Gefahr einer Deprofessionalisierung nach wie vor virulent ist. Wenn die vorgestern erschienene Frankfurter Allgemeine korrekt berichtet,[6] dann soll der Vorbereitungsdienst der Referendare in Schleswig-Holstein künftig nur noch an speziellen Ausbildungsschulen unter der Obhut von Mentoren stattfinden. Den Seminaren des Instituts für Praxis und Theorie der Schule (IPTS) und den bewährten Studienleitern ergeht es wie dem sprichwörtlichen Mohren - sie haben ihre Schuldigkeit getan und können gehen, und begründet wird dies seitens des Ministeriums mit den Erfordernissen der gestuften Lehrerausbildung und dem Ziel einer Steigerung der Qualität und Professionalität!

Ebenso problematisch erscheint mir derzeit eine Entwicklung, die mit den Stichworten "Bildungsstandards" und "Kerncurriula" verknüpft werden kann. Hilke Günther-Arndt hat kürzlich mit Recht darauf hingewiesen, daß sich im Gefolge der PISA-Studien, in denen das Unterrichtsfach Geschichte überhaupt nicht vorkommt, gleichwohl der "Legitimationszwang" für dieses Fach und auch für die Geschichtsdidaktik als Unterrichtsfachdidaktik verstärken könnte.[7] Die derzeit in Baden-Württemberg eingeleitete "Bildungsplanreform" nimmt beispielsweise für sich in Anspruch, einen "Paradigmenwechsel" zu vollziehen. Auf der entsprechenden Internetseite heißt es wörtlich: "Mit der Formulierung von Bildungsstandards, die ein Kerncurriculum enthalten, und dem Auftrag an die Schulen ihr eigenes Schulcurriculum zu gestalten, ist ein Paradigmenwechsel in der Steuerung des Bildungswesens verbunden. Steuerung erfolgt nicht mehr primär über detaillierte Vorgaben, sondern über die Evaluation von Unterrichtsergebnissen, die an den Bildungsstandards orientiert sind. Von einer input-orientierten wird damit zu einer

5 Vgl. Bernd Schönemann: Zum Stand der Disziplin. In: Bernd Schönemann/Hartmut Voit (Hrsg.): Von der Einschulung bis zum Abitur. Prinzipien und Praxis des historischen Lernens in den Schulstufen (Schriften zur Geschichtsdidaktik, Bd. 14). Idstein 2002, S. 13-18, hier S. 16.

6 Vgl. Heike Schmoll: Ausbildung nur noch an der Schule. Schleswig-Holstein reformiert die zweite Phase des Lehramtsstudiums. In: Frankfurter Allgemeine Zeitung vom 29.09.2003, S. 10.

7 Vgl. Hilke Günther-Arndt: PISA und der Geschichtsunterricht. In: Hilke Günther-Arndt (Hrsg.): Geschichts-Didaktik. Praxishandbuch für die Sekundarstufe I und II. Berlin 2003, S. 254-264, hier: S. 254.

output-orientierten Steuerung übergegangen, die sich auf die Ergebnisse bezieht."[8] Dies ist beileibe keine bloße Absichtserklärung, denn ein Teil der neuen "Bildungspläne mit Bildungsstandards" liegt bereits vor und soll mit Beginn des Schuljahres 2004/2005 verbindlich eingeführt werden.[9] Angesichts dieser Situation hilft uns auch ein Hartmut von Hentig nicht weiter, der Bildung zuallererst und im Kern als einen reflexiven Prozeß des Sich-Bildens begreift, welcher "nicht durch bestimmte Gegenstände oder Stoffe, nicht durch den Schwierigkeitsgrad (...) der Lernaufgaben (...) und (...) auch nicht durch die (...) gesetzten Ziele auszumachen ist", also nicht exakt gemessen, sondern nur mit Hilfe bestimmter, bewußt weit und "unpraktisch" gehaltener Maßstäbe im Verstande regulativer Ideen von außen erkannt werden kann.[10] Auch wer diese bildungstheoretische Konzeption - die im übrigen eine gewisse Affinität zu unserer Kategorie des Geschichtsbewußtseins aufweist -, teilt, wird nicht die Augen vor der Tatsache verschließen können, daß die Stunde derjenigen angebrochen ist, die Bildung vornehmlich unter dem Blickwinkel der Effizienz- und Qualitätssteigerung begreifen und sie deshalb standardisieren, ja ökonomisieren wollen. Auch für die Geschichtsdidaktik stellt sich längst nicht mehr die Frage, ob wir diese Entwicklung gutheißen oder ablehnen, sie *findet bereits statt*, und wir stehen lediglich vor der Entscheidung, ob wir uns an ihr beteiligen wollen oder nicht, und vor allem, wenn ja, *wie* wir dies tun werden. Mindestens zwei Strategien sind denkbar. Die *defensive oder ex-post-Strategie* bestünde darin, aus der analytischen Distanz heraus zu agieren und in süffisanter Genüßlichkeit die systematischen Schwachstellen der neuen Vergleichsstudien und Bildungspläne aufzudecken, also beispielsweise den fehlenden Lernentwicklungsbezug in den bisherigen, allein aus der Sachstruktur der Disziplinen abgeleiteten Kompetenzstufenmodellen - ein Mangel, der im Ergebnis dazu führt, daß Kompetenz gestuft wird, *bevor* man den Verlauf ihres Erwerbs überhaupt kennt.[11] In ähnlicher Absicht könnte man auch unter der Devise "alter Wein in neuen Schläuchen" darauf verweisen, daß die bislang vorliegenden baden-württembergischen Bildungsstandards für Geschichte den alten Lehrplänen erstaunlich ähneln und überdies hinsichtlich der angestrebten "Niveaukonkretisierungen" offenkundig noch in den Kinderschuhen stecken.

Aber was wäre damit gewonnen? Meine Befürchtung läuft darauf hinaus, daß bloße, von der Geschichtsdidaktik aufgestellte Mängellisten einen Bumerang-Effekt entfalten, also in Form einer Infragestellung ihrer eigenen *Antwortfähigkeit* auf sie zurückfallen könnten. Wenn es richtig ist, daß Bildungsstandards und Kerncurricula den Legitimationsdruck auf unsere Disziplin erhöhen, weil sie ihre Antwortfähigkeit in Frage stellen, dann bleibt uns nur die zweite *Strategie der entschlossenen Offensive*. Wer für diese Strategie hier und jetzt ein schlüssiges Gesamtkonzept

---

8 http://www.leu.bw.schule.de/allg/lehrplan/faq.htm [S. 2/9, gelesen am 25.09.2003].

9 Vgl. ebd., S. 7/9.

10 Vgl. Hartmut von Hentig: Bildung. Ein Essay. Darmstadt 1997, S. 39, 73, 75 u. 99.

11 Vgl. Günther-Arndt (Anm. 7), S. 262.

erwartet, den muß ich leider enttäuschen. Gleichwohl will ich mich nicht aus der Affäre ziehen, sondern drei vorläufige, gewiß ergänzungs-, vielleicht auch korrekturbedürftige Vorschläge unterbreiten. Mein erster Vorschlag lautet: *verstärkte Bereitschaft zum service on demand.* Als Beispiel dafür nenne ich eine vor kurzem unter Federführung von Bodo von Borries verfaßte, von der KMK in Auftrag gegebene Expertise für ein Kerncurruculum Geschichte in der gymnasialen Oberstufe, die ebenso vorsichtig wie differenziert einen didaktisch verantwortbaren Bedingungsrahmen entfaltet, innerhalb dessen ein solches Kerncurriculum realisiert werden könnte - ein erster Schritt nur, gewiß, darüber hinaus mühselig und zeitraubend, aber doch ein Schritt in die richtige Richtung, weil er die Antwortfähigkeit unserer Disziplin dokumentiert.

Allerdings darf es damit nicht sein Bewenden haben. Deshalb plädiere ich, einen Vorschlag Dietmar von Reekens aufgreifend, für die *Erstellung eines anlaßunabhängigen Curriculumkonzepts für das Fach Geschichte*, das die schon existierenden Reformvorschläge konsensfähig bündelt und an alle 16 Kultusministerien und andere wichtige Institutionen der Bildungsadministration weitergeleitet werden kann - ähnlich dem "Perspektivrahmen Sachunterricht", den die Gesellschaft für Didaktik des Sachunterrichts kürzlich vorgelegt hat.[12] Wie auch immer man diesen "Perspektivrahmen" im Detail beurteilen mag, er widerlegt den Einwand, daß ein solches Unternehmen von vornherein zum Scheitern verurteilt sei und die Fachdidaktiken sich mit ihrer relativen Einflußlosigkeit auf dem Felde der Lehrplan- und Richtlinienkonstruktion wohl oder übel abfinden müßten.

Drittens brauchen wir vor allem *weitere empirische Forschungen zur Lernprogression und zum Kompentenzerwerb*, denn nur sie können wirkungsvoll sicherstellen, daß die Dominanz der Sachstrukturen über die Lernerstrukturen gebrochen, das Niveau der geforderten Leistungen realistischer und die Praxis historischen Lehrens und Lernens in der Schule davor bewahrt wird, als dauerhaft defizitäre Veranstaltung zu erscheinen.

Viele von Ihnen, und damit komme ich zu einem weiteren Punkt, werden sich vielleicht darüber gewundert haben, daß das ursprünglich anvisierte *Thema "Europa"* nicht zum Gegenstand dieser Zweijahrestagung geworden ist. Aus meiner persönlichen Neigung für dieses Thema habe ich nie einen Hehl gemacht, aber zahlreiche und durchaus auch gewichtige, innerhalb des Vorstands geäußerte und von außen an ihn herangetragene Einwände führten dazu, es für Freiburg zu aufzugeben, um unser Treffen nicht von vorherein mit übergroßen Akzeptanzvorbehalten zu belasten. Gleichwohl bin ich der festen Überzeugung, daß wir auf Dauer nicht umhinkommen, uns dieses Problems anzunehmen. Wenn der renommierte Verfassungshistoriker und ehemalige Richter am Bundesverfassungsgericht Ernst-Wolfgang Böckenförde feststellt, daß Europa als Wertegemeinschaft oder "gar" das Christentum als "Grundlagen europäischer Solidarität" nicht mehr viel taugten, wenn

12 Vgl. Gesellschaft für Didaktik des Sachunterrichts (GDSU): Perspektivrahmen Sachunterricht. Bad Heilbrunn 2002.

er deshalb die Einführung einer "Geschichte Europas als eigenes Unterrichtsfach" fordert und diesem als Aufgabe die "Entwicklung und Förderung eines Nation-Bewußtseins der Europäer" zuschreibt, wenn er sich schließlich dazu versteigt, die schulische und militärische "Ausbildung des Nationalbewußtseins in Frankreich und Deutschland" als erfolgreiche historische Vorbilder hinzustellen[13], dann ist das vielleicht ein extremes, aber doch bezeichnendes Beispiel für die von außen an den Geschichtsunterricht und die Geschichtsdidaktik herangetragenen Erwartungen, in diesem Fall auch für naiv-identifikatorische und gesinnungsunterrichtliche Zumutungen. Aber solche Erwartungen und Zumutungen sind *existent*, und ich weiß nicht, wie lange es sich die Geschichtsdidaktik angesichts der real ablaufenden Prozesse der Vertiefung und Erweiterung der EU noch leisten kann, dieses Thema mit spitzen Fingern anzufassen.

Nach diesen allgemeinen Beobachtungen nun zu einigen Spezifika der Disziplinentwicklung und der Konferenz für Geschichtsdidaktik. Zunächst freue ich mich darüber, daß wir unseren Mitgliedern rechtzeitig zu Beginn der Tagung den druckfrischen zweiten Jahresband der "Zeitschrift für Geschichtsdidaktik" überreichen können. Überhaupt ist die Zunft momentan außerordentlich produktiv: Die Anzahl der *Publikationen* in Form von Monographien, Buchbeiträgen und Zeitschriftenaufsätzen nimmt weiterhin zu, und deshalb verstetigt sich der positive Eindruck einer konzentriert arbeitenden Forschungsdisziplin - einer Forschungsdisziplin freilich, die sich mitten im personellen Umbruch befindet. Entgegen manchen Befürchtungen ist die Stellensituation an den Hochschulen momentan so offen wie seit den 70er Jahren nicht mehr, und die Chancen für unseren Nachwuchs stehen damit ohne Zweifel günstiger als für die jüngeren Leute in allen anderen historischen Teilfächern.[14] Deshalb nutze ich zunächst auch die Gelegenheit, den in den letzten Wochen neuberufenen Kollegen Waldemar Grosch (Weingarten), Alfons Kenkmann (Leipzig) und Manfred Seidenfuß (Heidelberg) ganz herzlich zu gratulieren. Außerdem darf ich Saskia Handro meine Glückwünsche anläßlich der bevorstehenden Ernennung zur Juniorprofessorin für Geschichtsdidaktik an der Ruhr-Universität Bochum aussprechen. *Gleichwohl*, und damit wendet sich meine Argumentation schon wieder ins Konzessive, haben die erfolgreich abgeschlossenen wie die noch laufenden Berufungsverfahren gezeigt, wie dünn unsere Personaldecke mittlerweile geworden ist. Besondere Sorge bereitet mir dabei die Tatsache, daß Quereinsteiger ohne überzeugende Forschungsleistungen auf genuin geschichtsdidaktischen Feldern zunehmend größere Chancen bekommen, auf genuin

13 Vgl. Ernst-Wolfgang Böckenförde: Grundlagen europäischer Solidarität. In: Frankfurter Allgemeine Zeitung vom 20.06.2003, S. 8.

14 Vgl. Hans-Joachim Lincke/Sylvia Paletschek: Die Situation des wissenschaftlichen Nachwuchses im Fach Geschichte: Berufsaussichten und Karrierestadien von Historikern und Historikerinnen an deutschen Universitäten. Ergebnisse einer Erhebung im Jahr 2002. In: Arbeitsgemeinschaft außeruniversitärer historischer Forschungseinrichtungen der Bundesrepublik Deutschland (Hrsg.): Jahrbuch der historischen Forschung in der Bundesrepublik Deutschland. Berichtsjahr 2002. München 2003, S. 45-56, hier S. 46.

geschichtsdidaktische Professuren berufen zu werden. Deshalb plädiere ich für eine erhöhte Aufmerksamkeit, nicht nur bei Stellenausschreibungen, die immer die Vertretung des Faches in der ganzen Breite der Forschung und Lehre fordern sollten, sondern auch bei der vergleichenden Begutachtung der in die engste Wahl genommenen Bewerberinnen und Bewerber. Das sei nicht als Plädoyer für eine strikte Abschottung der Disziplin mißverstanden, wohl aber als Erinnerung daran, daß der Professionalisierungsgrad einer Wissenschaft sich auch danach bemißt, wie sie es mit der *Konvertierbarkeit* domänen*un*spezifischer Qualifikationen hält. Darüber hinaus müssen wir weiterhin unser Augenmerk auf die eigene Nachwuchsarbeit richten, die mit "Bommerholz II", genauer: der Anfang August dieses Jahres in Witten-Bommerholz abgehaltenen II. Nachwuchstagung der KGD zum Thema "Geschichtsunterricht auf dem Prüfstand. Eine Bestandsaufnahme zur Lehrplandebatte" auf weiterhin hohem Niveau verstetigt werden konnte, weshalb wir uns abermals dazu entschlossen haben, die Ergebnisse zu publizieren.

Gestatten Sie mir noch einige Bemerkungen zu den Arbeitskreisen und den Arbeitsgruppen auf Länderebene. Zu meinem Bedauern hat der Münsteraner Kollege Franz-Josef Jakobi mitgeteilt, daß er die Fortsetzung der Bemühungen um die Etablierung eines Arbeitskreises Archivdidaktik im Rahmen der KGD nicht mehr für sinnvoll hält. Er verweist in diesem Zusammenhang auf den Arbeitskreis Archivpädagogik und Historische Bildungsarbeit im Verband deutscher Archivarinnen und Archivare, seine mittlerweile annähernd 100 Mitglieder und sein weites Spektrum an Aktivitäten, das von regelmäßigen Regionaltagungen über eine Dauersektion auf dem jährlich stattfindenden Deutschen Archivtag bis hin zu internationalen Tagungen auf europäischer Ebene reicht. Seine Empfehlung lautet daher: Wir sollten künftig mit diesem Arbeitskreis kooperieren. Ich nehme dies zunächst zum Anlaß, dem Kollegen Jakobi für sein jahrelanges Engagement in der Leitung des Arbeitskreises "Archivdidaktik" in aller Form zu danken. Sodann will ich gern konzedieren, daß die KGD diesem Arbeitskreis aus finanziellen und inhaltlichen Gründen zweifellos nicht die Entfaltungsmöglichkeiten bieten kann, die anderswo offenkundig bestehen. Schließlich halte ich den Vorschlag einer Kooperation mit dem Arbeitskreis des VdA für durchaus vielversprechend, weniger hingegen die Konsequenz, deshalb unseren eigenen Arbeitskreis aufzugeben. Mindestens zwei Gründe sprechen dagegen: erstens die Tatsache, daß eine Kooperation mit dem VdA nur dann aussichtsreich sein kann, wenn auf unserer Seite weiterhin ein Ansprechpartner zur Verfügung steht, und zweitens die Überlegung, daß wir aus fachsystematischen wie fachpolitischen Gründen nicht zulassen sollten, daß die KGD dieses wichtige geschichtsdidaktische Arbeitsfeld brachliegen läßt. Deshalb appelliere ich nachdrücklich an unsere Mitglieder, den Arbeitskreis "Archivdidaktik" aufrechtzuerhalten und weiterzuentwickeln.

Was die Arbeitsgruppen auf Länderebene betrifft, so hat es nach meiner Beobachtung, zurückhaltend formuliert, schon immer ein gewisses Organisations-, Aktivitäts- und Publikationsgefälle innerhalb der KGD gegeben. Sie werden es mir nachsehen, wenn ich nicht in die Details gehe. Dennoch möchte ich gerade angesichts der beschriebenen Situation des personellen Umbruchs sowohl die schon länger amtierenden wie auch die neuberufenen Kolleginnen und Kollegen dazu ermuntern, die Situation in ihren Ländern bzw. Länderverbünden zu überprüfen, die Kooperationsstrukturen aufzurüsten, wo dies notwendig erscheint, und nicht ganz zu vergessen, daß es einen Vorstand gibt, der sich für die Entwicklungen in den Ländern nicht nur interessiert, sondern auch auf entsprechende Informationen angewiesen ist.

Soweit mein Bericht, den ich nicht beenden möchte, ohne uns allen eine anregende und inhaltlich ertragreiche Tagung gewünscht zu haben.

Einführung – Migration interdisziplinär

Migration und Fremdverstehen – eine geschichtsdidaktische Einführung

Bettina Alavi

„Migration und Fremdverstehen“ ist ein Themenfeld, das von vielen verschiedenen Disziplinen erforscht wird und nur interdisziplinär fassbar erscheint. Klaus Bade, der Doyen der historischen Migrationsforschung in Deutschland, fasst den interdisziplinären Charakter der Migrationsforschung so zusammen: „Weil Migration in der Geschichte, aber auch in der Gegenwart, nachgerade alle Lebensbereiche durchdringt, braucht Migrationsforschung grundsätzlich inter- und (trans-) disziplinäre Forschungsansätze.“[1]

Interdisziplinär[2] bedeutet zunächst, dass die jeweiligen Disziplinen wie Soziologie, Ethnologie, Politikwissenschaften, Cultural Studies, Geschichte, Erziehungswissenschaften und die Fachdidaktiken (um nur einige an der Migrationsforschung beteiligte zu nennen) ihre spezifischen Fragestellungen, Perspektiven, Herangehensweisen und methodischen Instrumentarien an das Phänomen der Migration herantragen. Sie erforschen Teilbereiche und kommen zu Ergebnissen. Diese Fragestellungen, Blickrichtungen und Forschungsergebnisse der einzelnen Disziplinen können sich in der interdisziplinaren, d. h. Fächergrenzen überschreitenden Diskussion mehrerer Disziplinen gegenseitig anregen, die Perspektiven differenzieren und neue Fragestellungen und Einsichten hervorbringen, die nur im Zusammenspiel der Disziplinen möglich sind. Nicht umsonst ist die Migrationsforschung in der Bundesrepublik auch interdisziplinär institutionalisiert, beispielsweise im 1991 gegründeten Institut für Migrationsforschung und Interkulturelle Studien (IMIS) an der Universität Osnabrück oder im noch nicht so

---

1 Klaus J. Bade: Historische Migrationsforschung. In: IMIS-Beiträge. H. 20/2002, S.21-44 (Internetveröffentlichung www.imis.uni-osnabrueck.de). Transdisziplinär bedeutet, dass „es nicht nur um Fächergrenzen überschreitende, sondern quer zu den Disziplinen liegende Problemstellungen geht.“ Ebd. S.31.

2 Vgl. Rico Defila und Antonietta Di Giulio: Interdisziplinarität und Disziplinarität. In: Jan-Hendrik Olbertz (Hrsg.): Zwischen den Fächern – über den Dingen? Universalisierung versus Spezialisierung akademischer Bildung. Opladen 1998, S.111-137; diess.: „Interdisziplinarität“ in der wissenschaftlichen Diskussion und Konsequenzen für die Lehrerbildung. In: Anneliese Wellensiek, Hans-Bernhard Petermann (Hrsg.): Lehren und Lernen in der Lehrerbildung. Perspektiven für innovative Ausbildungskonzepte. Weinheim, Basel 2002, S. 17-31.

bekannten Netzwerk Migration e.V.,[3] in dem sich Wissenschaftler sehr unterschiedlicher Disziplinen zusammengeschlossen haben und welches selbst Projekte durchführt oder unterstützt, z. B. zur Einrichtung eines Migrationsmuseums[4] oder aber Fotoprojekte mit Jugendlichen, die in diesem Medium ihre Lebenswelt präsentieren und diskutieren.[5]

Wissenschaftler verschiedener Disziplinen, die in diesen Institutionen eingebunden sind, werden nach dieser Einführung ihren fachspezifischen Blick umreißen und an Beispielen veranschaulichen, so dass sich deren Ergebnisse in die geschichtsdidaktische Diskussion einbeziehen lassen. Zunächst sollen jedoch die Titelbegriffe „Migration“ und „Fremdverstehen“ befragt und aus geschichtsdidaktischer Sicht „geöffnet“ werden. Danach werden die anschließenden Beiträge kurz vorgestellt und gemeinsame Ansatzpunkte herausgestellt.

Migration

Migration gilt als eine *der* gesellschaftlichen Herausforderungen des 20. und 21. Jahrhunderts und hat einen gesellschaftlichen Transformationsprozess in Gang gesetzt, der alle Lebensbereiche durchdringt. Ihre Einscheinungsformen sind vielfältig und historisch variabel, so dass schon eine über eine unspezifische Bezeichnung als Wanderungsbewegung hinausgehende Begriffsdefinition schwierig erscheint.[6]

Die Bundesrepublik hat nunmehr eine historische Erfahrung mit verstärkter Migration, die ein halbes Jahrhundert umfasst.[7] Dabei wurde die überlange Phase der

---

3 Vgl. www.network-migration.org.

4 www.migrationsmuseum.de, gelesen am 06.04.2004.

5 www.ein-blicke.de, gelesen am 06.04.2004.

6 Dirk Lange: Migrationsgeschichte lernen. In: Praxis Geschichte, H.4/2003, S. 4-10, begrenzt Migration auf Menschen, „die den Lebensmittelpunkt in eine andere Umgebung verlagern“ (4) und den alten tatsächlich aufgeben und schließt damit saisonale Verlagerungen des Lebensmittelpunktes aus. Moderne Formen von Migration, z. B. das Pendeln von ehemaligen „Gastarbeitern“ in der Pensionsphase zwischen der Türkei und der Bundesrepublik, werden dadurch ebenso ausgeschlossen wie ältere Formen saisonaler Arbeitsmigration, beispielsweise die „Schwabenkinder“ des 17. - 20. Jahrhunderts. Charakteristische unterscheidende Kriterien für Wanderungsbewegungen zu finden, ist aufgrund des komplexen Spektrums historischer Wirklichkeit äußerst schwierig: Klaus Bade hat darauf verwiesen, dass bei Migrationen Menschen freiwillig oder unfreiwillig über Grenzen wandern, sich aber häufig auch Grenzen über Menschen bewegen, so dass Menschen ungewollt zu Migranten werden. Dabei ist auch die Unterscheidung zwischen freiwilliger und unfreiwilliger Migration fragwürdig, da auch Arbeitsmigranten unfreiwillig aus schlechten ökonomischen Verhältnissen weggehen, ihre Entschlussfassung aber freiwillig ist. Auch die Bleibeabsicht als Kriterium für Migration ist kritisch zu sehen, da sich diese häufig erst in einem mühsamen mentalen Prozess herauskristallisiert. Vgl. Klaus J. Bade: Historische Migrationsforschung. In: IMIS-Beiträge. H.20/2002, S.22ff. (Internetveröffentlichung: www.imis.uni-osnabrueck.de).

7 Dabei wird 1955, das Jahr des ersten Anwerbevertrages mit Italien, als Zäsur angesehen, vgl. Jan Motte u. a. (Hrsg.): 50 Jahre Bundesrepublik, 50 Jahre Einwanderung. Frankfurt/M, New York 1999; Karl-Heinz Meier-Braun: Deutschland, Einwanderungsland. Frankfurt/M. 2002.

politischen „Leugnung“ des „Einwanderungslands Deutschland“ seit dem Jahrtausendwechsel abgelöst durch eine Politik, die einerseits dieser Tatsache Rechnung tragen will, beispielsweise durch die erfolgte Änderung des Staatsbürgerschaftsrechts, andererseits hart um einen gesellschaftlichen Konsens ringt, z. B. in der Frage des Umgangs mit religiösen Symbolen im öffentlichen Dienst.

Auf der gesellschaftlichen Ebene haben die verschiedenen Zuwanderergruppen generationell und sozial differenzierte Minderheiten ausgebildet,[8] wobei deren Partizipation an Entscheidungsprozessen und deren gesellschaftliche Einflussnahme höchsten Konfliktstoff bilden kann. Die Gruppe der Muslime[9] wird dabei in den öffentlichen Verwaltungen, in den Medien und in der öffentlichen Meinung als am meisten konfliktträchtig angesehen, was die Auseinandersetzungen über den Bau von Moscheen[10] und den islamischen Religionsunterricht sowie der so genannte „Kopftuch-Streit“[11] zeigen. Diese kulminieren dabei einerseits über Symbole

---

Natürlich gab es auch davor schon Migrationsbewegungen, die sich aber in Quantität und Qualität verstärkt haben.

8 Vgl. die verschiedenen Beiträge in Angelika Eder (Hrsg.): „Wir sind auch da!“ Über das Leben von und mit Migranten in europäischen Großstädten. Hamburg 2003, beispielsweise Angelika Eder: Polnisches Leben in Hamburg im 20. Jahrhundert (S.95ff.); Elia Morandi: Italiener in Hamburg seit dem Kaiserreich. (S.115ff.); Andrea Klimt: Transnationale Zugehörigkeit. Portugiesen in Hamburg (S.211ff.); Martin Sökefeld: „Wir sind auch da!“ Aleviten in Hamburg und der Kampf um Anerkennung (S. 242ff.).

9 Die „Gruppe der Muslime“ setzt sich aus sehr unterschiedlichen Zuwanderern zusammen: aus den ehemaligen „Gastarbeitern“ türkischer Herkunft und deren Kindern, aus Flüchtlingen aus dem ehemaligen Jugoslawien, dem Libanon oder aus Afghanistan, aus Asylberechtigten aus arabischen oder afrikanischen Staaten. Die Religionszugehörigkeit der Zuwanderer sagt nichts über deren religiös-fundamentalistische Ausrichtung aus sowie über deren Mitgliedschaft in politisch-fundamentalistischen Organisationen. Gleichwohl kann unter der Gruppe der Arbeitsmigranten eine gewisse Reislamisierung festgestellt werden, als deren Ursachen u. a. die jahrelange fehlende Anerkennung und der Ausschluss von gesellschaftlicher Partizipation angesehen wird. Vorsicht geboten ist aber bei einer Zuordnung zu einer „muslimischen Kultur“, da Kultur kein statisches Gebilde ist und Individuen mehreren Teilkulturen angehören können. Die Sozialisation von Zuwandererkindern und die individuelle Auseinandersetzung mit Migration erfolgt im Spannungsverhältnis von aufnehmender und „mitgebrachter“ Kultur. In der Bundesrepublik lassen sich sogar Anzeichen einer Migrantensubkultur erkennen, die sich gerade im Fall der türkischen Arbeitsmigranten und ihrer Familien von der ehemaligen Herkunftsgesellschaft entschieden unterscheidet.

10 Die neue Moschee am Berliner Columbiadamm hat achteinhalb Meter höhere Minarette, als von der Baubehörde genehmigt war. In Zeitungsartikeln wurden zwei Ursachen diskutiert: ein Versehen oder ein Ignorieren der Bauauflagen. Der Konflikt wurde von der Baubehörde mit einem Bußgeld beigelegt. Im Gespräch war auch ein Abriss der Minarette. Vgl. „In den Himmel“, Tagesspiegel vom 14.9.2003.

11 Nach dem Urteil des Bundesverfassungsgerichts muss nun bei Bedarf jedes Bundesland das Tragen des Kopftuchs im öffentlichen Dienst regeln. Baden-Württemberg hat 2004 ein Gesetz verabschiedet, das das Tragen des Kopftuchs im öffentlichen Dienst verbietet, christliche Symbole aber erlaubt. Die Berliner Regierung hat sich darauf geeignet, das Tragen von

(Minarett, Kopftuch), andererseits über die Rolle der Frau, was auf einen Zusammenhang zwischen Ethnizität und Geschlecht verweist, der bisher wenig Beachtung fand.[12] Diese Konflikthaftigkeit hängt zwar sicher einerseits zusammen mit außenpolitischen Konstellationen, wobei besonders nach dem 11. September 2001 bipolare Einteilungen („Der Islam gegen den Westen") die Welt vereinfachend ordnen, andererseits gibt es innergesellschaftliche Wahrnehmungsmuster, die die islamischen Zuwanderer als besonders fremd identifizieren und auch so belassen.[13]

Das propagierte Konzept der Integration[14] verlangt dabei Leistungen von beiden Seiten – von Autochthonen wie von Zuwanderern - und beide Seiten Verbindendes. Wie diese Leistungen qualitativ aussehen sollen und wie das Verbindende graduell ausgestaltet werden kann, bleibt dabei noch ungeklärt.[15] Deshalb kann hier nur auf ein anerkanntes Beispiel gelungener Integration verwiesen werden, wie es im September 2003 bei der Preisverleihung zum Geschichtswettbewerb des Bundespräsidenten von einem Schüler mit griechischem Migrationshintergrund formuliert wurde. Dieser forschte darüber, ob die griechisch-orthodoxe Gemeinde in Wiesbaden für die Integration der „Gastarbeiter" eher förderlich oder eher hinderlich war. Er beschrieb dies positiv an drei Beispielen aus der Gemeinde: Wenn die Schwelle der griechisch-orthodoxen Kirche übertreten wird, wissen die Zuwanderer, dass sie in Deutschland bleiben. Auf die entstandenen Mischehen wird in der Weise Rücksicht genommen, dass ein Teil des Gottesdienstes auf deutsch stattfindet. Die Gemeindemitglieder haben für die Flutopfer in Ostdeutschland gespendet aus Solidarität mit den Menschen, die sie damals aufgenommen haben.[16] Der Blick auf die Integrationsleistungen der Aufnahmegesellschaft Bundesrepublik wird von dem Schüler aber eher wenig berücksichtigt.

Migration hat auch die *Schule* als Lebensbereich durchdrungen und die Schülerschaft verändert, worauf die allgemeine Pädagogik und die Fachdidaktiken mit der „Interkulturellen Erziehung" reagiert haben. Dieses für alle Schüler/innen geltende Konzept hat in seinen verschiedenen Nuancen primär die kulturellen und/oder Macht-Unterschiede betont,[17] so dass die für ein Integrationsbestreben aber gerade wichtigen

---

religiösen Symbolen in der Grund- und Sekundarstufe zu verbieten, in Kindertagesstätten und Berufsschulen aber zu erlauben.

12 Vgl. Umut Erel: Migration, Geschlecht, Ethnizität. (De-) Konstruktionen von Identitätspolitik und Gemeinschaft. In: Angelika Eder (Anm. 8), S. 267-290.

13 Vgl. den Beitrag von Martin Sökefeld (Jenseits des Paradigmas kultureller Differenz) in diesem Band.

14 Integration gilt auch deshalb als problematischer Begriff, da im alltäglichen Umgang meist die Integrationsbereitschaft der Zuwanderer eingefordert wird, ohne aber Integrationsmöglichkeiten, die nicht Assimilation bedeuten, zu verdeutlichen und den Beitrag der Authochthonen zu unterstreichen.

15 Den Gegensatz zur Integration stellt die Desintegration dar, die sich in Bezug auf die Migration in der Angst vor einer Parallel- oder sogar Gegengesellschaft bündelt.

16 Vgl. Griechisch-orthodoxe Kirche in Deutschland – Hilfestellung für Migranten oder Stolpersteine der Integration, MZ 03 1524, 2 Schüler, Gymnasium Kl. 11. Eigene Mitschriften bei der Preisverleihung.

17 Dies ist sowohl bei kulturalistischen als auch bei antirassistischen Ansätzen festzustellen.

Gemeinsamkeiten (die durchaus graduelle Abstufungen haben können) eher sekundär waren. Im schlimmsten Fall wurden kulturelle Differenzen immer neu konstruiert oder auch in Bezug auf nicht mehr Betroffene tradiert. Dies spielt besonders im Generationenzusammenhang eine Rolle, denn viele Schüler haben Migration nur mittelbar in den Erzählungen ihrer Eltern und Großeltern erlebt, spüren aber die unmittelbaren Auswirkungen dieser Migration in den ausgrenzenden Zuschreibungen ihrer Umwelt („Ausländer", „Russen", „Türken", „Fremde").[18] Im Extremfall konstruieren sich diese Jugendlichen eine Identität, die sich auf das Anderssein konzentriert und eine Gegen-Identität darstellen soll, z. B. Hip-Hopper und Kanak Attak.[19] Sie agieren in einer jugendkulturellen Hybrid-Kultur, die im Zusammenspiel verschiedener Kultur-Elemente – z. B. auch der amerikanischen Ghetto-Kultur – etwas Neues versucht.[20]

Für den Geschichtsunterricht änderten sich durch die betroffene Gegenwartsebene die Fragen an die Geschichte, wurden neue Räume (z. B. außereuropäische Geschichte) und Begründungszusammenhänge (z. B. in Bezug auf die lange dominierende Nationalgeschichte) relevant und neue Themen aktuell wie solche aus der Migrationsgeschichte.

Migration als historisches Unterrichtsthema ist schon in vielen Geschichtslehrplänen präsent. Es soll verdeutlichen, dass Menschen in der Geschichte immer gewandert sind, es sich also um ein geschichtliches Grundphänomen handelt und nicht um eine Besonderheit unserer Tage. Migrationsgeschichte soll weiterhin an Beispielen aus der Vergangenheit verdeutlichen, wie vergangene Gesellschaften mit Migration umgegangen sind (Wer war im antiken Rom fremd und wie ist man dort mit Fremden umgegangen?) oder aber heute wirksame Migrationsphänomene historisch vertiefen, indem nach deren Vorgeschichte gefragt wird (Wo kommen die Russlanddeutschen her?). Historisch-politisch gesehen soll Migrationsgeschichte im Unterricht deutlich machen, dass Menschen zum Verbleib in die Bundesrepublik eingewandert sind und diese Einwanderung, diese Migranten und der Umgang mit ihnen eine Geschichte hat, die Teil der deutschen Geschichte ist. Wie Migrationsgeschichte als Teil der deutschen Geschichte „zu lesen" ist und wie diese in eine europäische Migrationsgeschichte eingeordnet werden kann, ist derzeit aber noch nicht geklärt.[21] In diesem Zusammenhang sind auch geschichtskulturelle Bemühungen zu sehen, wo regionale Ausstellungen die Geschichte einzelner

18 Auf die Kulturalisierungsfalle habe ich an mehreren Stellen hingewiesen, vgl. Bettina Alavi: Von der Theorie zur Praxis interkulturellen Geschichtslernens, in: GWU, 52 Jg. (2001), S. 330.

19 Vgl. Fatima El-Tayeb: Kanak Attak! HipHop und (Anti-) Identitätsmodelle der „Zweiten Generation". In: Angelika Eder (Anm. 8), S. 313-326.

20 Vgl. zum Konzept der Hybridität den Beitrag von Umut Erel (Paradigmen kultureller Differenz und Hybridität) in diesem Band.

21 Vgl. Bettina Alavi: Migration und historisch-politische Bildung. In: Angelika Eder (Anm.8), S. 351-373.

Zuwanderergruppen präsentieren[22] oder ein deutsches Migrationsmuseum gefordert und konzipiert wird[23] sowie in „Oral-History-Projekten" die lebensgeschichtlichen Verarbeitungsprozesse von Migration erhoben und analysiert werden.[24]

Fremdverstehen

Fremdverstehen ist im Gegensatz zu Migration eine *didaktische* Kategorie, die gerade für das historische Lernen als anzubahnende Kompetenz eine wichtige Rolle spielt. [25] Dabei ist das durch den Zeitverzug Fremde (Alterität) in historischen Lernprozessen per se vorhanden, was aber nicht unbedingt mit einer Identifikation der Alterität durch das lernende Subjekt einhergehen muss. So haben die empirischen Befragungen von Bodo von Borries[26] gerade gezeigt, dass Jugendliche das durch den Zeitverzug Andere, z. B. die Motive eines mittelalterlichen Menschen in ein Kloster zu gehen, häufig weder wahrnehmen, geschweige denn „verstehen". Sie betrachten Vergangenes von ihrem heutigen Standort aus und benutzen ihren heutigen Wertemaßstab als Folie zur (moralischen) Beurteilung vergangenen Handelns. Sie nehmen also gerade *nicht* die tiefgreifende Andersartigkeit vergangener Gesellschaften wahr und erkennen sie an, um sie dann in einem zweiten Schritt mit den eigenen Normen und Selbstverständlichkeiten in Verbindung zu bringen. Historisch „Anderes" wird dann nicht als solches wahrgenommen und in seinen historischen Handlungsmöglichkeiten und Begründungszusammenhängen diskutiert, sondern vorschnell auf die Gegenwart bezogen.

---

22 Vgl. den Beitrag von Andreas Urban (Migrations-Geschichten im Museum. Die Ausstellung „Hier geblieben. Zuwanderung und Integration in Niedersachsen 1945 – 2000") in diesem Band.

23 Vgl. www.migrationsmuseum.de sowie Rainer Ohliger: Die Bundesrepublik braucht ein Migrationsmuseum – Braucht die Bundesrepublik ein Migrationsmuseum? Vortrag auf der Tagung „Das historische Erbe der Einwanderer sichern. Die Bundesrepublik braucht ein Migrationsmuseum." Veranstalter: DOMiT in Kooperation mit der Bundeszentrale für politische Bildung, Brühl, 4.-6.10.2002. Internetveröffentlichung: www.network-migration.org (gelesen Dezember 2002).

24 Vgl. Michael Richter (Hrsg.): gekommen und geblieben. Deutsch-türkische Lebensgeschichten. Hamburg 2003; Jürgen Ellermeyer: Geteilte Welten – Hamburg und Migration. Ein Projekt des Museums für Arbeit. In: Angelika Eder (Anm. 8), S. 375-384, sowie für die „neue Dienstmädchenfrage" das Projekt von Helma Lutz/Münster: Leben in der „Twilight-Zone". Migration, Transnationalität und Geschlecht im Privathaushalt, www.dgs2002.de/Abstracts/JP/lutz.htm. Diese Lebensgeschichten von Migrant/innen können gerade im Unterricht eine wichtige Brückenfunktion übernehmen zur Migrationsgeschichte als Teil der allgemeinen deutschen Geschichte.

25 Vgl. für die Geschichtsdidaktik Bettina Alavi: Geschichtsunterricht in der multiethnischen Gesellschaft. Frankfurt 1998, S. 78ff.; Andreas Körber: Geschichte und interkulturelles Lernen. Begriffe und Zugänge. In: GWU, 52. Jg. (2001), S. 292-304. Daneben ist die Kategorie natürlich auch in der politischen Bildung und in den Fremdsprachendidaktiken relevant, allerdings mit einer anderen spezifischen Ausrichtung.

26 Vgl. Bodo von Borries: Jugend und Geschichte. Opladen 1999, Insbesondere S. 195.

Fremdheit/Alienität und Andersheit/Alterität[27]

Diese Forschungsergebnisse zeigen aber auch, dass Historiker die Alterität bestimmen können, indem sie *objektiv feststellbare* Differenzen markieren, beispielsweise durch Aussagen wie „Frauen hatten vor 1918 in Deutschland kein Wahlrecht" oder „ Im 19. Jahrhundert bildeten sich Geschlechtscharaktere heraus, die eine hohe Wirkungskraft auf die Lebensvorstellungen von Männern und Frauen hatten." Diese Differenzen können auf einer Faktenebene bestehen (Wahlrecht) oder aber die Mentalitätsebene betreffen (Geschlechtscharaktere). Sie machen die Unterschiede zum Heute aus, wobei es sich um fundamentale Unterschiede oder um Nuancen zum Heute handeln kann.[28] Zugleich bedeutet die Wahrnehmung der objektiven größeren oder kleineren Differenzen nicht, dass diese zugleich als „fremd" empfunden werden. So kann der Lebenslauf einer „höheren Tochter", die mit Privatunterricht und überwiegend zu Hause auf ihre Rolle als Ehefrau und Mutter vorbereitet wurde, für die Schüler/innen zwar „anders", manchmal auch komisch wirken, wird jedoch seltener als „fremd" benannt werden.

„Fremdheit folgt also nicht notwendigerweise aus Andersheit, sondern ist eine Interpretation erfahrener Andersheit."[29] Dies bedeutet auch, dass der Grad der Andersheit (fundamental oder Nuance) nicht unbedingt zur Empfindung der Fremdheit führt, sondern dass die Belegung der Differenz mit Bedeutungen als subjektiver Vorgang Fremdheit konstruiert. [30]

Für die Fremdheit konstitutiv ist also nicht die Differenz als objektiver Tatbestand als vielmehr die Erfahrungs- und Denkmuster, mit denen wir differenten Phänomenen begegnen. Fremdheit ist deshalb ein *Beziehungsmodus,* ein relationaler Begriff der eigene Anteile in ein Beziehungsverhältnis zu einem Gegenüber bringt. Dieses Eigene ist *eine* Möglichkeit die Welt zu erkennen, *ein* Bezugssystem von Sinnhaftigkeiten, Bedeutungen und Erklärungsmustern. Dazu gehört auch „dass das, was ich und wie ich es als fremd erlebe, sehr wesentlich von meiner eigenen Geschichte abhängt. Fremdheit ist somit ein historisch gebundenes System."[31] Hier wird deutlich, dass die Gruppe der muslimischen Zuwanderer in einer anderen Tradition der Fremdwahrnehmung steht als andere Gruppen, z. B. die Hinduisten, deren objektive Differenzen mindestens ebenso groß sind, die aber nicht als so bedrohlich fremd wahrgenommen werden. Die Modi der Fremdwahrnehmung

---

27 Vgl. Annette Kopetzki: Verstehen des Anderen. Das Verhältnis von Selbst- und Fremdverstehen im interkulturellen Dialog. In: Jean-Pierre Wils, Hans-Peter Mahnke (Hrsg.): Multikulturalität, Frankfurt/M 1998 (edition ethik kontrovers, 6. Jahrespublikation der Zeitschrift Ethik & Unterricht). S. 4-9.

28 Die Geschlechtscharaktere wirken auch heute noch weiter, in ihrer Wirkungsmächtigkeit haben sie aber längst die Absolutheit des 19. Jahrhunderts verlassen.

29 Annette Kopetzki, Verstehen des Anderen (Anm. 27), S. 4.

30 Vgl. die Beiträge von Umut Erel und Martin Sökefeld in diesem Band, die beide von einem konstruktivistischen Kulturbegriff ausgehen, nach dem Differenzen konstruiert werden.

31 Ortfried Schäffter: Modi des Fremderlebens. In: ders. (Hrsg.): Das Fremde. Erfahrungsmöglichkeiten zwischen Faszination und Bedrohung. Opladen 1991, S.12.

können also höchst unterschiedlich sein und zwischen bedrohlich/gefährlich und exotisch/anziehend changieren.[32]

Bei dieser Begegnung zwischen Eigenem und Fremdem als Begegnung zwischen differenten Sinnwelten stoßen somit auch unterschiedliche Konzepte und Wahrnehmungsmuster des Fremden aufeinander, die dazu führen, dass Fremde einander oft auf unterschiedliche Weise fremd sind, was in der Begegnung mit dem Gegenüber zu Konflikten und Missverständnissen führen kann.

Gleichzeitig klärt sich durch die Begegnung mit dem Fremden (aber auch mit dem Anderen), was das Eigene im Sinne von eigener Identität überhaupt ist und ermöglicht so das Zurücktreten, die Distanzierung und damit die Identifikation von Selbstverständlichkeiten, die sonst nicht als solche erkannt werden können. Dies ist einerseits positiv, da es zu einem Prozess des Selbsterkennens kommt, aber andererseits wird in diesem Prozess der Identitätsbildung die Differenz als Grenze zum Fremden (über-) betont. In Ordnungsprozessen („wir"-Gruppenbildung) erfüllt die Sicht von Fremdheit eine stabilisierende Funktion, da Ordnungen im Entstehen von dem leben, was sie draußen lassen.[33] Diese Funktion läuft über die Determinierung des Fremden, das für sich weder Freund noch Feind ist, aber in diesen Ordnungsprozessen zu Freunden („Gleichgesinnte") oder Feinden („Achse des Bösen") gemacht werden. In Bezug auf die Fremdheit ist es somit schwer, diese zu reduzieren, weil es nicht nur um das kognitive Erkennen von Differenzen geht, sondern um den Vorgang der Uminterpretation der mit diesen verbundenen Bedeutungen. Auf der anderen Seite kann Fremdheit reduziert werden, sich graduell verringern, die Andersheit aber nicht.

Um den gegenläufigen Prozess einzuleiten, muss das Fremde verstanden werden. Doch was bedeutet „verstehen" und worin besteht der Unterschied zwischen Verstehen und Fremdverstehen?

Was ist verstehen?

„Verstehen" bedeutet einer Erfahrung Sinn verleihen.[34] Im Prozess des Verstehens fragt man nach Motiven, Sinnhaftigkeiten, Werthaltungen und bewegt sich dabei in einem kulturellen Bezugssystem, das durch primäre und sekundäre Sozialisation, durch Tradierung und individuelle Einpassung zumindest zum Teil zum „Eigenen" wurde. Das „Verstehen" ist an Kategorien der Wirklichkeitswahrnehmung und –interpretation gebunden, die historisch-kulturell verschieden und veränderbar sind. Sie machen den spezifischen Standort, den Blickwinkel, die Perspektive des verstehenden Subjekts mit aus.

32 Vgl. ebd.

33 Vgl. ebd., S.11-44.

34 Vgl. Ronald Hitzler: Verstehen. Alltagspraxis und wissenschaftliches Programm. In: Thomas Jung und Stefan Müller-Doohm (Hrsg.): „Wirklichkeit" im Deutungsprozess. Verstehen und Methoden in den Kultur- und Sozialwissenschaften. Frankfurt/M. 1993, S. 223-240; Karl Reusser, Marianne Reusser-Weyeneth (Hrsg.): Verstehen. Psychologischer Prozess und didaktische Aufgabe. Bern u. a. 1994.

„Fremdverstehen“[35] bedeutet den einer Erfahrung von anderen gegebenen Sinn zu erfassen, zu dekonstruieren.[36] Fremdverstehen steht in einen interdependenten Zusammenhang mit dem Selbstverstehen, in dem Sinne, dass man Kategorien der Wahrnehmung, einen Standort, eine Perspektive benötigt, um Anderes als Fremdes wahrzunehmen.[37] Zu dem Fremden wird eine Beziehung aufgebaut, um es verstehen zu können. Zu diesem Beziehungsaufbau gehören Fremdwahrnehmung, also zunächst einmal zu bemerken und zu bestimmen, was an Anderem zu sehen ist und warum dies fremd ist, ebenso wie ein Stück Empathie als intellektuelle Fähigkeit die Welt mit den Augen der anderen sehen zu können, unterschiedliche Perspektiven zu bestimmen und zeitweise einnehmen zu können und die Fähigkeit zu Selbstkritik und Selbstdistanz.[38]

Damit wird deutlich, dass Fremdverstehen nur annäherungsweise möglich wird, auch da das Andere mit verschiedenem kulturellen Bezugssystem häufig mit den eigenen Verstehenskategorien durchdrungen wird und nicht mit denen des anderen selbst.[39] Durch dieses Durchdringen des anderen Sinns ergibt sich eine Gefahr des

35 Vgl. Friedhelm Guttandin: Die Relevanz des hermeneutischen Verstehens für die Soziologie des Fremden. In: Thomas Jung, Stefan Müller-Doohm (Anm 34), S. 458-481; Annette Hammerschmidt: Fremdverstehen. Interkulturelle Hermeneutik. München 1998; Wolfdrietrich Schmied-Kowarzik (Hrsg.): Verstehen und Verständigung. Ethnologie, Xenologie, interkulturelle Philosophie, Würzburg 2002; Hans Hunfeld: Die Normalität des Fremden als Provokation. In: Waltraud Schreiber (Hrsg.): Kontakte, Konflikte, Kooperation. Der Umgang mit Fremden in der Geschichte. Neuried 2001, S. 383-397; Lothar Bredella: Literarisches und interkulturelles Verstehen. Tübingen 2002; Franz Martin Wimmer: Interkulturelle Philosophie. Eine Einführung, Wien 2003. Leider konnte aus terminlichen Gründen kein Vertreter der interkulturellen Hermeneutik für die Tagung gewonnen werden.

36 Hier wäre zu fragen, ob Fremdverstehen nicht eine Tautologie ist, da beim Verstehen immer etwas Neues, Unbekanntes in Bezug zum schon Verstandenen, Eigenem gesetzt wird. Sinnvoll wird die Verwendung des Begriffs im Prozess des historischen Lernen aber dann, wenn das „Fremde“ etwas historisch anderes mit einem kulturell verschiedenen Bezugssystem darstellt.

37 Die Unterschiede zwischen den Subkulturen und den Schichten können innerhalb einer Gesellschaft größer sein als zwischen Gesellschaften. Dementsprechend kann man das Fremde in der eigenen Gesellschaft ebenso wenig wie fremde Gesellschaften in einem irgendwie als bekannt vorausgesetzten kulturellen Kontext oder Sinnhorizont situieren. Vgl. Friedhelm Guttandin (Anm. 35), S. 458. Hinzuzufügen wäre, dass dies gerade für heterogene Migrationsgesellschaften zutrifft, wobei aber nicht von abgrenzbaren, festen Sinnhorizonten ausgegangen werden kann, sondern von fließenden Überlappungen und hybriden Neubildungen.

38 Vgl. Bodo von Borries, Lutz Tornow: Fremdverstehen durch systematische Einübung in Perspektivwechsel? In: Andreas Körber (Hrsg.): Interkulturelles Geschichtslernen. Münster 2001, S. 227-238.

39 Ronald Hitzler (Anm.34), S. 224, beschreibt in Fußnote 4 diesen Vorgang folgendermaßen: „Wenn ego also den anderen verstehen will, dann muss ego vor allem den Sinn von dessen Bezeichnungen rekonstruieren und auf seine subjektiven Motive hin auslegen. Damit dürfte plausibel werden, dass Verstehen fremden Sinns nur annäherungsweise gelingen kann und dass das Ausmaß dieses Verstehens abhängig ist von egos Wissen über den konkreten anderen, von einem Wissen um den objektiven, das heißt sozial gültigen Sinn einer Kundgabe und von seinen situativen Relevanzen. Fremdverstehen heißt Anzeichen und Zeichen als

Fremdverstehens, auf die besonders eindringlich Edward Said in seinem Buch „Orientalismus“ hingewiesen hat.[40] Demnach dient dieser westliche Wissenschaftszweig dazu, im politischen und ökonomischen Interesse der jeweiligen Gesellschaft zu bestimmen, was als orientalisch zu gelten habe und wer das Recht hat, an dem Diskurs über den Orient teilzunehmen. Auf diese Weise entstehe ein Bild *„unseres“* Orients, das dazu dient, „uns“ gegenüber dem Orient als dem ganz Anderen und Fremden abzugrenzen und Überlegenheit zu demonstrieren. Im Mittelpunkt dieses „Fremdverstehens“ steht nach Said der Anspruch zur Machtausübung über die Vereinnahmung des Orients mit westlichen Kategorien.

Der Gefahr der Vereinnahmung, verbunden mit der objektiven Schwierigkeit differenten Sinn zu dekonstruieren, begegnen mehrere Wissenschaftler mit der Forderung nach der Anerkennung der unüberbrückbaren Differenz zwischen Eigenem und Fremdem[41] und einer Erziehung zur Anerkennung, zur Erhaltung der Rätselhaftigkeit, zur Distanz zum Eigenen. Gleichwohl kann das Fremdverstehen beim historischen Lernen nicht nur bei der Anerkennung der Andersartigkeit verbleiben. Das Subjekt sollte versuchen, durch Hinterfragen des eigenen Vorverständnisses und durch einen wechselseitigen Prozess zwischen der Subsumierung des Anderen unter die eigenen Konzepte und der Realisierung, dass das eigene Vorverständnis nicht ausreicht, um das Fremde zu begreifen und zu einer Verringerung der Distanz zu kommen.[42]

Dies sind Fähigkeiten, die in Niveaustufen sukzessive an historischen Gegenständen erlernbar sein müssten. Fremdverstehen ist damit eine *graduelle Kategorie*, denn innerhalb der als Voraussetzung zum Fremdverstehen notwendigen Teilkompetenzen kann es erhebliche Abstufungen geben.[43]

Somit ist klar, dass die Förderung von Fremdverstehen beim historischen Lernen ein höchst anspruchsvolles Programm ist, das sich zwar genuin für jedes historische

---

Appräsentationen eines anderen Bewußtseins zu deuten und das heißt de facto natürlich eine Selbstdeutung vorzunehmen. Der tatsächlich gemeinte Sinn eines Handelnden und das, was von einem anderen als ‚gemeinter Sinn’ gedeutet wird, ist prinzipiell nicht identisch. Letzteres ist nur ein Näherungswert zum ersteren.“

40 Edward W. Said: Orientalism. New York 1979 (dt.: Orientalismus. Frankfurt/M 1981).

41 Vgl. Hans Hunfeld (Anm. 35).

42 Lothar Bredella: Literarisches und interkulturelles Verstehen. Tübingen 2002, nennt diesen Prozess Dialektik zwischen Assimilation und Akkodomation, was ein zumindest partielles Verstehen des Fremden ermöglicht.

43 Nach Rolf Schörken: Geschichtsunterricht in der kleiner werdenden Welt. In: Hans Süssmuth (Hrsg.): Geschichtsdidaktische Positionen. Paderborn 1980, S. 315 – 335, können wir es uns nicht mehr leisten, „ganze Erdteile und riesige Bevölkerungsgruppen außerhalb unseres historischen Bewusstseins zu halten als das Außenstehende und Nichtzugehörige...“ Schörken schlägt drei didaktisch-methodische Maßnahmen bzw. Übungen zur Perspektivik vor, um Fremdverstehen anzubahnen: die inhaltliche Erschließung aus der Perspektive der Fremderfahrung, Konfrontation der Fremderfahrung mit dem eigenen Geschichtsbild; Auseinandersetzung mit dem Fremdbild der eigenen Kultur. Vgl. zu den Teilkompetenzen auch Andreas Körber: Geschichte und interkulturelles Lernen. In: GWU, 52. Jg. (2001), S. 292-304 und Bettina Alavi (wie Anm. 25), S. 78ff.

Lernen ergibt, durch die von der Gesellschaft heran getragenen Herausforderungen aber an zusätzlicher Relevanz gewann. Trotz dieses weitgehenden Konsenses und dem Bemühen um praktisch-methodische Umsetzung in Unterrichtseinheiten und in Methoden des Geschichtsunterrichts bleiben viele Fragen noch ungeklärt, die sich aus Desideraten der empirischen Forschung in Bezug auf den Kompetenzerwerb ergeben:

- Wie verläuft der prozessuale Erwerb des Fremdverstehens bei Kindern und Jugendlichen?
- Welche Teilziele/Niveaustufen/Teilkompetenzen kann man ausmachen und wie sind sie konkret erlernbar? Ist es zweckmäßig die Teilkompetenzen nacheinander oder in einer bestimmten Kombination zu lernen? Wenn man davon ausgeht, dass es Kulturformen des Verstehens[44] gibt wie Textverstehen, Motiv- und Handlungsverstehen, kritisches Verstehen, ästhetisches Verstehen etc., stellt sich die Frage, wie im historischen Lernen Fremdverstehen von Kulturformen des Verstehens angebahnt werden müsste. Oder anders gefragt: Wie lernen Schüler/innen beispielsweise „fremde" Kunstwerke (Bilder etc.) zu verstehen?[45]
- Wie hängt das Fremdverstehen mit den anderen Dimensionen des Geschichtsbewusstseins zusammen?[46]

In den anschließenden Beiträgen setzen sich die aus unterschiedlichen Disziplinen stammenden Referent/innen mit dem Tagungsthema „Migration und Fremdverstehen" auf dem Hintergrund ihrer spezifischen Fachperspektive auseinander: Der Soziologe Michael Bommes[47] fragt, wie sich die bundesrepublikanische Gesellschaft durch die Zuwanderung verändert hat, die Politikwissenschaftlerin Karen Schönwälder[48] zeigt Steuerungsmechanismen der Politik, um Migrationsprozesse zu

44 Vgl. Kurt Reusser und Marianne Reusser-Weyeneth: Einführung und Überblick. In: diess. (Anm. 34), S. 11/12.

45 Monica Juneja-Huneke: Jahangir auf der Sanduhr. Überlegungen zur Lektüre einer Visualität im Spannungsfeld zwischen Eigenem und Fremden. In: Gerhard Schneider (Hrsg.): Die visuelle Dimension des Historischen. Hans-Jürgen Pandel zum 60. Geburtag. Schwalbach/Ts. 2002, S. 142-157, zeigt in ihrem Aufsatz an einer Miniatur auf, wie in einer Kulturbeziehung die ideologische Zusammensetzung von fremden Stoffen und Symbolen be- und verarbeitet sowie verändert werden kann, ohne dass fremde Elemente völlig verschwinden. Sie entschlüsselt die östlichen und westlichen Darstellungsmodi des Bildes und gibt dabei Einblick in zwei visuelle Welten, die aber im Kulturkontakt dazu führen, die eigenen festgelegten visuellen Strukturen und Inhalte zu unterminieren.

46 Hans-Jürgen Pandel sieht im Identitätsbewusstsein (Wir - die anderen) eine Dimension des Geschichtsbewusstseins. Dieses müsste in die Kategorie Fremdverstehen eingefasst sein. Gleichzeitig steht es in Verbindung mit dem Zeitbewusstsein, dem Raumbewusstsein u. a., ohne dass deren Zusammenhang bereits geklärt wäre. Vgl. Hans-Jürgen Pandel: Dimensionen und Struktur des Geschichtsbewußtseins. In: Hans Süssmuth (Hrsg.): Geschichtsunterricht im vereinten Deutschland, Teil 1, Baden Baden 1991, S. 55 – 73.

47 Vgl. auch Michael Bommes: Migration und nationaler Wohlfahrtsstaat. Ein differenztheoretischer Entwurf. Opladen 1999.

48 Vgl. auch Karen Schönwälder: Einwanderung und ethnische Pluralität. Essen 2001.

beeinflussen und zu begrenzen. Der Ethnologe Martin Sökefeld[49] geht stärker auf den zweiten Titelbegriff ein und führt unter Verwendung eines konstruktivistischen Kulturbegriffs aus, wie Migranten in der Bundesrepublik als Fremde konstruiert werden, während die den „Cultural Studies" zuzurechnende Umut Erel[50] die Leistungsfähigkeit und die Grenzen des Konzepts der Hybridität diskutiert.

Trotz der unterschiedlichen Herangehensweisen und Themenschwerpunkt lassen sich gemeinsame Linien herauskristallisieren, die auch auf der Tagung Anlass zur Diskussion geben und im geschichtsdidaktischen Diskurs Berücksichtigung finden sollten:

In allen Beiträgen wird implizit oder explizit darauf verwiesen, dass die Migration, die in einer modernen Gesellschaft eine normale Form der Mobilität darstellt, zu einem Fremdheitsproblem „gemacht" wird. Besonders Martin Sökefeld weist anhand mehrerer Beispiele darauf hin, dass die Gruppe der türkischstämmigen Zuwanderer keine essentiell problematische Gruppe darstellt, deren Differenz aber in der sozialen Praxis immer wieder hergestellt wird, wobei diese Differenz auf alle Generationen dieser Minderheit gleichmäßig zutreffen soll. Während Erfolgsgeschichten wie die des Reiseunternehmers Öger oder des Regisseurs Fatih Akin individualisiert werden, bleibt die Gruppe der Zuwanderer als Differenz zum „Eigenen" bestehen. Die „Fremden" sind dabei Objekte des Diskurses; es wird über sie, aber nicht mit ihnen gesprochen. Dies betont auch Umut Erel, die darauf verweist, dass türkischstämmige Migrantinnen durch Orientalisierung (Wahrnehmung als unzivilisierte Fremde, Verkörperung der Ehre, doppelte Unterdrückung im Erwerbsleben und in der Familie) als passive unterdrückte Migrantinnen konstruiert werden, ohne zu fragen, wie diese sich selbst verstehen und das Spannungsfeld zwischen Handlungsfähigkeit und Opferbereitschaft als individuellen Gestaltungsspielraum auszuloten.[51] Sowohl Karen Schönwälder als auch Michael Bommes betonen, dass Migration in den 50-er und 60-er Jahren weitaus positiver wahrgenommen wurde und die Wohlfahrtsstaaten bis Anfang der 1990-er Jahre gut mit Migration zurecht kamen. Durch die verknappten Verteilungsressourcen würden nun gegen Loyalität die Leistungen des Wohlsfahrtstaates verteilt, d. h. unter Integration würde nun verstanden, für Eigenleistungen der Migranten Subventionen zu geben. Mehrfach wird darauf hingewiesen, dass die wahrgenommenen Probleme nicht kultureller, sondern sozialer Art sind, beispielsweise weil die Kinder der „Gastarbeiter" weit weniger sozial abgesichert seien als ihre Eltern (weniger Arbeitsplätze, schlechtes Abschneiden im Bildungssystem). Gerade der Einbezug der verschiedenen Generationen der Zuwanderer und deren spezifischer Lebenssituation ist für Bildungsprozesse aber primär und wird derzeit noch vernachlässigt. Dies bedeutet für die Zukunft auch, näher an die Migrant/innen

49 Vgl. Martin Sökefeld: „Wir sind auch da!" Aleviten in Hamburg und der Kampf um Anerkennung. In: Angelika Eder (Anm. 8), S. 243-265.

50 Vgl. Umut Erel: Migration, Geschlecht, Ethnizität. (De-) Konstruktionen von Identitätspolitik und Gemeinschaft. In: Angelika Eder (Anm. 8), S. 267-290. Umut Erels schriftlicher Beitrag zu diesem Band weicht inhaltlich von ihrem Vortrag ab, in dem sie sich mit der Intersektionalität von Migration, Gender und Ethnizität beschäftigte.

51 So lautet eine der Forschungsfragen im Projekt von Helma Lutz/Münster (Anm. 24)

heranzukommen, sie zu befragen und als Subjekte einzubeziehen und nicht nur als Objekte wahrzunehmen. Insgesamt gesehen können die Beiträge keine Antworten auf die häufig gestellte Frage geben „Wie geht man in der Schule um mit ...“, wohl aber stellen sie eigene Selbstverständlichkeiten in Frage und eröffnen damit neue Blickwinkel auf das Tagungsthema und dessen spezifisch geschichtsdidaktische Ausrichtung.

Steuerung – Integration – Konflikte: Politikwissenschaftliche Perspektiven in der Migrationsforschung

Karen Schönwälder

Politikwissenschaft beschäftigt sich nach einem gängigen Verständnis mit dem Prozess der politischen Willensbildung, dem institutionellen Rahmen der Entscheidungsfindung und Umsetzung politischer Entscheidungen sowie den Inhalten der Politik und ihrer konkreten Umsetzung. Traditionell ist dabei zumeist der Nationalstaat ein zentraler Bezugsrahmen.[1] Für die politikwissenschaftliche Beschäftigung mit dem Phänomen der internationalen Migration bedeutet dies, dass zu deren zentrale Themen die Ausländer-, Staatsangehörigkeits-, Asyl- und Minderheitenpolitik gehören sollten, also die Konzepte und Entscheidungen hinsichtlich der Definition von Zugehörigkeit (Staatsangehörigkeit), des Zugangs zum Staatsgebiet und des Aufenthalts dort und verschiedener Aspekte der Stellung von internationalen MigrantInnen im Aufnahmeland (Zugang zur sozialen Sicherung, politische Betätigung etc.). Aus politikwissenschaftlicher Sicht interessant sind sowohl der Inhalt solcher Politiken als auch deren Zustandekommen. Gefragt wird also etwa: Warum wird zu einem bestimmten Zeitpunkt ein neues Gesetz verabschiedet? Welche Akteure (Unternehmerverbände, Gewerkschaften, Medien etc. pp.) haben in welchem Maß auf das Zustandekommen Einfluss genommen? Welche unterschiedlichen Interessen wurden artikuliert, in welchen Strukturen interagieren die Akteure? Gefragt wird des Weiteren nach den Intentionen und Wirkungen bestimmter Maßnahmen, also danach, was z. B. mit einem neuen Staatsangehörigkeitsrecht erreicht werden soll und welche Veränderungen es tatsächlich bewirkt. Hierzu gehört es auch, etwa bei Analysen der Integrationspolitik zu untersuchen, inwiefern und wie durch politische Interventionen soziale Prozesse überhaupt zielgerichtet gesteuert werden können.

Abgesehen von solchen, unmittelbar auf die Steuerung von Migrationsbewegungen und die Stellung der MigrantInnen gerichteten Interventionen sind politikwissenschaftlich interessant auch Zusammenhänge von Migration mit der allgemeineren politischen Auseinandersetzung, so etwa die Bedeutung von Konflikten über Migration oder ethnische Pluralität in der politischen Konkurrenz, dem Parteienwettbewerb (Beeinflusst der Asylkonflikt die Bundestagswahl? Können rechtsextreme Gruppierungen Konflikte über Einwanderung für sich nutzen?), politische Orientierungen in der Bevölkerung (Fremdenfeindlichkeit) und bei den

1 Vgl. zu aktuellen Herausforderungen Renate Mayntz: Politikwissenschaft in einer entgrenzten Welt. Max-Planck-Institut für Gesellschaftsforschung Köln. Discussion Paper 00/3. Oktober 2000.

MigrantInnen sowie deren politische Partizipation (Gewerkschaftsmitgliedschaft, ethnische Gruppen, Wahlverhalten etc.).

In der Realität folgen WissenschaftlerInnen allerdings keineswegs immer solchen disziplinären Kompetenzzuschreibungen. Die Migrationsforschung ist stark interdisziplinär orientiert, und wer sich Publikationen ansieht, wird feststellen, dass etliche der oben als politikwissenschaftlich beschriebenen Fragen und Themen von Juristen, Soziologen oder auch Erziehungswissenschaftlern bearbeitet werden, während Politikwissenschaftler sich durchaus mit Fragen befassen, die man vielleicht als soziologische ansehen könnte, so z. B. der kulturellen Identität von Angehörigen ethnischer Minderheiten.[2] Eine spezifisch politikwissenschaftliche Migrationsforschung ist auch deshalb noch gering profiliert, da sich die Disziplin dem Thema Migration und ethnische Pluralität nur recht zögernd genähert und es lange anderen Disziplinen überlassen hat. Erst seit den 1980er und 1990er Jahren, so der amerikanische Politikwissenschaftler James F. Hollifield, habe sich ein spezifischer Gegenstand herausgebildet, der sich als „politics of international migration" beschreiben lasse.[3] In Deutschland konstituierte sich erst Anfang der 1990er Jahre ein migrationspolitischer Arbeitszusammenhang innerhalb der Deutschen Vereinigung für Politikwissenschaft, und auch heute noch ist die Beschäftigung mit Migration in der deutschen Politikwissenschaft ein eher ungewöhnliches Thema.

Dennoch gibt es mittlerweile auch in Deutschland eine Reihe von Arbeiten, in denen PolitikwissenschaftlerInnen Beiträge zum Verständnis unterschiedlicher, mit Migrationsprozessen verbundener Probleme geleistet haben. Untersucht wurden z. B. Entwicklung und Besonderheiten des deutschen Staatsangehörigkeitsrechts[4], der Nationbegriff [5], die Minderheitenpolitik von Kommunen[6], Asylpolitik und Streit um das bundesdeutsche Asylrecht[7], die Rolle des Einwanderungskonflikts für die Parteienkonkurrenz[8], Konflikte um den Bau von Moscheen, also die öffentliche

---

2 Vgl. mit Plädoyers für Interdisziplinarität z. B. Jochen Blaschke: Internationale Migration: ein Problemaufriß. In: Manfred Knapp (Hrsg.): Migration im neuen Europa. Stuttgart 1994, S. 23-50; Veit-Michael Bader: Rassismus, Ethnizität, Bürgerschaft. Soziologische und philosophische Überlegungen. Münster 1995.

3 The Politics of International Migration. How Can We "Bring the State Back In"? In: ders. und Caroline B. Bretell (Hrsg.): Migration Theory. London 2000, S. 137-185, hier S. 137.

4 Vgl. Heike Hagedorn: Wer darf Mitglied werden? Einbürgerung in Deutschland und Frankreich im Vergleich. Opladen 2001; ich nenne hier bewusst nur Analysen von PolitikwissenschaftlerInnen.

5 Vgl. Dieter Oberndörfer: Die offene Republik. Zur Zukunft Deutschlands und Europas. Freiburg 1991.

6 Vgl. Sigrid Baringhorst: Fremde in der Stadt. Multikulturelle Minderheitenpolitik dargestellt am Beispiel der nordenglischen Stadt Bradford. Baden-Baden 1991.

7 Vgl. Bernhard Blanke (Hrsg.): Zuwanderung und Asyl in der Konkurrenzgesellschaft. Opladen 1993; Ursula Münch: Asylpolitik in der Bundesrepublik Deutschland: Entwicklung und Alternativen. 2. aktualisierte Auflage. Opladen 1993.

8 Vgl. Dietrich Thränhardt: Die Ursprünge von Rassismus und Fremdenfeindlichkeit in der Konkurrenzdemokratie. Ein Vergleich der Entwicklung in England, Frankreich und Deutschland. In: Leviathan, 21. Jg. (1993), S. 336-357.

Präsenz der zugewanderten Minderheiten[9], die Rolle der Europäischen Union als migrationspolitischer Akteur[10], Konzeption und Umsetzung politischer Interventionen gegen Diskriminierung[11], die Entwicklung der deutschen und europäischen Ausländerpolitik[12] sowie Arbeit und Einfluss von Migrantenorganisationen.[13] Typische Methoden, die in solchen Arbeiten angewandt wurden, sind die Analyse von Dokumenten, Experteninterviews sowie Medienanalysen.

Im Folgenden sollen anhand nur eines ausgewählten Beispiels die komplexen Entscheidungsprozesse in der Ausländerpolitik analysiert und angedeutet werden, wie es dazu kam, dass die Bundesrepublik zum Einwanderungsland wurde. Das Beispiel der deutsch-türkischen Anwerbevereinbarung wird dabei in Beziehung gesetzt zu einer in den letzten Jahren geführten Debatte über die wesentlichen Determinanten der Migrationspolitik liberaler Demokratien.

Liberal oder restriktiv? Determinanten staatlicher Migrationspolitik

Seit den 1990er Jahren hat eine Betrachtungsweise großen Einfluss gewonnen, die bezweifelt, ob – wie eine lange dominierende Perspektive annimmt – es tatsächlich angemessen ist, die Politik vieler Staaten gegenüber Einwanderern und Flüchtlingen

9 Vgl. Claus Leggewie, Angela Joost, Stefan Rech: Der Weg zur Moschee – eine Handreichung für die Praxis. Bad Homburg 2002.

10 Vgl. Bernhard Santel: Migration in und nach Europa: Erfahrungen, Strukturen, Politik. Opladen 1995.

11 Vgl. Sigrid Baringhorst/Karen Schönwälder: Helfen Gesetze gegen Rassismus und Diskriminierung? Das britische Beispiel. In: Blätter für deutsche und internationale Politik, 37. Jg., 1992, S. 587-597.

12 Vgl. Knuth Dohse: Ausländische Arbeiter und bürgerlicher Staat. Genese und Funktion von staatlicher Ausländerpolitik und Ausländerrecht. Vom Kaiserreich bis zur Bundesrepublik Deutschland. Königstein/Ts. 1981 [Berlin 1985]; Karen Schönwälder: Einwanderung und ethnische Pluralität. Politische Entscheidungen und öffentliche Debatten in Großbritannien und der Bundesrepublik von den 1950er bis zu den 1970er Jahren. Essen 2001; Karl-Heinz Meier-Braun: Integration und Rückkehr? Zur Ausländerpolitik des Bundes und der Länder, insbesondere Baden-Württembergs. Mainz/München 1988; Steffen Angenendt: Deutsche Migrationspolitik im neuen Europa. Opladen 1997; Hubert Heinelt (Hrsg.): Zuwanderungspolitik in Europa. Nationale Politiken - Gemeinsamkeiten und Unterschiede. Opladen 1994; Christoph Butterwegge/Gudrun Hentges (Hrsg.): Zuwanderung im Zeichen der Globalisierung. Migrations-, Integrations- und Minderheitenpolitik. Opladen 2003; Uwe Hunger/Bernhard Santel (Hrsg.): Migration im Wettbewerbsstaat. Opladen 2003; Franz Nuscheler: Internationale Migration. Flucht und Asyl. Opladen 1995; Frank Gesemann (Hrsg.): Migration und Integration in Berlin. Wissenschaftliche Analysen und politische Perspektiven. Opladen 2001; Axel Schulte, Multikulturalismus: Gefährdung oder Weiterentwicklung von Integration und Demokratie? In: Hans-Peter Waldhoff u. a. (Hrsg.): Brücken zwischen Zivilisationen, Frankfurt a.M. 1997, S. 289-322; Andreas Treichler (Hrsg): Wohlfahrtsstaat, Einwanderung und ethnische Minderheiten, Wiesbaden 2002.

13 Vgl. Jürgen Fijalkowski/Helmut Gillmeister: Ausländervereine - Ein Forschungsbericht. Berlin 1997; vgl. auch Thomas Faist: Transstaatliche Räume. Politik, Wirtschaft und Kultur in und zwischen Deutschland und der Türkei. Bielefeld 2000.

seit den 1970er Jahren als vor allem restriktiv zu beschreiben. Nicht mehr Restriktionen menschlicher Bewegungsfreiheit, Diskriminierung und Rassismus werden als Hauptmerkmale der Wanderungspolitik hervorgehoben; als bemerkenswert und erklärungsbedürftig gilt vor allem das Ausmaß, in dem liberaldemokratische Staaten Einwanderungsprozesse hinnahmen und es zuließen, dass die MigrantInnen immer mehr Rechte erwarben. Für diese Entwicklung werden unterschiedliche Erklärungen angeführt: Folgt man AutorInnen wie Soysal und Jacobsen, dann war hierfür entscheidend, dass die Fähigkeit der Nationalstaaten, in Migrations- und Ansiedlungsprozesse einzugreifen, seit 1945 zunehmend durch internationale Normen und die Entwicklung von individuellen Rechten hin zu einer Art postnationaler Citizenship eingeschränkt wurde.[14] „Die Staatenwelt“, so fasst Bernhard Santel diese These zusammen, „wurde gleichsam an die Kette humanitären internationalen Rechts gelegt, welches eine repressive Ausländerpolitik verhindert.“[15] Andere Autoren heben die weiter bestehende Macht der Nationalstaaten hervor und verweisen eher auf interne Faktoren wie den Einfluss von Immigration befürwortenden Interessengruppen oder die Rolle liberal-demokratischer Normen, die eine restriktive Politik erschwerten.[16] Christian Joppke etwa hebt die ungebrochen starke Rolle der Nationalstaaten hervor, deren Interventionsfähigkeit nicht von außen, sondern durch innere politische Strukturen, den Einfluss von Interessengruppen und moralische Verpflichtungen eingeschränkt worden sei: „Constraints on sovereignty are self-imposed, rather than externally inflicted, and they stem from the domestic logic of client politics, the autonomy of the legal process in liberal states, and (particularly in Europe) moral obligations toward particular immigrant groups.“[17]

Die Annahme, in jüngster Zeit seien vor allem ein relativ liberaler Umgang mit Einwanderungsprozessen und eine Ausweitung der Rechte von MigrantInnen kennzeichnend, ist nicht unumstritten.[18] Die Frage allerdings, warum es denn dazu kommen konnte, dass Millionen von Zuwanderern sich zum Beispiel in der Bundesrepublik ansiedeln konnten und mittlerweile über eine relativ sichere Rechtsposition verfügen, wie diese also wider Willen zu einem Einwanderungsland wurde, ist auch und gerade dann relevant, wenn man die ausgrenzenden

---

14 Vgl. Yasemin Nuhoglu Soysal: Limits of citizenship. Migrants and postnational membership in Europe. Chicago/London 1994; David Jacobson: Rights across borders. Immigration and the decline of citizenship. Baltimore/London 1997.

15 Bernhard Santel: Wann ist Einwanderungspolitik liberal? Zu den Bedingungsprinzipien migratorischer Öffnungsprozesse am Beispiel der Vereinigten Staaten. Papier für eine Arbeitsgruppe beim 20. wissenschaftlichen Kongreß der Deutschen Vereinigung für Politikwissenschaft. Bamberg 1997, S. 13.

16 Vgl. Gary P. Freeman: Modes of immigration politics in liberal democratic states. In: International Migration Review 29/1995, S. 881-902.

17 Christian Joppke: Immigration and the Nation-state. The United States, Germany and Great Britain. Oxford 1999, S. 262.

18 Vgl. die anregende Diskussion einiger Thesen der vergleichenden Forschung durch Bernhard Santel, der die „Gleichzeitigkeit von ein- und ausschließenden Strategien“ für „kennzeichnend für den aktuellen migratorischen Kontext“ hält (Anm. 15, S. 1).

Bestrebungen von Regierungspolitik und Aufnahmegesellschaften betont. Die empirische Erforschung der konkreten Entstehungszusammenhänge von Rechten der Einwanderer, den Bedingungen, unter denen etwa die Bundesrepublik darauf verzichtete, eine Rückkehr der ausländischen Arbeitskräfte in ihre Heimatländer durchzusetzen, oder die Rolle von Interessengruppen – um nur Beispiele zu nennen – hat allerdings erst begonnen. Das folgende Beispiel illustriert einige Charakteristika der politischen Entscheidungsfindung in den 1960er Jahren, also der Zeit, in der wesentliche Weichen hin zum Einwanderungsland Deutschland gestellt wurden. Gezeigt werden sowohl unterschiedliche Interessen und Erwägungen, die die Wanderungspolitik beeinflussten, als auch Mechanismen der Regierungspolitik. Gerade in den sechziger, zum Teil auch noch den frühen siebziger Jahren hatte der Bund in der Ausländer- und Ausländerbeschäftigungspolitik noch relativ große Handlungsspielräume. Noch war dieser Themenbereich nicht Gegenstand von Wahlkämpfen und parteipolitischer Profilierung. Die Länder traten zunächst weniger als sie dies in den siebziger Jahren tun würden als eigenständige Akteure auf. Der Bundestag blieb lange weitgehend passiv. Die politischen Parteien bemühten sich im Wesentlichen erst nach 1973, eigene Positionen zu entwickeln. In den Debatten um die deutsch-türkische Anwerbevereinbarung begegnen uns daher vor allem einige Bundesministerien, Interessenvertreter der deutschen Wirtschaft und die türkische Regierung.

Warum türkische Arbeitsmigranten nicht „rotieren" mussten

Am 30. Oktober 1961 wurde die „Deutsch-türkische Vereinbarung über die Vermittlung von türkischen Arbeitnehmern" unterzeichnet.[19] Nach den Abkommen mit Italien, Spanien und Griechenland war dies die vierte Anwerbevereinbarung, die die Bundesrepublik schloss. Und es war nicht untypisch, dass die Initiative hierzu nicht von bundesdeutschen Stellen ausging. Generell wird in der Literatur bislang der Einfluss der Herkunftsstaaten der MigrantInnen unterschätzt. Im Dezember 1960 wurde die türkische Regierung offiziell beim Auswärtigen Amt vorstellig. Ihrem Wunsch nach Entsendung von Arbeitskräften verlieh die türkische Regierung durch den Hinweis auf deutsche Wirtschafts- und militärpolitische Interessen Nachdruck. Sie betonte, dass „die türkische Regierung es als eine Zurücksetzung betrachten müsse, wenn sie trotz ihres lebhaften Wirtschaftsaustausches mit der Bundesrepublik und trotz ihrer Mitgliedschaft in der NATO hinter anderen, praktisch ebenso weit entfernt liegenden Staaten wie Griechenland zurückgesetzt würde."[20] Die Türkei war

19 Die folgenden Textabschnitte finden sich auch in meinem ausführlicheren Aufsatz: Zukunftsblindheit oder Steuerungsversagen? Zur Ausländerpolitik der Bundesregierungen der 1960er und frühen 1970er Jahre. In: Jochen Oltmer (Hrsg.): Migration steuern und verwalten. Deutschland vom späten 19. Jahrhundert bis zur Gegenwart (IMIS-Schriften, Bd. 12). Göttingen 2003, S. 123-144.

20 AA an BMA, 13.12.1960, hier zum Besuch des Legationsrats Ercin von der türkischen Botschaft, in: Bundesarchiv Koblenz (im ff. BA Ko) B 149/22372. Vgl. zum Abkommen mit der Türkei auch: Mathilde Jamin, Die deutsch-türkische Anwerbevereinbarung von 1961 und

sich sehr wohl ihrer guten Beziehungen zur Bundesrepublik und ihrer entscheidenden strategischen Bedeutung für die NATO bewusst[21] und war gewillt, dies auszuspielen. Arbeitsmarktpolitisch hielt die Bundesanstalt noch im September 1960 ein Anwerbeabkommen nicht für notwendig.[22] Da aber 1960 jeden Monat einige hundert türkische Arbeitskräfte individuell in die Bundesrepublik einreisten, kam zu dem außenpolitischen Interesse an guten Beziehungen zur Türkei das Anliegen, ohnehin stattfindende Migrationsbewegungen besser zu kontrollieren. Es war das Bundesinnenministerium (BMI), das darauf bestand, eine formelle Anwerbevereinbarung abzuschließen und da auch die ausländerpolizeiliche Auswahl, Gesundheitskontrollen, Einreise und Aufenthalt sowie die Rückübernahme türkischer Staatsangehöriger durch ihr Heimatland zu regeln.[23] Das gleiche Ministerium setzte dann auch die Aufnahme von Klauseln durch, mit denen die Entwicklung der Arbeitsmigration zur Einwanderung verhindert werden sollte: Nur „für eine Dauer von bis zu 2 Jahren" sollte die Anwerbung erfolgen, und die übliche, in anderen Anwerbeverträgen enthaltene Bestimmung zum Familiennachzug sollte aus dem Entwurf gestrichen werden. Es solle, so Ausländerreferent Breull vom BMI, „deutlich gemacht werden, dass eine Dauerbeschäftigung türkischer Arbeitnehmer im Bundesgebiet und eine Einwanderung, auf die auch von der Türkei kein Wert gelegt wird, nicht vorgesehen sind".[24] In der am rückwirkend zum 1. September 1961 in Kraft tretenden Vereinbarung hieß es: „Die Aufenthaltserlaubnis wird über eine Gesamtaufenthaltsdauer von 2 Jahren hinaus nicht erteilt."[25] Türken wurden damit im Vergleich zu Griechen, Spaniern oder Italienern diskriminiert – allerdings nur, wenn sie über die offizielle Vermittlung einreisten. Kamen sie individuell, galt die Zweijahresfrist nicht.

Obwohl sich in der Literatur hartnäckig die falsche Annahme hält, die Bundesrepublik habe eine Rotationspolitik praktiziert, war die hier vorgesehene ausdrückliche Rotationsbestimmung neu.[26] Sie bringt zum Ausdruck, dass 1961 gegenüber dem Frühjahr 1960 (als die Abkommen mit Griechenland und Spanien geschlossen worden waren) Ängste vor einer rasant zunehmenden Arbeitsmigration und einer eventuell hieraus resultierenden Ansiedlung gewachsen waren. Möglich

---

1964. In: Aytaç Eryilmaz/Mathilde Jamin (Hrsg.): Fremde Heimat. Eine Geschichte der Einwanderung aus der Türkei. Essen 1998, S. 69-82.

21 Vgl. dazu Klaus-Detlev Grothusen: Außenpolitik. In: Südosteuropa-Handbuch, hg. von Klaus-Detlev Grothusen. Bd. 4: Türkei. Göttingen 1985, S. 89-168. Adenauer und Heuß hatten in den fünfziger Jahren die Türkei besucht; die BRD war der wichtigste Handelspartner der Türkei.

22 BA (Sabel) an BMA, 26.9.1960, in: BA Ko B 149/22372.

23 BMI an BMA, 17.3.1961; BMI an AA und BMA, 23.5.1961; Protokoll einer Ressortbesprechung vom 4.7.1961, in: BA Ko B 149/22372.

24 BMI an BMA und AA, 2.9.1961, in: BA Ko B 149/22372.

25 Die deutsch-türkische Vereinbarung über die Vermittlung von türkischen Arbeitnehmern wurde im Gemeinsamen Ministerialblatt des Bundesministers des Innern etc., 1962, S. 10f. veröffentlicht.

26 Das Ausländerrecht ermöglichte es, den Aufenthalt von AusländerInnen zu begrenzen; von einer Rotationspolitik zu sprechen, erscheint aber nur dann sinnvoll, wenn in Programm und Praxis eine eng begrenzte Aufenthaltszeit ausländischer Arbeitskräfte durchgesetzt wird.

wäre es auch, die Diskriminierung der TürkInnen auf besondere Vorbehalte gegen sie zurückzuführen. Im Entstehungskontext des Anwerbeabkommens mit der Türkei aber sind solche seit den siebziger Jahren so einflussreichen Feindbilder erstaunlicherweise kaum nachweisbar. Ohne dass hierüber in den zuständigen Ministerien eine Diskussion stattfand (zumindest wurde keine Diskussion protokolliert), wurden Türkinnen und Türken als „Europäer“ eingeordnet; Syrer und Iraner z. B. galten dagegen als „Asiaten“. Klaus-Detlev Grothusen hat daran erinnert, wie selbstverständlich die Türkei in den ersten Nachkriegsjahrzehnten Europa zugerechnet wurde[27], und offenbar war diese Zuordnung auch bei der Entstehung des Anwerbeabkommens wichtig. Entscheidend für die dennoch zunächst beabsichtige Diskriminierung war das Drängen des Bundesinnenministeriums, das als Ressort für „Sicherheit und Ordnung“ besonders engagiert für Kontrolle und Begrenzung focht und angesichts der fortschreitenden Liberalisierung von Grenzkontrollen und der schnell zunehmenden Arbeitsmigration seinen Druck verstärkte.

Schon bevor die ersten Arbeitskräfte zurückrotieren mussten, wurden die entsprechenden Bestimmungen infrage gestellt und letztlich in einem 1964 revidierten Abkommen aufgehoben. Die Betriebe, schrieb die Bundesvereinigung der deutschen Arbeitgeberverbände im Dezember 1962 an das Arbeitsministerium, wehrten sich dagegen, immer neue Arbeitskräfte einarbeiten zu müssen; zudem sei man mit den Türken sehr zufrieden. Auch das Wirtschaftsministerium fand: „Aus wirtschaftspolitischer Sicht kann die Verlängerung der Aufenthaltsdauer der türkischen Arbeitnehmer über 2 Jahre hinaus nur begrüßt werden.“ Man schlug vor, auf eine Frist ganz zu verzichten.[28] Widerstände gab es von Seiten der türkischen Regierung, die die Kontrolle über die Rückkehr ihrer Staatsangehörigen behalten wollte[29], und aus dem Bundesinnenministerium. Letzteres war zwar bereit, die Aufhebung der Zweijahresfrist zu akzeptieren; die hiermit verbundene Intention, „den vorübergehenden Charakter des Aufenthalts und der Beschäftigung zu betonen“ und den Nachzug der Familien zu vermeiden, sollte dann aber auf andere Art erreicht werden. Vorgeschlagen wurde eine Einfügung in die Vereinbarung, die auch die Türkei binden würde: „Wegen der vorübergehenden Dauer der Beschäftigung in der BRD ist ein Nachzug der Familien nicht vorgesehen.“[30] Diese Ergänzung sollte den Familiennachzug „grundsätzlich ausschließen.“[31] Dies wiederum war für die türkische Regierung unannehmbar, die in einer solchen Bestimmung eine offene Diskriminierung sah. Mit Ausnahme des Innenministeriums wollten die beteiligten Bundesressorts nachgeben. Der Vertreter des Wirtschaftsministeriums fand die vom

27 Vgl. Grothusen (Anm. 21), besonders S. 92f. Der Vertrag über die Assoziierung der Türkei mit der EWG wurde 1963 unterzeichnet; die Türkei hatte sie 1959 beantragt.

28 BMWi an AA (nachr. an BMI und BMA), 21.2.1963, in: BA Ko B 149/22374.

29 AA an BMA, BMI und BMWi, 18.4.1963, in: BA Ko B 149/22374.

30 BMI an BMA, 19.1.1963, in: BA Ko B 149/22374. Vgl. auch die Niederschrift über die Sitzung des „Arbeitskreises für Fragen der Beschäftigung ausländischer Arbeitnehmer“ im BMA am 4. Dezember 1963, in: BA Ko B 149/6225.

31 BMI an BMA, AA, und nachr. BMWi, 9.5.1963; BMI an BMA und AA, 27.11.1963, beides in: BA Ko B 149/22374.

Innenministerium vorgeschlagene Einfügung „optisch unschön und sozialpolitisch bedenklich".[32] Das Innenministerium kämpfte, konnte sich aber letztlich nicht durchsetzen. Schließlich erreichte die Türkei auch, dass die explizite Hervorhebung des vorübergehenden Charakters der Beschäftigung in der BRD aus dem Entwurf gestrichen wurde; und in der zum 30. September 1964 geänderten Vereinbarung war weder eine maximale Aufenthaltsdauer enthalten noch der Familiennachzug ausgeschlossen.[33]

Die Auseinandersetzungen über die Vereinbarungen mit der Türkei zeigen, wie stark man sich in den Bundesministerien des Zusammenhangs zwischen Arbeitswanderung und Einwanderung bewusst war. Gerade das Bundesinnenministerium hatte es zu seinem Anliegen gemacht, aktiv Einwanderungstendenzen zu verhindern. Konnte es sich 1961 noch durchsetzen, so setzten – als die Türkei widersprach – 1963 Auswärtiges Amt, Arbeits- und Wirtschaftsministerium andere Prioritäten. Außen- und Wirtschaftsministerium verwiesen zwar auf alternative Mechanismen zur Behinderung des Familiennachzugs, gaben letztlich aber Rücksichten auf die Türkei und dem wirtschaftlichen Interesse am Erhalt eingearbeiteter Arbeitskräfte den Vorzug vor Bedenken gegen Einwanderungstendenzen. Das Arbeitsministerium argumentierte sozialpolitisch und hob hervor, „daß die Erteilung einer Aufenthaltserlaubnis an Familienangehörige türkischer Arbeitnehmer nicht grundsätzlich ausgeschlossen werden darf."[34] Auch in der Anwerbevereinbarung mit Portugal, über die etwa zeitgleich 1963 verhandelt wurde, versuchte das BMI, eine zeitliche Begrenzung des Aufenthalts und eine Klausel, die den Familiennachzug ausschließen sollte, durchsetzen. Auch hier scheiterte man.[35] Zunehmend wurden Einwände gegen die erzwungene Trennung von Familien einflussreicher, und die Bereitschaft wuchs, partielle Einwanderungsprozesse hinzunehmen. Effektiv verhindert wurden diese auf jeden Fall nicht, denn etlichen Türkinnen und Türken gelang es, als Familien in der Bundesrepublik zu leben. Immerhin 16 % der 134.000 männlichen türkischen Arbeitnehmer lebten im September 1966 mit ihren Ehefrauen in der Bundesrepublik. Die Zahl in der BRD lebender türkischer Kinder schätzte die Bundesanstalt für Arbeitsvermittlung und Arbeitslosenversicherung auf 22.000.[36]

32 Niederschrift über die Sitzung des „Arbeitskreises für Fragen der Beschäftigung ausländischer Arbeitnehmer" im BMA am 12. Juli 1963, hier S. 6, in: BA Ko B 149/6225.

33 Vgl. zur entsprechenden Forderung der Türkei: AA an BMA, BMI und BMWi, 23.4.1964, in: BA Ko B 149/22374; das AA fand, die Streichung der vorgesehenen Bestimmung würde wenig ändern. Die deutsch-türkischen Besprechungen fanden am 19. Mai 1964 statt; die Änderungen der Vereinbarung wurden veröffentlicht im Gemeinsamen Ministerialblatt des Bundesministers des Innern etc., 1964, Nr. 32, S. 507f.

34 BMA an AA (auch an BMI, BMWi), 9.8.1963, in: BA Ko B 149/22374.

35 Vgl. BMI an AA und nachr. an BMWi und BMA, 3.9.1963, in: BA Ko B 149/6245. Die deutsch-portugiesische Vereinbarung wurde im März 1964 unterzeichnet, vgl. hierzu Barbara Sonnenberger: Nationale Migrationspolitik und regionale Erfahrung. Die Anfänge der Arbeitsmigration in Südhessen 1955-1967. Darmstadt 2003, S. 65ff.

36 Allerdings lebten z. B. unter den Spaniern 30 % mit ihren Ehefrauen in der BRD, vgl. Bundesanstalt für Arbeitsvermittlung und Arbeitslosenversicherung (Hrsg.): Beschäftigung, Anwerbung, Vermittlung ausländischer Arbeitnehmer. Erfahrungsbericht 1967. Nürnberg 1968

Offensichtlich waren die Ausländerbehörden nur begrenzt bereit oder fähig gewesen, den Familiennachzug zu verhindern. Die Öffnung für ArbeitsmigrantInnen leitete schon ab den 1960er Jahren auch Einwanderungsprozesse ein.

Einwanderungsprozesse und politische Entscheidungen

Viele Faktoren wirkten zusammen, damit die Bundesrepublik, die nicht Einwanderungsland sein wollte, es trotzdem zuließ, dass umfangreiche Einwanderungsprozesse stattfanden: Sowohl für die konservativ als auch für die sozialdemokratisch geführten Regierungen der mittleren fünfziger bis mittleren siebziger Jahre war die Arbeitsmigration aus dem Ausland verknüpft mit zentralen Zielen ihrer Politik. Die Freizügigkeit der Arbeitskräfte war ein wichtiges Element der europäischen Integration. Ohne die massenhafte Rekrutierung im Ausland, so war die Regierung Brandt überzeugt, waren der dynamische Wirtschaftsaufschwung, die Steigerung des Lebensstandards und auch wichtige Reformvorhaben (Bildungsausweitung, frühere Rente, Arbeitszeitverkürzung) nicht zu realisieren. Gleichzeitig war die Anwerbung von Arbeitskräften – dies ist ein in der Literatur bislang unzureichend berücksichtigter Aspekt – auch ein Instrument bundesdeutscher Außenpolitik. Zu deren Anliegen gehörte es etwa, zur inneren Stabilisierung von Ländern, in denen man eine Zunahme des kommunistischen Einflusses fürchtete (Italien, Griechenland), beizutragen, NATO-Partner zu binden (Türkei) oder Unterstützung für den bundesdeutschen Alleinvertretungsanspruch gegenüber der DDR zu sichern. Aus Interesse an einem guten Image der BRD im Ausland befürwortete das Auswärtige Amt gelegentlich eine weniger restriktive Handhabung des Familiennachzugs und riet dazu, von umfangreichen Ausweisungen ohne Genehmigung in der BRD lebender AusländerInnen abzusehen. Einem Verbot des Familiennachzugs oder einer strikten Begrenzung des Aufenthalts (also einer Rotation), die neben einem Verzicht auf die Auslandsrekrutierung wohl die einzig effektiven Maßnahmen gewesen wären, um eine Einwanderung zu verhindern, standen verschiedene Faktoren entgegen: Im Rahmen der EWG, insbesondere gegenüber Italien, und in den Anwerbeverträgen waren solche Maßnahmen nicht durchsetzbar. Der Trennung von Familien standen Menschenrechtsnormen ebenso entgegen wie christliche und soziale Vorstellungen. Hinzu kam u. a. der Widerstand der Wirtschaft, die eingearbeitete Arbeitskräfte halten wollte.

(Beilage zu Nr. 2 der Amtliche Nachrichten der BA vom 12.3.1968), S. 19-21. Solche Zahlen dienen natürlich nur als grobe Anhaltswerte. Im September 1967 lebten 172.400 Türkinnen und Türken in der BRD (Ausländer im Bundesgebiet. In: Wirtschaft und Statistik, 1969, H. 7, S. 360f. u. 378*, hier S. 360). Für den gleichen Monat ging die Bundesanstalt von 131.309 in der BRD beschäftigten türkischen Arbeitnehmern aus. Unter den demnach gut 40.000 türkischen Staatsangehörige in der BRD, die nicht als abhängig Beschäftigte registriert waren, lassen sich vor allem nicht berufstätige Frauen und Kinder vermuten, allerdings auch Selbstständige. Aufgrund der unterschiedlichen statistischen Grundlagen sind die Zahlen allerdings nicht exakt vergleichbar.

Nicht Blindheit gegenüber den Konsequenzen der Migration bestimmte die Politik. Wie sich auch an einer Reihe anderer Beispiele zeigen ließe[37], setzten sich im immer wieder aufbrechenden Streit über Maßnahmen gegen Einwanderungstendenzen vielmehr andere politische Prioritäten durch; es gab wichtigere Dinge als das Ziel, Einwanderungsprozesse zu verhindern. Partielle Einwanderungsprozesse hinzunehmen und sich positiv zur Einwanderung und staatsbürgerlichen Integration zu bekennen aber waren zwei verschiedene Schritte.

Politische Entscheidungen waren dabei nicht das Ergebnis einer umfassenden, koordinierten Analyse und Erörterung der Situation und möglicher Handlungsalternativen. Typisch war gerade in den 1960er Jahren, dass die einzelnen Bundesministerien ressortspezifische Interessen vertraten und sie durchaus in Konkurrenz zueinander durchzusetzen versuchten. Das Kabinett unternahm lange gar nicht den Versuch, klare Grundlinienentscheidungen herbeizuführen. Es entsprach der Art und Weise, wie in den fünfziger und sechziger Jahren die Bundesregierung Politik machte, dass in erster Linie die Ressorts zuständig waren und das Kabinett vor allem dann eingeschaltet wurde, wenn die Kontroversen untereinander nicht gelöst werden konnten. Da es an einem ausreichend präzisen Rahmen politischer Prioritäten und Ziele und einem tatsächlich gesamtverantwortlichen Machtzentrum fehlte, war die Ausländer- und Ausländerbeschäftigungspolitik der Bundesregierung geprägt von einem Nebeneinander der Ressorts, die eigene Zuständigkeiten behielten und spezifische Perspektiven und Interessen verfolgten. Unter der ab 1969 amtierenden sozialliberalen Regierung erhielt das Anliegen einer stärkeren Planung und Steuerung politischer und gesellschaftlicher Prozesse zwar einen wichtigen Stellenwert, die Ausländer- und Ausländerbeschäftigungspolitik blieb hiervon allerdings weitgehend unberührt. Erst im Juni 1973 verabschiedete das Kabinett recht allgemeine politische Leitlinien, und ab 1975 nahmen Kanzleramt und Kabinett eine wichtigere Rolle im politischen Entscheidungsprozeß ein. Lange fehlte es am Willen, einen koordinierten Entscheidungsprozeß und die entsprechenden Strukturen durchzusetzen, ein Zustand, den Fritz Scharpf 1974 – bezogen auf die Regierungspolitik generell – beschrieb als „Unfähigkeit des politisch-administrativen Systems [...], seine internen Konflikte zu verarbeiten und einen für die Programmentwicklung ausreichenden Handlungskonsens zu bilden."[38]

Scharpfs Perspektive war damals geprägt durch die Planungseuphorie der 1970er Jahre. Heutige politikwissenschaftliche Analysen nehmen eine wesentlich skeptischere Position gegenüber der Fähigkeit der Politik, gesellschaftliche Entwicklung zu steuern, ein. „Die Politik", also das Subjekt solcher Steuerungsversuche, wird zudem heute als komplexes System eines „kooperativen Staates" gesehen, in dem etliche Akteure – von der Bundesregierung zu zivilgesellschaftlichen Organisationen – zusammen wirken. Deren Interventionsmöglichkeiten wiederum haben sich durch die Komplexität sozialer Prozesse, die Überlappung

37 Ausführlich hierzu Schönwälder 2001 (Anm. 12).

38 Fritz Scharpf: Politische Durchsetzbarkeit innerer Reformen. Göttingen 1974 (Kommission für wirtschaftlichen und sozialen Wandel, Bd. 28), S. 107.

nationalstaatlicher und supranationaler Kompetenzen und auch den Charakter der Migrationsprozesse verändert. Insofern könnten Politikwissenschaft und Zeitgeschichte von einem intensiveren Dialog über Art und Relevanz solcher Wandlungsprozesse profitieren.

Jenseits des Paradigmas kultureller Differenz

Martin Sökefeld

Einführung: Migration, Fremdheit und kulturelle Differenz

Vor über vierzig Jahren begann die Migration von Arbeitern aus der Türkei nach Deutschland. Einwanderung, nicht nur aus der Türkei, sondern auch aus vielen anderen Ländern, ist für die Nachkriegsgeschichte Deutschlands zu einem so wichtigen Faktor geworden, dass damit zusammenhängende Fragen schon mehrfach zu entscheidenden Wahlkampfthemen wurden. Deutschland, so wie es sich heute darstellt, ist ohne Einwanderung nicht denkbar. Fast ebenso lang wie es Einwanderung nach Deutschland gibt, wurden Einwanderer in Deutschland zu Objekten des gesellschaftlichen Diskurses gemacht. Unzählige Politikerreden wurden über Einwanderung (oder ihre Negation) gehalten, Artikel und Bücher zum Thema verfasst. Natürlich hat sich der Diskurs über Migration in Deutschland im Laufe von vier Jahrzehnten geändert, bestimmte Themen wurden in den Vordergrund gesetzt oder wieder zurückgestellt, Akzentverschiebungen fanden statt. Eine zentrale Figur des Diskurses blieb aber über all diese Jahre konstant, und sie bestimmt bis heute die Debatten über 'Ausländer' und 'Einwanderer' im Land. Es ist dies die Rede von der kulturellen Differenz, von der Andersartigkeit und Fremdheit der Migranten. Dabei nehmen die Einwanderer aus der Türkei eine paradigmatische Position ein. Sie gelten als die 'besonders fremden Migranten', da sie nicht nur aus einem 'völlig anderen Kulturkreis' stammen, sondern auch noch eine andere Religion haben als 'wir'. Natürlich gab es auch hier Verschiebungen, so wurden im Lauf der Zeit verschiedene Themen und Elemente benutzt, um Fremdheit zu markieren. Ging es zum Beispiel in der wissenschaftlichen Literatur über Migranten in vergangenen Jahrzehnten immer wieder um den Begriff der Ehre, der die Türken anscheinend so völlig anders machte, so steht heute vor allem das Thema Sprache im Vordergrund der öffentlichen Debatte. Interessanterweise ist dieses Paradigma kultureller Differenz und Fremdheit gemeinsamer Bezugspunkt sehr unterschiedlicher Perspektiven auf die Migrationsfrage: Es kennzeichnet den abwehrenden Ausgrenzungsdiskurs, der Migranten als 'gefährlich fremd' bestimmt, ebenso sehr wie den Multikulturalismusdiskurs, der das Fremde und Andere der Migranten als 'Bereicherung' betrachtet.

Wer ist fremd?

Was ist ein Fremder? In seinem Essay 'The Stranger' definiert Alfred Schütz einen Fremden als ein "erwachsenes Individuum, das sich bemüht, in einer Gruppe, der es sich nähert, dauerhaft akzeptiert oder wenigstens toleriert zu werden" (Schütz 1964:

91). Schütz bezeichnet Immigranten als das Paradebeispiel für ‚Fremde', betont jedoch, dass es viele andere Fälle von Fremdheit gebe, etwa wenn ein Städter sich in einer ländlichen Dorfgemeinde nieder lasse, wenn ein Rekrut in die Armee eingezogen werde oder wenn ein Mann sich um die Akzeptanz der Familie seiner Freundin bemühe. Diese unterschiedlichen Beispiele machen deutlich, dass Fremdheit keine persönliche Eigenschaft ist, die bestimmten Kategorien von Individuen anhängt, sondern einen Typus von sozialer Situation bezeichnet, in der soziale und/oder kulturelle Grenzen überschritten werden. Schütz schließt aus seiner Betrachtung verschiedene Situationen von Fremdheit aus, unter anderem solche, in denen der Fremde lediglich einen vorübergehenden Kontakt mit denen hat, denen er fremd ist, wie etwa der städtische Kurzzeitbesucher im Dorf. Schütz versteht Fremdheit vor allem als ein kulturelles Problem: Der Fremde kennt und versteht nicht die kulturellen Muster der Gruppe, der er sich nähert, und hat daher an ihren Ideen und Plänen nicht teil. Der Fremde und die anderen weisen nicht denselben Dingen die selben Bedeutungen zu, sie teilen nicht dasselbe Wissen. Die Konfrontation mit dieser Gruppe bedeutet nach Schütz für den Fremden eine Krise, weil er durch sie viele Dinge, die für ihn fraglos gelten, in Frage gestellt sieht. Aber in der Folge der Konfrontation verändert sich die Perspektive des Fremden: Sein Interpretationsrahmen verändert sich, er beginnt die andere Gruppe zu verstehen, sich in ihren Interpretationsrahmen (oder in ihre 'Kulturmuster') einzufinden und in einem gewissen Rahmen in ihrem Kontext zu handeln, auch wenn das für ihn eine Herausforderung bleibt und nicht die selbstverständliche Normalität annimmt, die sie für die Gruppenmitglieder hat. Obwohl es Schütz um die Situation der Fremdheit geht, schließt sein Text mit einem Blick auf soziale 'Justierung' (*social adjustment*), die Fremdheit überwindet. Er schreibt: "Die Anpassung des Neuankömmlings an die In-Gruppe, die zunächst so fremd erscheint, ist ein kontinuierlicher Prozess der Erkundung der kulturellen Muster dieser Gruppe. Wenn dieser Erkundungsprozess erfolgreich ist, dann werden dieses Muster und seine Elemente für den Neuankömmling etwas Selbstverständliches werden, ein *way of life*, der nicht in Frage gestellt wird, ein Schutz. Aber dann ist der Fremde kein Fremder mehr, und seine spezifischen Probleme sind gelöst worden" (ebd., S. 105).

Schutz beschreibt hier einen quasi natürlichen Prozess der Auseinandersetzung, Annäherung und Angleichung des Fremden an die, denen er nach Ablauf dieses Prozesses nicht mehr fremd ist. Man könnte von Assimilation sprechen, aber das ist im deutschen Diskurs ein zu recht verpönter Begriff. Und tatsächlich können wir uns einen solchen Prozess vorstellen, wenn es etwa darum geht, sich in eine neue Arbeitsstelle einzufinden oder in eine andere Stadt, in die man umgezogen ist. Es fällt allerdings sehr schwer, Schützes Darstellung des Prozesses, Fremdheit zu überwinden, auf Einwanderer zu beziehen, auf Migranten. Nicht nur in Deutschland ist die Erfahrung von Migranten mit Fremdheit und den Prozessen, die sie auslöst, völlig anders, und zu selten können wir das relativ unproblematische Nicht-mehr-Fremdsein beobachten, das Schütz erwarten lässt. Warum ist das so?

Ein zentraler Punkt ist, dass der ‚Fremde' bei Schütz ein Individuum ist, eben 'der Fremde', während Migranten als kollektiv Fremde wahrgenommen werden, ja, durch die Wahrnehmung als 'die Fremden' und den zugehörigen gesellschaftlichen Diskurs als Gruppe konstituiert werden. Das heißt, die Zuschreibung der Eigenschaft 'Fremdheit' folgt nicht daraus, das gewisse, 'fremde' Elemente bei Migranten wahrgenommen werden, sondern Fremdheit ist eine Prämisse der Wahrnehmung. Wir haben es hier mit kulturellen Zuschreibungen zu tun. Gesellschaftliche Diskurse und Praktiken in Bezug auf Migranten folgen in Deutschland, aber auch anderswo, einem Paradigma kultureller Differenz. Durch dieses Paradigma werden Migranten als Gruppe definiert und konstituiert und von der Mehrheitsbevölkerung abgegrenzt – man kann auch sagen: ausgegrenzt.

Fremdheit und Ausgrenzung

Ich möchte behaupten, dass die Prämissen von Differenz und Fremdheit, welche die Wahrnehmung von Einwanderern in Deutschland leiten, schon lange nicht mehr generell der gesellschaftlichen Realität entsprechen. Die gesellschaftliche Rede über Migration verwickelt sich daher häufig in Widersprüche, die darauf hinweisen, dass Migranten in Deutschland keineswegs generell so anders sind. Derartige Widersprüche werden aber selten als solche erkannt und wahrgenommen, jedenfalls nicht in dem Maße, dass sie die Prämisse der Differenz ins Wanken bringen könnten. Ich möchte kurz zwei Beispiele für solche Widersprüche schildern.

Anlässlich des Besuchs des türkischen Ministerpräsidenten Tayyıp Erdoğan in Deutschland Anfang September 2003 erschien in der Tageszeitung 'Die Welt' ein Artikel über türkische Unternehmer in Deutschland. Der Artikel, geschrieben von Nikolaus Doll und Ayhan Bakırdögen, hatte die Absicht, die Bedeutung türkischer Unternehmer für die deutsche Wirtschaft herauszustellen und auch positive Beispiele für Integration zu liefern. Dabei konstruierten die Autoren einen Gegensatz zwischen den eher wenigen türkischen Großunternehmern, die gut integriert sind und viel für Deutschland leisten, und den vielen Dönerbudenbetreibern an der Ecke, die eine Art Lumpen-Unternehmertum darstellen und kaum integriert seien. Der Text beginnt mit einem solchen Döner-Bräter und stellt fest: "Seit 17 Jahren stillt er in Berlin den Hunger nach Fladenbrot mit Fleischeinlage, über Deutschland weiß er aber kaum mehr als die meisten Kunden über seine türkische Heimat".[1] Einige Zeilen später sagt der so dargestellte Döner-Unternehmer über sich selbst: "Manchmal komme ich mir vor wie ein Klischee. Aber ich bin Unternehmer, wie deutsche Firmeninhaber auch, mit Angestellten, Steuererklärungen, Filialen." Der Widerspruch zwischen der Beschreibung durch die Autoren und der Selbstdarstellung ist offensichtlich: Wie kann jemand, der über Deutschland nichts weiß, also schlecht integriert ist, in der Lage sein, eine Steuererklärung für ein Unternehmen abzugeben? Steuerangelegenheiten erfordern zweifellos ein großes gesellschafts- und kulturspezifisches Wissen. Der Widerspruch ist den Autoren selbst anscheinend nicht aufgefallen und vermutlich haben die meisten Leser auch nicht gestutzt. Ein Text, der die Integration wenigstens einiger türkischer Unternehmer aufzeigen will, kann offensichtlich nicht

1 Doll, Nikolaus / Bakırdögen, Ayhan: Jenseits von Döner. In: Die Welt, 02.09.2003.

anders, als zunächst mit einem in sich nicht stimmigen Beispiel zu beginnen, welches das Gegenteil belegen soll. Der Topos, dass Migranten nichts über Deutschland wissen, sondern in einer 'fremden Parallelwelt' leben, ist ein häufiges Element der ausgrenzenden Rede über Migration.

Ein zweites Beispiel, eine Szene aus der Hamburger S-Bahn im Herbst 2001: Eine Frau, die nach landläufigen Klischees aufgrund ihres Aussehens als 'Ausländerin' identifiziert werden konnte, fuhr mit zwei Kindern Richtung Innenstadt. Ein (zweifellos deutscher) Mann stieg ein und setzte sich der Frau und ihren Kindern gegenüber. Nachdem er mehrere Minuten lang mit den Kindern gescherzt und sie nach ihren Großeltern gefragt hatte, wandte er sich an die Frau und fragte: "Woher kommen Sie denn?" Die Frau zögerte etwas, dann sagte sie: "Gebürtig bin ich aus der Türkei." Ohne eine Sekunde nachzudenken, fragte daraufhin der Mann: "Ja, haben denn ihre Kinder dann überhaupt Gelegenheit, Deutsch zu lernen?" Die Kinder hatten sich mit ihm in völlig altersgemäßem Deutsch unterhalten, und auch ihre Mutter sprach Deutsch, aber dieser empirische Befund tat offensichtlich der Einschätzung des Mannes keinen Abbruch, dass 'Ausländer' eben kein Deutsch können *können*.

Diese beiden Beispiele geben deutliche Hinweise auf die nicht wahrgenommene Widersprüchlichkeit des Migrationsdiskurses in Deutschland: Man wirft Migranten vor, kein Deutsch zu sprechen und fordert sie auf, die Sprache zu lernen, obwohl sie das überwiegend längst getan haben, man diagnostiziert, Einwanderer würden nichts über die deutsche Gesellschaft wissen und in 'Parallelwelten' leben, obwohl das offensichtlich so nicht der Fall ist

Integration und Differenz

Zentrales Element des Diskurses über Migration in Deutschland ist die Rede von der 'Integration.' An Migranten wird die Forderung gestellt, sie sollten sich 'integrieren.' Obwohl beileibe nicht immer klar ist, was im positiven Sinne damit gemeint ist, wie man also sein soll, wenn man denn einmal 'integriert' wäre, so wird doch damit ein ziemlich eindeutiges Urteil gefällt: Migranten sind eben größtenteils (noch?) nicht integriert. Und die Permanenz, mit der die Forderung nach Integration erhoben wird, lässt eigentlich nur noch den Schluss zu, dass sich Migranten gar nicht integrieren lassen – oder sich womöglich nicht integrieren wollen. Man kann allerdings auch zu dem Schluss kommen, dass gerade die dauernde Forderung nach Integration, deren andere Seite das Urteil ist, Migranten seien nicht integriert, Einwanderer immer wieder ausgrenzt, als 'Sondergruppe' konstituiert und damit eben gerade Integration unmöglich macht.

Besonders klar erkennbar ist dieser Zusammenhang zwischen Integrationsforderung und Ausgrenzung in der 'Berliner Rede', die Bundespräsident Johannes Rau unter dem Titel "Gemeinsam in Deutschland leben" im Mai 2000 zum Thema Migration und Integration in Deutschland hielt. Er warb in dieser Rede für Integration, rief zu wechselseitigem Verständnis auf und forderte, natürlich, von den Einwanderern, Deutsch zu lernen. Inhaltlich war die Rede um positive Annäherung bemüht. Rau warnte vor Ausgrenzung und vor der Instrumentalisierung rassistischer

Bilder in der Politik und forderte, Vorurteile abzulegen. Er zeigte auch Verständnis für Überfremdungsängste deutscher Bürger und daraus entstehende ablehnende Haltungen. So sagte er zum Beispiel:

> "Es ist nicht schwer, in gutsituierten Vierteln eine ausländerfreundliche Gesinnung zu zeigen. Schwerer ist das da, wo sich immer mehr verändert, wo man als Einheimischer die Schilder an und in den Geschäften nicht mehr lesen kann, wo in einem Haus Familien aus aller Welt zusammen wohnen, wo sich im Hausflur ganz unterschiedliche Essensgerüche mischen, wo laut fremde Musik gemacht wird, wo wir ganz andere Lebensstile und religiöse Bräuche erfahren. Schwer wird das Zusammenleben dort, wo sich manche alteingesessene Deutsche nicht mehr zu Hause fühlen, sondern wie Fremde im eigenen Land. Im klimatisierten Auto multikulturelle Radioprogramme zu genießen, ist eine Sache. In der U-Bahn oder im Bus umgeben zu sein von Menschen, deren Sprache man nicht versteht, das ist eine ganz andere."

Rau bemüht sich um Verständnis zwischen Einwanderern und Einheimischen. Die diskursiven Mittel der Rede negierten allerdings ihr explizites Ziel, *gemeinsames* Leben zu fördern. Denn die Rede war selbst von einer durchgängigen Dichotomie des 'Wir' und 'die Anderen' gekennzeichnet, wobei 'Wir' selbstverständlich 'die Deutschen' waren und 'die Anderen' die 'Ausländer' oder Migranten. Es heißt etwa: "Wir sind kulturell reicher geworden: Musik aus anderen Ländern hat vielen von uns neue Welten geöffnet." Oder: "Wir essen heute anders. Die Einwanderer haben ihre Rezepte mitgebracht." Diese Dichotomie negiert eindeutig das Ziel der Integration, denn das 'Wir', von dem die Rede ist, ist stets ein 'deutsches' Wir (und zwar 'deutschstämmig-deutsches Wir'). 'Die Anderen' bleiben draußen.

Die 'Andersartigkeit' der 'Ausländer' erscheint Rau ebenso selbstverständlich oder natürlich wie die Gleichartigkeit derer, die er als 'alteingesessene Deutsche', als 'angestammte Bevölkerung' oder einfach als 'unsere Landsleute' bezeichnet. Hier wird durchgängig ein Gegensatz benutzt, als gebe es nichts dazwischen, keine Annäherungen, keine Veränderung. Ein wichtiger Teil der gesellschaftlichen Realität in Deutschland wird ausgeblendet, nämlich die Wirklichkeit der Einwanderer und ihrer Nachkommen, die vielleicht längst die deutsche Staatsbürgerschaft haben, die mehrsprachig sind, und daher durchaus die 'fremden' Schilder in den Geschäften und die 'fremden Sprachen' in der U-Bahn verstehen. Für sie ist dieses 'Fremde' eben nicht fremd. Obwohl sie eigentlich längst zum veränderten 'Wir' der Deutschen dazugehören und obwohl gerade diese neuen Deutschen ein wichtiges Thema der Rede über Integration sein müssten und viel dazu zu sagen hätten, werden sie aus dem 'Wir' ausgeschlossen. So erneuert gerade der Diskurs über Integration, deren Anspruch nie eingelöst werden kann, ständig die Abgrenzung und Differenz zwischen 'uns' und 'den anderen.'[2]

Der Migrationsdiskurs in Deutschland, geführt von Politikern, von vielen 'Experten', aber auch von den 'normalen' Bürgern, konstruiert eine kulturelle Kategorie der 'Ausländer' oder 'Migranten.' Aus der Annahme der Differenz der Migranten entsteht ein Stereotyp, das den Migrationsdiskurs in Deutschland

2 Zur weiteren Analyse der Rede siehe Laviziano et al. 2001.

durchgängig kennzeichnet: Migranten sind danach inhärent problematisch, sie stellen für die Gesellschaft ein Problem dar. Dabei verdeckt die kulturelle Kategorie der Ausländer soziale Kategorien, oder, anders ausgedrückt: Soziale Probleme werden kulturalisiert.

Die Kulturalisierung sozialer Probleme ist besonders deutlich in Debatten über die schlechte schulische Situation vieler Migrantenkinder. Es wird diagnostiziert, es sei eine Folge der Migrationssituation, der mangelnden Integration der Eltern, dass diese Kinder kein oder nur ungenügendes Deutsch sprechen. Zum Teil werden Migrantenkinder direkt für ein Absinken der Leistungsstandards an deutschen Schulen insgesamt verantwortlich gemacht. Es wird dabei nicht beachtet, dass diese schulischen Probleme eine bestimmte Bildungsschicht betreffen und dass deutsche Kinder aus derselben Bildungsschicht ebenfalls Schwierigkeiten in der Schule haben. Es geht also keineswegs um ein migrantenspezifisches Problem. Das schlechte Abschneiden von Migrantenkindern ist ein Beleg dafür, dass das deutsche Bildungssystem extrem konservierend und undurchlässig ist und dass Schulerfolg vor allem vom Bildungsstandard der Eltern abhängt. Anstatt darauf zu verweisen, werden Schulprobleme, die zwar viele, aber durchaus nicht alle Kinder von Einwanderern betreffen, den Migranten insgesamt zugeschrieben, durch die Migrationssituation erklärt und damit das Migrantenleben als an sich problematisch dargestellt. Hier geschieht Ausgrenzung durch undifferenzierte Problematisierung.

Man kann jetzt einwenden, dass ja durchaus nicht alle Migranten unterschiedslos problematisiert werden, sondern dass es auch viel beachtete 'Erfolgsmeldungen' gibt. Das stimmt, aber es ist sehr aufschlussreich gerade solche Berichte über 'gut integrierte', erfolgreiche Migranten neben die alltäglichen Problemmeldungen zu stellen. Uns fallen sofort Namen ein, etwa der ehemalige Bundestagsabgeordnete Cem Özdemir oder der Reiseunternehmer Vural Öger. Und es ist bezeichnend, dass uns hier Namen einfallen. Erfolgsgeschichten von Einwanderern werden nämlich personalisiert und individualisiert; sie werden nicht den Migranten insgesamt zugeschrieben. Genau das geschieht aber mit der Problematisierung von Migranten: Sie gilt für die Gruppe insgesamt, nicht für spezifische Individuen. Erfolgsgeschichten über Integration sind die Ausnahme, Probleme die Regel.

Auch die Wissenschaften, die sich in Deutschland mit Migranten beschäftigen, sind an ihrer Konstituierung als problematische Andere beteiligt. Das gilt für die 'problemorientierten' Erziehungswissenschaften genauso wie für die Ethnologie, die sich lange damit begnügt hat, Einwanderer in Deutschland auf so genannte Traditionen in ihren Herkunftsländern zu reduzieren bzw. ihre Situation hier mit Verweis auf solche Traditionen zu erklären.

Kultur und Differenz

Eine wichtige Ursache für die fortdauernde diskursive Konstruktion von Einwanderern in Deutschland als 'Andere' besteht in einem immer noch dominanten Verständnis von deutscher Kultur und Identität, das auf konventionellen, homogenisierenden Konzepten von Kultur und Identität fußt. Wohl keine anderen

Begriffe haben jedoch in den letzten Jahren in den Kulturwissenschaften eine derart radikale Umdeutung erfahren, wie diese beiden Begriffe. Das klassische Kulturkonzept, das von Herder begründet und zu Beginn des zwanzigsten Jahrhunderts von Franz Boas zum dominanten Konzept der Kulturanthropologie gemacht wurde, spricht von Kultur als einem Bestand von Eigenschaften, Traditionen, Werten, Vorstellungen, Verhaltensweisen und so weiter, die eine menschliche Gemeinschaft kennzeichnen und sie von anderen Gemeinschaften mit anderen Kulturen unterscheiden. Dieses Kulturkonzept hat zwei Funktionen: Es homogenisiert innerhalb der Gruppe und stellt eine Grenze, einen Kontrast nach außen her. Von der gemeinsamen, geteilten Kultur kann dann eine Identität abgeleitet werden, die den Gruppenangehörigen ebenfalls gemeinsam ist und sie als Gruppenangehörige ausweist. Kultur ist hier ein gewisser Determinismus zu eigen: Kultur bestimmt die Individuen. Dieses Konzept homogener Kultur und Identität ist in der kulturwissenschaftlichen Debatte, die ich hier nicht detailliert referieren kann, obsolet geworden. Einige wichtige Punkte seien jedoch genannt:

- Kultur wird nicht als determinierender Konsens den Individuen vorangestellt, sondern entsteht aus der Interaktion von Akteuren als momentane und sich verändernde Übereinkünfte über Vorstellungen und Bedeutungen. Kultur ist damit niemals homogen, sondern immer 'hybrid'.
- Kultur und von ihr abgeleitete Identität wird damit radikal 'veruneinheitlicht': Kulturen und Identitäten werden als vielfältige, sich überschneidende und durchkreuzende, einander widersprechende momentane Verständigungen betrachtet, die vor allem durch eins bestimmt sind: Durch ein ständiges Spiel der Differenz.
- Die von Michel Foucault angestoßene Verschiebung des analytischen Blicks auf Machtpraktiken und auf Diskurse führt zur Konzeptualisierung von Kultur als *Repräsentation*, in Bezug auf die gefragt werden muss, wer hier mit welchem Interesse wen wie repräsentiert. Kultur ist dann nicht mehr das Apriori von Differenz, sondern ein Instrument, um Gleichheit nach innen und Differenz nach außen herzustellen.[3]

Eine analytische Perspektive auf Migration kann unter diesen konzeptuellen Prämissen nicht mehr danach fragen, wie sich etwa Deutsche und Einwanderer voneinander unterscheiden, sondern muss aufdecken, mit welchen Mitteln Differenzen hergestellt werden und wie Gruppen durch Repräsentationen und die Diskurse, in denen sie verbreitet werden, voneinander abgegrenzt werden. Der Migrationsdiskurs in Deutschland ist dann nicht eine gesellschaftliche Rede, die Unterschiede zwischen Einheimischen und Eingewanderten einfach diagnostiziert und reflektiert, sondern eine soziale Praxis, die Differenz immer wieder herstellt.

3 Für einen Überblick über die Debatte siehe Sökefeld 2001.

Anerkennung statt Integration

Diese Setzung von Unterschieden und Grenzziehung geschieht auch durch den derzeitigen Integrationsdiskurs. Ich habe das an einigen Beispielen aufgezeigt. Paradoxerweise muss man daraus schließen, dass 'Integration' im Sinne gleichberechtigter Teilhabe aller am gesellschaftlichen Leben erst dann gelingen kann, wenn der Integrationsdiskurs aufgehoben wird, der Einwanderer immer wieder ausgrenzt. Der Integrationsdiskurs mit den in ihm erhobenen Forderungen an Einwanderer impliziert die Verweigerung von Anerkennung. Er besagt, dass Einwanderer eben noch nicht als gleichberechtigte Bürger und Teilhaber der Gesellschaft anerkannt sind. Sie werden im Integrationsdiskurs im Gegenteil als durch Defizite gekennzeichnet dargestellt.

Meiner Ansicht nach kann 'Integration' nur gelingen, wenn der Integrationsdiskurs durch einen Diskurs der Anerkennung ersetzt wird, der Einwanderer in Deutschland als normale Angehörige der Gesellschaft begreift, die ebenso mit Schwierigkeiten aller Art zu kämpfen haben wie alle anderen Gesellschaftsmitglieder auch, die aber keine essentiell problematische Gruppe darstellen. Kultur und Sozialwissenschaften können zu einem solchen Paradigmenwechsel einen wichtigen Beitrag leisten, indem sie sich etwa mit der 'Normalität' der Einwanderer beschäftigen und, ebenso wichtig, indem sie aufzeigen, dass nicht nur Migranten von 'Differenz' gekennzeichnet sind, sondern dass alle möglichen Sorten von Unterschieden auch die 'Einheimischen' kennzeichnen und dass die Homogenität des 'wir' ebenso eine Schimäre ist wie die kategoriale Differenz der 'anderen.' Eine solche Perspektive auf Migration betrachtet Einwanderer als gesellschaftliche Akteure mit eigener Handlungsfähigkeit und nicht als Individuen, deren Position in der Gesellschaft weitgehend durch ihre Zugehörigkeit zu einer Problemgruppe determiniert ist. Als Beispiel möchte ich auf Levent Soysals (2001) Arbeiten über türkisch-stämmige Jugendliche in Berlin verweisen, die zeigt, dass diese Jugendlichen keineswegs im gängigen Sinn 'marginal' sind, sondern eine Vielzahl gesellschaftlicher Ressourcen verwenden, um ganz unterschiedliche kulturelle Projekte umzusetzen.

Letztlich muss man sich fragen, in wie weit es überhaupt sinnvoll ist, die Rede von 'Migranten' beizubehalten. Wenn unreflektiert schon von 'Migranten der 3. Generation' gesprochen wird, dann darf man nicht in erster Linie darüber reden, welche kulturellen Differenzen denn zu einer Konstitution einer solchen Gruppe führen, sondern man muss sich fragen, welche Kontinuität von Ausgrenzungen die fortgesetzte Klassifizierung dieser Menschen als Migranten hervorbringt. Mit der unreflektierten Beibehaltung der Kategorie des 'Migranten' in der 'n-ten Generation' droht die Migrationsforschung selbst in einem zentralen Aspekt die Anerkennung zu negieren.

Zitierte Literatur

Laviziano, Alex / Mein; Corinna / Sökefeld, Martin: To be German or not to be... Zur 'Berliner Rede' des Bundespräsidenten Johannes Rau. Ethnoscripts 3 (2001), Nr. 1, S. 39-53.

Rau, Johannes: Berliner Rede: Gemeinsam in Deutschland leben (2000).. Verfügbar online: http://www.bundespraesident.de/reden/rau/de00_0512.htm (18.5.2000)

Schütz, Alfred: The Stranger. An Essay in Social Psychology. In: Collected Papers 2, hg v. Arvid Brodersen, Den Haag 1964, S. 91-105.

Sökefeld, Martin: Der Kulturbegriff in der Ethnologie und im öffentlichen Diskurs - eine paradoxe Entwicklung? In: Stöber, Georg (Hrsg). 'Fremde Kulturen' im Geographieunterricht: Analysen – Konzepte – Erfahrungen. Hannover 2001, S. 119-137.

Soysal, Levent: Diversity of Experience, Experience of Diversity. In: Cultural Dynamics 13 (2001), S.5-28.

Paradigmen kultureller Differenz und Hybridität[1]

Umut Erel

Einleitung

Dieser Beitrag handelt von kulturellen Mischformen. Konzepte wie Hybridität, Diaspora und transnationale Identitäten haben in den letzten Jahren in den Sozial- und Kulturwissenschaften Anstöße gegeben, die Idee von festgeschriebenen ethnisch-kulturellen Grenzen als Norm zu hinterfragen. Gleichzeitig hat es in der gesellschaftlichen Repräsentation von Ethnizität Veränderungen gegeben. Die Schlagworte von den "neuen Deutschen," den "Deutsch-Türken" oder "multikulturellen Deutschen" tauchten auf. Die Diskussion darüber, ob es eine deutsche Leitkultur gibt, bzw. was man sich darunter vorstellen soll, hat die Gemüter bewegt. Wenn diese Debatten auch inhaltlich „dünn" waren, so haben sie doch gezeigt, dass das Verhältnis von Ethnizität, Nation und Kultur ein zentrales Thema in der Identifikation von Deutschsein und Nicht-Deutschsein darstellt. Interessanterweise kommt in den Debatten um das neue Zuwanderungsgesetz die Frage nach den Grenzen und Inhalten von Deutschsein nicht mehr vor, da es klar ist, wer die Deutschen und wer die Ausländer sind: Die einen müssen integriert werden, und manche von ihnen müssen zu ihrem Glück, das heißt zu Sprach- und Demokratiekursen (auch "Integrationskurse" genannt), gezwungen werden. In der öffentlichen Diskussion wird die Frage der lernunwilligen Ausländer derzeit in den Vordergrund gestellt. Die dramatische Situation von Kürzungen, verbunden mit wenigen Plätzen in den Deutschkursen für MigrantInnen, wird gar nicht erst thematisiert. Die Ausländer werden weiterhin porträtiert als diejenigen, die sich beweisen müssen – und wenn sie denn nicht spuren und die Deutschkurse erfolgreich abschließen, so kann das in Zukunft negative Auswirkungen auf ihren aufenthaltsrechtlichen Status haben (vgl. Topal 2002).

Vor dem Hintergrund, dass ethnische und kulturelle Differenz als Makel angesehen wird, der notfalls mit ausländerrechtlichen Maßnahmen bestraft werden soll, erscheinen die Schlagworte von einer multikulturellen Identität oder die positive Bezugnahme auf deutsch-türkische Künstler und Unternehmer als die bessere Alternative. In diesem Beitrag möchte ich aber auch die Probleme diskutieren, die ein Konzept von hybriden Identitäten mit sich bringt.

Ich beginne mit einer Diskussion des Konzeptes der Hybridität und der Fragen und Probleme, die es aufwirft. Dabei betrachte ich vor allem, welche Menschen und

1 Dies ist eine gekürzte und veränderte Fassung des Artikels in: Martin Sökefeld (Hg.): Jenseits des Paradigmas kultureller Differenz, erscheint voraussichtlich im Herbst 2004 im transcript-Verlag in Bielefeld.

welche ihrer Praktiken als "legitime" oder "illegitime" Mischformen gelten. Ich argumentiere, dass Mischungen unterschiedlich bewertet werden und dass Hybridität sowohl in akademischen als auch gesellschaftlichen Debatten je nach Situation positiv oder negativ bewertet wird.

Hybridität – Identifikationsstrategie, kulturelle Produktion, Epistemologie

Kulturelle Praktiken und Identitäten werden in unterschiedlichen gesellschaftlichen Bereichen und staatlichen Praktiken herangezogen, um die "guten ins Töpfchen und die schlechten ins Kröpfchen" zu sortieren. Das heißt, dass etwa die Fähigkeit, deutsch zu sprechen oder ein "Bekenntnis zu Deutschland" wichtige Voraussetzungen zur Erlangung der Staatsbürgerschaft darstellen. Auf anderer Ebene wird oft "die islamische Kultur" als Hinderungsgrund für die Integration von Migrantinnen gesehen. So dient in unterschiedlichen Bereichen, etwa im Bildungs- und Ausbildungsbereich oder auf dem Arbeitsmarkt, die zugeschriebene kulturelle Differenz zur Legitimation der Ausgrenzung derer, die als kulturell different gesehen werden. Im Gegensatz dazu steht die Weigerung vieler MigrantInnen und anderer ethnisierter Menschen, sich in eine nationale, ethnische oder kulturelle Schublade stecken zu lassen. So hat die jahrelange Pathologisierung vor allem der zweiten Generation von MigrantInnen als entwurzelt, ohne Heimat und kulturelle Leitmodelle, also "zwischen zwei Stühlen zu sitzen", zu einer selbstbewussten Behauptung geführt, "auf allen Stühlen" zu sitzen (vgl. z. B. Otyakmaz 1995).[2] Diese Behauptung ist nicht bloß die einfache Umkehrung eines rassistischen Diskurses (vgl. Taguieff 1987), sondern beinhaltet mehrere Elemente, die gängige Paradigmen kultureller und ethnischer Differenz in Frage stellen. Einige davon werden in den akademischen Debatten mit dem Konzept der Hybridität theoretisch gefasst, dem ich mich nun zuwende.

Die Zuschreibung kultureller Differenz zu eindeutig identifizierbaren ethnischen Gruppen und die Behauptung, dass diese kulturellen Differenzen transhistorisch und unassimilierbar sind, ist ein wichtiger Baustein neo-rassistischer Diskurse, die insbesondere im Zuge der politischen Entwicklung und der Kriege nach dem 11. September 2001 an Auftrieb gewonnen haben. Nationalismus und Rassismus sind beides produktive Diskurse, die Identitäten sowie kulturelle und soziale Praktiken hervorbringen. An anderer Stelle habe ich ausgeführt, dass dabei die Konstruktion und Reproduktion von interethnischen Grenzen und ethnisierten "Anderen" eine zentrale Rolle spielt (vgl. Erel 1999). Daher ist es wichtig, sichtbar zu machen, dass solche interethnischen Grenzen nicht essentiell in kulturellen Formen und Praxen enthalten sind. Wie konstruktivistische ForscherInnen schon lange argumentieren, ist es nicht eine gemeinsame Kultur, Sprache oder ein Territorium, welche zwangsläufig zur Bildung von nationalem oder ethnischem Bewusstsein und dessen

---

2 Dieses Selbstverständnis, über mehrere national oder ethnisch definierte kulturelle und soziale Räume zu verfügen und sich legitim ihrer Ressourcen bedienen zu können, ist – entgegen gängiger Stereotypen – nicht auf die zweite Generation von Migrantinnen beschränkt.

Verwirklichung in einem Nationalstaat führen. Vielmehr werden die Bestrebungen nach Vereinheitlichung von kulturellen und sprachlichen Ressourcen oft von einer kleinen kulturellen Elite getragen und im Rahmen von nationalen Bewegungen und später nationalstaatlichen Institutionen erst verbreitet. Das heißt, dass eine (imaginierte) kulturelle Gemeinschaft nicht die Basis und Voraussetzung, sondern erst das Ergebnis von Nationalstaaten oder nationalen Bewegungen ist (vgl. Anderson 1993).

Was heute als zunehmende Globalisierung erscheint, wird oft vorschnell als ein Verschwinden des Nationalstaates betrauert oder gefeiert. Stattdessen ko–existieren Nationalstaaten (mit unterschiedlicher Souveränität und Macht in den internationalen Beziehungen) neben supranationalen Organisationen und multinationalen Korporationen als Akteure im politischen, ökonomischen, sozialen und kulturellen Prozess der Globalisierung. Auf der einen Seite erzeugen neue Informationstechnologien, Medien und erleichterte Reisemöglichkeiten (für einige) ein gesteigertes Bewusstsein kultureller Differenz. Auf der anderen Seite artikuliert sich dieses Bewusstsein kultureller Differenz auch als eine Forderung nach Anerkennung und Gleichberechtigung (vgl. Pieterse 1999).

Im Alltagsleben wie in der Theoriebildung hat sich darüber hinaus ein zunehmendes Interesse an kulturellen Mischformen, hybriden Praktiken und kulturellen Produkten entwickelt. Diese Mischformen sind an sich nichts Neues, aber sie werden zunehmend kommentiert, reflektiert und oft als Zeichen dynamischer, innovativer Weltoffenheit gefeiert, die überkommene Rassismen transzendieren. In den Cultural Studies ist Homi Bhabhas Konzept der Hybridität besonders einflussreich.

Im Folgenden stelle ich kurz Homi Bhabhas Konzept von Hybridität und die Herausforderungen an Paradigmen kultureller Differenz, die es mit sich bringt, vor. Bhabha vertritt ein semiotisches Konzept von Kultur, wonach Kultur Bedeutungen produziert und ein Prozess der Interpretation ist. Dies ist ein Gegenentwurf zu dem, was er "musée imaginaire" (Bhabha 1994: 172) nennt, d. h. ein Gegenentwurf zu kolonialen und multikulturalistischen Paradigmen kultureller Differenz, die Kultur als verdinglichte Eigenschaft klar abgrenzbaren ethnischen Gruppen zuschreiben. Bhabhba versteht unter Kultur soziale Beziehungen, die transnational, durch die historischen und gegenwärtigen Erfahrungen von Sklaverei, Zwangsarbeit, Kolonisierung, Migration und Handel entstanden sind. Diese Beziehungen sind mehrdimensional; aus verschiedenen lokalen, regionalen und nationalen Perspektiven erhalten sie unterschiedliche Bedeutungen. Kultur als Prozess der Interpretation beinhaltet so auch immer ein Aushandeln von Machtverhältnissen und von Definitionsgewalt über Interpretationen und Praktiken. Außerdem sieht er Kultur als "translational" (Bhabha 1994: 172) an, d. h. kulturelle Formen können unterschiedlich interpretiert werden und können wie Sprache aus einem Sinnzusammenhang in andere gleichsam "übersetzt" werden. Zudem wird Bedeutung ausgehandelt und ist umstritten, so dass wir Hybridität als Prozess begreifen müssen. Das heißt, dass innerhalb einer Gruppe kulturelle Formen unterschiedlich verstanden, interpretiert und gelebt werden und sich in einem ständigen Prozess des Wandels befinden. Außerdem – wenn wir Kulturen überhaupt soweit abstrahieren können – beeinflussen sich Kulturen unterschiedlicher Gruppen gegenseitig.

Sei es im interkulturellen oder zeitlichen Sinne, kulturelle Formen sind niemals abgeschlossen, sie werden immer wieder neu interpretiert und verarbeitet. Darum sind Konzepte, die von vorgeblich "ursprünglichen, reinen" Formen oder deren "Verfälschung" ausgehen, nicht sinnvoll (Bhabba 1990:210). In diesem Sinne ist die häufig identifzierte Mischung von Elementen, die unterschiedliche ethnische Konnotationen haben, in der kulturellen Produktion nur insofern bemerkenswert, als sie nationale und ethnische Grenzen aufzeigt, hinterfragt und herausfordert. Vor allem im Bereich der kulturellen Produktion sind explizit oder selbstreflexiv hybride Genres und Praktiken "hip", während die soziale Realität der Menschen, die hybride Identifikationsstrategien verfolgen, nicht das gleiche Interesse hervorruft (vgl. El Tayeb 2003). Hybride Identifikationsstrategien sind darauf ausgerichtet, das "Dazwischen" zu validieren und weder nach Dominanz noch nach eindeutiger Verortung oder Schließung zu streben, sondern durch die Behauptung der "Dazwischen"-Position eben diese Kategorisierungen herauszufordern (vgl. Bhabha 1996; Pieterse 2001; Schön 1996).

Wer ist hybrid?

Bhabhas Theorie zufolge sind wir alle hybrid. Allerdings haben wir unterschiedliche Machtpositionen und Ressourcen, um unsere Hybridität anzuerkennen oder zu verschleiern und als kulturelle "Reinheit" zu normalisieren. Wie Leyda Oquendi (1997) in Bezug auf Lateinamerika feststellt, hat dort Hybridität als Folge von gewaltsamem Kolonialismus und Sexismus seit Jahrhunderten existiert, sie wurde jedoch von denen unterdrückt, die zwar selbst auch hybrid waren, aber ihre eigene Hybridität nicht anerkannten.

Aus der kolonialen Geschichte Lateinamerikas und der Geschichte schwarzer Menschen in den USA können wir noch mehr lernen. Hybridität oder Metizaje bezieht sich nicht nur auf kulturelle Mischformen, sondern greift implizit auch auf die Idee einer angeblichen "biologischen" Mischung zurück (vgl. dazu Young 1995). Damit sind Personen gemeint, deren Eltern aus verschiedenen "rassischen" Gruppen kommen.[3] Zudem zeigt die Geschichte der USA und Lateinamerikas deutlich, dass solche "Rassenmischung" oft auf sexueller Gewalt von weißen Sklavenhaltern beruhte. "Rasse" steht hier für den größtmöglichen Gegensatz zwischen "weiß" und "nicht-weiß," der die rassistische Vorstellung strukturiert. Bevor die Idee von "Mischung" Sinn macht, sei es in kultureller oder angeblich biologischer Bedeutung, müssen Unterschiede zwischen Gruppen konstruiert werden, die sozial bedeutsam sind. Diese Unterschiede werden als Gegensatz zwischen zwei Polen dargestellt. Andere soziale und eventuell ethnische Differenzen innerhalb der beiden Pole werden dieser Polarität untergeordnet.

3 Die Unhaltbarkeit des Rassebegriffs ist oft diskutiert worden, und ich gehe hier nicht weiter darauf ein; vgl etwa Miles 1993.

So befanden sich beispielsweise unter den "spanischen" Conquistadores keineswegs nur Spanier, sondern auch Juden, Araber, Flamen, Portugiesen, Roma und andere. Sie mussten erst diskursiv zu einer Kategorie der "weißen Europäer" vereinheitlicht werden, um ihnen dann die indigene Bevölkerung als eine ebenso einheitliche Gruppe der "Anderen" entgegenzusetzen (vgl. Zagefka 1997). Erst Unterschiede, die ideologisch und diskursiv auf einen Gegensatz reduziert und verschärft sind, geben einem Begriff wie Hybridität Sinn. Die biologischen Konnotationen des Hybriditätsbegriffs spiegeln Diskurse des 19. Jahrhunderts wider, die geradezu eine Obsession mit der Frage der Reinheit der "Rasse" und "Rassenmischung" produzierten (vgl. Coombes und Brah 2001). Der Begriff der Hybridität ist so auch eine sexuelle und spezifisch heterosexuelle Metapher, die sexuelle und kulturelle (Re-)produktion miteinander verbindet (vgl. Young 1995).

Das Konzept der Hybridität bezieht sich explizit auf alle Menschen, egal welcher Ethnizität. Allerdings haben einige TheoretikerInnen auch kritisiert, dass die begriffliche Konnotation einerseits auf Menschen aus bi-kulturellen/ bi-nationalen oder "mixed race" Familien verweist, andererseits aber ihre gelebten Erfahrungen nicht berücksichtigt und so die Tendenz sowohl theoretischer als auch empirischer Forschung reproduziert, Menschen aus ethnisch gemischten Familien zu ignorieren (vgl. Treacher 2000).

Wenn das Konzept der Hybridität auch nicht explizit auf ethnische Differenz eingeht, so überlagert doch die Signifikanz (und Fetischisierung) von nationalen und ethnischen Grenzen in der Konstitution von Subjekten und in der Produktion und Konsumtion kultureller Produkte andere Lesarten des Hybriditätsparadigmas (vgl. Pieterse 2001). Das Konzept der Hybridität erlaubt es, kulturelle und ethnische Prozesse als fließend und unabgeschlossen zu verstehen und die Annahme von Grenzen und klar zuschreibbaren Gruppenidentitäten zu problematisieren. Als epistemologisches Instrument hinterfragt das Hybriditätsparadigma die Annahme, dass Grenzüberschreitungsprozesse marginal sind und erfasst somit komplexere soziale Analysen.

Allerdings geschieht es auch in akademischen Debatten, dass dieser prozessuale Charakter von Hybridität vernachlässigt wird und Hybridität als Zustand betrachtet und dadurch verdinglicht wird (vgl. Parker 1995). Im folgenden möchte ich zwei Beispiele dafür anführen, wie akademische Debatten um Hybridität neue Ausschlussdiskurse produzieren können.

Die politische Kategorie "Schwarz" wurde in Britannien[4] als eine anti-rassistische, multi-ethnische und multi-"rassische" Identifikation und widerständige Subjektposition von und für diejenigen benutzt, die von (post-)kolonialem Rassismus betroffen waren. Als solche war es eine Subjektposition, die mit einem politischen Projekt antirassistischer Bündnisse verbunden war und z. T. durchaus erfolgreich Bewegungen und Bewusstsein mobilisiert hat, aber wegen ihres politischen Gehalts

4 Ich übernehme hier den englischen Sprachgebrauch, der die historischen Grundlagen von Kolonialismus in Frage stellt, und daher nicht den Begriff 'Großbritannien' sondern 'Britannien' benutzt.

stets umstritten war und nicht von allen als Selbstbezeichnung gewählt wurde. Allerdings wurde diese multi-ethnische und multirassische Subjektposition im Laufe der 1990er Jahre immer mehr marginalisiert, der Begriff des Schwarzseins entpolitisiert und stattdessen mit Menschen afro-karibischer Herkunft gleichgesetzt (vgl. Brah 1996). Claire Alexander (2002) meint, dass auch akademische Diskurse zur Entpolitisierung des politischen Begriffs des "Schwarzseins" beigetragen haben. Sie führt an, dass eine Refokussierung akademischer Debatten auf kulturelle Belange und vor allem auf eine Zelebrierung hybrider kultureller Praktiken einer neuen Form der Dichotomisierung ethnisierter Menschen in Britannien Vorschub geleistet hat. So argumentiert sie, dass auf dem Feld der Repräsentation afro-karibische kulturelle Praktiken und Produkte als hybrid und integrierbar anerkannt werden. In ihrer Analyse der Feierlichkeiten zum 50. Jahrestag der Ankunft des Schiffes "Windrush," 1948, die als Beginn der postkolonialen Arbeitsmigration gewertet wird, stellt sie fest, dass eine Erinnerungskultur und Geschichte eines multikulturellen Britannien etabliert wird, in der die Erfahrungen asiatischer MigrantInnen und Minderheiten und ihre Beiträge zum antirassistischen Widerstand ausgeblendet werden. Afrokaribische Identitäten werden in akademischen Debatten als flexibel und hybrid gesehen und werden mit afro-amerikanischen Identitäten in Bezug gesetzt. Diese Konstruktion einer Affinität mit afro-amerikanischen kulturellen Formen und Identitäten fördert wiederum die Entstehung von "Crossover"-Publikum und Identifikationen, die Einschluss in die Vorstellung von Britischsein versprechen. In dieser Repräsentation gelten asiatische Identitäten als kulturell abgegrenzt, unveränderlich und essentialistisch, d. h. als nicht integrierbar. Dies ist mit einer Zunahme von Islamophobie und Ethnisierung muslimischer Menschen einhergegangen. Nach Alexander haben neuere akademische Debatten afro-karibische Gemeinschaften als integrierbar dargestellt. Insbesondere durch die Kommodifizierung von Differenz, oft in Anlehnung an populäre Hybriditätsdiskurse, wurden afro-karibische Identitäten in eine neue Imagination britischer Identität eingeschlossen, während die Bevölkerung mit asiatischem Hintergrund immer mehr als essentiell different und der Integration unfähig gesehen wurde.[5]

Solch eine diskursive Dichotomisierung von "guten" hybriden versus "schlechten" essentialistischen Identitäten findet auch in akademischen Debatten um innermuslimische Differenz statt. So diskutiert Ruba Salih (2003) die Spannbreite der Identifikationen und Praktiken muslimischer Frauen in Italien. Dabei kritisiert sie, dass gerade in wissenschaftlichen Diskussionen eine neue Hierarchie unter muslimischen Frauen konstruiert wird. Auf der einen Seite werden muslimische Frauen, die sich offen und explizit von Religiösität lossagen, als Beispiel für die Schaffung positiver, hybrider Identitäten angeführt. Auf der anderen Seite werden

---

5 Ich möchte hervorheben, dass Alexander's These natürlich nicht auf jeden Kontext passt, sondern auf einen spezifischen akademischen Cultural Studies Diskurs Bezug nimmt. So stellen andere Diskurse etwa asiatische Minderheiten in Britannien als Vorzeigebeispiel für die ökonomische Integration insbesondere durch selbstständige Berufe dar und präsentieren sie als den erfolgreichen Gegenpol zu afro-karibischen Gruppen.

Frauen, die den Islam als einen wichtigen Teil ihrer Identität präsentieren, dargestellt, als würden sie sich den Anforderungen einer polivalenten, uneindeutigen Moderne verschliessen und stattdessen einen "einfachen," eindimensional religionszentrierten Identitätsrahmen und dessen Handlungsanleitungen akzeptieren. Nach Salih ignorieren diese Forschungen die komplexen Debatten um Modernität, Demokratie und Islam, die in muslimischen Öffentlichkeiten geführt werden. Zudem stellt sie dieser vereinfachenden Darstellung die Ergebnisse ihrer eigenen Feldforschung in Italien entgegen. Sie führt dabei Beispiele von Frauen auf, die auf unterschiedlichste Weise muslimische Praktiken und Bewertungen von Geschlechterverhältnissen neu interpretieren. Manche von ihnen sehen sich dabei explizit als Aktivistinnen, die neue Formen von Gemeinschaft und Religiosität über ethnische Grenzen hinweg in einem europäischen Kontext artikulieren. Für andere ist eine muslimische Identifikation einfach Teil ihres Alltags, die sie jedoch mit einer Anpassung an die praktischen Gegebenheiten der Migrationssituation verbinden, so dass etwa viele Mütter ihren Kindern erlauben, Schweinefleisch zu essen. Salih argumentiert, dass das Etikett der Hybridität, das Forscherinnen verteilen, oft implizit einer Bewertung gleichkommt, in der diejenigen Verhaltensweisen, die scheinbar westlich sind, als legitime und positive Hybridität anerkannt werden. Auf der anderen Seite werden andere Formen von kulturellen und ethnischen Grenzüberschreitungen, die sich explizit als muslimisch identifizieren, nicht als solche wahrgenommen, sondern durch einen orientalistischen Blick essentialisiert.

In diesen beiden Beispielen stellt die Anerkennung des hybriden Gehalts mancher kultureller Praktiken oder Identitäten durch Forscherinnen und mehrheitsethnische Öffentlichkeiten eine partielle Legitimierung dar. Eine solche, wenn auch partielle Anerkennung "akzeptabler" hybrider Identitäten und kultureller Praktiken ist meist ein rhetorisches Mittel, um den Ausschluss anderer, als unakzeptabel konstruierter Praktiken und Identitäten zu rechtfertigen. Diese strategische Aufteilung in integrierbare und nicht integrierbare "Andere" ist natürlich nicht neu und kommt auch ohne das Etikett der Hybridität aus, dennoch ist es wichtig hervorzuheben, dass der transgressive und progressive Habitus, den das Konzept der Hybridität zu signalisieren scheint, auch in akademischen Debatten nicht ohne weiteres für bare Münze genommen werden kann.

Das Konzept der Hybridität bietet nicht automatisch ein analytisches Instrument zum Verständnis aller Formen sozialer Ungleichheit. So ist eine Kritik an Machtverhältnissen nicht unmittelbar im Hybriditätsparadigma enthalten. Insbesondere wird das Hybriditätsparadigma der Analyse von Klassengegensätzen und materieller Ausbeutung nicht gerecht (vgl. Erel 1999), d. h. es ist wichtig, das Hybriditätsparadigma kultureller Differenz in Zusammenhang mit anderen Machtverhältnissen zu setzen. Die Strategie der Hybridisierung als eine widerständige Praxis der Identifikation oder kulturellen Produktion ist nicht immer erfolgreich und sowohl "strategischer Essentialismus" (Spivak) als auch andere Formen von Allianzen (etwa "epistemologische Gemeinschaften", vgl. Assiter 1996, oder "transversale Politik", vgl. Yuval-Davis 1997)[6] müssen mobilisiert werden, um Machtverhältnisse von Klasse, Geschlecht, Rassismus u. a. auf unterschiedlichen Ebenen herauszufordern. Nora Räthzels (1999) Äußerung "Hybridität ist die Antwort – aber was war noch mal die Frage?" macht deutlich, dass Hybridität nicht die Antwort auf alle Fragen sozialer Ungleichheit darstellt oder an und für sich eine kritische und effiziente Handlungsstrategie bietet.

Als Zwischenresümee möchte ich festhalten, dass die Konstruktion und die Reproduktion von interethnischen Grenzen ein Prozess ist, der für rassistische Diskurse und Praktiken von zentraler Bedeutung ist. Daher ist es wichtig, sichtbar zu machen, dass solche interethnischen Grenzen nicht essentiell in kulturellen Formen und Praxen enthalten sind. Das Konzept der Hybridität ist sinnvoll, um kulturelle Prozesse als historisch geworden und interethnische Grenzen als ausgehandelt anzuerkennen. Allerdings enthält das Konzept der Hybridität oder Hybridisierungsstrategien an sich keine ausreichende Analyse oder Handlungsstrategie, um unterschiedliche Machtverhältnisse zu untergraben. Darum ist es wichtig, Hybridisierung mit Blick auf die Überschneidungen verschiedener Prozesse und Perspektiven zu betrachten und zu fragen, wie Geschlecht, Sexualität und Klasse mit der Konstruktion ethnischer Hierarchien zusammenhängen. So lesen wir kaum von deutsch-türkischen ("hybriden") Putzfrauen oder deutsch-kroatischen Arbeitslosen. Zudem bleibt meist das Problem der Polarisierung von zwei ethnischen Identitäten, so dass die ethnische und kulturelle Vielfalt der Migrantinnen aus der Türkei beispielsweise hinter dem Label der Deutsch-Türkin verborgen bleibt. Hybridisierungsstrategien können zwar auf der einen Seite dazu beitragen, ethnisierte Subjekte und ihre kulturellen Praxen und Produkte sichtbar zu machen. Aber dies an sich genügt noch nicht, um Dominanzverhältnisse zu dekonstruieren oder gar zu verändern. Ich denke, dass Hybridisierungsstrategien vor allem dazu geeignet sind, die Legitimation normalisierter, dominanter Identitäten in Frage zu stellen. Im folgenden und letzten Abschnitt schlage ich vor, dass das Konzept der Hybridität insbesondere in der Aushandlung der Subjektpositionen von Bürgerschaft[7]

---

6 An dieser Stelle kann ich nur kurz die Möglichkeiten der genannten Konzepte anreissen: Gayatri Spivak hat den Begriff des strategischem Essentialismus geprägt, um auszudrücken, dass es in bestimmten Situationen sinnvoll sein kann, essentialistische Konzepte anzurufen um politisch strategische Bündnisse einzugehen, anstatt auf der analytischen Priorität des Dekonstruktivismus zu bestehen. Mit dem Konzept der epistemologischen Gemeinschaften entwirft Assiter (1996) die Basis politischer Allianzen nicht auf der Basis gemeinsamer sozialer Identitäten, sondern aufgrund gemeinsamer Epistemologien und politischer Ziele. Unter transversaler Politik versteht Yuval-Davis (1997) eine Politik, die sowohl die unterschiedlichen Realitäten und Interessen, die aus unterschiedlichen sozialen Positionierungen und Erfahrungen erwachsen, anerkennt, als auch durch gegenseitiges Verständnis von politischen Bündnispartnern aus unterschiedlichen sozialen Positionen diese zu überbrücken sucht.

7 Ich beziehe mich hier auf anglophone Debatten über das Konzept von 'citizenship,' das meist mit Staatsbürgerschaft übersetzt wird. Allerdings möchte ich durch die Benutzung der Begriffe

festgeschriebene Identitäten und ihnen zugeschriebene "Rechte" in Frage stellen und mitunter Argumente für ein erweitertes Verständnis von Bürgerrechten unterstützen kann.

Multikulturalistische Bürgerschaft und Hybridität

Forschungen über Hybridität konzentrieren sich oft auf kulturelle Produktion oder Jugendsubkulturen. Ich möchte an dieser Stelle vorschlagen, wie ein Konzept von Hybridität sinnvoll in eine Analyse von Bürgerschaft und politischer Subjektivität eingebunden werden kann.[8] Bürgerrechte und Staatsbürgerschaft konstitutieren materielle und diskursive Grenzen von Zugehörigkeit, Rechten und Zugang zu Ressourcen. Während formale Staatsbürgerschaft wichtig für die Realisierung vieler Rechte ist, so zeigen doch die Erfahrungen etwa ethnischer Minderheiten in Britannien, dass sie nicht ausreicht, um substantielle Bürgerrechte zu verwirklichen. Denn institutioneller Rassismus, das Zusammenspiel ökonomischer und rassistischer Machtverhältnisse sowie die institutionelle Zentrierung einer "nationalen" Mehrheitskultur reproduzieren unterschiedliche soziale Machtpositionen und unterschiedlichen Zugang zu staatlichen Ressourcen und Institutionen.

Auf der anderen Seite umfasst mein Denken über Bürgerschaft und Bürgerrechte auch diejenigen, die zwar formal nicht Staatsbürger sind, aber aufgrund ihrer Residenz auf unterschiedliche Weise als Teil der Gemeinschaft gesehen werden können (vgl. Erel 2003 a und b). Bürgerschaft hat so zwei Aspekte, zum einen stellt sie einen Rahmen für Ein- und Ausschlüsse dar, zum anderen bietet sie einen Rahmen für soziale Kämpfe (vgl. Turner 1993). Ein zentrales Problem in Debatten um Bürgerschaft und Migration ist epistemologischer Art: Sowohl akademische als auch politische und Alltagsdiskurse basieren auf einer bi-polaren Konstruktion mit der so genannten Aufnahmegesellschaft und ihren "Interessen" auf der einen und MigrantInnen auf der anderen Seite. Dass Ethnizität die Basis für unterschiedliche Zugehörigkeiten und Interessen darstellt, wird in den meisten Diskussionen um Staatsbürgerschaft als gegeben hingenommen (vgl. Carens 1995). Demgegenüber halte ich eine analytische Trennung von Nation und Zivilgesellschaft, deren Teil auch MigrantInnen und ethnisierte Menschen bilden, für wichtig (vgl. Brubaker 1989, Yuval-Davis 1997). Die Frage des Verhältnisses von kultureller (oft gleichgesetzt mit ethnischer) Differenz und Bürgerrechten wird am deutlichsten in multikulturalistischen Theorien diskutiert. Ein Problem dabei bildet jedoch eine eindimensionale Sicht auf Differenz, wo Migranten und ethnische Minderheiten generisch als männlich (z. B. Bauböck 1991, Mackert 1999) und Frauenrechte generisch als die Rechte von ethnischen Mehrheitsfrauen diskutiert werden (vgl. Appelt 2000). In diesem Zusammenhang möchte ich betonen, dass das Konzept von

Bürgerschaft und Bürgerrechte betonen, dass in meinem Verständnis dieses Konzeptes die Beziehung mit dem Staat nicht als die alleinige Autorisierungsinstanz gelten sollte.

8 Ich greife hier auf Ergebnisse meiner Studie über (hoch)qualifizierte Migrantinnen aus der Türkei in der Bundesrepublik und in Britannien zurück (Erel 2002).

Hybridität eine wichtige Kritik und ein Weiterdenken in Bezug auf ethnische und kulturelle Differenz und Bürgerrechte ermöglicht.

Multikulturalistische Diskurse über Bürgerschaft konzentrieren sich auf das Verhältnis zwischen Gruppen, Individuen und dem Staat (vgl. Kymlicka 1995, Rex 1994, Radtke 1994). Multikulturalistische Diskurse betrachten Gruppenrechte als eine vermittelnde Instanz zwischen dem Staat und dem Individuum und sehen Gruppenrechte als ein Mittel, um die Benachteiligung und Unterdrückung von Minderheiten zu korrigieren. So argumentiert etwa Will Kymlicka (1995), dass Gruppenrechte die kulturelle Differenz ethnischer Minderheit vor einer Vereinnahmung und Angleichung durch die kulturelle und ethnische Mehrheit schützen sollten.[9] Während Kymlicka Kulturen unterschiedlicher Gruppen durchaus als intern dynamisch und veränderbar begreift, betont er, dass sie verschieden sind und unproblematisch voneinander abgegrenzt werden können. Nach Kymlicka stellt Kultur die Voraussetzung dar, um freie Entscheidungen zu treffen, da ein kultureller Rahmen unabdingbar sei, um den eigenen Erfahrungen Sinn zu geben. Daher meint er, dass der Schutz von Minderheitenkulturen zentral ist, um das liberale Prinzip der Entscheidungsfreiheit aufrechtzuerhalten. Denn selbst wenn der Gehalt von Minderheitenkulturen sich verändert, sollte das Konzept (ethnisch) abgegrenzter Kulturen beibehalten werden. Kritiker warnen davor, dass solch ein Konzept von ethnischen kulturellen Gruppenrechten zur Unterdrückung und Kontrolle "interner Minderheiten" (vgl. Green 1995) oder individueller Oppositioneller (vgl. Waldron 1995) führen kann. Kymlicka integriert diese Kritik, indem er argumentiert, dass Gruppenrechte nur insofern gerechtfertigt sind, als sie eine ethnische Minderheit vor der Mehrheit beschützen, dass jedoch die Mehrheitsgesellschaft ihre Toleranz für Minderheitenrechte an der Stelle begrenzen muss, wo Minderheitenrechte intern restriktiv sind. Dieses Argument ist problematisch, insofern es die (kulturell spezifischen) Werte der ethnisch dominanten Gruppe zur Beurteilung und Verurteilung kultureller Praktiken von Minderheitengruppen anruft. Außerdem stetzt diese Argumentation diskursiv und politisch liberale und mehrheitsethnische kulturelle Werte gleich und behauptet für beide eine Universalität und Neutralität, die zugleich materielle Dominanz und Unterdrückungsverhältnisse legitimiert und produziert (vgl. Erel in Vorbereitung, Rattansi 1994, Yuval-Davis 1997, Zizek 1999). In diesem Zusammenhang liberaler und/ oder multikulturalistischer Diskussionen um Bürgerrechte kann das Hybriditätsparadigma eine kritische, de-konstruktive Rolle spielen. Wenn kulturelle Praktiken als offen, prozessual und dialogisch betrachtet werden, so wird deutlich, dass kulturelle Autorität und Authentizität in hegemonialen

---

9 Kymlicka differenziert zwischen drei Arten von gruppendifferenzierten Rechten, die je nach Situation zugestanden werden sollten:
"-self-government rights (the delegation of powers to national minorities, often through some form of federalism);
-polyethnic rights (state support and legal protection for certain practices associated with particular ethnic or religious groups; and
-special representation rights (guaranteed seats for ethnic or national groups within the central institutions of the larger state)" (Kymlicka 1995: 6-7).

Kämpfen umstrittene Projekte sind. Wenn in multikulturalistischen Diskursen scheinbar kulturelle Werte, Praktiken und ethnische Grenzen klar zugeschrieben werden können, so stellt das Hybriditätsparadigma dies in Frage. Weiterhin tendieren multikulturalistische Praktiken und Diskurse dazu, die konservativsten Werte ethnischer Minderheitengruppen und ihrer Vertreter als die authentischsten zu sehen, da sie scheinbar die größte Distanz zu den kulturellen Praktiken der ethnischen Mehrheitsgesellschaft haben (Sahgal und Yuval-Davis 1992). In diesem Zusammenhang stellt das Hybriditätsparadigma eine Herausforderung dar, da es Konflikte und Kämpfe um Machtverhältnisse innerhalb ethnischer Minderheitengruppen im Gegensatz zu multikulturalistischen Autorisierungsstrategien nicht an kultureller Authentizität misst. Es bleibt festzuhalten, dass Gruppenrechte und Ungleichheiten im Zugang zu Bürgerrechten nicht allein auf kulturelle Differenz und Diversität zurückzuführen sind, sondern auch Produkt materieller und rechtlicher Ungleichheiten sind, die sich nicht durch eine noch so differenziere Theorie von Kultur begreifen lassen. Dennoch spielt das Paradigma kultureller Differenz in den sozio-politischen und ökonomischen Praktiken und Diskursen, in denen diese Ungleichheiten verhandelt werden, eine strukturierende Rolle. In diesem Zusammenhang erhellt das Hybriditätsparadigma eine einfache, aber zentrale Feststellung: Mischformen und Hybridität sind vielleicht nicht die Lösung aller Fragen, aber das Problem stellen Grenzziehungen und daran geknüpfte Machtverhältnisse dar.

Zitierte Literatur

Alexander, Claire (2002): "Beyond black: Re-thinking the Colour/ Culture Divide", in: *Ethnic and Racial Studies* 25, S. 552-571.

Anderson, Benedict (1993): *Die Erfindung der Nation. Zur Karriere eines folgenreichen Konzepts*, Frankfurt/Main: Campus Verlag.

Anthias, Floya & Yuval-Davis, Nira (1992): *Racialized Boundaries*, London: Sage

Appelt, E. (1999): *Geschlecht – Staatsbürgerschaft – Nation: Politische Konstruktionen des Geschlechterverhältnisses in Europa*, Frankfurt/Main: Campus Verlag..

Assiter, Alison (1996): *Enlightened Women. Modernist Feminism in a Postmodern Age*, London: Routledge.

Bauböck, Rainer (1991): *Immigration and the Boundaries of Citizenship*. Centre for Research in Ethnic Relations, Monographs on Ethnic Relations No. 4.

Bhabha, Homi K. (1990): "The Third Space", in: J. Rutherford (Hg.), *Identitiy, Community, Culture, Difference*, London, Lawrence and Wishart, S.207-221.

Bhabha, Homi K. (1994): *The Location of Culture*, London: Routledge.

Bhabha, Homi K. (1996): "Cultures in-between", in, Stuart Hall/Paul du Gay (Hg.), *Questions of Cultural Identity*, London: Sage, S.53-60.

Bhavnani, Kum-Kum (1999): "Rassismen entgegnen: Querverbindungen und Hybridität", in: Brigitte Kossek (Hg.), *Gegen-Rassismen. Konstruktionen, Interaktionen, Interventionen*, Hamburg: Argument Verlag, S.186-203.

Brah, Avtar (1996): *Cartographies of Diaspora*, London: Routledge.

Brubaker, Rogers (1989): "Membership without Citizenship: The Economic and Social Rights of Noncitizens", in: Rogers Brubaker (Hg.), *Immigration and the Politics of Citizenship in Europe and North America*, Lanham: University Press of America, S. 145-162.

Carens, Joseph: Aliens and Citizens (1995):"The Case for Open Borders", in: Will Kymlicka (Hg.), *The Rights of Minority Cultures*, Oxford: Oxford University Press, S.331-349.

Coombes, Annie und Brah, Avtar (2000): "Introduction: the conundrum of 'mixing'", in: Annie Coombes/Avtar Brah (Hg.), *Hybridity and its Discontents. Politics, Science and Culture*, London: Routledge, S. 1-17.

El-Tayeb, Fatima (2003): Kanak Attak! HipHop und (Anti-)Identitätsmodelle der „Zweiten Generation", in: Angelika Eder (Hg.): *„Wir sind auch da!" Über das Leben von und mit Migranten in europäischen Großstädten*, Hamburg: Dölling und Galitz, S. 313 – 326.

Erel, Umut (1999): "Grenzüberschreitungen und kulturelle Mischformen als antirassistischer Widerstand?" in: Cathy Gelbin/Kader Konuk/Peggy Piesche (Hg.), *AufBrüche. Kulturelle Produktionen von Migrantinnen, schwarzen und jüdischen Frauen*, Königstein/Taunus: Ulrike Helmer Verlag, S.172-195.

Erel, Umut (2002): *Agency and Subjectivity in the Life Stories of Migrant Women from Turkey in Germany and Britain*, unveröffentlichte Dissertation, Nottingham Trent University.

Erel, Umut (2003a): "Skilled Migrant Women and Citizenship", in: Mirjana Morokvasic/Umut Erel/Kyoko Shinozaki (Hg.), *Crossing Borders and Shifting Boundaries. Gender on the Move!* Opladen: Leske und Budrich, S.261-284.

Erel, Umut (2003b): "Migration, Geschlecht, Ethnizität: (De-) Konstruktionen von Identitiätspolitik und Gemeinschaft", in: Eder, Angelika (Hg.), *'Wir sind auch da!' Über das Leben von und mit Migranten in europäischen Großstädten*, Hamburg: Dölling und Galitz Verlag, S.267-290.

Erel, Umut (in Vorbereitung): "MigrantInnen, Staatsbürgerschaft, Geschlecht und Ethnizität", in: Bettina Roß (Hg.), *Migration, Geschlecht und Staatsbürgerschaft. Weiterdenken für antirassistische, feministische Politik/-wissenschaft.*

Green, Leslie (1995): "Internal Minorities and their Rights", in: Will Kymlicka (Hg.), *The Rights of Minority Cultures*. Oxford: Oxford University Press, S. 257-272.

Hall, Stuart (1987): "Minimal Selves", in: Homi Bhabha (Hg.), *The Real Me. Postmodernism and the Question of Identity*, ICA London.

Kymlicka, Will (1995): *Multi-Cultural Citizenship*, Oxford, Oxford University Press.

Mackert, J. (1999): *Kampf um Zugehörigkeit. Nationale Staatsbürgerschaft als Modus sozialer Schließung*, Opladen: Westdeutscher Verlag.

Miles, Robert (1993): *Racism after 'race relations'*, London: Routledge.

Oquendi, Leyda (1997): "Identity and Mixed Breeds in Cuba", Vortrag auf der Konferenz *Cultural Pluralism. Metissage and Mixed Identities* 20.-22.11. 1997, Universität Florenz.

Otyakmaz, Berrin Ö. (1995): *Auf allen Stühlen. Das Selbstverständnis junger türkischer Migrantinnen in Deutschland*, Köln: ISP Verlag.

Parker, David (1995): *Through Different Eyes*, Avebury: Aldershot.

Pieterse, Jan Nederveen (1994): "Unpacking the West: How European is Europe?" in: Ali Rattansi/Sally Westwood (Hg.), *Racism, Modernity, Identity*, Cambridge: Polity Press, S.129-149.

Pieterse, Jan Nederveen (1999): "Globale / lokale Melange: Globalisierung und Kultur – Drei Paradigmen", in: Brigitte Kossek (Hg.), *Gegen-Rassismen. Konstruktionen, Interaktionen, Interventionen*, Hamburg: Argument Verlag, S.167-185.

Pieterse, Jan Nederveen (2001): "Hybridity – So What? The Anti-Hybridity Backlash and the Riddles of Recognition", in *Theory, Culture & Society* 18, S. 219-245.

Radtke, Frank-Olaf (1994): "The Formation of Ethnic Minorities and the Transformation of Social into Ethnic Conflicts in a So-Called Multi-Cultural Society: The Case of Germany", in: John Rex/Beatrice Drury (Hg.), *Ethnic Mobilisation in a Multi-Cultural Europe*, Avebury: Aldershot, S. 30-38.

Räthzel, Nora (1999): "Hybridität ist die Antwort, aber was war noch mal die Frage?" in: Brigitte Kossek (Hg.), *Gegen-Rassismen. Konstruktionen, Interaktionen, Interventionen*, Hamburg: Argument Verlag, S.204-219.

Rattansi, Ali (1994): "'Western' Racisms, Ethnicities and Identities in a Postmodern Frame", in: Ali Rattansi/Sally Westwood (Hg.), *Racism, Modernity, Identity*, Cambridge: Polity Press, S. 15-86.

Rex, John (1994): "Ethnic Mobilisation in Multi-Cultural Societies", in: John Rex/Beatrice Drury (Hg.), Ethnic Mobilisation in a Multi-Cultural Europe, Avebury: Aldershot , S.3-13.

Sahgal, G. and Yuval-Davis, Nira (Hg.) (1992): *Refusing Holy Orders: Women and Fundamentalism in Britain*, London: Virago.

Salih, Ruba (2003): "Shifting Meanings of Islam and Multiple Representations of Modernity: The Case of Muslim Women in Italy", in: Jacqueline Andall (Hg.), *Gender and Ethnicity in Contemporary Europe*, Oxford: Berg, S.119-138.

Schön, Ulrich (1996): *Bi-Identitiät. Zweisprachigkeit, Bi-Religiösität, Doppelte Staatsbürgerschaft*, Zürich und Düsseldorf: Walter Verlag.

Spooner, Brian (1986): "Weavers and Dealers: The Authenticity of an Oriental Carpet", in: Arjun Appadurai (Hg.), *The Social Life of Things*, Cambridge: Cambridge University Press, S. 195-235.

Taguieff, Pierre-Andre (1987): *La force du prejugee: le racisme et ses doubles*, Paris: La Decouverte.

Topal, Filiz (2002): "Deutschkurse für Migrantinnen und Integrationspolitik", Vortrag auf der Tagung *Arbeitsverhältnisse im Kontext von Diaspora, Exil, Migration - Perspektiven auf Arbeitsverhältnisse und politische Rechte minorisierter Frauen*, Berlin, 5.-7. April 2002

Treacher, Amal (2000): "Welcome Home: Between Two Cultures and Two Colours", in: Annie Coombes/Avtar Brah (Hg.): *Hybridity and its Discontents. Politics, Science and Culture*, London: Routledge, S.96-108.

Turner, Bryan S. (1993): "Contemporary Problems in the Theory of Citizenship", in: Bryan S. Turner (Hg.), *Citizenship and Social Theory*, London: Sage, S. 1-18.

Waldron, Jeremy (1995): "Minority Cultures and the Cosmopolitan Alternative", in: Will Kymlicka (Hg.), *The Rights of Minority Cultures*, Oxford, Oxford University Press, S. 93-119.

Young, R. J. C. (1995): *Colonial Desire. Hybridity in Theory, Culture and Race*, London: Routledge.

Yuval-Davis, Nira (1997): *Gender and Nation*, London: Sage.

Zagefka, Polymnia (1997): "Le processus de metissage en Ameriqü espagnole: ce que nous oublions et que l'histoire peut nous apprendre", Vortrag auf der Konferenz *Cultural Pluralism. Metissage and Mixed Identities* 20.-22.11. 1997, Universität Florenz.

Zizek, Slavoj (1999): "Das Unbehagen im Multikulturalismus", in: Brigitte Kossek (Hg.): *Gegen-Rassismen. Konstruktionen, Interaktionen, Interventionen*, Hamburg: Argument Verlag, S.151-166.

Sektion 1 – Geschichtsunterricht und Migration

Ergebnisse des Geschichtswettbewerbs 2002/2003 "Weggehen - Ankommen. Migration in der Geschichte"

Bodo von Borries

Wichtige Schwerpunkte der folgenden kurzen Betrachtung des Geschichtswettbewerbs 2002/03 (vgl. "Weggehen - Ankommen" 2002, "Weggehen - Ankommen" 2003) sollen sein:

- gesellschafts- und geschichtspolitische Trends,
- geschichtswissenschaftliche Irrtümer und Entdeckungen,
- arbeitsmethodische Besonderheiten,[1]
- geschichtsreflexive - geradezu geschichtstheoretische - Defizite und Kompetenzen.

Natürlich ist eine repräsentative und zusammenfassende Darstellung von fast 2000 Beiträgen ganz unmöglich. Es kann hier nur um eine Kommentierung aus persönlicher Sicht nach eigener Kenntnis von über 50 Arbeiten und intensivem Zuhören bei Vorstellung und Diskussion vieler anderer gehen. Besonders gilt es, die Befunde vor einer doppelten Folie zu diskutieren, den enttäuschenden Ergebnissen der Lesestudie PISA 2000 (vgl. Artelt u. a. 2001) und dem vernetzten Projekt "FUER Geschichtsbewusstsein" (vgl. Schreiber 2003).

1. Themenbeispiele von "Migration" und Dominanz von "Flucht und Vertreibung" (1944/1948)

Eine gewisse Dominanz besitzen Arbeiten vom Typ "Flucht und Vertreibung meiner (Ur)-Großmutter", jedoch nicht als reine Leidens- und/oder Abenteuergeschichten, sondern mit einer beachtlichen Analyse auch des "Ankommens" (meist im Westen). Ergänzend kommt eine ziemlich große Gruppe von Arbeiten über Spätaussiedler aus Rußland - und gelegentlich Polen - hinzu. Angesichts der Lage in den Familien, d. h. der extremen Häufigkeit des historischen Phänomens, der gegenwärtig letzten Chance zum Interviewen von Überlebenden (jedenfalls solchen, die damals schon erwachsen waren) und der deutlichen "Enttabuisierung" des Themas "Leiden der

1 Gerade dieser sehr wichtige Bereich wird ausgeklammert, weil es - über eine eigene jüngere Untersuchung hinaus (vgl. v. Borries 2001) - nichts grundsätzlich Neues zu berichten gibt.

Deutschen unter Bombenkrieg und Flucht/Vertreibung" - so die nicht ganz triftige öffentliche Wahrnehmung seit Grass und Friedrich - ist das überhaupt nicht erstaunlich. Wo sonst sollte - in einer Gesellschaft, für die im familiären Kommunikationszusammenhang Welzers Befund "Opa war kein Nazi!" (Welzer 2002, vgl. auch 1997, dazu kritisch Schörken 2003) gilt, - ein Schwerpunkt liegen? Unter den fünf ersten Preisen ist eine solche "Urgroßmutterarbeit" und eine "Rußlanddeutschenarbeit".[2]

In diesem Zusammenhang ist an einen merkwürdigen älteren Befund zu erinnern. Bereits 1995 in einer europaweiten Studie interessierten sich Neuntkläßler - von allen angebotenen elf Geschichtssektoren - für "die Geschichte meiner Familie" am stärksten und für "die Entwicklung der Demokratie" am schwächsten (vgl. Angvik/v. Borries 1997, A, 74ff.; v. Borries u. a. 1999, 45ff.). Die Erscheinung war damals so wenig erwartet, daß selbst die Frage mehr zufällig bzw. widerwillig - wegen des Insistierens skandinavischer Kollegen - gestellt worden war. Das ausgesprochen hohe Engagement gerade an der Nahwelt der Familie und das Desinteresse an der - den Schülern sicherlich als "sozial erwünscht" bewußten - "Demokratieentwicklung" (ebenso auch "Nationsentstehung"!) ist natürlich ein deutlicher Hinweis auf Verwerfungen zwischen Schüler- und Lehrerperspektive.

Die ebenfalls befragten Lehrenden unterschätzten übrigens überall in Europa die Fragehaltung gegenüber der Familiengeschichte kraß und überschätzten auch die Neugierde in der Demokratiefrage meist deutlich.[3] Auf Schülerseite dagegen scheint sich die Identitätsfrage ("*Woher komme ich? Wer bin ich? Wohin gehe ich?*") durchaus noch zu stellen, ist aber eben keineswegs vornehmlich an der Staatsnation bzw. am Nationalstaat festzumachen. Leider ist den Jugendlichen "Nation" dennoch eher eine "naturale" und "positive" denn eine "kulturelle" und "ambivalente" Kategorie; man (jeder und jede) *hat* eine - und nur eine - naturgegebene Nationalität. Mit Doppel- und Zwischenlösungen tun sich die Teilnehmer(innen) - wie viele Texte beweisen - noch schwer.[4]

Neben "Flucht und Vertreibung" gibt es einen außerordentlich breiten Fächer von anderen Themen, die zwar jeweils nur kleine Gruppen ausmachen, aber zusammen doch etwa die Hälfte der Gesamtmenge umfassen. Dazu gehören Arbeitsmigration

---

2 "Dreimal Heimat und zurück - Erinnerungen eines Schwarzmeerdeutschen", MB 03 1179, Gruppenarbeit (zwei Schülerinnen), Gymn. 12. Kl.; "Glück im Unglück. Die Flucht meiner Großmutter: vom Aufbruch in Gleiwitz bis zur Ankunft in Iserlohn", BI 03 1840, Einzelarbeit (Schülerin), Gymn. 7. Kl.

3 Wenn die Lehrer mit ihren Einschätzungen weit daneben liegen, hat das wahrscheinlich mit mangelnden Entscheidungsspielräumen, Lehrplangläubigkeit und Bequemlichkeit zu tun (mangelnder Wille zu eigener Auswahl und Akzentuierung). Lehrer dagegen, die von positiven Erfahrungen erzählen, nutzen spontan häufig die Nahraumgeschichte und das *mea res agitur* der Familiengeschichte, um die Schüler zu reflektiertem und (selbst-)reflexivem Umgang mit Geschichte anzuleiten. Allerdings scheint die Thematisierung an den Eltern ungünstig; erst die Großeltern-Erfahrung kann man "historisieren".

4 Dieses Verhalten ändert sich mit zunehmender Multikulturalität möglicherweise rasch; man kennt kaum noch die Religionszugehörigkeit der Mitschüler und in manchen Fällen auch nicht mehr ihre ethnische/nationale Herkunft, es sei denn, es bestünde eine so starke "Gettoisierung", daß die Trends gegenläufig werden.

seit den sechziger Jahren[5], Asylsuchende und Asylpolitik[6], deutsche Auswanderung in die USA[7], Zwangsarbeiter 1939-1945 (u. U. mit der Nachgeschichte von Repatriierung oder Auswanderung)[8], DDR-Übersiedler[9], Missionare und Krankenschwestern als Migranten[10], ältere Arbeitsmigration und Binnenwanderung (u. a. Polen im Ruhrgebiet, Schwabenkinder, Industrialisierung)[11] sowie ältere politische Emigration (Hugenotten, französische Adlige).[12]

Daß in der großen Arbeits- und Armutsmigration seit 1960 nicht ein massiver Schwerpunkt liegt, kann man bedauern, man konnte aber das Gegenteil kaum erwarten. Die betroffenen Kinder und Enkel der "Gastarbeiter" und "Asylanten" (Verfolgungsmigranten) werden in vielen Fällen noch mehr oder weniger große Sprachschwierigkeiten haben (so PISA 2000, vgl. Artelt u. a. 2001; Baumert u. a. 2001), vor allem aber auch regelhaft - doch nicht ausnahmslos - sich scheuen, die

---

5 Z. B. "Zur Erinnerung an meinen lieben Großvater Mahmud Dawud. Die Lebensgeschichte eines Migranten", E 03 0514, Einzelarbeit (Schülerin, 14 Jahre), Gymn. 8. Kl.; "Tannenbaum und Maultasche. Migration von Chinesen gezeigt an zwei Festen", E 03 1064, Gruppenarbeit (2 Schülerinnen, 1 Schüler, 13/14 Jahre), Gymn. 8. Kl.; "Eisige Beziehungen? Italienische Eiskonditoreien in Gladbeck und Umgebung", E 03 0607, Gruppenarbeit (2 Schülerinnen, 13/14 Jahre), Gymn. 8. Kl.

6 Z. B. "Unsere Heimat liegt im Himmel. Eine Flüchtlingsunterkunft in Mainz. Möglichkeiten und Probleme der Integration", MZ 03 1739, Gruppenarbeit (3 Schülerinnen), Gymn. 9./10. Kl.; "'Chilene von Herzen und Deutscher von der Kultur'. Chilenische Immigranten in Hannover", H 03 1436, Einzelarbeit (Schülerin), Gymnasium 13. Kl.

7 Z. B. "Theodor Hengstler Castor (1862-1937) Von Biberach nach Quincy (USA)", S 03 0020, Gruppenarbeit (5 Schülerinnen, 16/19 Jahre), Gymn. 10. + 13. Kl.; "Die Auswanderung einer Bochumer Familie nach Amerika", BI 03 0240, Einzelarbeit (Schüler, 9 Jahre), Grundschule 3. Kl.

8 Z. B. "Zwangsarbeit und Zwangsarbeit - zwei verschiedene Versionen", W 03 1504, Gruppenarbeit (2 Schüler), Gymn. 10. Kl.; "'Das Klacken der Holzpantoffeln.' Fremdarbeiter und ihre Kinder in Netschkau", DR 03 0293, Einzelarbeit (Schülerin), Gymn. 12. Kl.; "Migration unter Zwang im Dritten Reich. Lebensweg von fünf Polen, die zur Zwangsarbeit nach Deutschland deportiert wurden und das KZ Neuengamme überlebten", HH 03 0701, Einzelarbeit (Schüler), Gymnasium 13. Kl.; "Ich kann Ihnen aber unsere Luxemburger Nationalhymne vorsingen", DR 03 1207, Gruppenarbeit (2 Schülerinnen), Gymn. 9. Kl.

9 Z. B. "Von Deutschland nach Deutschland. Flucht aus der DDR", HH 03 1103, Einzelarbeit (Schülerin), Gymn. 9. Kl.; "Ein Turm - Symbol für Weggehen und Ankommen", ER 03 0683, Gruppenarbeit (9 Mädchen), Gymn. 9. Kl., "Die DDR in den achtziger Jahren - Eine Familie auf der Flucht", BI 03 0187, Gruppenarbeit (2 Schülerinnen, 15 Jahre), Gymn. 10. Kl.

10 Z. B. "Geht zu allen Völkern... Mission als besondere Form der Migration - dargestellt am Beispiel der Hiltruper Missonare", BI 03 1692, Einzelarbeit (Schülerin), Gymn. 10. Kl.

11 Z. B. "Das Leben in den Nachtjackenvierteln. Die Zuwanderung polnischer Arbeiter um 1900 und in der zweiten Hälfte des 20. Jahrhunderts...", E 03 0811, Großgruppenarbeit (12 Schülerinnen und Schüler), Realsch. 10. Kl.; "Die Schwabenkinder aus Tirol und Vorarlberg", MZ 03 1585, Einzelarbeit (Schülerin), Gymn. 9. Kl.; "Migration in der Geschichte Weidens im 19. und 20. Jahrhundert", N 03 1855, Gruppenarbeit (2 Schüler), Gymnasium 12. Kl.

12 Z. B. "Das Edikt von Potsdam. Toleranz hat Tradition", PO 03 0120, Einzelarbeit (Schüler), Gymn. 13. Kl.; "Die Emigration französischer Adliger 1791/92 nach Koblenz. Ein Hörspiel", MZ 03 0572, Gruppenarbeit (3 Schüler), Gymn. 12. Kl.

besonderen Schicksale und Probleme ihrer Vorfahren auszubreiten.[13] Man muß sich ja hüten, die Ankömmlinge auch gegen ihren Wunsch in eine Expertenrolle - oder auch Fremdheitsrolle - drängen zu wollen und sie so - wenn auch durchaus ohne böse Absicht - in gewisser Weise zu stigmatisieren, also in Alavis (1998) "Kulturalisierungsfalle" zu gehen.

Professionelle Interviewer sind da in einer ungleich besseren Lage (vgl. für die "Arbeitsmigration" Richter 2003, für Traumen der zweiten Generation Bar-On 2003, für das Thema "Flucht und Vertreibung" ähnlich v. Friesen/Szalai 2002, für den Vergleich deutscher und polnischer Erfahrungen Bömelburg u. a. 2000). Viel wichtiger ist, daß das Material durchaus reicht, um künftig strategisch im öffentlichen Diskurs der Geschichtskultur zur "Interkulturalität" produktiv eingesetzt zu werden. Beiträge auf Spitzenniveau liegen nämlich durchaus zu recht verschiedenen Themen vor. Unter den ersten fünf Preisen befindet sich eine Arbeit über eine als Krankenschwester arbeitende Nonne in Indien, eine über eine griechisch-orthodoxe Kirchengemeinde (als Integrationsmotor oder -hindernis) und eine über eine asylpolitisch arbeitende Bürgerinitiative.[14] Das ist eigentlich mehr "Einwanderungspolitik" (von unten!), als man hoffen und erwarten konnte.

Freilich gibt es auch ausgesprochene thematische Lücken oder Verdünnungszonen, so insbesondere die Verstädterung - und als Kehrseite Binnenwanderung, Landflucht und später Zersiedelung - seit dem 19. Jahrhundert, die allerdings inzwischen biografisch-erfahrungsgeschichtlich und mikrohistorisch-fallbezogen - von Interviews ganz zu schweigen - bereits ausgesprochen schlecht zu fassen ist. Geschichtswissenschaftlich ist dieser Mangel zu bedauern, geschichtspolitisch ist er eher irrelevant. Immerhin könnte es auch für die - teils aufgeheizte - Debatte wichtig sein, daß die große Völkerwanderung 1939-1948 und die zweite seit 1960 keineswegs die ersten Massenmigrationen der Moderne sind. Irgendwo müssen die Menschen ja hergekommen sein, die z. B. die Ruhrgebietsstädte von ca. 1860 bis 1910, d. h. in nur 50 Jahren, auf mehr als das Zehnfache ihrer Bevölkerung haben anwachsen lassen.

---

13 Das hat vermutlich wieder mit dem nötigen Abstand von zwei Generationen zu tun. Noch einmal: auch deutschstämmige Kinder mögen - wie Oral-History-Versuche zu 1968 zeigen - historische Erfahrungen der Eltern nicht aufgreifen. Eltern sind vielleicht zu sehr Teil der eigenen Gegenwart.

14 "'Bahut Salam' Hinduland - Heimatland? Ludolfa Faul. Lebenswege voller Fleiß und Nächstenliebe", S 03 1672, Einzelarbeit (Schülerin), Gymnasium 12. Kl.; "Griechisch-orthodoxe Kirche in Deutschland - Hilfestellung für Migranten oder Stolpersteine der Integration?", MZ 03 1524, Gruppenarbeit (zwei Schüler), Gymn. 11. Kl.; "Wir wollten etwas gegen diese dramatische, schreckliche Asylpolitik tun!", BR 03 1548, Einzelarbeit (Schülerin), Gymn. 11. Kl.

2. Umgang mit dem Opferstatus der eigenen Vorfahren als "Geschichtspolitik"

Eine wichtige Frage ist es, wie die Jugendlichen mit den Flucht- und Vertreibungs-Schicksalen ihrer (Ur)-Großeltern umgehen, ob sie genügend Distanz finden und Kritik entwickeln können. Naturgemäß ist das sehr unterschiedlich. Es gibt da - wenn auch nicht gerade häufig - Beispiele des völligen Verfallens an Materialien und Interpretationen (natürlich immer auch nachträgliche Konstruktionen) aus der Familientradition, die genau dem rechten Flügel der Vertriebenenverbände entsprechen - und nicht selten durch deren Publikationen breit abgestützt werden. Ein Ursache-Wirkungszusammenhang zwischen Nazi-Verbrechen und - gleichwohl verurteilenswerter - Vertreibung wird dann nicht mehr oder nur äußerst formal hergestellt. Der Diskurs in Teilen der Gesellschaft wird also - manchmal - ungeprüft und undiskutiert in die eigenen Deutungen übernommen.

Auf der anderen Seite gibt es - ebenfalls als ziemlich kleine Minderheit - Jugendliche (teils sogar schon jüngere), die ihre Nachforschungen bei aller Solidarität und Liebe als einen nachdenklich-reflexiven Dialog mit den Älteren ausgestalten und dabei - mittels ihrer Nachfragen - teils Korrekturen und Revisionen auch bei den Älteren erzeugen. Gerade eine der fünf Erstpreisarbeiten ist dafür ein Musterbeispiel, obwohl sie von einer erst Zwölfjährigen stammt. Hier wird entdeckt, daß die Großmutter (Nebenheldin und Zeugin der vornehmlich über die Urgroßmutter handelnden Geschichte) nicht alles sagen will und nicht alles erzählen kann. Zugleich aber wird auch anerkannt, wie viel sie verarbeitet hat und umzuarbeiten bereit ist. Wo bleibende Grenzen ihrer Erinnerung, Erzählung und Interpretation bemerkt und akzeptiert werden (besonders in den Stereotypen über die Nachbarvölker), nimmt die fast noch kindliche Verfasserin sich vor, den Rest der Verarbeitung und Versöhnung mit ihrer Generation anzugehen.[15]

Die große Mehrheit bewegt sich natürlich zwischen den Extremen. Sie deutet die NS-Vorgeschichte an, geht aber nicht näher auf sie ein und läßt sie dadurch im Vagen und Generellen. Einzelne Hinweise auf mögliche Erinnerungsfehler und nötige Methodenkontrollen werden durchaus gemacht, aber in der Praxis nicht konsequent durchgehalten und eingelöst. Wie denn auch?[16] Im Regelfall gibt es erstaunlich wenige Familienakten; wenn doch Material da ist, sind es mehr Personaldokumente (Ausweise, Urkunden, Entlassungsscheine, Bestätigungen etc.) als zeitgleiche Briefe,

---

15 "Glück im Unglück. Die Flucht meiner Großmutter: vom Aufbruch in Gleiwitz bis zur Ankunft in Iserlohn", BI 03 1840, Einzelarbeit (Schülerin), Gymn. 7. Kl.

16 Da Jugendliche (nicht unbedingt Kinder) auch sonst zu den Meinungen von Großeltern eine gewisse Distanz entwickeln, ist es vermutlich möglich, den Authentizitätsbonus auf dem Weg über aktuelle lebensweltliche Erfahrungen so weit zu relativieren, daß - ansatzweise - entschieden werden kann: Wo helfen die Großeltern, Vergangenes festzustellen, wo drücken sie ihre eigene - ernstzunehmende, aber nicht autoritative - Meinung über Geschichtszusammenhänge und Orientierungsangebote aus? Es bleibt aber dabei, daß das mit großem Takt geschehen muß.

die natürlich einen hohen "erfahrungsgeschichtlichen" Quellenwert entfalten.[17] Immerhin gibt es auch dafür gute Beispiele, die - im Prinzip - eine Abhebung und mehrschichtige Analyse der damaligen Sicht und der heutigen Beurteilung erlauben würden.[18] Dazu allerdings müßte ein größeres methodisches, ja theoretisches Bewußtsein vorhanden sein, als das - leider und überflüssigerweise - empirisch nachweislich meist auch in der gymnasialen Oberstufe der Fall ist.

Es gibt ja keinen Zweifel, daß das Jeismann-Rüsen Modell des historischen Erkennens, die Unterscheidung von drei Teiloperationen - der "Sach(verhalts)analyse" bzw. "historischen Wahrnehmung", des "Sachurteils" oder der "historischen Deutung" und der "Wertung", d. h. "historischen Orientierung", - in den Schulstuben auch nach 25 Jahren keineswegs eine Selbstverständlichkeit geworden ist (vgl. Schreiber 2003). Im Gegenteil: Wir können durch eine neue empirische Studie von 2002 (N_{Lernende} = 1.291, N_{Lehrende} = 70) ziemlich klar belegen, daß Schüler(innen) auch kurz vor dem Abitur "Vergangenheitspartikel" ("Realgeschehen"), "Geschichtserzählung" ("narrative Synthese") und "Lebensweltanwendung" ("Gegenwartsbezug" / "Zukunftsfolgerung") weitgehend gleichsetzen (vgl. v. Borries u. a. 2003) . Da selbst die Lehrenden - wenn auch gemäßigt - "(neo)-positivistischen" Idealen und Illusionen aufsitzen, darf von den Lernenden nicht zu viel verlangt oder erwartet werden. Die verkürzt verstandene "Quellenorientierung" im Unterricht (vgl. Schneider 1994, Pandel 1995) hat hier oft mehr Einsichten verstellt als vermittelt.

Die geschichtspolitische Bedeutung des Geschichtswettbewerbs kann nur gestreift werden, ist aber nicht zu unterschätzen. Vielleicht kann man sich ihr am besten auf einem Umweg nähern: Im Herbst 2003 hat die Körberstiftung zwei Sammelbände bzw. Lesebücher mit russischen (vgl. Scherbakowa 2003) und polnischen sowie deutschen Schülerarbeiten (vgl. Wancerz-Gluza 2003) herausgebracht (die zweite Publikation mit Vorworten von Wladysaw Bartoszewski und Richard von Weizsäcker). Die Prominenz deutet den Rang an. Deutsche und polnische Jugendliche haben seit vielen Jahren in den Wettbewerben der KÖRBER-Stiftung und des KARTA-Zentrums meist mit Methoden der "oral history" die - leidvolle und asymmetrische - deutsch-polnische Beziehungsgeschichte von den Polen im Ruhrgebiet bis zu den Anstrengungen zur Aussöhnung bearbeitet. Die gemeinsame Publikation in beiden Sprachen ist selbst ein Politikum von Rang. Natürlich wird dieses - so ist die Mediengesellschaft nun einmal - nur massenwirksam, wenn eine breite, aber selbst des Lesens nicht gewohnte Öffentlichkeit darauf aufmerksam (gemacht) wird.

Bei der Übersetzung aus dem Russischen ist die Lage ganz ähnlich, auch wenn es sich noch nicht um eine Doppelpublikation handelt, die nach den Ergebnissen des Wettbewerbs 2003 übrigens durchaus möglich wäre. Die Arbeiten der Wettbewerbe

17 Interviews mit zwei oder drei Zeitzeugen zugleich zeigen den Schülern recht deutlich, daß man nachrecherchieren muß. Gemeinsam nach anderen Informationen (Quellen und Darstellungen) zu suchen, ist aber ein ziemlich schwieriger Prozeß, für die Lehrer ebenso wie für die Schüler. Kinder dürfen also beim Geschichtswettbewerb nicht allein auf sich gestellt bleiben.

18 Z. B. "'Ja, wir wurden befreit von allem, was wir hatten.' Flucht von Schlesien nach Sachsen-Anhalt", MB 03 1690, Einzelarbeit (Schülerin), Gymn. 9. Kl.

von MEMORIAL seit 1999 thematisieren in einer für die früher so geschlossene und verängstigte russische Gesellschaft unglaublichen Weise "das Gedächtnis Rußlands" im intergenerationellen Dialog. Dazu gehören Ent-Kulakisierung und Gulag-Schicksale ebenso wie ethnische Minderheiten (auch Rußlanddeutsche) und Waisenkinderelend sowie deutsche Kriegsverbrechen und russische Rachetaten, schließlich Streikbewegung (schon 1962!) und Tschetschenienkrieg. Man ahnt die Bedeutung für Rußland selbst - natürlich aus der Opposition heraus - und kann sich vorstellen, was eine verbreitete Kenntnisnahme solcher Arbeiten für politische Reifung und internationale Verständigung bedeuten könnte.

Das Material des deutschen Wettbewerbes 2003 "Weggehen - Ankommen. Migration in der Geschichte" bietet alle Aussichten für eine solche öffentliche Wirksamkeit, wenn Presse und Fernsehanstalten mitspielen. Viele Jugendliche haben ja durchaus die Ursachenkette der - dadurch nicht legitim gewordenen - Vertreibung erkannt. Das Material kann - natürlich in Auswahl - sehr wohl in die deutsch-tschechischen Schulbuchgespräche, in die unglückliche und zunehmend gefährliche Debatte über ein mögliches Zentrum gegen Vertreibungen, in eine deutsch-ungarische Konferenz oder eine deutsch-russische Gemeinschaftspublikation eingebracht werden. Für weitere Akademie-Veranstaltungen (Sommerkurse, Austauschprogramme) sind die Eigenprodukte der Jugendlichen denkbar geeignet, ebenso für E-mail-Unterrichtsprojekte und für Austausch zwischen Klassen (vgl. die praktischen Beiträge in Schreiber 2003).

Für die innere Debatte in Deutschland gilt Ähnliches. Eine Einordnung - nicht Aufrechnung - der (ja ebenfalls richtigen) deutschen Opferrollen gegenüber den deutschen Täterrollen ist aussichtsreich. Wichtiger noch ist die Entdeckung der beiden großen Zuwanderungswellen, einmal deutschsprachig nach 1945 und dann fremdsprachig seit 1960 (wenn auch bei den Spätaussiedlern mit deutschem Paß). Ebenso wie die Tatsache einer verschobenen Alterspyramide wird die deutsche Gesellschaft die der Masseneinwanderung nicht mehr lange verdrängen können. Ihre Bewältigung ist - objektiv ohnehin - eine der großen Zukunftsaufgaben; das gilt im Sinne der Chance wie des Risikos. Die historische Aufklärung von Prozessen und Identitäten ist dabei nicht der kleinste Teil. Die teilnehmenden Jugendlichen und die Körber-Stiftung haben eine prächtige Vorlage gegeben. Ob die verwertet wird, hängt - zynisch gesagt - von der moralischen Intelligenz anderer, insbesondere der Massenmedien und der Kultusbehörden (Richtlinien, Schulbücher) ab.[19]

3. Schwierigkeitsgrad der Aufgabe und Begrenztheit der Lesefähigkeit

Geschichtslehrer, Fachdidaktiker und Wettbewerbsveranstalter glauben offenbar, die Aufgabe, selbst per "forschendem Lernen" eine Geschichte zu verfassen und ein Urteil zu bilden, sei für Zwölf- bis Achtzehnjährige lösbar. Und die Spitzenerzeugnisse zeigen klar, daß das auch der Fall ist. Darüber darf aber nicht vergessen werden, daß

19 Das soll nicht heißen, einzelne Lehrer(innen) und Geschichtsdidaktiker(innen) könnten keine Anregungen gewinnen und trügen keine Verantwortung.

von vielleicht vier Millionen Schüler(inne)n im einschlägigen Alter nur etwa 8.000 - also zwei Promille - teilgenommen haben. Diese winzige Minderheit wiederum zählt, worauf schon der überragend hohe Anteil von Gymnasiasten hinweist, im Mittel sicherlich zu den sozial, ökonomisch und intellektuell Begünstigten, zudem überdurchschnittlich Motivierten. Dennoch schaffen keineswegs alle von ihnen die angestrebten Ziele vollständig.[20]

Sieht man sich die Arbeiten genauer an, so sind sie im Bereich der Geldpreise (insgesamt 185 oder knapp 10% aller Beiträge) fast immer durchaus mit Einzelzügen selbständiger Verarbeitung ausgestattet. Das bedeutet aber keineswegs, daß sie bereits alle wünschenswerten Qualitäten nebeneinander aufweisen. Dazu zählen etwa "Wahl eines spezifischen Untersuchungsgegenstandes", "Überwindung von besonderen Schwierigkeiten", "Kritische Benutzung von Quellen", "Arbeit mit authentischen Zeitzeugen", "Entwicklung einer selbständigen Argumentation", "Aufdeckung und Klärung von Widersprüchen", "Anspruch auf ausdrückliche Multiperspektivität" sowie "Synthetische Bewertung und Übertragung" (vgl. v. Borries 2001). Daß alle diese Anforderungen gleichzeitig erfüllt werden, kann man ja - leider - auch nicht von allen wissenschaftlichen Büchern Erwachsener sagen.

Im Bereich der 35 Spitzenarbeiten aus den ersten bis dritten Preisen kann man sogar davon ausgehen, daß mehrere der positiven Kennzeichnungen nebeneinander zutreffen, natürlich immer mit - im Hinblick auf das Alter - pädagogisch vertretbaren Einschränkungen. Mit anderen Worten: Das sind Beiträge, wie man sie sich selbst und den eigenen Kindern eher nicht zutraut. Das sind hochbegabte Teilnehmer(innen) - oder im Glücksfall der ziemlich seltenen Beiträge ganzer Klassen - hochkompetente und hochmotivierte Lehrende, die ihre Klassen - und das nicht nur im Gymnasium - zu außergewöhnlichen Leistungen bringen.

Die Mehrheit auch der zwei Tausendstel aller Schüler(innen), die zwar am Geschichtswettbewerb teilnehmen, aber keinen Geldpreis gewinnen, bilden immer noch eine herausragend motivierte Gruppe, erlauben aber zugleich schon eine Diagnose dessen, was im Geschichtsunterricht möglich ist (und was eher eine Überforderung darstellen dürfte). Bei diesen 90% der Beiträge ist oft noch von - im Vergleich zu ohnehin seltener Projektarbeit[21] - vorzüglicher Qualität auszugehen, aber daneben findet sich auch schon manches, was keinen Grund zur Begeisterung liefert. Tatsächlich wird oft zuviel als selbstverständlich vorausgesetzt, z. B. die

20 Fraglich ist allerdings, wie viele Schüler (und Lehrer) - auch nach 30 Jahren! - vom Geschichtswettbewerb überhaupt erfahren, wie viele Lehrer zu den aufwendigen, aber notwendigen Hilfen bereit sind, wie viele Archivare sich einsetzen u. a. Die Quoten der Ansprache und die Wege zum Gewinn von Aufmerksamkeit sollten einmal empirisch erkundet werden.

21 Die Befragungen der Lernenden 1992 und 1995 (vgl. v. Borries u. a. 1995, 108ff.; 1999, 59ff.) lassen keinen Zweifel, daß von einer selbstverständlichen "Handlungsorientierung" und zahlreichen "Schüleraktivitäten" im Geschichtsunterricht - von "Projektarbeit" zu schweigen - in der Masse der Fälle keine Rede sein kann.

Fähigkeit zum geläufigen und methodensicheren Lesen.[22] Genau diese ist es aber keineswegs.

Dank PISA 2000 verfügen wir über verhältnismäßig differenzierte Daten für Fünfzehnjährige kurz vor dem Ende der Sekundarstufe I (vgl. Baumert u. a. 2001, Artelt u. a. 2001). Deutschland ($M_{Dtl.}$ = 484 P.) hat bekanntlich unterdurchschnittlich (M_{Total} = 500 P.) abgeschnitten (vgl. Artelt u. a. 2001, 111). Das ist eine betrübliche, aber vergleichsweise banale Feststellung, die allerdings durch den Befund einer besonders großen Streubreite ergänzt wird; d. h. eine lesefähige Elite ist durchaus - wie in anderen Ländern - vorhanden, aber auch eine besonders große Risikogruppe der nicht oder kaum Lesekundigen. Unter diesen sind die Migrantenkinder in besonders großen Anteilen vertreten. Nach PISA bleiben sie in keinem anderen Teilnehmerland so weit hinter den Einheimischen zurück, werden also nirgends so stark benachteiligt. Das ist - gerade beim diesjährigen Thema - durchaus für den Wettbewerb wichtig. Viele sind sprachlich - mündlich wie schriftlich, lesend wie schreibend - einfach überfordert.

Zusätzlich spannend wird es noch, wenn man sich im Detail klarmacht, was die Jugendlichen denn nun - im Mittel - können und wollen und was nicht. Sie wurden auch nach ihren (außerschulischen) Lektüregewohnheiten gefragt. Hier zeigen sich international große Unterschiede. In Deutschland geben 42% (und damit überdurchschnittlich viele) an, "*nicht zum Vergnügen*" zu lesen.[23] „*Mindestens eine Stunde*“ tägliche freiwillige Lektüre geben dagegen nur 13% der deutschen (und zugewanderten) Probanden an (ein Wert deutlich unter dem internationalen Mittel). Daß sich hier eine besondere Buch-Tradition und nationale Lernkultur spiegelt, ist offenkundig.[24] Der positive Zusammenhang von Lesebereitschaft und Lesefähigkeit ist allerdings nur mäßig hoch ($r = .28$ oder 8% erklärte Varianz, vgl. Artelt u. a. 2001, 135), genauer gesagt: er ist verblüffend niedrig, was an der Unzuverlässigkeit der Selbsteinschätzungen liegen kann.

PISA definiert drei Bereiche (Subskalen) des Leseverstehens (Informationsermittlung, Textinterpretation [besser Textbenutzung], Textreflexion und -bewertung) auf je fünf Stufen, wobei übrigens die Auswertung von Tabellen, Grafiken, Karten und Bildern durchaus in die Lesefähigkeit einbezogen wird; das erhöht die Relevanz für das Fach Geschichte noch. Eine Stufe gilt als kompetent bewältigt, wenn wenigstens

22 Es ist fraglich, wie weit gerade Lehrende, die die Defizite ja täglich erleben (können), das wirklich tun. Vielleicht trifft eine andere Hypothese zu: Weil Geschichtslehrer sehen, daß die Jugendlichen schlecht lesen, fördern sie das Lesen nicht an den speziellen Textsorten (z. B. "Quellenarten"). Manche schieben - trotz zahlreichen Möglichkeiten - die Verantwortung lieber auf den Deutschlehrer (oder die Eltern oder die Medien...). Das Prinzip des Zwischen-den-Zeilen-Lesens (d. h. Erreichen der höheren Niveaus) könnte man z. B. auch an Bild- und Gegenstandsquellen lernen und es dann nur noch auf Geschriebenes übertragen.

23 Da ein solches Eingeständnis "sozial unerwünscht" ist, liegt die tatsächliche Quote vermutlich noch höher.

24 Ob ein stark veralteter, einfallsloser und langweiliger Lesekanon der Schulen ("Schimmelreiter", "Judenbuche", "Effi Briest" für alle) für den häufigen "Tod" der Lesemotivation mitverantwortlich ist, kann hier nicht diskutiert werden.

62% der auf ihr gestellten Aufgaben richtig gelöst werden (vgl. Artelt u. a. 2001, 95), was sicherlich einen eher bescheidenen Anteil bedeutet. Nun darf man aber nicht glauben, Schulbuchtexte des Faches Geschichte wären mit Leseverständnis auf Stufe I (vgl. Artelt u. a. 2001, 89) schon einigermaßen angemessen und produktiv zu verarbeiten. Natürlich läßt sich nur schwer eine exakte und allgemein-verbindliche Stufe der für Schulbuchbenutzung nötigen Kompetenz angeben; eine gewisse Willkür ist unvermeidlich.

Besonders wichtig ist jedoch die Tatsache, daß es in der Geschichte ja regelmäßig um neue Felder geht, daß also die Anknüpfung an schon bekannte Zusammenhänge ausgesprochen schwierig ist. Auch kann man durchaus von "Distraktoren" und "Schikanen" sprechen, da die Quellen vielfach veraltete Sprachwendungen benutzen, die heute interessantesten Befunde nur am Rande erwähnen sowie voll von heute nicht mehr nachvollziehbaren Tatsachenbehauptungen und Wertungen (z. B. Realität von "Wundern", Rechtfertigungen von "Verbrechen") stecken.[25] Gerade der modernen Geschichtsdidaktik - und erst recht dem "Geschichtswettbewerb" - geht es ja um den kritischen Vergleich widersprüchlicher Materialien verschiedener Seiten ("Multiperspektivität") und die Unterscheidung zeitgenössischer und heutiger Sichtweisen ("Retrospektivität") sowie die Herstellung von Zusammenhängen ("Synthese") und die Diskussion der existentiellen Bedeutung für das eigene Leben ("Sinnbildung").

Die als Beispiele abgedruckten und mit Lösungsstufen und -wahrscheinlichkeiten versehenen Leseitems sind denn auch teilweise durchaus mit Geschichtsschulbüchern zu vergleichen. Da gibt es u. a. eine Briefkontroverse über Verbot oder Erlaubnis von Graffiti (Baumert u. a. 2001, 528, 93) mit Aufträgen für Stufe II und IV oder zwei Grafiken zur Geschichte des Tschadsees (Baumert u. a. 2001, 529, 91f.) mit Aufgaben für die Stufen I bis III oder schließlich eine Grafik zur erwerbstätigen Bevölkerung (Baumert u. a. 2001, 527, 91-93), der Informationen, Deutungen und Wertungen auf Stufen II, III und V zu entlocken sind (vgl. Artelt u. a. 2001, 89).

Nimmt man diese Besonderheiten und Hinweise zusammen, dann tut man gut daran, für Schulbücher des gewünschten und üblichen "problem- und methodenorientierten" Typs mindestens eine Schwierigkeit der Stufe IV anzusetzen (und zwar ab Klasse 6, nicht erst in Klasse 9). Diese Stufe aber wird von deutschen Jugendlichen (und ausländischen Gleichaltrigen in Deutschland) keineswegs selbstverständlich beherrscht. Insgesamt sind dazu nur 28,2% fähig, schulformspezifisch verteilt bedeutet das - je nach den drei Subskalen - 2,3% bis 2,7% der Lernenden in der Hauptschule, 13,3% bis 14,9% in der Gesamtschule, 22,3% bis 23,9% in der Realschule und 66,2% bis 68,2% im Gymnasium (vgl. Artelt

25 Es ist überflüssig zu sagen, daß solche "Schikanen" nicht nur "schwer", sondern auch "motivierend" sind. Nach häufig trivialen Aufgaben (z. B. "*Unterstreiche das Wichtige*") kann gerade für Pubertierende ein hoher Reiz darin liegen, eigentlich Gemeintes und direkt Gesagtes zu unterscheiden etc.

u. a. 2001, 122f.).[26] Mit anderen Worten: Praktisch niemand in der Hauptschule, die ja für die meisten Fünfzehnjährigen den obligatorischen Geschichtsunterricht beendet, schafft ein angemessenes Verständnis des gewünschten Schulgeschichtsbuches - und auch im Gymnasium scheitert noch gegen Ende der Sekundarstufe I etwa ein Drittel daran. Die Schulbücher setzen übrigens - wie erwähnt - die höheren Lesefertigkeiten nicht erst bei Fünfzehnjährigen, sondern durchaus schon bei Zwölf- oder Dreizehnjährigen voraus. Müssen sie das tun?[27]

Hier ist einen Augenblick einzuhalten. Die Befunde zur Lesefähigkeit sind in eigenen Studien mehrfach vorweggenommen worden, bevor sie überhaupt vorlagen. Aber die durchweg negativen Ergebnisse bei Tausenden von Schüler(innen) (vgl. v. Borries u. a. 1992, 57-82 und 162ff.; 1995, 120 und 123ff.) haben niemanden stark interessiert oder aufgeregt; sie wurden schlicht nicht gelesen oder nicht geglaubt. Eine differenziertere Studie mit 1.291 Probanden (darunter erstmals auch 240 Lehramtsstudierende des Faches Geschichte) wurde 2002 administriert (vgl. v. Borries u. a. 2003). Sie ergab erneut das gleiche Bild, das auch PISA 2000 zeigt. Die Lernenden sind nicht gelegentlich und in negativen Ausnahmefällen von ihren Schulbüchern (bzw. von der Aufgabe des Schulbuchvergleichs) überfordert, sondern systematisch und zu einem ganz hohen Anteil.[28]

Über Einzelheiten wird man weiter streiten können und müssen. Detaillierte Analysen vieler oder aller PISA-Aufgaben sind nötig. Schon jetzt ist aber klar: Dem - empirisch ermittelten - Schwierigkeitsgrad von Geschichtsschulbüchern, der in Forschung und Sachdebatte bisher keine nennenswerte Rolle gespielt hat, wird künftig eine absolute Schlüsselstellung einzuräumen sein (vgl. erneut Schreiber 2003); denn: *Ein sehr großer Teil der Lernenden versteht die eigenen Schulbücher nicht, nicht einmal in einer ganz basalen Weise.*

26 Etwas differenzierter kann man auch annehmen, daß für Hauptschulbücher Stufe III, für Realschulbücher Stufe IV und für Gymnasialschulbücher Stufe V nötig ist. Dann verschieben sich die Quoten - unter der Regel von 62% richtiger Lösungen - für die zu qualifizierter Lektüre Befähigten auf 15% in der Hauptschule, 23% in der Realschule und 28% im Gymnasium. Das ist eine durchaus realistische Annahme. Nur Minderheiten werden den reinen Leseanforderungen gerecht.

27 Bei aller fachbedingten Notwendigkeit, z. B. Alterität und Perspektivität von Anfang an anzubahnen, bedarf es jedenfalls unbedingt eines langsamen Aufbaus (systematische und explizit ausgewiesene "Lernprogression"). Außerdem haben die Autoren durch Kohärenz von Materialien, gutes Layout, überlegte Sprache usw. die Möglichkeit, die Hürden niedriger zu machen. Und manche nutzen diese Chancen auch!

28 Derzeit laufen im Projekt "FUER Geschichtsbewusstsein" Begleituntersuchungen, um festzustellen, ob die gezeigten Probleme zu mildern sind, wenn das Reflektieren ins Zentrum von Geschichtsunterricht gestellt wird (Sachsen, Bayern, Tirol). Der erste - noch nicht durch exakte empirische Studien abgesicherte - Eindruck ist, daß auch die Schüler "anspringen", wenn erst die Lehrer "sensibilisiert" sind.

4. Historische Kompetenz = Fähigkeit zu Re-Konstruktion (Produktion) und De-Konstruktion (Analyse) von Geschichten

Es wäre eine Illusion, diesen Befund nur bei den Schulbüchern für wichtig zu halten und beim Geschichtswettbewerb trivial oder irrelevant zu finden. Gerade hier muß ja "forschend", d. h. in völlig neuen Kontexten und auf Vorrat ins Ungewisse gelesen werden - von alter Druck- oder Schreibschrift als Erschwerung ganz abgesehen. 80% bis 90% des in Forschungsprozessen Durchgearbeiteten kann man in Wirklichkeit überhaupt nicht brauchen; man arbeitet also mit ungemeinem Überhang und freiwilligem Zusatzaufwand. Dazu ist die übergroße Mehrheit von Jugendlichen schlicht weder bereit noch fähig (jedenfalls wenn sie keinen Sinn im "Forschen" zu sehen gelernt haben). Der Rückgang - oder wenigstens die Stagnation - der Buchkultur trifft das Fach Geschichte viel schwerer, als es das ahnt - und auch schärfer als in anderen Ländern (vgl. v. Borries u. a. 1995, 104ff.; 1999, 52ff.).

Im Geschichtswettbewerb 2000/01 - und 2002/03 wieder, wenn auch in geringerem Maße - haben Internet-Downloads, die nachträglich nicht bearbeitet und ausgewertet wurden, gewisse Probleme gemacht. Sie wurden einfach nur ausgedruckt und weitergereicht, wie das ja auch in Schulen und Hochschulen gelegentlich vorkommt. Dabei ist gar nicht immer bewußt ein Betrug geplant; das Bewußtsein für die Illegitimität fehlt vielfach. Statt sich zu empören, muß man also über die Naivität und die Kritiklosigkeit staunen, daß Internet-Material mit - angeblich objektiven - "Quellen" verwechselt und "Historie" überhaupt nicht als - konstruktives und sinnbildendes - "Deutungsgeschäft" erkannt wird. In der Tat: Genau das ist der Lernstand eines großen Teiles noch der Abiturienten. Am Ende des "quellenorientierten" Unterrichts steht nachweislich nicht immer, aber häufig der Fehlschluß: "Quellen sind objektiv und vollständig, aber Darstellungen sind tendenziös und beliebig!"[29]

Die Lage ist ernst zu nehmen: Viele Jugendliche laden offenbar nur herunter, aber sind nicht bereit oder fähig, die umfangreichen und ja höchst kommentar- und kritikbedürftigen Internet-Materialien selbst zu lesen. Das Problem dürfte vielfach auch bei - verantwortungsvollen - Erwachsenen auftreten; vielleicht ist das Ersticken in der Materialflut unvermeidlich, selbst bei optimalem Wissensmanagement. In der jungen Generation liegt die Leselähmung - durchaus im Sinne aller drei Teilskalen von PISA 2000 (vgl. Artelt u. a. 2001; Baumert u. a. 2001), als unmittelbares Verständnis, als Weiterverwendung und als Beurteilung - tiefer.

Der "Geschichtswettbewerb" 2002/2003 zeigt uns - mit der Masse seiner Nicht-Spitzenarbeiten - ziemlich klar, was in einem künftigen Geschichtsunterricht nötig und möglich ist, allerdings auch, in welchem Ausmaße produktive Herausforderungen die Leistungsfähigkeit steigern können (vgl. Trütken-Kirsch 2003). Historische Einsicht kann an aktuellen, schülernahen und gesellschaftlich umstrittenen Themen in relativ offenen, selbständigen Lernprozessen an relativ oder

29 So das Ergebnis der neuen Befragung von 2002 mit fast 1.300 Schüler(inne)n und Student(inn)en (vgl. v. Borries u. a. 2003).

absolut neuen Materialien ("forschendes Lernen") gewonnen werden. Dabei geht es um das Produzieren von sinnbildenden Geschichten, also "aktive Rekonstruktionskompetenz" und "narrative Kompetenz" der Heranwachsenden.[30]

Nur mit dieser Art von Qualifikationsprozeß läßt sich einigermaßen sichern, daß die "Konventionalitätsfalle" nicht sofort zuschlägt. Meist wird ja, wie die großen empirischen Studien von 1992 und 1995 (vgl. v. Borries u. a. 1995, 1999) mit großer Klarheit gezeigt haben, nicht eigene kritische (abwägende) Kompetenz erworben, sondern die vorgefertigte und dominante Interpretation in der Gesellschaft einfach übernommen ("*Konventionserwerb statt Qualifikationserwerb*", "*sozial erwünschte Antworten*", "*Fertig-Produkt statt Herstellungs-Prozeß*"). Eine solche Verkürzung ist natürlich bei eigenen Produktionen teilweise auch möglich, allerdings nur in der Bewertung und Verallgemeinerung ("Schlußfolgerungen"), nicht in den Details der Erzählung über den Einzelfall.

Genau das ist übrigens der Grund, warum neben der Eigenproduktion auch die Kritik fertiger Geschichten eingeübt werden muß (allerdings kaum im "Geschichtswettbewerb"). Diese Prüfung sollte allerdings nicht auf der Ebene der Vergangenheitspartikel oder Tatsachenermittlung verbleiben ("Quellenkritik" im engen Sinne reicht also gerade nicht), sondern als "De-Konstruktion" von Geschichts-Geschichten, von Sinnbildungen und Deutungsmustern explizit thematisiert und beispielhaft eingeübt werden. Erst die beiden Teilleistungen der "Rekonstruktion" (Produktion) und der "Dekonstruktion" (Analyse) von Narrationen machen Geschichtskompetenz aus, auch wenn nicht alle Lernenden zu kleinen Geschichtsprofessoren ausgebildet werden sollen (wie manche Kritiker des Geschichtswettbewerbs spotten).

Als pointierter Abschluß: Das Verhältnis der 8.000 Wettbewerbsteilnehmer(innen) zu den 4 Mio Gleichaltrigen ist wichtig. Die winzige Minderheit ist etwas Besonderes, aber das darf nicht mißverständlich ausgedrückt werden. Natürlich sind die anderen Jugendlichen nicht alle schwächer, jedoch im Mittel sicherlich weit weniger motiviert und vermutlich etwas leistungsschwächer. Gerade die - allerdings nicht sehr zahlreichen - Arbeiten von Klassen zeigen, daß man als Lehrer(in) auch in benachteiligten und jüngeren Lerngruppen vieles erreichen kann, wenn man engagiert ist, sich - mit einer gewissen Bescheidenheit - auf jeweils den nächsten wichtigen Punkt konzentriert und die jungen Menschen zum Lesen und Denken bewegt.

Vor allem haben die Teilnehmer(innen) des Geschichtswettbewerbs sich besonders engagiert und angestrengt. Das unterscheidet sie wirklich vom Rest. Sie haben eine wichtige Belastungs-Erfahrung gemacht: "*Vor den Erfolg haben die Götter den Schweiß gesetzt.*" Nur die - mühsam - erbrachte eigene Leistung verschafft vollständige Zufriedenheit. Aus dem Hochleistungssport und dem Selbst-Musizieren - aber eben nur aus ihnen - ist das an sich ziemlich gut bekannt. Man erfährt sich nur voll selbst - und als glücklich -, wenn man sich anstrengt, ja an seine Grenzen geht.

30 Außerdem betrifft narrative Kompetenz nicht nur das Darstellen (Re-Konstruktion von Geschichte), sondern auch das Kommunizieren über Geschichten, ein Aushandeln, das einerseits bedeuten kann, auf Triftigkeit zu bestehen, andererseits mehrere Perspektiven - mit ihrer relativen Berechtigung - stehen zu lassen.

Es muß (wieder) schick werden, sich beim - auch freiwilligen - historischen "Lernsport" und "Denksport" zu quälen, "Knochenarbeit" zu leisten.

Erwähnte Literatur

Alavi, Bettina: Geschichtsunterricht in der multikulturellen Gesellschaft, Frankfurt/M. (IKO) 1998.

Angvik, Magne und Bodo von Borries (Hrsg.): Youth and History. A comparative European survey on historical consciousness and political attitudes among adolescents, Vol. A/B, Hamburg: edition Körber-Stiftung 1997.

Artelt, Cordula u. a.: Lesekompetenz: Testkonstruktion und Ergebnisse, in: PISA 2000. Basiskompetenzen von Schülerinnen und Schülern im internationalen Vergleich, Opladen 2001, 69-137.

Bar-On, Dan: Die Last des Schweigens. Gespräche mit Kindern von NS-Tätern, Hamburg 2003.

Baumert, Jürgen u. a.: PISA 2000: Untersuchungsgegenstand, theoretische Grundlagen und Durchführung der Studie, in: PISA 2000. Basiskompetenzen von Schülerinnen und Schülern im internationalen Vergleich, Opladen 2001, 15-68.

Bömelburg, Hans-Jürgen, Stößinger, Renate und Traba, Robert (Hrsg.): Vertreibung aus dem Osten. Deutsche und Polen erinnern sich, Olsztyn 2000.

Borries, Bodo v. (unter Mitarbeit von Körber, Andreas und Meyer-Hamme, Johannes): Reflexiver Umgang mit Geschichts-Schulbüchern? Befunde einer Befragung von Lehrern, Schülern und Studierenden 2002, in: Zeitschrift für Geschichtsdidaktik, 2. Jg. (2003), 114-136.

Borries, Bodo v.: Wettbewerbe als Herausforderungen zur Projektarbeit: Erfahrungen aus dem Schülerwettbewerb Deutsche Geschichte, in: Die Neue Sammlung 41. Jg., 2001, 555-585. Wiederabdruck in: Projektarbeit in der Schule, hrsg. von der Sächsischen Akademie für Lehrerfortbildung, Meißen, Meißen o.J. (2001), 91-122 (= Siebeneichener Diskurse 1).

Borries, Bodo von (unter Mitarbeit von Andreas Körber, Oliver Baeck und Angela Kindvater): Jugend und Geschichte. Ein Europäischer Kulturvergleich in deutscher Sicht, Opladen 1999.

Borries, Bodo von (unter Mitarbeit von Sigrid Weidemann, Oliver Baeck, Sylwia Grzeskowiak und Andreas Körber): Das Geschichtsbewusstsein Jugendlicher, Weinheim, München 1995.

Borries, Bodo von (unter Mitarbeit von Susanne Dähn, Andreas Körber und Rainer H. Lehmann): Kindlich-jugendliche Geschichtsverarbeitung in West- und Ostdeutschland, Pfaffenweiler 1992.

Friesen, Astrid v. und Szalai, Wendelin (Hrsg.): Heimat verlieren, Heimat finden. Geschichten von Krieg, Flucht und Vertreibung; Dresden 2002.

Pandel, Hans-Jürgen: Textquellen im Unterricht. Zwischen Ärgernis und Erfordernis, in: Geschichte lernen, 8. Jg. (1995), Heft 46, 14-21.

Richter, Michael (Hrsg.): gekommen und geblieben. Deutsch-türkische Lebensgeschichten, Hamburg 2003.

Scherbakowa, Irina (Hrsg.): Russlands Gedächtnis. Jugendliche entdecken vergessene Lebensgeschichten, Hamburg 2003.

Schneider, Gerhard: Über den Umgang mit Quellen im Geschichtsunterricht, in: Geschichte in Wissenschaft und Unterricht, 45. Jg. (1994), 73-90.

Schörken, Rolf: Nicht nur Opa war kein Nazi. Kritische Anmerkungen zu Harald Welzers Analysen des Familiengedächtnisses, in: Körber, Andreas (Hrsg.): Geschichte – Leben – Lernen. Bodo von Borries zum 60. Geburtstag; Schwalbach/Ts. 2003, 51-63 (= Forum Historisches Lernen).

Schreiber, Waltraud (Moderat.): FUER Geschichtsbewusstsein. Ein internationales geschichtsdidaktisches Forschungsprojekt zum Geschichtsunterricht (= Zeitschrift für Geschichtsdidaktik, 2. Jg. (2003), Jahresband).

Trütken-Kirsch, Heinz-Jürgen: Schreiben im Fach Geschichte. Schreibförderung durch Teilnahme an einem Wettbewerb, in: Schüler 2003. Lesen und Schreiben, 78-80 (= Friedrich-Jahresheft).

Wancerz-Gluza, Alicja (Hrsg.): Grenzerfahrungen. Jugendliche erforschen deutsch-polnische

Geschichte, Hamburg 2003.

Weggehen - Ankommen. Migration in der Geschichte. (Mit: Die Ausschreibung 2002/03), hrsg. von der Körber-Stiftung; Hamburg, Schülerwettbewerb Deutsche Geschichte (= Spurensuchen. Geschichtswettbewerb des Bundespräsidenten, 16. Jg., 2002)

Weggehen - Ankommen. Migration in der Geschichte. Die Ergebnisse des Wettbewerbs, hrsg. von der Körber-Stiftung; Hamburg, Schülerwettbewerb Deutsche Geschichte (= Spurensuchen. Geschichtswettbewerb des Bundespräsidenten, 17. Jg. 2003).

Welzer, Harald u. a.: “Was wir für böse Menschen sind!” Der Nationalsozialismus im Gespräch zwischen den Generationen, Tübingen 1997.

Welzer, Harald u. a.: "Opa war kein Nazi". Nationalsozialismus und Holocaust im Familiengedächtnis, 3. Aufl., Frankfurt/M. 2002.

Migration in der Ausbildung von Geschichtslehrerinnen und –lehrern: Neue Wege internationaler Kooperation in der Hochschuldidaktik am Beispiel Migration

Sabine Liebig

I. Vorüberlegungen

“Teachers tend to teach the way they are taught – and not the way they are told to teach.”[1]

Seit es Bildung gibt, wird – und mit John Dewey (1859-1952) ganz konkret – darüber nachgedacht, wie man die Lernenden und in diesem Fall speziell Studentinnen und Studenten zu aktiven „Welteroberern“ machen könnte, die sich Wissen und die dazugehörigen Kompetenzen in Kooperation mit anderen, handelnd und denkend, aneignen sowie danach anwenden. Es wird davon ausgegangen, dass Menschen, die eigene prägende und dichte Erfahrungen machten, diese auch weitergeben wollen. Nun stellt sich die Frage, wie man in der Hochschule und Schule solche Erfahrungen (an)bieten bzw. die von Schule und Hochschule gemachten Erfahrungen nutzen und übertragen könnte, da die Studierenden aufgrund der vorwiegend traditionellen und überwiegend eindimensionalen Vermittlung von Wissen und Fähigkeiten in der Schule eher eine Konsumhaltung mitbringen, der die Universität entgegensteuern sollte.[2]

Fragen schließen sich an: Wie könnten die Lehrenden an der Hochschule mit Inhalten, Didaktik sowie Methodik darauf reagieren? Wie könnten sie Seminare gestalten und die Studierenden in die Planung und Durchführung integrieren, so dass alle Beteiligten am Ende zufrieden sind?

Die im Folgenden vorgestellte Veranstaltung ist Teil des von Januar 2003 bis März 2005 angesetzten Projekts „TAU-Transatlantische Universität: teaching migration – using online tools.“[3] Das TAU-Seminar[4] stellt eine Möglichkeit eines praktikablen

---

1 Howard Altmann (1983) zit. nach Una Dirks in: Una Dirks/Wilfried Hansmann (Hrsg.): Forschendes Lernen in der Lehrerbildung. Auf dem Weg zu einer professionellen Unterrichts- und Schulentwicklung. Bad Heilbrunn 2002, S. 69; vgl. Hartmut von Hentig: Der technischen Zivilisation gewachsen bleiben. Nachdenken über Neue Medien und das gar nicht mehr allmähliche Verschwinden der Wirklichkeit. Weinheim und Basel 2003, S. 14.

2 Vgl. Peter Fischer: Offener, fächerübergreifender Unterricht in einer ersten Klasse am Gymnasium Dornbirn: In: Erwin Beck/Titus Guldimann/Michael Zutavern (Hrsg.): Eigenständig lernen. St. Gallen 1995, S. 171-182.

3 Das Projekt wird finanziell unterstützt von Schulen ans Netz e.V., vom Innovationspool des Fachbereichs Erziehungswissenschaften der Universität Hannover, von N 21 (Aktionsprogramm: in Niedersachsen online) und dem Niedersächsischen Kultusministerium. Projektpartner in den USA ist das Max Kade Institute in Madison/Wisconsin.

hochschuldidaktischen Konzeptes dar, das die Chancen der neuen Kommunikationstechniken ausschöpft sowie dem oft zu hörenden Vorwurf begegnet, dass an Universitäten für Lehrerbildung häufig eine Dominanz der Fachwissenschaften gegenüber der schulpraktischen Akzentuierung besteht.[5] Die Studierenden sollten die Gelegenheit erhalten, sich eigenständig, handelnd und reflektierend mit den von ihnen gewählten Themen zur Migration auseinander zu setzen.

Es sollte eine Verbindung von Fachwissenschaft und Fachdidaktik unter der Integration der Informations- und Kommunikationstechnologien (IuK) an einem thematischen Beispiel stattfinden. Eigentätigkeit, offene Lernformen, verschiedene Sozialformen, eine andere Lehr-Lern-Kultur,[6] Arbeit am Computer und dessen sinnvoller Einsatz, praxisorientiertes wie wissenschaftliches Arbeiten sowie interkulturelles Lernen standen dabei im Vordergrund. Durch die Zusammenarbeit mit den Lehrkräften aus den USA sollten die Studierenden die Möglichkeit erhalten einmal über den Tellerrand ihres eigenen Landes hinaus zu schauen und sich mit Menschen der Nation, die das Einwanderungsland schlechthin repräsentiert, auszutauschen. Der Ansatz für das Seminar war die Grundannahme, dass Studierende, zumindest am Beginn ihrer späteren Berufspraxis, meistens nur das weitergeben, was sie an der Hochschule selbst erlebt und erfahren haben.

Das Gesamtprojekt gliedert sich in die Vorbereitung, Durchführung und Auswertung des TAU-Seminars als Pilotprojekt für ein Folgeseminar in Kombination mit einer Lehrerfortbildung vom 17. bis 19. Juni 2004 zeitgleich in Hannover und den USA – Madison/Wisconsin. In Hannover bilden Studierende und Lehrende jeweils Tandems, die Unterrichtskonzepte für den Geschichtsunterricht erarbeiten und diese, nach der Online-Diskussion mit den US-Lehrkräften, im Schuljahr 2004/05 ausprobieren. Die Lehrkräfte beider Länder nehmen an einem Blended-Learning-Konzept (d. h.: präsent sowie online) zum Thema „Ethnicity and Identity" teil. Es folgt im dritten Teil die Evaluation der Lehrerfortbildung auf der Basis der Unterrichtsmaterialien und Praxisberichte von Lehrenden und Studierenden. Ihre erprobten sowie reflektierten und mit didaktisch-methodischen Kommentaren versehenen Unterrichtskonzepte werden im Anschluss bei „lehrer-online"[7] unter der Rubrik „Geisteswissenschaften" für das Fach Geschichte im Internet veröffentlicht.

---

4 Das heißt nicht, dass Seminare mit der USA zur Regel werden müssen, doch könnte die Idee, pädagogische und historische Themen länderübergreifend zu diskutieren, durchaus häufiger praktiziert werden, was durch den Einsatz des Computers immer einfacher durchzuführen ist.

5 Vgl. Bildungskommission NRW: Zukunft der Bildung. Schule der Zukunft. Denkschrift der Kommission „Zukunft der Bildung – Schule der Zukunft" beim Ministerpräsidenten des Landes Nordrhein-Westfalen. Neuwied 1995, S. 308.

6 Vgl. Werner Wiater: Die neue Lehr-Lern-Kultur und die Kompetenzen des Lehrers/der Lehrerin. In: Konrad Lemnitzer/Werner Wiater (Hrsg.): Die Entwicklung einer Lehr- und Lernkultur erfordert eine kompetente Lehrkraft. Seelze-Velber 2001, S. 15-33.

7 http://www.lehrer-online.de

II. Ziele für die Hochschuldidaktik im Fach Geschichte

In erster Linie stand die Förderung der transatlantischen Zusammenarbeit in Form eines interkulturellen Dialoges im Vordergrund, weiterhin ging es aber auch um einem Perspektivenwechsel sowie um die Erfahrung von Multiperspektivität.

Folgende Fragestellungen waren leitend:
„Wie gehen Lehrkräfte in den USA und in Deutschland mit dem Thema um?"
„Wie sieht der Unterricht in den USA dazu aus?"
„Was können wir voneinander lernen?"

Des Weiteren sollten Formen offenen Unterrichts unter Mitarbeit außeruniversitärer Teilnehmerinnen und Teilnehmer sowie ein offener Zeitrahmen erprobt werden. Darüber hinaus sollten der affektive wie kognitive Umgang mit dem Thema Migration, die Berücksichtigung des Gender-Aspektes sowie die Stärkung der Kritikfähigkeit hinsichtlich des deutschen Schulwesens und des eigenen Umgangs mit dem Thema einbezogen werden. Weitere Intentionen lagen in einem sicheren und reflektierten Umgang mit den IuK unter Ausschöpfung der von ihnen gebotenen Möglichkeiten als Grundlage für den zukünftigen Geschichtsunterricht an Schulen. Notwendig war ferner das Kennenlernen und Erfahren von Unterrichtsbeobachtungen sowie Unterrichtsforschung, abgerundet durch das kritische Nachdenken über das eigene Lernen anhand eines Lerntagebuches sowie durch „conferencing" im Seminar.

III. Die Plattform lo-net als Grundlage für das Seminar

Um das Seminar durchzuführen, war eine adäquate international einsetzbare Plattform mit Chat, Forum, E-Mail, Dateiaustausch sowie der Möglichkeit, eine geschlossene Gruppe einzurichten, notwendig. Die Plattform „lo-net" hatte sich in den vorausgegangenen virtuellen Seminaren[8] bereits als äußerst zuverlässig und den Erfordernissen entsprechend erwiesen, da sie sich durch übersichtliche Strukturen sowie eine hohe Benutzerfreundlichkeit auszeichnet.

Mit der Anmeldung bei „lo-net" erhält man automatisch einen Privatraum mit E-Mail-Adresse, Terminkalender sowie einer privaten Homepageadresse. Sobald die Anmeldung in einer Gruppe erfolgt, stehen dort der Gruppenraum mit Chat, Forum, Terminkalender, Dateiaustausch sowie Homepage zur Verfügung.[9] Lo-net ermöglicht die Einrichtung geschlossener Gruppen, d. h. nur wer sich bei lo-net und speziell bei dieser Gruppe anmeldet, kann die Angebote nutzen und an der Gruppe partizipieren. Für die Seminargruppe wurde der Name Migration gewählt. Die Gruppen-

---

8 In Zusammenarbeit mit Jens Winkel führte ich zwei virtuelle Seminare mit je 80 Studierenden durch: „Entdeckendes, forschendes und genetisches Lernen" (Wintersemester 2001/02) und „Offener Unterricht" im Sommersemester 2002.

9 In diesem Artikel gehe ich nicht ausführlicher auf die Funktionen der Plattform ein. Interessierte können sich die Umgebung unter http://www.lo-net.de ansehen.

administration mit mehr Rechten und Möglichkeiten übte die Leitung sowie die Moderation aus.

Sobald sich die Mitglieder in der Gruppe angemeldet haben (dafür ist der Gruppenname sowie das Passwort nötig), entsteht automatisch eine Email-Verteilerliste, so dass ohne großen Aufwand Rundmails verschickt werden können. Jedes Gruppenmitglied nutzt die vielfältigen, für den Austausch untereinander sehr gut geeigneten Möglichkeiten des Privatraumes sowie des Gruppenraumes.

IV. Das Seminar

Sechs Studentinnen, Frau Otto aus Hamburg sowie 4 Lehrkräfte aus den USA (Wisconsin, Colorado und New York) arbeiteten an diesem Seminar mit. Die amerikanischen Lehrer und Lehrerinnen sowie einige ihrer Schülerinnen und Schüler mit Migrationshintergrund nahmen aus freien Stücken und Interesse teil, was die deutschen Studentinnen sehr beeindruckte.

Der ausführliche Seminarverlauf ist hier nicht Thema, sondern zentrale Punkte, die für das Seminar von grundlegender Bedeutung waren, werden dargestellt. Der detaillierte Plan steht unter http://www.lo-net.de/group/Migration im Internet.

Es stellte sich zu Beginn heraus, dass die Studentinnen - bis auf eine - wenig Erfahrung im Umgang mit dem Computer besaßen. Somit ergab sich zunächst ein erhöhter Erklärungsbedarf sowie eine umfangreichere Übungszeit als angenommen. Da Eigentätigkeit und Selbstständigkeit sowie Reflexion zu den zentralen Aspekten gehörten, kam die Methode des „modeling“[10] zum Einsatz, um den Umgang mit der Plattform sowie mit diversen Programmen zu vermitteln. Modeling unterscheidet sich vom „Vormachen und Nachmachen“ dadurch, dass laut denkend die kognitive Vorgehensweise gezeigt wird. Das bedeutete nicht, dass die Studentinnen dieselben Schritte einfach nachmachten, sondern angeregt durch die beobachtete Strategie eigene Lösungswege beschritten sowie überdachten. Sie erhielten ausreichend Zeit, sich mit allem vertraut zu machen und selbstständig zu erproben, mit der Option, immer nachfragen zu können.

V. Erwerb verschiedener Kompetenzen

Das Seminar schloss das Erlernen diverser Kompetenzen ein. Dazu gehörten Technikkompetenz, Methodenkompetenz sowie die Aneignung von Fachwissen im Hinblick auf historische Aspekte, soziale Komponenten, die rechtliche Seite, aber auch persönliche Sichtweisen von Migration.

Der Erwerb der technischen Kompetenz im Umgang mit der Plattform „lo-net“ erstreckte sich auf die Erstellung einer Homepage, die Nutzung des Forums sowie des Dateiaustauschs, das Abschicken von E-Mails mit und ohne Anhang und das Chatten. Im weiteren Verlauf erlernten die Studentinnen Grundlagen in der Bedienung von

10 Vgl. Erwin Beck/Titus Gulidmann/Michael Zutavern: Eigenständiges Lernen verstehen und fördern. In: Kurt Reusser/Marianne Reusser-Weyeneth (Hrsg.): Verstehen. Psychologischer Prozess und didaktische Aufgabe. Bern 1994, S. 207-225.

PowerPoint, recherchierten im Internet, legten Favoriten an, kopierten Texte und Bilder aus dem Netz, legten Dateien und Ordner auf der Festplatte an und speicherten Texte in ihrem Verzeichnis. Gerade im Geschichtsunterricht sind diese technischen Kompetenzen notwendig, da sie sowohl die Vorbereitung als auch die Durchführung von Unterricht erleichtern. An dieser Stelle sei kurz auf eine der zahlreichen Möglichkeiten verwiesen, wie z. B. die Verwendung von animierten Geschichtskarten mit Hilfe von PowerPoint, die durch Visualisierung historische Sachverhalte verständlicher sowie zugänglicher machen. Die Funktionen von „lo-net" eignen sich hervorragend für die Veröffentlichung von Geschichtsprojekten ebenso wie für den Austausch über historische Fragen und Interessensgebiete mit Klassen nationaler wie internationaler Schulen.

In der Aneignung von Methodenkompetenz erprobten die Studentinnen diverse Lernformen, so dass sie entscheiden konnten, welche ihnen entsprachen und welche eher nicht. Dazu gehörte das selbstständige Arbeiten sowie Ausprobieren von demonstrierten Vorgängen ebenso wie Vorträge anhören, wobei sie sowohl Fragen stellen als auch eigene Beiträge einbringen konnten, was häufig zu regen Diskussionen führte. Die Studentinnen erprobten eine Schreibkonferenz mit anschließender Reflexion. Sie arbeiteten mit Texten zur Informationsgewinnung und zum Wissenserwerb, indem sie bei der Internetrecherche beispielsweise Texte lasen, zusammenfassten sowie präsentierten. Darüber hinaus gewannen sie Informationen auch durch andere Medien als durch den PC. Des Weiteren lernten sie Fragen an das Thema Migration zu stellen und diese mit den Amerikanern auszutauschen. Das Fragenstellen ist ein wichtiger Punkt in der Geschichtsdidaktik, denn interessengeleitetes Lernen motiviert nicht nur Schülerinnen und Schüler, sich mit historischen Inhalten auseinanderzusetzen.[11]

Mit dem Leitfaden für Interviews und Unterrichtsbeobachtung bereiteten sie das Schulportrait vor, indem sie Interviewfragen konzipierten sowie einen Unterrichtsbeobachtungsbogen erstellten. Beides schuf eine Strukturierung für die Vorgehensweise in der Schule bei gleichzeitiger Hilfe für später, wenn sie als Lehrerinnen ihren eigenen Geschichtsunterricht reflektieren sollen. Die Durchführung und Auswertung der Interviews bot den Studentinnen die Möglichkeit in Ansätzen qualitative Forschungsmethoden kennen zu lernen, um einen Eindruck von Unterrichtsforschung zu erhalten. Gleichzeitig diente der Schulbesuch dem Praxisbezug, der in der Lehrerinnenausbildung nicht fehlen darf.

Die Textarbeit wurde ebenfalls geschult, denn die Studentinnen schrieben ein Lerntagebuch, verfassten Forenbeiträge, erstellten Schulportraits und Schulberichte sowie eine englische Zusammenfassung der Unterrichtsbeobachtung für das Internet als Diskussionsgrundlage für die amerikanischen Teilnehmerinnen und Teilnehmer. Darüber hinaus entwickelten sie Diskussionsstrategien untereinander wie auch per Chat mit den US-Lehrkräften und deren Schülerinnen und Schülern. Im Seminar

11 Vgl. Peter Schulz-Hageleit: Grundzüge geschichtlichen und geschichtsdidaktischen Denkens. Frankfurt a. M. 2002.

lernten sie Reflexionsmöglichkeiten wie „conferencing“,[12] den Lehr-Lern-Dialog[13] in der Gruppe sowie das Lerntagebuch[14] kennen. Der Vorteil dieser Reflexionsformen liegt in der Vielfalt ebenso wie in der Tatsache, dass sie durch das Aufschreiben des Lernweges erkannten, wie sie lernten und wie hoch der Lernzuwachs in vielen Bereichen lag, bzw. wo noch Nachholbedarf bestand.

Mit Blick auf den Wissenserwerb gewannen und erweiterten die Studentinnen ihre fachwissenschaftlichen Kenntnisse zu den historischen, zeitgeschichtlichen sowie aktuellen Aspekten von Migration in den USA, in Europa und in Deutschland. Sie ließen jedoch die sozialen Komponenten nicht außer Acht, wie beispielsweise den Anteil der ausländischen Studierenden an Hochschulen sowie der Schülerinnen und Schüler an den diversen anderen Schularten. Emotionen der Migranten gehörten ebenso dazu wie die der Menschen der Aufnahmeländer, z. B. Ängste oder Schwierigkeiten miteinander im täglichen Leben, aber auch positive Erfahrungen. Bei den rechtlichen Aspekten lag der Fokus auf dem Zuwanderungsgesetz, der Staatsbürgerschaft sowie dem Arbeitsrecht.

Besonders aufschlussreich war für die Studentinnen die Situation an den Schulen, beispielsweise die Probleme von Kindern und Jugendlichen mit Migrationshintergrund an Sonderschulen und an Hauptschulen. Sie untersuchten, wie dort der Geschichtsunterricht aussah, wie Sprachkenntnisse sowie Mehrsprachigkeit berücksichtigt wurden, ob Elternarbeit stattfand oder wie das Interesse der Eltern an der Schule beschaffen war. Dazu gehörte auch der Umgang mit verschiedenen Religionen in einer Klasse.

Die Erfahrungen wie Erkenntnisse wurden im Online-Austausch mit der Situation in den amerikanischen Schulen verglichen. Die Studentinnen erfuhren wie dort Schülerinnen und Schüler verschiedener Nationalitäten zusammenleben und -lernen, wie die Lehrerausbildung in den USA strukturiert ist und wie das Lehrerdasein und der Umgang mit Migranten sich gestalten. Persönliche Aspekte flossen ebenfalls ein in Form von Reflexionen über die eigenen Ängste, Grenzen, Probleme, Vorurteile und Chancen sowie über positive und negative Erfahrungen im Hinblick auf Migration. Darüber hinaus erlebten die Studentinnen alle in der Schule gängigen Sozialformen wie Einzelarbeit, Partnerarbeit, Gruppenarbeit, Frontalunterricht und Unterrichtsgespräch. Somit konnten sie erkennen, welche Sozialform welcher Unterrichtssituation angemessen ist, eine Erfahrung, die ihnen in ihrer späteren Schulpraxis durchaus nützt.

VI. Ergebnisse

Die sichtbaren Erfolge der Studentinnen schlugen sich im Lerntagebuch, in den Schulberichten sowie den Forenbeiträgen nieder. Das gesamte Seminar sei, so die

12 Vgl. Beck/Gulidmann/ Zutavern (Anm. 10) S. 215.
13 Vgl. Ebd. S. 207.
14 Unter der Adresse http://www.leanet.de/dyn/bin/31560-31563-1-lerntagebuch.pdf gibt es einen ausführlichen Artikel von mir zum Einsatz des Lerntagebuches in der Schule.

Teilnehmerinnen, „irgendwie anders als alle bisherigen“[15] gewesen. Den Arbeitsaufwand empfanden sie als angemessen und die Selbstständigkeit wurde hoch geschätzt. Sie seien nie bei Fragen und Problemen allein gelassen worden.

Im Hinblick auf die anfangs gesetzten Ziele ist zu sagen, dass diese erreicht wurden, jedoch in unterschiedlichem Ausmaß. Die Studentinnen äußerten einhellig, dass sich der interkulturelle Dialog als spannend und lehrreich erwiesen habe. Sie bestätigten einen Lernzuwachs durch den Austausch mit den Lehrkräften aus den USA, was die Chatprotokolle, die Forenbeiträge sowie die Lerntagebücher zeigen. Gerade der Austausch mit den amerikanischen Lehrkräften - und natürlich mit ihren Schülerinnen und Schülern – machte das Seminar interessant und die Studentinnen erklärten in der Abschlussdiskussion der letzten Sitzung, sie hätten tatsächlich „einmal über ihren Tellerrand geschaut“ und viel gelernt sowie erfahren.

> *„Ich habe das Gefühl, dass wirklich ein interkultureller Dialog stattgefunden hat.“ (J.H.)*
> *„Für sehr gut halte ich den Austausch durch den Chat, nicht unbedingt um geschichtliches Wissen zu vermitteln, sondern sich über die Praxis auszutauschen und vor allem auch über menschliche Bedürfnisse und Werte.“ (I.F.)*[16]

Die Studentinnen begrüßten die Öffnung des Seminars nach außen und schrieben immer wieder, wie gut ihnen das selbstständige Arbeiten, die eigene Zeiteinteilung, die Selbstorganisation sowie die persönliche Verantwortung für ihr Lernen zusagte. Ebenso wichtig war es ihnen, sich selbstständig Wissen anzueignen und ihre individuellen Vorlieben zu berücksichtigen. Diese Form des Lernens hätte für sie eine besondere Motivation gebracht, die sie zu zusätzlichen Leistungen sowie Mehrarbeit anspornte; gleichzeitig erkannten sie, wie effektiv selbstorganisiertes Lernen sein kann. Sie genossen die Öffnung insofern, als drei Seminarsitzungen dadurch ersetzt wurden, dass sie bei freier Zeiteinteilung Schulen ihrer Wahl besuchten.

> *„Ansonsten möchte ich nicht durch Referate und Vorträge lernen, sondern durch selbstständiges Arbeiten bzw. Gruppenarbeiten. Positiv finde ich, dass man den Arbeitsaufwand, in gewissem Maße, selbst bestimmen kann.“ (I.F.)*
> *„Zudem konnten wir uns heute ein wenig mehr selber erarbeiten, was es noch interessanter gemacht hat!“ (A.W.)*

Bis auf zwei Studentinnen zeigten alle bereits eine gewisse Sensibilität im Umgang mit dem Thema Migration und dem „Fremden“. Konkret erlebten sie das „Fremde“ hautnah in der Zusammenarbeit mit den US-Lehrkräften, die ihnen zu Beginn des

---

15 Einhellige Meinung der Studentinnen beim Abschlussgespräch am 15. Juli 2003.

16 Die kursiv gedruckten Zitate sind den Lerntagebüchern entnommen. Die Abkürzungen in Klammern bedeuten die Initialen der Studentinnen. Die Zitate sind wörtlich übernommen und wurden nicht verändert.

Sommersemesters zunächst „einfach fremd waren." Sie verspürten Unsicherheit, wollten die richtigen Fragen stellen, ihnen nicht zu nahe treten und versuchten, die aus ihrer Sicht kritischen Themen zu umgehen. Im Verlauf des Seminars baute sich Vertrauen auf, so dass die Chats immer entspannter und offener wurden. Inhaltlich blieben nur wenige der zu Beginn gestellten Fragen offen, die Sichtweise wurde differenzierter und neue Fragen bzw. Problemstellungen, vor allem was Schule und Unterricht betrifft, kamen auf. Diese wurden im Wintersemester nochmals aufgegriffen und weiter bearbeitet.[17]

> *„Ich kann für mich sagen, dass ich viel über den Umgang mit Menschen aus anderen Ländern/Kulturen gelernt habe." (I.F.)*
> *„... haben wir nicht nur allgemeine Informationen über ‚ausländische' Schüler und Studenten erhalten, sondern auch erfahren, wie einige von ihnen sich fühlen." (J.H.)*

Wie die Lerntagebücher zeigen, ist der Lernzuwachs im Bereich der Neuen Medien als relativ hoch einzuschätzen. Mit zunehmender technischer Kompetenz, gepaart mit der Erkenntnis „es ist alles nicht so schwer, wie es aussieht," wuchs das Selbstvertrauen und der Mut, etwas am Computer auszuprobieren und selbstständig damit zu arbeiten. Die Studentinnen bestätigten die Eignung der Plattform „lo-net" für den Einsatz in diesem Seminar ebenso wie für den Einsatz in der Schule.

> *„... wie das Kopieren von Links, den Umgang mit lo-net und das Chatten, Erstellen einer Homepage, Umgang mit Power Point; Ich denke mein Lernzuwachs war recht groß." (F.K.)*
> *„In diesem Bereich habe ich sehr viel gelernt!!! Bei mir kann man sagen, dass ich fast von null angefangen habe, was viele Funktionen des PC und des Internets betrifft. Es machte Spaß in der Atmosphäre zu arbeiten und ich hatte keine Hemmungen Fragen zu stellen."(J.H.)*

Es wäre vermessen, in so kurzer Zeit von Unterrichtsforschung zu sprechen. Die Studentinnen sollten jedoch die Gelegenheit erhalten zu sehen, wie man an eine solche Sache herangehen kann. Gemeinsam in der Gruppe erstellten sie eine Art Interviewleitfaden – mit der Option, ihn situativ zu verändern – sowie Stichpunkte für die Hospitation. Nach dem Schulbesuch mussten die Studentinnen einen Bericht über ihre Erfahrungen und Beobachtungen schreiben.[18]

Diese Heranführung an Unterrichtsforschung ist als ein erster Schritt zu sehen und soll den angehenden Lehrerinnen helfen, später in der Schule Ansätze der

17 Im Wintersemester 2003/04 hielten die Studentinnen Referate über Regionalgeschichte wie z. B. „Die italienischen Arbeiterinnen und Arbeiter in Wolfsburg," beschäftigten sich mit dem globalen Ansatz von Migration in Europa sowie mit Sinti und Roma und türkischen Arbeitsmigratinnen und –migranten. Zwei Studentinnen erarbeiteten und untersuchten in Form von Projektarbeit den Exilclub von Schulen ans Netz e.V. http://www.exil-club.de.

18 Die Berichte stehen auf der Homepage: http://www.lo-net.de/group/Migration.

Aktionsforschung im Sinne von Altrichter und Posch zu erproben, die ihnen die Durchführung eigener kleiner Forschungen ermöglichen, um die problematischen Seiten ihres Alltags zu bewältigen.[19] Es ist unter anderem wichtig, dass die Studentinnen lernen, über Unterricht und Schule sowie über ihre eigene Lehrtätigkeit zu reflektieren, denn so können sie in den vielen Jahren ihres Schullebens mit Konflikten, Störungen, Problemen sowie Veränderungen besser umgehen.

> *„Zudem ist mir während meiner Hospitation aufgefallen, dass das Thema ‚Integration' unter Schülern eigentlich keine wirkliche Rolle spielt. Damit meine ich, dass z. B. Ali, der Türke, neben Ridvan, einem Spätaussiedler, sitzt und sich beide gut verstehen. Sie gehören zum Klassenverband wie alle anderen Mitschüler und gehen respektvoll miteinander um."(R.C.)*
> *„Das Interview in der Schule war eine gute Erfahrung, das macht man einfach zu selten." (A.W.)*

Bei der Abschlussbesprechung sagten die Studentinnen im Hinblick auf das Lerntagebuch, dass der „Quasi-Zwang" zur Reflexion ihrer Tätigkeiten und der Inhalte durch das wöchentliche Aufschreiben sehr nützlich und spannend gewesen sei, denn sie hätten sonst noch nie so gründlich über ein Seminar und die damit verbundenen Lerninhalte nachgedacht.

Interessant ist hierbei, dass drei Studentinnen stets auf dem gemeinsamen Heimweg das Seminar Revue passieren ließen und so im Vorfeld ihrer Tagebucheinträge ihr Tun reflektierten. Die Einträge blieben jedoch trotz – oder gerade wegen – der gemeinsamen Reflexion sehr individuell. Den Tagebüchern ist deutlich anzusehen, wer regelmäßig einmal die Woche schrieb und wer nicht.

> *„Ich halte meine Leistung für schwankend. Zu Beginn war ich sehr motiviert, da habe ich dann auch mehr getan. In der Mitte war eine Phase, wo ich die Themen nicht so interessant fand, ... jedoch wurde mein Interesse bei dem Schulbesuch wieder geweckt, so dass ich wieder zufrieden mit mir war." (A. W.)*
> *„Ich hatte das Gefühl etwas zu erarbeiten, von dem auch die Gruppe profitiert. Es hat einfach Spaß gemacht, und da ich viel gelernt habe, hat es mir Freude bereitet, Leistungen zu erbringen." (J. H.)*

19 Vgl. Herbert Altrichter/Peter Posch: Lehrer erforschen ihren Unterricht. Eine Einführung in die Methoden der Aktionsforschung. Bad Heilbrunn 1998, S. 13/14.

VII. Ausgewählte inhaltliche Ergebnisse der Online-Exchanges[20]

Zusammenfassend ist festzustellen, dass die Annahme zutrifft, die amerikanischen Lehrkräfte seien im Hinblick auf Kinder mit Migrationshintergrund wesentlich sensibler als die deutschen Lehrkräfte. Das zeigt sich schon in der Ausbildung. Dort ist Migration Teil von Überblickskursen im Fach Geschichte. Wer Geschichte im Bachelor Studiengang als Haupt- oder Nebenfach belegt, muss sich mit Migration auseinandersetzen.[21] Allerdings gibt es aus finanziellen Gründen, ebenso wie in Deutschland, keine spezielle Zusatzausbildung für Lehrkräfte, wenn sie in multikulturellen Klassen unterrichten. Doch die Lehrkräfte in den USA können sich größtenteils auf spezielle Lehrerinnen und Lehrer stützen, die für „special education" zuständig sind, eine Ausbildung, die sich auch auf „English as a second language" erstreckt. Teamteaching sowie Kooperationen sind in den USA viel häufiger vorzufinden als in Deutschland.

Die amerikanischen Lehrbücher unterstützen aufgrund der kulturellen Vielfalt den Umgang mit nationalen Minderheiten insofern, als sie deren Historien in übergreifende Themengebiete einbauen, was die Schülerinnen und Schüler mit Migrationshintergrund bevorzugen. Hier besteht bei den meisten deutschen Geschichtslehrbüchern ein großer Nachholbedarf.

Um das zeitliche Problem der Integration der geschichtlichen Hintergründe der diversen Nationalitäten zu lösen, nutzen die Lehrkräfte die arbeitsteilige Gruppenarbeit, deren Ergebnisse im Plenum in Form von Postern bzw. manchmal auch nur an den so genannten „Schwarzen Brettern" im Klassenzimmer dargestellt werden. Diese Arbeitsform bedingt jedoch nicht, dass sich die jeweiligen Minderheiten mit ihrer eigenen Geschichte auseinandersetzen, sondern dass die Schülerinnen und Schüler eine Nationalgeschichte wählen, die sie interessiert. Interessant ist die Tatsache, dass die amerikanischen Deutschbücher die Türken als Minderheit in Deutschland besonders hervorheben und an dieser nationalen Minderheit exemplarisch zeigen, wie die Deutschen mit ihren Migrantinnen und Migranten umgehen.

Geschichtsunterricht ist nur möglich, wenn die Schülerinnen und Schüler die Sprache des Landes verstehen, in dem sie leben. In deutschen Schulen gibt es häufig Sprachförderklassen, je nach finanzieller sowie personeller Ausstattung der Schule, in der die mangelnden Sprachkenntnisse von neu eingewanderten Schülerinnen und Schülern behoben werden sollen. Diese Klassen werden von fast allen Lehrkräften befürwortet, da sie sich eine Erleichterung für den späteren Fachunterricht erhoffen. Die Diskussion in den USA sieht da etwas anders aus. Es gibt in einigen Staaten Sprachtests, um Schülerinnen und Schüler in Englischkurse für „English as a second language" einzustufen. Wenn hierbei die Befürworter von bilingualem Unterricht

20 Die hier aufgeführten Punkte beziehen sich ausschließlich auf den Umgang mit Migration in Schule und Hochschule. Für weitere Informationen über den Austausch mit den US-Lehrkräften sei auf die Homepage des Seminars verwiesen, auf der eine ausführliche Darstellung der Online-Exchanges zu finden ist: http://www.lo-net.de/group/Migration.

21 Dies trifft zumindest auf New York, Wisconsin und Colorado zu.

herausfinden, dass Kinder und Jugendliche eine andere Sprache als Englisch sprechen, entsteht für sie der Anspruch auf eine „special education“, also z. B. zweisprachigen Unterricht bzw. Unterricht nur in ihrer Muttersprache. Kann die Schule dies nicht bieten, so haben die Eltern das Recht, ihr Kind auf eine private Schule zu schicken, wobei der Schulbezirk die Rechnung bezahlen muss. Da dies den Schulbezirken zu teuer ist, werden die Englischtests schlichtweg nicht durchgeführt.

Allerdings gibt es in den USA auch Befragungen von Kindern und Jugendlichen mit Migrationshintergrund, die zeigen, dass sie nicht erst spezielle Sprachklassen besuchen, sondern sofort am Regelunterricht partizipieren wollen. Sie empfinden diese Sprachklassen als trennend und geben an, sie würden schneller die Sprache erlernen, wenn sie am regulären Unterricht teilnehmen.

VIII. Reflexion

Die Teilnehmerzahl des Seminars war recht gering, doch da in der Ausschreibung bereits auf Englischkenntnisse, zeitliche Flexibilität und auch überdurchschnittliches Engagement Wert gelegt wurde, war klar, dass sich die Studierenden nicht gerade in den Cip-Pool drängen würden. Dafür trifft bei diesem Seminar der Satz „Klasse statt Masse“ zu.

Die diversen Lehr- und Lernformen unter Einsatz der unterschiedlichen Lernkanäle trugen zu einer anderen Lehr-Lern-Kultur bei, was die Studentinnen in den Lerntagebüchern deutlich ausdrückten. Sie empfanden die geringe Teilnehmerzahl sowie die Atmosphäre als sehr angenehm. Diskussionen kamen leichter in Gang, zumal hemmendes Melden entfiel. Die Gruppe arbeitete gut zusammen, es gab keinerlei Scheu, die eigene Meinung zu vertreten, da die Studentinnen ausgeprägte soziale Kompetenzen aufwiesen. Die einhellige Meinung war, dass sie einen hohen Lernzuwachs verzeichneten, sowohl den Umgang mit dem Computer als auch das Thema Migration und dessen Behandlung in den USA und in Deutschland betreffend. Sie konstatierten, dass ihnen die Eigeninitiative und das selbstständige Arbeiten mehr Wissen und Motivation brachten als nur die „passive“ Aufnahme von Lernstoff. Die Mischung aus Vorträgen, eigener Informationsgewinnung und –verarbeitung sowie eigenem Tun kam ihnen sehr entgegen. Die Lust und der Gewinn am Austausch über das Internet mit den US-Lehrkräften und deren Schülerinnen und Schülern war so groß, dass die Studentinnen baten, das Seminar und die Chats im Wintersemester 2003/04 fortzusetzen; einen Vorschlag, den die amerikanischen Lehrerinnen und Lehrer gerne aufgriffen.

Interessant war die Tatsache, dass all das, was die Studentinnen hinsichtlich der Computernutzung nur kurz erklärt bekamen, in der Hoffnung, sie würden sich selbst eingehend damit auseinandersetzen, nicht den erhofften Erfolg zeigte. Nur das, was sie im Seminar gemeinsam erarbeiteten, anwandten und einübten schien ihnen die Sicherheit zu geben, weiter damit selbstständig zu Hause zu arbeiten. Im Hinblick auf die Neuen Medien ist der Lernzuwachs gekoppelt an ein größeres Selbstbewusstsein, so dass Unsicherheiten im Verlauf des Seminars immer mehr abnahmen und die eine oder andere darum bat, schon vor dem Seminar im Computerraum arbeiten zu dürfen.

In der Abschlussdiskussion erklärte eine Studentin, sie habe nicht immer etwas zu den geforderten Punkten des Lerntagebuches schreiben können. Auf den Hinweis, eben einen anderen Punkt einzufügen oder außerhalb der Vorgaben zu schreiben, reagierte sie mit Erstaunen. Sie war zu diesem Zeitpunkt nicht auf die Idee gekommen, von den Vorgaben abzuweichen. Dies sollte Anlass sein, bei einem erneuten Einsatz von Lerntagebüchern auf diese Möglichkeit hinzuweisen.

Die Sensibilisierung für den Gender-Aspekt ist allerdings nicht gelungen, zumindest schlägt sich das Thema nicht in den Tagebüchern wie Schulberichten nieder. Die Gründe dafür werden in der kommunikativen Validierung am Ende des Wintersemesters in Erfahrung gebracht.

Der historische Aspekt des Themas Migration ist in den beiden Vorträgen behandelt worden. Darüber hinaus beschäftigten sich die Studentinnen damit, was sie heute wissen müssen, um Kinder und Jugendliche mit Migrationshintergrund im Schulleben zu berücksichtigen. Gerade der Austausch mit den amerikanischen Lehrkräften brachte neue Ideen und Impulse, die im Wintersemester vertieft und ausgebaut werden.

Erschreckend war die Tatsache, dass die Unterrichtsbeobachtungen sowie die Interviews (obgleich nicht repräsentativ) deutlich machten, wie wenig sich Lehrkräfte mit interkulturellem Lernen oder dem Hintergrund ihrer ausländischen Schülerinnen und Schüler beschäftigen und die unterschiedliche Herkunft in keiner ihrer Unterrichtsstunden berücksichtigen, nicht einmal in einem so nahe liegenden Fach wie Geschichte. In dieser Hinsicht sieht es in den USA deutlich besser aus.

Auch für die Lehrende brachte das Seminar wichtige neue Aspekte. Da wäre einmal das Loslassen, also nicht Gängeln und Drängen, Zeit und Raum geben für mehr Eigenaktivität und Verantwortung, gemäß dem Motto: „Weniger ist oft mehr bzw. intensiver." Damit zusammen hängt die Übertragung von Verantwortung[22] für das eigene Lernen auf die Studentinnen, denn dieses Vertrauen erhöhte die Lernbereitschaft und -fähigkeit deutlich.

Darüber hinaus erfordert die Organisation eines Seminars mit außeruniversitären Teilnehmerinnen und Teilnehmern neue Kompetenzen in der Planung und Durchführung. Die Festlegung der Online-Exchange-Termine war notwendig, damit sich die US-Lehrkräfte darauf einrichten konnten, so dass keine Verschiebung möglich war. Das bedeutete die korrekte Einhaltung des Seminarplans. Inhaltlich ergaben sich durch den Austausch interessante neue Erkenntnisse zum Umgang mit Migration in den USA sowie zum amerikanischen Unterrichtswesen und zur Lehreraus- und -fortbildung. Nicht zu vergessen ist schließlich die Motivation, die

22 Vgl. Hentig (Anm. 1), S. 51; Reiner Ubbelohde: Freinetpädagogik – erfolgreiche Praxis oder Theorie? Möglichkeiten freinetpädagogischer Arbeitin der Hochschule: In: Inge Hansen-Schaberg/Bruno Schonig (Hrsg.): Freinet-Pädagogik. Hohengehren 2002, S.149 –174, S. 153; Vgl. Michael Schratz: Kann man eigenständiges Lernen lehren? Als Momo sich in den Unterricht verirrte. In: Erich Mayr/Michael Schratz/Ilsedore Wieser (Hrsg.): Fachdidaktik im Dialog. Selbstgesteuertes Lernen in der Praxis schulischer Unterrichtsfächer und universitärer Lehrerbildung. Baltmannsweiler 1989, S. 37 - 50, S. 38.

durch den persönlichen Kontakt mit Menschen in anderen Ländern entsteht und dazu ermutigt, weitere derartige Projekte durchzuführen und die Seminare zu öffnen, da sie sich als sehr bereichernd erweisen. Deutlich wurde auch, wie wichtig der Einsatz von Reflexionsmethoden und das Betreiben von Unterrichtsforschung mit den Studierenden ist.

Zum Abschluss sollen zwei repräsentative Aussagen aus den Lerntagebüchern diesen neuen Weg in der Hochschuldidaktik belegen:

> *„Das ganze Seminar war deshalb sehr abwechslungsreich, weil Arbeiten mit dem PC, Chatten und die Hospitation in den Schulen sich gut ergänzt haben. Es war für mich bis jetzt das interessanteste Seminar seit meinem Studienbeginn." (R. C.)*
> *„Ich war sehr positiv von diesem Seminar überrascht. Sehr gut gefallen hat mir die Seminaratmosphäre. Ich denke diese hat das Arbeiten für uns alle sehr angenehm gemacht. Durch die gute Verständigung untereinander habe ich zum ersten Mal an der Uni so etwas wie ein Zusammenarbeiten und Erarbeiten erlebt. Vielleicht sollte ich sagen, dass dieses Seminar meine Erwartungen übertroffen hat, weil ich immer Spaß hatte und sehr gerne dienstags von 16.00 bis 18.00 an der Uni war." (I. F.)*

Weitere Literatur:

Alavi, Bettina: Geschichtsunterricht in der multiethnischen Gesellschaft. Eine fachdidaktische Studie zur Modifikation des Geschichtsunterrichts aufgrund migrationsbedingter Veränderungen. Frankfurt a.M. 1998.

Baacke, Dieter: Kommunikation/Massenkommunikation. In: Hüther, Jürgen/Schorb, Bernd/ Brehm-Klotz, Christiane (Hrsg.): Grundbegriffe Medienpädagogik. München 1997, S. 200-204

Bade, Klaus J.: Europa in Bewegung. Migration vom späten 18. Jahrhundert bis zur Gegenwart. München 2002.

Beck, Erwin/Guldimann, Titus/Zutavern, Michael (Hrsg.): Eigenständig lernen. St. Gallen 1995.

Bergmann, Klaus: Multiperspektivität. Geschichte selber denken. Schwalbach/Ts. 2000.

Erdmann, Elisabeth (Hg.): Verständnis wecken für das Fremde. Möglichkeiten des Geschichtsunterrichts. Schwalbach/Ts. 1999.

Delors, Jaques: Lernfähigkeit: Unser verborgener Reichtum. UNESCO-Bericht zur Bildung für das 21. Jahrhundert. Neuwied 1997.

Mittrach, Silke: Lehren und Lernen in der Virtuellen Universität. Konzepte, Erfahrungen, Evaluation. Aachen 1999.

Nolte,Hans-Heinrich (Hrsg.): Deutsche Migrationen. Münster 1996.

Siebert, Horst: Selbstgesteuertes Lernen und Lernberatung. Neue Lernkulturen in Zeiten der Postmoderne. Neuwied, Kriftel 2001.

Treibel, Annette: Migration in modernen Gesellschaften. Soziale Folgen von Einwanderung, Gastarbeit und Flucht. Weinheim und München 2003.

Europäische Geschichte im Unterricht einer Migrationsgesellschaft. Neue curriculare Akzente und die aktuellen Lehrpläne der Bundesländer

Vadim Oswalt

Vassilios Pantazis fährt zur Frage nach dem Umgang des historischen Lernens mit der multikulturellen Herausforderung schweres Geschütz gegen den Geschichtsunterricht an deutschen Schulen auf. Der Geschichtsunterricht sei nationalstaatlich chronologisch orientiert und ignoriere Geschichte und Kultur der in der Bundesrepublik Deutschland existierenden Minderheiten. Deutsche Geschichte würde auf Kosten der Kultur und Geschichte der Migrantenkinder gelernt als „Verweigerung der eigenen Entwicklung“ mit Folgen für die „psychosoziale“ Entwicklung.[1] Zunächst wirkt diese Kritik stark überspitzt, geht sie doch bei ihrer Einschätzung des Einflusses des Geschichtsunterrichts auf die psychosoziale Entwicklung von Kindern und Jugendlichen von sehr optimistischen Prämissen aus, wenn man bedenkt, wie mühsam sich Geschichte als randständiges Fach behauptet. „Fremdverstehen“ und „Alteritätserfahrung“, die Behandlung von Themen wie Migration und Kulturbegegnung an historischen Beispielen aus der Geschichte stellen wichtige Ansatzpunkte zum Umgang mit der multikulturellen Herausforderung dar. [2] In diesem Beitrag soll der Vorschlag, die Geschichte der Herkunftsländer der Migrantenkinder in vergleichender Perspektive in den Geschichtsunterricht einzubeziehen, als eine mögliche weitere Antwort diskutiert werden. Ist der Blick zurück auf die Geschichte eines Herkunftslandes auch eine Voraussetzung für eine besseres Ankommen in der Bundesrepublik? Bietet ein solcher Vorschlag auch unter Berücksichtigung anderer zentraler Fragen historischen Lernens Vorteile?

Aus guten pragmatischen Gründen werden diese Fragen im Folgenden mit der Betrachtung momentan in der Bundesrepublik gültiger Lehrpläne verknüpft und aktuelle Tendenzen der Lehrplankonstruktion berücksichtigt, um aus dieser Perspektive heraus Einbettungsmöglichkeiten für neue Fragestellungen zu entwickeln. Lehrpläne stehen nicht in einem deduktiven Verhältnis zu aktuellen Forderungen an historisches Lernen, sondern entstehen aus einem Wechselspiel von Fortschreibungen und der Integration sehr unterschiedlicher, oftmals heterogener

---

1 Vassilios Pantazis: Der Geschichtsunterricht in der multikulturellen Gesellschaft. Das Beispiel der griechischen Migrantenkinder, Frankfurt/M. 2002, S. 129.

2 Die folgenden Überlegungen sind deshalb nicht als Alternative, sondern als Ergänzung zu den Konzepten von Bodo von Borries und Bettina Alavi zu verstehen, hierzu: Alavi, Bettina: Geschichtsunterricht in der multiethnischen Gesellschaft. Eine fachdidaktische Studie zur Modifikation des Geschichtsunterrichts aufgrund migrationsbedingter Veränderungen, Frankfurt/M. 1998.

Herausforderungen. Schließlich ist die Konstruktion von Bildungsplänen eine Frage nicht nur des Wünschbaren, sondern auch der Setzung von Prioritäten.

Es folgen zunächst einige Bemerkungen zum theoretischen Ort der Curriculumanalyse und -entwicklung in der Fachdidaktik und zu aktuellen Tendenzen der Lehrplandiskussion für das Fach Geschichte. Auf dieser Folie werden einige Tendenzen in den aktuellen Lehr- und Bildungsplänen zusammengefasst, was allerdings nicht eine umfassende systematische Analyse ersetzen kann, die als dringendes Desiderat gelten muss. Vertiefend folgen einige Überlegungen zu der Berücksichtigung historischer Räume in den Curricula. Schließlich soll anhand eines optionalen Weiterungsrasters zur Neueren Geschichte ein mögliches Modell zur Einbettung der Geschichte der Herkunftsländer der Migrantenkinder vorgestellt werden.

I. Curriculumanalyse und -modernisierung aus geschichtsdidaktischer Sicht

Curriculumanalyse und -modernisierung spielen seit den sechziger Jahren für die Disziplin Geschichtsdidaktik eine zentrale Rolle. Zum einen ist die theoretisch reflektierte Reform von Lehr- und Bildungsplänen seit Saul B. Robinsohns „Bildungsreform als Revision des Curriculums“ ein zentrales Anliegen der Fachdidaktiken gewesen. Die Klagen über die nicht eingelösten Anforderungen der curricularen Theorie in der Lehrplanpraxis wurden und werden in der geschichtsdidaktischen Literatur seit den sechziger Jahren kontinuierlich geäußert.[3] Zum anderen lassen sich durch die Analyse von Lehr- und Bildungsplänen, wie Karl-Ernst Jeismann und Bernd Schönemann darstellen, die in ihnen enthaltenen sanktionierten Geschichtsbilder, d. h. die „Gelenkstelle zwischen politisch erwünschtem und institutionell vermitteltem Geschichtsbewusstsein,“ fassen.[4] Insofern besitzt Curriculumanalyse ihren wichtigen Ort zwischen Theorie und Empirie, denn schließlich muss zwischen dem offiziell intendierten und dem tatsächlich gehaltenen Geschichtsunterricht, den die empirische Unterrichtsforschung in den Blick nimmt, differenziert werden.

Diskussionsbeiträge der letzten Jahre zeigen, dass Curriculumkonstruktionen letztendlich auch Grundkonzeptionen historischen Lernens betreffen und deshalb einer noch breiteren Diskussion bedürften. So weist Hans-Jürgen Pandel in einem Beitrag zu Grundfragen und -prinzipien der Richtlinienmodernisierung auf die in

3 Vgl. Klaus Fröhlich: Richtlinien, Lehrpläne, in: Bergmann, Klaus u. a. (Hrsg.): Handbuch der Geschichtsdidaktik, 5. überarb. Aufl., Seelze-Velber 1997, S. 510-520; vgl. auch die Einteilung in prä-curriculare und post-curriculare Lehrpläne bei Horst Kuss: Geschichtsunterricht und Lehrplan. Lehrplananalyse und Lehrplankritik am Beispiel der Lehrpläne von Bayern, Nordrhein-Westfalen und Berlin, in: GWU 48 (1997), S. 533 - 549.

4 Karl-Ernst Jeismann/ Bernd Schönemann (Hrsg.): Geschichte amtlich. Lehrpläne und Richtlinien der Bundesländer. Analyse, Vergleich, Kritik. Frankfurt/M. 1989. S. 21.

Curriculumdiskussionen enthaltenen Mythen und Scheingefechte hin.[5] Er sieht einen Gegensatz zwischen einer Vorstellung vom *Geschichtsbewusstsein als Akkumulation von historischem Wissen*, d. h. einem tradierbaren materiellen Bildungsbegriff („Corpus historie"), und einem Bild vom *Geschichtsbewusstein als Verarbeitungsmodus historischen Wissens*, das ausgehend von Fragen der jeweiligen Gegenwart immer neue Themen in das Blickfeld der Betrachtung rückt. Die Wissenszentrierung führe zu „kultureller Antiquiertheit" und Lehrplanschusterei, während die radikale Orientierung an aktuellen gegenwärtigen Fragestellungen zu einem generellen Verlust an intergenerationeller Kommunizierbarkeit historischen Wissens führe.[6]

In der Auseinandersetzung um den Aufbau der Curricula lassen sich zwei fundamental entgegen gesetzte Tendenzen ausmachen, die dringend der kontroversen Diskussion bedürften:

1. *Reform des chronologischen Durchgangs*, seine präzisere curriculare Begründung und kategoriale Durchdringung;
2. *Gegenwartsorientierung des Geschichtsunterrichts* auch in der Strukturierung seiner Stoffe basierend auf Schlüsselproblemen, Phänomenen der Geschichtskultur oder einer generellen Lebensweltorientierung der Stoffe.

Bodo von Borries etwa plädiert für eine kategoriale Schärfung des chronologischen Durchgangs anhand der evolutionären Durchbrüche der Menschheitsgeschichte. Er möchte ihm als doppeltem Durchgang in der Sekundarstufe I ein neues Gesicht geben und damit gewissermaßen ein spiralförmiges Curriculum auf unterschiedlichen Niveaustufen nach Jerome Bruner ermöglichen.[7] Gerhard Schneider hingegen bricht eine Lanze für eine radikale Lebensweltorientierung der Stoffe im Geschichtsunterricht der Hauptschule.[8] Ähnlich hat auch Klaus Bergmann immer wieder für eine gegenwartsorientierte Strukturierung der Geschichtscurricula in radikaler Abkehr vom chronologischen Prinzip plädiert.[9] Auf mehreren Ebenen haben in den letzten Jahren Auseinandersetzungen um die Akzentuierung der Stoffe und

---

5 Hans-Jürgen Pandel: Richtlinien - weiter wie bisher? Über die Dauerhaftigkeit geschichtsdidaktischer Mythen, in: Hans-Jürgen Pandel/Gerhard Schneider (Hrsg.): Wie weiter? Zur Zukunft des Geschichtsunterrichts. Schwalbach/Ts. 2001, S. 165 - 184, S. 175 ff.

6 Hans–Jürgen Pandel: Strategien geschichtsdidaktischer Richtlinienmodernisierung. Reduktion – Strukturierung – Konstruktion, in: Josef Keuffer (Hrsg.): Modernisierung von Rahmenrichtlinien. Beiträge zur Rahmenrichtlinienentwicklung. Weinheim 1997, S. 106 – 133, S. 109 ff.

7 Bodo von Borries: Überlegungen zu einem doppelten chronologischen Durchgang im Geschichtsunterricht der Sekundarstufe I, in: GWU, 52 (2001), S. 76 - 90. Hierzu auch Hans-Jürgen Pandel: „Geschichtsdidaktische Currriculumkonstruktion muss evolutionäre Durchbrüche nachzeichnen, deren Wirkungen auf die gesamte Weltgeschichte aufzeigbar sind." Pandel (Anm.6), S. 126.

8 Gerhard Schneider: Für's Leben lernen? Bemerkungen zum Geschichtsunterricht an Hauptschulen, in: Hans-Jürgen Pandel/ Gerhard Schneider (Anm.5), S. 68 - 97.

9 Klaus Bergmann: Versuch über die Fragwürdigkeit des chronologischen Geschichtsunterrichts, in: Hans-Jürgen Pandel/ Gerhard Schneider (Anm.5), S. 33 - 55.

Methoden im Fach Geschichte stattgefunden, so in den in den neunziger Jahren im Geschichtslehrerverband teilweise heftig geführten Diskussionen um eine mögliche Orientierung historischer Lernstoffe an Wolfgang Klafkis Schlüsselproblemen. Dietmar van Reeken hat versucht, der Diskussion um das Schlüsselproblemkonzept Konturen zu geben und sie in sachlichere Bahnen zu lenken.[10] Vor allem aber weist er auf die vielen ungelösten fachmethodischen Probleme bei der Umsetzung von Klafkis Konzept auf historische Lerninhalte hin.[11] Die in den Fachseminaren und auf den Historikertagen teilweise erbittert geführten Diskussionen um die Priorität von Inhalten oder Methoden zeigte eine Tendenz zu einer einseitigen Methodisierung des Geschichtsunterrichts.[12] So weist Hans-Jürgen Pandel auf die Gefahren eines unkritischen Methodenverständnisses hin, das ohne Rückbindung an geschichtsdidaktische Prinzipien zu einem Experimentierfeld der Allgemeinen Pädagogik verkomme.[13]

II. Neue Lehr-, Bildungs- und Rahmenpläne – Der Geschichtsunterricht im Umbruch

Die Vielfalt der Lehr- und Bildungspläne in der Bundesrepublik und die immer kürzeren Abstände der Richtlinienmodernisierung führen dazu, dass leider zu selten vergleichende Analysen unternommen werden können.[14] So ist es nicht leicht möglich, eine Schneise in die kleinstaatliche bundesrepublikanische Freude am eigenen Lehrplan zu schlagen. Auch die vom Geschichtslehrerverband 1996 erstellte Synopse der Geschichtslehrpläne der Bundesländer muss inzwischen durch die Einführung neuer Lehr- und Bildungspläne als weitgehend überholt gelten.[15] Insofern

10 Dietmar van Reeken: Wer hat Angst vor Wolfgang Klafki? Der Geschichtsunterricht und die „Schlüsselprobleme", in: GWU, 50 (1999), S. 292 - 304.

11 Ebd., S. 302.

12 Beiträge zu dieser Diskussion finden sich in dem Heft: „Was Schüler im Geschichtsunterricht lernen sollen", Informationen für den Geschichts- und Gemeinschaftskundelehrer Heft 61 (2001). Zur notwendigen Präzisierung des Methodenbegriffes im Fach Geschichte vgl. Bodo von Borries: Geschichtsdidaktik am Ende des 20. Jahrhunderts, in: Hans-Jürgen Pandel/ Gerhard Schneider (Anm.5), S. 28 ff.

13 Hans-Jürgen Pandel: Postmoderne Beliebigkeit? Über den sorglosen Umgang mit Inhalten und Methoden, in: GWU 50 (1999), S. 282 – 291, S. 287.

14 Der Abstand von 10–15 Jahren wird inzwischen erheblich unterschritten. Wie die Übersicht zeigt, vergingen in Hessen aufgrund des Regierungswechsels gerade sieben Jahre, bis neue Bildungspläne in Kraft traten. Zu fürchten sind immer kürzere Abstände der Richtlinienmodernisierung, die der Qualität der Ergebnisse sicher abträglich sein dürften.

15 Verband der Geschichtslehrer Deutschland e. V. (Hrsg.): Geschichtsunterricht in der Bundesrepublik Deutschland – Lehrplanübersicht. 1996. Eine aktualisierte Fortführung wäre sehr zu wünschen. Folgende Länder haben ihre Lehr-, Bildungs- oder Rahmenpläne für verschiedene Schulformen der Sekundarstufe I seit 1999 neu in Kraft gesetzt: Sachsen-Anhalt (1999), Thüringen (1999), Sachsen (2001), Bayern (2001), Brandenburg (2002), Hessen (2002), Mecklenburg-Vorpommern (2002), Hamburg (2003), Bremen (2003), Saarland (2003). Für andere Länder wie Baden-Württemberg liegen Entwürfe vor, die 2004 in Kraft treten

müssen sich die folgenden Überlegungen auf einige grundsätzliche Beobachtungen beschränken.

Aufgrund der geschilderten offenen fachdidaktischen Diskussionsstände, teilweise aber auch vieler außerfachlicher Rahmenvorgaben, verwundert es nicht, dass die in den letzten Jahren in Kraft getretenen Lehr- und Bildungspläne entweder sehr unterschiedliche Akzentsetzungen vornehmen oder synkretistische Konstruktionen darstellen. Folgende Herausforderungen sind erkennbar:

- die Herausforderung der Alltags- und Sozialgeschichte, bedingt durch die ungeheure Erweiterung des Gegenstandsfeldes der Geschichtswissenschaft;
- die Herausforderung „Geschichtskultur" ausgehend von Diskussionen über Geschichtskonstruktion, Identitätspolitik und Erinnerungskultur;
- die Herausforderung „außereuropäische Geschichte", d. h. die Frage, ob ein „universalgeschichtliches Konzept" allein auf die europäische und nationale Geschichte aufgelagert werden kann;
- die bildungstheoretische Herausforderung, bedingt durch das Vordringen eines formalen Bildungsbegriffs und der Forderung nach Methodenorientierung;
- die lerntheoretische Herausforderung des Konstruktivismus;
- die empirische Herausforderung (Borries, PISA), bedingt durch das Offenlegen von Lernschwächen, vor allem die dramatisch gesunkene Lesefähigkeit und Defizite der Schülerinnen und Schüler beim Fremdverstehen;
- die gesellschaftlichen Herausforderungen, der Umbruch der Lebens- und Arbeitswelt, Globalisierung, Migration, Neue Medien usw.

Es geht bei der Erstellung von Bildungsplänen offensichtlich um eine schwierige Balance, denn aufgrund der Vielzahl aktueller Forderungen, wird es am Ende immer ein Leichtes sein, einen Lehrplan der Eurozentrik (Forderung nach Berücksichtigung der Weltgeschichte), der mangelnden methodischen Innovation (Forderung nach Methodenlernen), der fachwissenschaftlichen Rückschrittlichkeit wegen eines Übermaßes an politischer Geschichte (Forderung nach Einbeziehung der Alltags- und Sozialgeschichte) oder der fehlenden Berücksichtigung der Möglichkeiten Neuer Medien (Mediengesellschaft als Herausforderung der Zukunft) zu bezichtigen. In dieser Situation droht auf der einen Seite die Gefahr, dass Lehrpläne in alle Richtungen auf einmal schlagen wollen, um auch jeder außer- und innerfachlichen Herausforderung gerecht zu werden, was auf Kosten ihrer Systematik und Kohärenz gehen muss, etwa nach dem Motto: Wir machen alles, aber nichts richtig. Diese Tendenz wird dann noch verstärkt, wenn diese Fülle an Möglichkeiten optionalen Charakter erhält. Das Signal lautet hier: „Wir schlagen alles vor, aber macht ihr Lehrer wenigstens irgendetwas richtig !" Auf der anderen Seite droht ein gefährlicher Reduktionismus, d. h. der Lehrplan schlägt sich auf eine Seite der genannten

werden. Dankenswerterweise veröffentlichen Kultusbürokratien die Lehr- Rahmen- oder Bildungspläne inzwischen im Internet, allerdings oftmals ohne Datierung oder einen Hinweis auf ihr Inkrafttreten.

Herausforderungen und wirft nun massenweise andere Aspekte, Stoffe und Methoden über Bord.

Heterogen sehen auch die Lösungen bei der gewünschten Stärkung der Kontrolldimension der Lehrpläne in Folge der Diskussion um „Bildungsstandards" durch die empirische Bildungsforschung aus. Teilweise definieren die Geschichtslehrpläne in den einzelnen Jahrgängen zu erreichende Kompetenzen (z. B. Brandenburg). Die Vielfalt der Ansätze zu dieser Frage wäre eine eigene Analyse wert. Insgesamt zeigt sich, wie schwer sich die Bildungspläne im Fach Geschichte mit der Definition operationalisierbarer Kompetenzen tun. Am stärksten ist dies in Baden-Württemberg der Fall, wo der gesamte Lehrplan anhand von Bildungsstandards strukturiert ist. Geraten die Bildungsstandards zu einer Auflistung von klassischen Lernzielen, stellen sie im eigentlichen Sinne keine übertragbaren Kompetenzen dar.[16] Im Sinne der Konstruktivisten handelt es sich dann eher um „träges Wissen". Eine Gliederung der Kompetenzen in „Grundfertigkeiten" und „Grundeinstellungen" (Realschule Bayern) verlangt dem Schüler hingegen subjektive „Einstellungen" wie z. B. „Wertschätzung" der Vergangenheit ab.

Fachmethodische Ansatzpunkte für Kompetenzen finden sich nur vereinzelt in den Bildungsplänen, wenn es darum geht, die Reflexion verschiedener Formen der Verarbeitung der Geschichte in Geschichtsbewusstsein und Geschichtskultur als Teil des Lernprozesses zu integrieren, Geschichte als „Deutungsgeschäft" (Sachsen-Anhalt) zu begreifen. Ein eigenes Modell zunehmender Fachkompetenz wird etwa im Lehrplan Hamburg als immer intensiverer Umgang mit Kategorien und Methoden vorgestellt.[17]

II.1. Gegenwartsorientierte Themen und chronologischer Durchgang – Epochen ohne Epochenbild?

Die Lehr- und Bildungspläne enthalten verstärkt gegenwartsorientierte Längsschnittthemen, ohne das Prinzip des chronologischen Durchgangs aufzugeben. Diese Struktur steht in Beziehung zu einer Gesamttendenz der Lehrpläne, deren Grundkonzept sich meist vom *fächerverbindenden* zum *fächerübergreifenden* Lernen gewandelt hat. *Fächerübergreifende Schwerpunkte* orientieren sich an aktuellen gesellschaftlichen Herausforderungen wie dem Umbruch der Lebens- und Arbeitswelt, der Globalisierung oder Interkulturalität. Insofern wird die geschichtsdidaktische Forderung nach der Thematisierung von Multikulturalität und interkultureller Begegnung durch die Gesamtstruktur der Lehr- und Bildungspläne verstärkt. Einheiten zu Kulturaustausch, Migration usw. an historischen Beispielen sind deshalb in den meisten Bundesländern Pflicht.

---

16 Zur Kritik an der aktuellen Form der Bildungsstandards vgl. Hans-Jürgen Pandel: Hase und Igel. Oder wie die Geschichte der Geschichte davonläuft, in: Journal für politische Bildung, Heft 4 (2003), S. 46.

17 Freie und Hansestadt Hamburg. Behörde für Bildung und Sport, Bildungsplan für das neunstufige Gymnasium, 2003, S. 7 ff.

Die gegenwartsorientierten Themen werden gemäß Klafkis Konzept der „Schlüsselprobleme" quer durch alle Fachgrenzen vorgegeben und dann auf Fachinhalte umgebrochen. Deutlich wird hierbei die Veränderung gegenüber den Bildungsplänen der frühen 80er Jahre, die noch gespickt waren mit Anregungen zum fächerverbindenden Lernen und somit die Verknüpfungspunkte zwischen den Fächern noch aus der jeweils eigenen Fachperspektive suchten. Fachübergreifende Vorgaben zur Strukturierung der Lehrplaneinheiten werden teilweise auch in eigene Rahmenpläne geschrieben (z. B. Medien in Hessen), um ihre „crosscurriculare" Bedeutung zu unterstreichen. In Brandenburg heißen diese Schwerpunkte etwa ÜTK (übergreifende Themenkomplexe), die dann in den Lehrplänen der einzelnen Unterrichtsfächer Schwerpunkte darstellen. Sie lauten hier: Friedenssicherung, Globalisierung und Interkulturelles; Recht und Alltag; Wirtschaft; ökologische Nachhaltigkeit und Zukunftsfähigkeit; Medien- und Informationsgesellschaft. [18] Die diesen Schwerpunkten zugeordneten Längsschnittthemen werden entweder durch die Neugruppierung von bekannten Inhalten etwa der „Migrationsgeschichte" oder Themen der Alltags- und Sozialgeschichte gewonnen, so z. B. der Medizingeschichte, Geschlechtergeschichte usw.

Die neuen gegenwartsorientierten Themen ersetzen aber als Gliederungsprinzip den chronologischen Durchgang nicht, sondern werden gewissermaßen in diesen eingestreut, wobei sich ihre Verankerung unterschiedlich gestaltet. Während die Längsschnittthemen im Lehrplan Schleswig-Holstein durch ein wildes Springen durch die Weltgeschichte gekennzeichnet sind, bemüht sich z. B. der bayerische Realschullehrplan um eine Korrelation zwischen den im Rahmen eines Jahres behandelten Epochen und Inhalten und den ergänzenden Lehrplanthemen. So gewinnen diese Längsschnittthemen gleichzeitig eine Funktion zum „Wiederholen, Verknüpfen, Vertiefen".

Kl. 7 Realschule Schleswig-Holstein[19]

Thema	Inhalte
4. Begegnung mit dem Anderen	– Griechen und Perser – Römer und Germanen – Christen und Muslime – Deutsche und Slawen – Juden in der abendländischen Gesellschaft – Hexenverfolgung – Flucht- und Wanderungsbewegungen

18 Land Brandenburg, Ministerium für Bildung, Jugend und Sport: Rahmenlehrplan Geschichte Sek. I, 2002, S. 51.

19 Ministerium für Bildung, Wissenschaft, Forschung und Kultur des Landes Schleswig-Holstein, Lehrplan für die Sekundarstufe I der weiterführenden allgemeinbildenden Schulen Hauptschule, Realschule, Gymnasium, 1997, S. 26.

Kl. 7 Realschule Bayern[20]

Thematischer Querschnitt: Begegnungen mit dem Fremden im Mittelalter und der frühen Neuzeit
Mögl. Aspekte – Expansionsmotive und Expansionsrechtfertigungen, z. B. für die Kreuzzüge oder das europäische Ausgreifen in Übersee – Minderheiten und Mehrheiten: Zusammenleben und Konflikte, Austausch und Abgrenzung am Beispiel von Juden und Christen oder Kreuzfahrern und Muslimen

Vergleich: Längsschnittthema in den Lehrplänen Realschule Schleswig-Holstein und Realschule Bayern

Keiner der neuen Lehrpläne verzichtet in der Sekundarstufe I zu Gunsten der gegenwartsorientierten Themen auf das Prinzip der absoluten Chronologie.[21] Um Raum zu schaffen für neue Längsschnittthemen, müssen die Epochenbilder ausgedünnt und reduziert werden, so dass sie das, was sie ursprünglich tun sollten, nämlich Grundlinien der Menschheitsentwicklung aufzuzeigen, kaum noch einlösen können. Auch verlieren die Längsschnittthemen ihre notwendige Verankerung, wenn z. B. das klassische Griechenland nur im Rahmen eines Längsschnittes erscheint. Insofern entspricht eine Gleichsetzung des Stoffkanons, d. h. des materialen Bildungsbegriffs, mit dem chronologischem Durchgang nicht mehr der Realität.

Der Rahmenlehrplan Geschichte Brandenburg für die Sekundarstufe I, ein Lehrplan mit deutlich kulturalistischer Ausrichtung, beginnt den Durchgang durch die Geschichte mit der frühen Neuzeit und gewinnt so Raum für Alltags- und Sozialgeschichte.[22] Dort, wo die älteren Epochen Vor- und Frühgeschichte, Altertum und Mittelalter noch in den Lehrplänen enthalten sind, gerät ihre Behandlung oftmals zu einem Schnelldurchgang, um Raum für die Behandlung der Neueren und Neuesten Geschichte zu gewinnen. Bilder der Epochen verschieben sich dabei dramatisch: Im Hinblick auf die Antike bleibt nur noch römische Geschichte als unverzichtbares Element der Lehrpläne (quer durch die Schularten) bestehen. Dabei schwankt die Darstellung zwischen Reichsvorstellung (imperialem Großreich) und Alltagsgeschichte in Rom. Die politische und kulturelle Geschichte (die Entwicklung der attischen Demokratie, von Schriftlichkeit und Wissenschaft), die sich vor allem an der griechischen Geschichte thematisieren lässt, ist nur noch in den meisten gymnasialen Lehrplänen verbindlich. Das Mittelalter bleibt bei einer statischen

20 Bayerisches Staatsministerium für Kultus und Unterricht, Lehrplan für die sechsstufige Realschule, Klasse 7, 2001, S. 246.

21 In der Sekundarstufe II hingegen gehört der zweite Durchgang der Vergangenheit an.

22 Ministerium für Bildung und Sport Brandenburg, Rahmenlehrplan Geschichte Sekundarstufe I, 2002.

Beschreibung von Lebens- und Herrschaftsverhältnissen stehen und kennt keine Periodisierungen und Entwicklungsmomente. Vor allem fehlt es oftmals an der Beschreibung der Scharniere oder Ereignisse, die die Epochengrenzen markieren.

II.2. Wegbrechende Raumdimensionen – Renationalisierung des Geschichtsbildes?

Da Geschichte nur raumbezogen gedacht werden kann, ist neben dem historischen Zeit- auch ein historisches Raumbewusstsein ein wichtiger Teil von Vergangenheitskonstruktionen.[23] Historisches Raumbewusstsein unterscheidet sich vom geographischen nicht nur durch seinen diachronen Charakter, sondern auch durch die Art der Konstruktion. Die Vorstellung von Raum und Raumgrenzen erfolgt aufgrund von historischen Faktoren, wie sich z. B. an der Europavorstellung der historischen Schulbücher unschwer zeigen lässt.[24] Gleichzeitig sind die fünf im Geschichtsunterricht behandelten Raumdimensionen[25] in komplexer Weise Teil individueller und kollektiver Identitätsbildung. Die Akzentuierung bestimmter Raumdimensionen in den Lehrplänen kann zur Schaffung eines politischen Bewusstseins oder bestimmter politischer Loyalitäten instrumentalisiert werden.[26] So kann Regionalgeschichte der Vermittlung eines "Landesbewusstseins" dienen, die Akzentuierung europäischer Geschichte die Förderung einer „europäischen" Identität bezwecken. Eine reflektierte Selbstverortung des Schülers wird erst durch die Wahrnehmung des komplexen Beziehungsgeflechts zwischen historischen Räumen möglich.

Historische Räume konstituieren sich teilweise überlagernd oder überschneidend. So ist die Vorstellung der Region nicht identisch mit Staatsgrenzen. Der Wechsel der geozentrischen Gewichtung zwischen Orts-, Regional-, National-, Europa-, und Weltgeschichte[27] kann eine Verlagerung des Basis-Narrativs, so z. B. eine weltgeschichtliche Öffnung oder nationale Verengung des Geschichtsbildes, anzeigen.[28] Die

23 Zur komplexen Beziehung unterschiedlicher Raumdimensionen vgl. Jeismann/ Schönemann (Anm. 4), S. 74 ff. Die Aufgabe des Geschichtsunterrichts sei es, „die historische Entwicklung dieses komplexen Beziehungsgefüges erkennbar zu machen und den Schüler auf die vernünftige Ausbalancierung seiner räumlichen Selbstverortung vorzubereiten" (Ebd.).

24 Rolf Westheider: Europa ist nicht Europa – Zur Geschichte einer verhinderten Identität. Die Darstellung Europas in ausgewählten Geschichtslehrbüchern der Bundesrepublik Deutschland, in: Falk Pingel (Hrsg.): Macht Europa Schule? Die Darstellung Europas in Schulbüchern der Europäischen Gemeinschaft, Frankfurt/M 1995, S. 15-62.

25 Bodo von Borries unterscheidet Orts-, Regional-, National-, Europa-, und Weltgeschichte. Bodo von Borries: Gemeinsame Geschichte für europäische Schüler? Zwischen Einheits-Illusion, Kantönli-Geist und Identitäts-Reflexion, in: Geschichte lernen Heft 32 (1993), S. 4–8, S. 8. Karl-Ernst Jeismann und Bernd Schönemann unterscheiden mit Bezug auf die Lehrpläne der Bundesländer sechs Dimensionen, da sie zwischen Landes- und Regionalgeschichte differenzieren; vgl. Jeismann/Schönemann (Anm. 4), S. 65.

26 Zur politischen Indienstnahme der Landesgeschichte vgl. Jeismann/Schönemann (Anm. 4), S. 66 ff.

27 Bodo von Borries (Anm.25).

28 Ebd.

Vorstellung von Grenzen historischer Räume als veränderbar und offen oder als hermetisch und deterministisch kann Teil einer Auffassung vom Verlauf historischer Prozesse sein.[29]

Geschichtsmethodische Fragen spielen ebenso eine Rolle, denn viele neue Themen der Alltags- und Sozialgeschichte sind am regionalgeschichtlichen Paradigma entwickelt worden, das sich als leistungsfähiges Innovationsfeld der historischen Forschung erwiesen hat. Mikrogeschichtliche Verfahren haben historische Untersuchungen in begrenzte Beobachtungsfelder wie „ein Dorf, einen Stadtteil, eine soziale Gruppe oder auch ein oder mehrere Individuen“[30] geführt. Insofern kommt im Moment niemand auf die Idee, Geschlechtergeschichte, Geschichte der Familie oder Oral History an internationalen Beispielen in die Bildungspläne einzuführen.

Historische Raumvorstellungen verbindet die Geschichtsdidaktik in der Regel mit Kartenarbeit, deren Ziel die Entstehung von sogenannten „Mental Maps“ im Bewusstsein der Schüler darstellt.[31] Mental Maps entstehen aber auch durch die Setzung von geozentrischen Schwerpunkten im Geschichtsunterricht. Raumdimensionen in Bildungsplänen stellen wichtige Indikatoren dar. Karl-Ernst Jeismann und Bernd Schönemann haben in ihrer breiten Lehrplananalyse die schulformspezifische Einengung der Raumdimension vor allem in der Hauptschule kritisiert.[32] Gerade die Tendenz zu größerer Lebensnähe, Anschaulichkeit und Exemplarität lässt die Lehrplanmacher oftmals in der Hauptschule das regionalgeschichtliche Lernen akzentuieren.[33] Eine zweite Tendenz beschreibt Falk Pingel, indem er in seinem Resümee zur vergleichenden Analyse der europäischen Dimension in Schulbüchern auf die epochenspezifische Verengung der Raumdimension in der Neueren Geschichte hinweist.[34]

Insgesamt lässt sich weiterhin der dominante Anteil der deutschen und europäischen Geschichte mit einzelnen Einsprengseln aus der außereuropäischen Geschichte in den aktuellen Bildungsplänen nachweisen. Eine sechsstündige Einheit „Das alte China“ in Sachsen-Anhalt in Klasse 7 nimmt sich bereits als sehr exotische

29 Deterministisch sind die Grenzziehungen zwischen „Kulturräumen“ in Samuel Huntingtons „Kampf der Kulturen“. Samuel Huntington: Der Kampf der Kulturen. Die Neugestaltung der Weltpolitik im 21. Jahrhundert, München/Wien 1996.

30 Hans Medick: Mikro-Historie, in: Winfried Schulze (Hrsg.): Sozialgeschichte, Alltagsgeschichte, Mikro-Historie, Göttingen 1994, S. 40 – 53, S. 44.

31 Christina Böttcher: Die Karte, in: Hans-Jürgen Pandel/ Gerhard Schneider, (Hrsg.) Handbuch Medien im Geschichtsunterricht, Düsseldorf/ Schwalbach/Ts 1999, S.170 - 196.

32 Mit einer quantitativen Analyse: Vgl. Jeismann/ Schönemann (Anm. 4), S. 75 ff.

33 Es wirkt oftmals fast so, als ob regionalgeschichtliches Lernen eine Ersatzfunktion erhält für das in der Geschichtsdidaktik kritisch beurteilte personalisierende Prinzip. Entsprechende Hinweise zur Akzentuierung des regionalgeschichtlichen Lernens in der Hauptschule enthalten etwa die Lehrpläne Hauptschule von Schleswig -Holstein, Bremen oder auch Bayern.

34 „In der Moderne nimmt die Präsentation gesamteuropäischer Inhalte merklich ab. Sie steigt auch zur Gegenwart hin nicht merklich an.“ Falk Pingel: Befunde und Perspektiven – Eine Zusammenfassung, in: ders. (Hrsg.): Macht Europa Schule? Die Darstellung Europas in Schulbüchern der Europäischen Gemeinschaft, Frankfurt/M 1995, S. 263 – 290, S. 264 ff.

Zutat aus.[35] Sie stellt einen spannenden Versuch dar, weil dieses Thema gerade in einer Epoche (Altertum) ansetzt, deren Betrachtung sich in der Wissenschaft (Althistorie) als besonders resistent gegen außereuropäische Geschichte erweist.[36]

Wie es andererseits aufgrund unterschiedlicher Faktoren zu einer erheblichen Verengung der Raumdimension bei der Darstellung der Geschichte des 20. Jahrhunderts kommen kann, zeigt sich am Lehrplan Hauptschule des Landes Schleswig-Holstein zur Neueren Geschichte, dessen Raumdimensionen hier als kartiertes Bild gezeigt werden (Abb.1). Offensichtlich sahen die Lehrplanmacher nach dem Ende des Kalten Krieges und der „Lösung" der Deutschen Frage die Geschichte der Sowjetunion und die Konfrontation der Blöcke als verzichtbare Themen an. So entstand ein Lehrplan, der die historische Wahrnehmung bedenklich auf die deutsche Geschichte verengt. Methodisch wird hier in dieser Kartierung versucht, eine mögliche „Mental Map" abzubilden, so wie sie im Kopf der Schülerinnen und Schüler zur Neueren Geschichte durch die Strukturierung der Stoffe entstehen könnte.

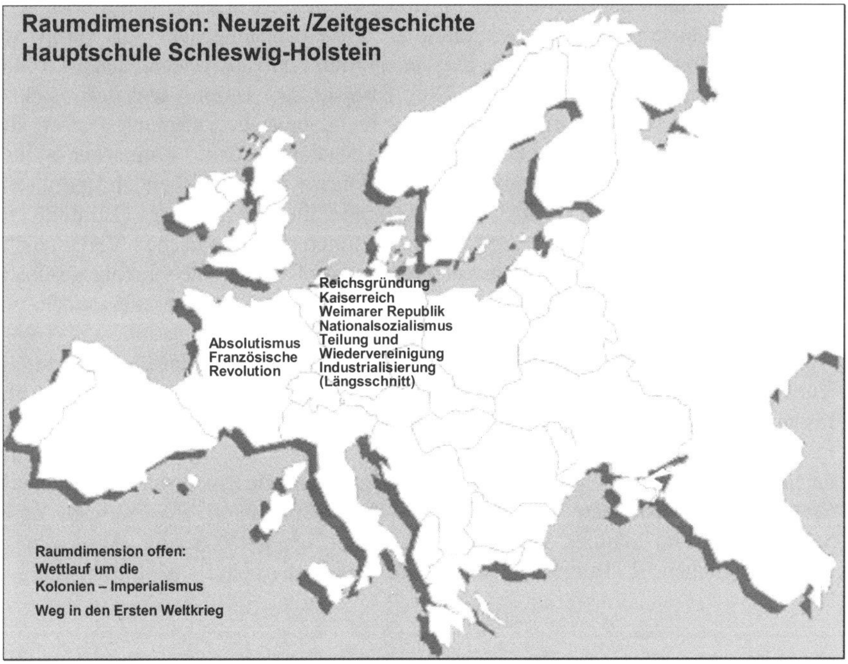

Abb.1

35 Kultusministerium des Landes Sachsen-Anhalt: Fach-Rahmenrichtlinien Geschichte Klasse 7, 1999.

36 Vgl. Bodo von Borries: Universalgeschichte ohne Ethnozentrismus und Moralisieren?, in: Uwe Uffelmann (Hrsg.), Historisches Lernen im vereinten Deutschland. Nation – Europa – Welt, Weinheim 1994, S. 265 – 281, S. 266.

III. Einbettung der Herkunftsländer der Migrantenkinder

Das folgende Schema zur Neueren und Neuesten Geschichte Italiens, der Türkei und Jugoslawiens ist als Erweiterung gängiger Lehrplanthemen gedacht. Es stellt eine Vergleichsperspektive zwischen den im Geschichtsunterricht behandelten Kapiteln der deutschen Nationalgeschichte des 20. Jahrhunderts und den genannten Staaten her. So wird die nationale Geschichte der autochthonen Mehrheit zu den Geschichten der Herkunftsländer der größten in der Bundesrepublik lebenden Minderheiten in Beziehung gesetzt.[37] Durch Öffnen vergleichender Sichtweisen lassen sich auch neue Perspektiven für die im Geschichtsunterricht behandelten Themen gewinnen, sie dienen der „wechselseitigen Erhellung“. National verengte Perspektiven, etwa zu den Pariser Vorortverträgen, können so zu der Geschichte anderer Staaten in Beziehung gesetzt werden. Ein weitgehend (und teilweise zunehmend) national orientiertes Curriculum lässt sich so erweitern und ergänzen.[38] Dies wird unter Berücksichtigung der Perspektive „Europa im Geschichtsunterricht“ um so deutlicher. Seit 1990 stellt sich die Frage nach dem Europabild im Geschichtsunterricht unter völlig veränderten Vorzeichen, auch wenn ein gemeinsamer Geschichtsunterricht für europäische Schüler im Moment keine konkrete Formen annimmt und aus verschiedenen Gründen nicht wünschenswert erscheint.[39] Die europäische Union erweitert sich in Ostmitteleuropa. Die Geschichte Europas in unseren Lehrplänen ist aber stark westeuropäisch und durch das Bild der großen Staaten geprägt.[40] Politischer Wille ist oftmals eine Vermittlung Europas im Sinne einer wirtschaftlichen und politischen Erfolgsgeschichte („Europa als Sinn“). Gerade die Betrachtung Ostmittel- und Südeuropas bezieht aber auch die Brüche der jüngeren europäischen Vergangenheit mit ein, die zeigen, dass Europa nicht ausschließlich als Erfolgsgeschichte interpretiert werden kann und dass der europäische Einigungsprozess noch viele Fragen aufwirft.

Die Geschichte des modernen Jugoslawiens, das Scheitern eines multikulturellen Kunststaates und die Rückkehr des Genozids seit 1990 sind insofern wichtige Ergänzungen eines Europabildes, das ansonsten zu leicht zu selbstgewiss gerät. Die Frage nach den Grenzen Europas stellt sich im Hinblick auf den Wunsch der Türkei nach einem Beitritt zur Europäischen Union neu. Unser Geschichtsbild geht von einer Einheit von christlichem Abendland und Europagedanken aus. Kennen unsere Schülerinnen und Schüler, die aus der tagespolitischen Diskussion Argumente zu einem möglichen EU-Beitritt der Türkei aufgreifen, die historische Entwicklung der

37 Bettina Alavi, Interkulturelles Lernen im Geschichtsunterricht – Ein Plädoyer für einen modifizierten Geschichtsunterricht und eine veränderte Lehrerausbildung, in: Internationale Schulbuchforschung 21(1999), S. 235 – 248, S. 240.

38 Es stellt sich die Frage, ob Erweiterungen der Raumdimension durch die in ihnen enthaltenen multiperspektivischen Sichtweisen dem Fremdverstehen und der Alteritätserfahrung dienen können. Sie geben in diesem Fall diachronen Sichtweisen eine größere Tiefendimension.

39 Vgl. Borries (Anm. 25), S. 4ff.

40 Westheider (Anm. 24), S. 15 ff.

modernen Türkei und können die sich von daher kompetent zu diesem aktuellen Problem äußern?

Das Weiterungsraster, das Anhaltspunkte für eine Konkretion enthält, orientiert sich zunächst an gängigen Themen der politischen Geschichte, die in fast allen Lehr- und Bildungsplänen enthalten sind. Insofern kann es leicht zur Ergänzung der gängigen Einheiten genutzt werden. Ein solches Strukturschema soll Flexibilität erlauben, d. h. vergleichende Perspektiven können zu einem Ereignis horizontal (z. B. „Folgen des Ersten Weltkriegs") oder aber in der vertikalen Betrachtung eines Staates gewählt werden. Es soll allerdings zu keiner weiteren Stoffüberfrachtung führen, denn die ergänzenden Themen können natürlich nur exemplarisch hinzugezogen werden. Ein kompletter Überblick über die hier aufgeführten Stoffe ist in keinem Fall intendiert. Natürlich sollen die genannten Themen über die reine politische Betrachtung hinausführen. So kann ihre thematische Orientierung und Gruppierung anhand von Aspekten der Alltags- und Sozialgeschichte oder der Geschichtskultur erfolgen. Hierfür bieten sich z. B. folgende Schwerpunkte an:

- Aspekte der *Alltags- und Sozialgeschichte*: Alle drei Staaten waren und sind weiterhin durch ein starkes Modernisierungsgefälle charakterisiert, das mit ursächlich für die Arbeitsmigration in die Bundesrepublik war. Eine Kartierung der Herkunftsorte von Migrantenfamilien in der Bundesrepublik kann die Deszendenz aus bestimmten Regionen zeigen (z. B. aus Süditalien oder aus Anatolien). Diese Modernisierungsdifferenz drückt sich im Wohlstandsgefälle, der Wirtschaftsentwicklung (z. B. Industrialisierungsschwerpunkten, Rolle und Rationalisierungsgrad der Landwirtschaft) und einer starken Binnenwanderung und Verstädterung aus. Im kulturellen Bereich hat sie ihre Entsprechung im Bildungsgrad, in Lebensformen, in der Rolle der Familie, in der Bedeutung sozialer Netze (nach Pierre Bourdieu das „symbolische Kapital") oder in bestimmten Vorstellungen von Ehre. Gerade die Darstellung der Binnendifferenz innerhalb von Staaten (ergänzend etwa zum Thema Wirtschaftswunder der sechziger Jahre) lässt ein differenzierteres Bild ihrer Gesellschaften entstehen. Geschlechtergeschichtliche und erfahrungsorientierte Perspektiven etwa zur Rolle der Frau in „traditionellen" Regionen werden teilweise die Behandlung anderer Quellengattungen erfordern.[41]
- Als spannendes Thema der kulturellen Modernisierung lässt sich die forcierte *Europäisierung der Türkei* in den kemalistischen Reformen an Alltagsbereichen behandeln. Welche Bedeutung hatte das rigorose Verbot der islamischen Kleiderordnung („Verbot des Fez usw.") und die forcierte Durchsetzung europäischer kultureller Alltagsnormen zur Schaffung eines laizistischen Staates? Aktualisierungen lassen sich anhand des Kopftuchstreites in der Bundesrepublik und anderen europäischen Staaten leicht herstellen.

41 Für Süditalien etwa: Ann Cornelißen: Frauen im Schatten. Leben im süditalienischen Dorf, Frankfurt/M 1986. Als literarische Verarbeitung des gleichen Themas z. B. auch Lara Cardella: Ich wollte Hosen, Frankfurt/M 1990.

- *Umgang mit Multikulturalität*: Die Neuere und Neueste Geschichte bietet hier wenig ermutigende Beispiele für ein friedliches Zusammenleben der vielfältigen Ethnien im östlichen Mittelmeerraum: Der Völkermord an den Armeniern während der Herrschaft der Jungtürken im Ersten Weltkrieg, italienische Kriegsverbrechen in Abessinien und auf dem Balkan, die grausamen Verbrechen der faschistischen Ustascha seit 1941 während des totalen Bürgerkriegs auf dem Balkan und schließlich die Rückkehr der ethnischen Säuberung und des Genozids im ehemaligen Jugoslawien 1990-1995. Trotzdem verdient etwa Titos Analyse der jugoslawischen Gesellschaft und seine Ansätze zur Lösung ihrer komplexen Probleme in einem multikulturellen Bundesstaat immer noch Beachtung.
- *Vergangenheitskonstruktionen:* z. B. zum Themenbereich „Bürgerkrieg im ehemaligen Jugoslawien“. Geschichtsklitterung und politische Indienstnahme von Mythen der Vergangenheit („Geschichte als Waffe“) waren und sind für das politische Tagesgeschehen des ehemaligen Jugoslawiens von höchster Bedeutung.[42] Die Rede von Slobodan Milosevic zur Erinnerung an die Schlacht auf dem Amselfeld (1989) mit dem Anheizen großserbischer Stimmungen stellt eine dieser terrorartigen Nutzungen von Vergangenheitskonstruktionen und Mythen dar.
- *Stereotype in der wechselseitigen Außenwahrnehmung historischer Phänomene*: Eine entsprechende Übersicht zu deutsch-italienischen Stereotypen bietet etwa Harm Mögenburg an. Die dort geschilderten Stereotype lassen sich den in diesem Raster aufgeführten Ereignissen zuordnen. Ihr Wirklichkeitsgehalt sollte allerdings auf reale Hintergründe befragt werden (z. B. der doppelte „Seitenwechsel“ Italiens im Ersten und Zweiten Weltkrieg).[43] Die Aktualisierung solcher Außenwahrnehmungen anhand aktueller Ereignisse lässt sich etwa in den Verdachtsmomenten gegen die deutsche Außenpolitik beim Auseinanderbrechen des Kunststaates Jugoslawien ablesen.
- *Sozialbiographische Perspektiven:* z. B. anhand einzelner Biographien zur Arbeitsmigration, etwa indem Interviews (Oral History) zu Erfahrungen der familiären Migrationsgeschichte geführt werden. Der moderne Ansatz der Familieninterviews lässt sich hier auf die Familien der Migranten übertragen. Solche Interviews werden sehr bald offen legen, wie viel Migrationshintergrund

42 Karl-Ernst Jeismann: Geschichtsbilder: Zeitdeutung und Zukunftsperspektive, in: Aus Politik und Zeitgeschichte, Nr. 51–52 (2002), S. 13 – 22. Hierzu auch Petra Bock/Edgar Wolfrum (Hrsg.): Umkämpfte Vergangenheit, Göttingen 1999. Holm Sundhausen zitiert in diesem Zusammenhang J. H. Plumb:„Nichts ist je in so korrupter Weise benutzt worden wie die Konzepte der Vergangenheit.“ Es bleibe zu hoffen, „dass die Vergangenheit nicht phönixartig wieder aus ihrer eigenen Asche aufsteigt, um abermals, wie oft geschehen, die Unterwerfung von Männern und Frauen zu rechtfertigen, sie mit Ängsten zu quälen oder sie mit ihrer eigenen Hoffnungslosigkeit zu ersticken.“ Holm Sundhausen: Experiment Jugoslawien. Von der Staatsgründung bis zum Staatszerfall, Mannheim u. a. 1993, S. 1.

43 Harm Mögenburg: Italiener und Deutsche. Feinde, Fremde, Freunde – Realkontakte und Perzeptionen, in: Geschichte lernen Heft 51 (1996), S. 11 – 18, S. 16.

scheinbar „autochthone“ Familien besitzen (Krieg und Vertreibung, starke Binnenmigration usw.)

Optionales Weiterungsraster zu Themen des 20. Jahrhunderts

Thema	**Italien**	**Jugoslawien**	**Osmanisches Reich/ Türkei**
19. Jahrhundert Nationalismus, Nationalstaat	- Fremdherrschaft und Nationalstaatsgründung - Integrationsprobleme (Süditalien)	- Ambitionen der Großmächte und Nationalstaatsgründungen auf dem Balkan (Serbien, Montenegro, Bosnien-Herzegowina usw.) aus der Konkursmasse des Osmanischen Reiches - Balkankriege	- Niedergang des Osmanischen Reiches - Von der Kolonialmacht zur Halbkolonie?
Erster Weltkrieg (1914–1918)	- Italiens Kriegseintritt auf der Seite der Entente-Mächte (1915, Geheimvertrag von London)	- Vorgeschichte: Konflikte auf dem Balkan - Pulverfass „Balkan“ - Attentat in Sarajewo	- Der Erste Weltkrieg als Ende des Osmanischen Reiches - Völkermord an den Armeniern
Kriegsende: Versailler Vertrag/ Pariser Vorortverträge (1918)	- Enttäuschung einer Siegermacht - Der „verstümmelte Friede“?	- Entstehung des Kunststaates “Jugoslawien“ - „Königreich der Serben, Kroaten und Slowenen“	- Bürgerkrieg /Entstehung der Republik Türkei - Vom Waffenstillstand von Mudros (1918) über den Frieden von Sévres (1920) zum Frieden von Lausanne (1923)
Zwischenkriegszeit (1918–1939)	- Aufstieg des Faschismus in Italien 1922 - „Marsch auf Rom“ - Italienische Expansion, z. B. Abessinien (1935) - Italienische Kriegsverbrechen in Abessinien („Italiani brava gente?“) - „Achse-Berlin-Rom“	- Integrationsprobleme des Kunststaates Jugoslawien - Faschistische Bewegung in Kroatien „Ustascha“	- Mustafa Kemal /Kemal Atatürk - „Radikale Modernisierung“ der Türkei (Kemalismus) - Die sechs Prinzipien des „Kemalismus“ (Nationalismus, Säkularismus Republikanismus; Populismus; Etatismus; Reformismus)
Zweiter Weltkrieg (1933–1945)	- Italienischer Parallelkrieg - Der Waffenstillstand 1943 und die Folgen - Deutsche Kriegsverbrechen in Italien, z. B. Marzabotto	- „Totaler Krieg“ und „totaler Bürgerkrieg in Jugoslawien (1941-1945) - Ustascha, Tschetniks und Partisanen - 1941 Faschistischer kroatischer Marionettenstaat (unabhängiger Staat Kroatien) - ethnische Säuberungen - Deutsche Kriegsverbrechen auf dem Balkan	- Neutralität der Türkei bis 1945

Thema	**Italien**	**Jugoslawien**	**Osmanisches Reich/ Türkei**
1945–1990	Das Wirtschaftswunder in Italien und die Verschärfung des Nord-Süd-Gefälles - Das Mezzogiorno-Problem („zwei Italien") und der Einfluss des organisierten Verbrechens (Mafia usw.) - Arbeitsmigration/ Auswanderung aus Süditalien als Binnenmobilität (Norditalien) und Migration (z. B. Deutschland)	- Titos Neuordnung Jugoslawiens - Jugoslawiens Sonderweg im Kalten Krieg „Dritte-Kraft-Bewegung" - Arbeitsmigration/ Auswanderung aus Jugoslawien	- Vom Einparteienstaat zur prekären Demokratie (1950) - Demokratische Parteien und Militärputsche - Zypernkonflikt - Minderheitenprobleme in der Türkei (Kurden) - Arbeitsmigration/ Auswanderung aus der Türkei
Wende 1990 und die Folgen Chancen und die „Schatten der Vergangenheit"	- „Mani pulite" in Italien und der Zusammenbruch des Parteiensystems - Die neue Rechte in Italien	- Zusammenbruch der multikulturellen Gesellschaft - Auseinanderbrechen Jugoslawiens - Kriege im ehemaligen Jugoslawien - Kriegsverbrechertribunal in Den Haag	- Die Türkei im Spannungsfeld von Tradition und Wandel - Die veränderte geopolitische Rolle der Türkei im Schnittpunkt unterschiedlicher Interessen - Die Türkei als „Brückenkopf" der Nato im Nahen Osten
Europäischer Einigungsprozess	- Gründungsmitglied der EWG „Römische Verträge"(1957)	- Kandidaten zum EU-Beitritt - Die EU als Chance zu Versöhnung und Aufbau	- Die Türkei auf dem Weg in die „Europäische Union" Für und wider?

Lernmodelle und Handreichungen in Auswahl:

<u>Folgende Bände erlauben eine rasche Orientierung über wichtige Themen:</u>

- Sundhausen, Holm, Experiment Jugoslawien. Von der Staatsgründung bis zum Staatszerfall, Mannheim u. a. 1993.
- Steinbach, Udo, Geschichte der Türkei, 3. Aufl. 2003.
- Reinhardt, Volker, Geschichte Italiens, 2. Auflage 2002.
- Fritzler, Marc: Stichwort Bosnien. München: Heyne (Sachbuch Nr.19/4048) 1994.

<u>Ausgaben fachdidaktischer Zeitschriften und Handreichungen der politischen Bildungsinstitutionen:</u>

- Italien (Geschichte lernen, Heft 51, 1996)
- Europa zwischen Demokratie und Diktatur (Praxis Geschichte, Heft 2, 2003).
- Nationale Einigung in Italien und Deutschland, in: Das 19. Jahrhundert. Monarchie – Demokratie – Einheitsstaat (Informationen zur politischen Bildung, Heft

163), Bonn 1992.

- Ethnische Minderheiten, in: Sozialer Wandel in Deutschland (Informationen zur politischen Bildung, Heft 269), Bonn 2000.
- Türkei (Informationen zur politischen Bildung, Heft 277), Bonn 2002.
- Bausteine zur jugoslawischen Geschichte bietet etwa die Landeszentrale für politische Bildung Baden-Württemberg an: Politik und Unterricht. Der Zerfall Jugoslawiens (Heft 3/97), im Internet abrufbar unter: (http://www.lpb.bwue.de/aktuell/puu/3_97/puu973a.htm).

Geschichtsunterricht und Migration. Migration als Thema des historischen Lernens in der Orientierungsstufe. Eine Stationenarbeit zum Thema Völkerwanderung

Birgit Wenzel

I. Vorbemerkungen

1. Migration als Thema im Geschichtsunterricht der Orientierungsstufe

Migration begegnet den Schülerinnen und Schülern in der Orientierungsstufe bereits in der Vor- und Frühgeschichte. Die Nomaden der Altsteinzeit überlebten nur durch einen häufigen Ortswechsel, Wanderungen bildeten hier den Normalfall.

Explizit spielt Migration im Geschichtsunterricht erst eine Rolle, sofern die Geschichte Israels behandelt wird, in jedem Fall bei der griechischen Kolonisation, bei den Eroberungen Alexanders des Großen, bei den Römern und schließlich insbesondere bei der Völkerwanderung.

2. Zur Völkerwanderung[1]

Als Beginn der Völkerwanderung wird meist das 3. Jahrhundert angegeben, aber schon 120 v. Chr. machten sich Kimbern und Teutonen auf frühe und ausgedehnte Wanderungen.[2] Die Zeitdauer ihrer Wanderung betrug etwa 20 Jahre und die zurückgelegten Wegstrecken umfassten ca. 7000 km. Schon in diesem frühen Stadium der Völkerwanderung sind als typische Ursachen für die Wanderungen Hunger und hohe Sterblichkeit, vor allem in den Wintermonaten, auszumachen. Auch die charakteristischen Probleme während der Wanderung werden hier bereits nachvollziehbar; dazu gehören die Versorgung des Trecks und damit einhergehende häufige Plünderungen und Morde in Dörfern wie auch Gefechte mit vor allem römischen Kampfverbänden.

Die tatsächlich viel umfangreicheren Wanderbewegungen, die der Epoche ihren Namen gaben, setzten dann allerdings mit dem 3. Jahrhundert ein, wobei hier als zusätzlicher starker Auslöser die ihrerseits wandernden und plündernden Hunnen[3], aus dem Osten kommend, zu berücksichtigen sind. Das Ende der

---

1 Der Begriff migratio gentium wurde am Ende des 18. Jahrhunderts geprägt und beinhaltete die Vorstellung von katastrophalen Barbareninvasionen, vgl. Wolfram 2002, S. 87.

2 Zu den Ausführungen zur Völkerwanderung vgl. vor allem Arens 2002.

3 „Die Hunnen überrannten die Alanen, die Alanen die Goten, die Goten die Taifalen und Sarmaten; uns aber vertrieben die aus ihrer Heimat vertriebenen Goten aus Illyrien, und ein Ende ist noch nicht abzusehen." Ambrosius, Kommentar zum Lukasevangelium 10, 10. Ambrosius stammte aus Trier und war ab 374 Bischof in Mailand.

Völkerwanderungsepoche markierte die letzte große Wanderung der Langobarden 568 aus Pannonien nach Italien.

Die Zeit der Völkerwanderung bietet vielfältige Möglichkeiten, um für Migrationen typische Ursachen, Auslöser, Begleiterscheinungen und Folgen zu untersuchen, zugleich steht sie für den Untergang des Römischen Reiches sowie für den Neubeginn der europäischen Geschichte.

3. Zur Völkerwanderung als Unterrichtsthema

Die Völkerwanderung wird im Geschichtsunterricht sowie in den Geschichtsbüchern in der Regel als letztes Teilthema des Römischen Reiches unter einer Überschrift wie z. B. „Das Ende des Römischen Reiches“[4] verhandelt. Die Perspektive, unter der die Ereignisse betrachtet werden, ist also in der Regel die der Römer. Dies liegt nicht zuletzt an der Quellenlage, bedingt jedoch, dass die Migrantenperspektive oftmals fehlt. Die zur Verfügung gestellte Karte im Geschichtsbuch ist meist vielschichtig und außerordentlich schwer zu entschlüsseln.[5] Das Kartenmaterial präsentiert zumeist die Namen von vielen germanischen Stämmen nebst ihren Wanderbewegungen, durch Pfeile markiert, und die vielen dazugehörigen Daten, ohne dass notwendige methodische Hilfestelllungen gegeben werden[6]. Ein Bezug oder ein Vergleich zu anderen Migrationsbewegungen in der Geschichte fehlt erfahrungsgemäß.

II. Prinzipien für die Behandlung von Migrationsthemen im Geschichtsunterricht der Orientierungsstufe und ihre Anwendung im Blick auf die Behandlung der Völkerwanderung sowie die Konsequenzen für den Unterricht

Im Folgenden werden sechs Prinzipien in Thesenform vorgestellt und jeweils kurz begründet. Im Anschluss erfolgt jeweils zunächst die Anwendung auf das konkrete Thema der Völkerwanderung. Hier soll deutlich werden, inwiefern sich dieser Zeitabschnitt als Migrationsthema eignet, aber auch die Schwierigkeiten und Grenzen sollen bedacht werden. Schließlich wird über die Folgerungen für die Unterrichtsplanung nachgedacht. Die Ausführungen und meine konkreten Unterrichtserfahrungen laufen auf eine thematische Ergänzung der Völkerwanderung hinaus, wobei ich mich für gegenwärtige Migrationserfahrungen entschieden habe.[7]

---

4 Vgl. z. B. Entdecken und Verstehen 5/6 (Ausgabe Berlin), Cornelsen, Berlin 2001, S. 152.

5 Vgl. z. B. Anno, Westermann, Braunschweig 1994, S. 196. Germanische Stämme, Wanderbewegungen, Reiche, Schlachten und Gründungsdaten sind in einer Karte verarbeitet.

6 Vgl. z. B. Expedition Geschichte 1, 1997, S. 127.

7 In der an den Vortrag anschließenden Diskussion während der Tagung wurden vor allem die Berechtigung, die Sinnhaftigkeit, ja die Notwendigkeit der Einbeziehung von Gegenwartserfahrungen bzw. die Zweifel hierüber verhandelt. Vgl. hierzu vor allem Bergmann 2004.

1. Das Phänomen der Migration stellt eine menschliche Grunderfahrung dar!

1.1. Begründung der These

Quer durch die Geschichte stößt man auf das Thema der Migration, ja, Gesellschaften und Völker geraten oft erst in den Blick, wenn sie wandern oder expandieren. Migration kann insofern nicht als „Sonderthema" oder seltene Randerscheinung der Historie gelten. Untersucht man die Geschichte von Gesellschaften, so ist sie zwar nicht die „Regel", aber durchaus im Bereich des „Üblichen" anzusiedeln. Um den Eindruck einer historischen Singularität zu vermeiden, macht es in Unterrichtszusammenhängen Sinn, zu dem zu behandelnden Thema (mindestens) ein weiteres Migrationsbeispiel zu ergänzen, so dass die Schülerinnen und Schüler ein Bewusstsein für den „Normalfall" Migration entwickeln können. Kinder können Migration erst dann als „Normalfall" ansehen, wenn sie Vergleichsmöglichkeiten erhalten und ein einzelnes Phänomen eben nicht isoliert betrachten.

1.2. Konsequenz für die Behandlung der Zeit der Völkerwanderung

Im Blick auf die Zeit der Völkerwanderung kann die These beinahe schon durch die genauere Betrachtung dieser Epoche selbst eingelöst werden, denn die Zeit der Völkerwanderung umfasst ja, wie schon oben kurz ausgeführt, den langen Zeitraum von 120 v. Chr. (Kimbern und Teutonen begaben sich als Vorboten der späteren großen Wanderungsbewegungen auf einen riesigen Treck Richtung Süden) bis ca. 568 n. Chr..

Doch selbst bei der Behandlung der Völkerwanderung, einem Thema also, das über einen Zeitraum von mehreren Jahrhunderten gleich mehrere Migrationszüge umfasst, ist die Einbeziehung mindestens eines weiteren Phänomens hilfreich. Um den Lernenden also die übergeordnete Bedeutung des Themas deutlich werden zu lassen, kann man im Geschichtsunterricht vergleichend entweder auf andere Epochen „zurück" schauen oder die Gegenwart in den Blick nehmen.

1.3. Konsequenzen für den Unterricht

Die Einbeziehung von Migrationsbeispielen der Gegenwart eignet sich für eine Erweiterung in besonderer Weise, ermöglicht sie doch die Berücksichtigung der lebensweltlichen Erfahrungen der Schülerinnen und Schüler. Der Blick auf die Gegenwart erlaubt es, die Erforschung der eigenen Familiengeschichte in den Unterricht einzubeziehen und ein reflexives Verhältnis zur Geschichte anzubahnen. Schülerinnen und Schüler können erforschen, wer aus ihrer Familie und aus welchen Gründen Migrant ist. Schon diese Fragestellung verspricht interessante Erkenntnisse für das historisch-politische Lernen. Insbesondere eine Großstadt (wie Berlin) bietet gute Chancen für das Nachvollziehen von Migrationen in der eigenen Familie. Ein Großteil zumindest der Großeltern und ein guter Teil auch der Elterngeneration ist nämlich in der Regel (nach Berlin) „eingewandert". Dies hat sich auch bei meinen Schülerinnen und Schülern gezeigt. Die Einbeziehung der eigenen lebensweltlichen Bezüge motivierte die Schülerinnen und Schüler, sich sowohl auf ihre eigene

Geschichte als auch vergleichend auf die weit zurück liegende Geschichte (der Völkerwanderung) einzulassen.

Auch wenn einzelne keine Migranten in der eigenen Familie finden, so wird der Blick auf die Umgebung geschärft. Ein Schülerzitat: „Au weia, wir hätten bei uns vielleicht keine Dönerläden, wenn hier nicht viele Türken leben würden!“ Diese Feststellung begibt sich auf einer sehr einfachen, aber lebensnahen Ebene auf die richtige Spurensuche.

2. Zum Verständnis von Migrationsphänomenen gehört die Untersuchung von Ursachen und Auslösern.

2.1. Begründung der These

Um das „Warum?“ und das „Wozu?“ von Migrationsbewegungen nachvollziehen zu können, müssen Lernende Ursachen und Auslöser kennen lernen und, wenn nötig, zwischen beiden unterscheiden können. Als hilfreich für die Schülerinnen und Schüler erweist es sich, wenn sie im Vergleich von Migrationsgeschichten Spezifika, aber vor allem Analogien auffinden können.

Werden also im Geschichtsunterricht für ein Migrationsphänomen die jeweilig spezifischen Ursachen und Auslöser thematisiert, schließt sich sinnvoll die Frage an: Sind diese Motive in der Geschichte einzigartig? Eine solche leitende Fragestellung kann über einen konkreten Fall hinaus gerade die vergleichbaren und ähnlichen Beweggründe von Migrationen ausmachen und untersuchen, ohne Geschichte und Gegenwart „gleich“ zu machen.

2.2. Konsequenz für die Behandlung der Zeit der Völkerwanderung

Bei dem Thema Völkerwanderung lernen die Schülerinnen und Schüler bereits eine Vielzahl von Ursachen kennen, von denen viele als typisch gelten können. Beide grundsätzlichen Faktorenbündel, die Schub- wie auch die Sogfaktoren, sind auszumachen.

Zu den ersteren gehört das Grundmotiv, einer meist nicht nur unbefriedigenden, sondern auch bedrohlichen Existenz zu entkommen, die durch Entbehrungen, Krankheiten und Tod gekennzeichnet war. Hierfür waren in erster Linie ökologische Faktoren wie das Klima und die mangelnde Qualität der Böden, aber auch die Zunahme der Bevölkerung verantwortlich.

Zu den Sogfaktoren sind die Informationen über bessere Lebensbedingungen im Süden Europas, im Römischen Reich also, durch Kundschafter und Händler verbreitet, zu zählen. Die Aussicht, in wärmerem Klima auf genügend fruchtbares Ackerland zu treffen, und die Hoffnung auf ausreichenden Platz für Ansiedlungen stellten angesichts der faktischen Bedingungen sicher einen starken Anreiz dar. Insofern verwundert es nicht, dass sich jedem Treck immer neue Familien anschlossen, ohne dass nach Stammeszugehörigkeit oder Verwandtschaft gefragt wurde. Zu den durch Freiwilligkeit gekennzeichneten Wanderungsbewegungen kommt dann 375 n. Chr. als weiterer Auslöser der Zwang durch die west- und südwärts ziehenden Hunnen hinzu.

2.3. Konsequenzen für den Unterricht

Die Konsequenz für die Unterrichtsvorbereitung lautet auch hier wieder, dass Migration, auch wenn das Thema in einer chronologischen Geschichtsbetrachtung in einer bestimmten Epoche verhandelt wird, sinnvoller Weise über den Moment hinaus zu betrachten ist. Zur folgerichtigen und bedeutsamen Umsetzung dieses Prinzips halte ich eine Erweiterung, die die aktuelle bundesrepublikanische Situation und somit lebensweltliche Bezüge einbezieht, für angeraten. Die Schülerinnen und Schüler können zu eigenen Recherchen heutiger Migrationsursachen und –auslöser veranlasst werden.

Welche Vorteile bringt nun eine Erweiterung des Unterrichts und insbesondere die Einbeziehung der Gegenwart? Unter einer leitenden Fragestellung, etwa „Warum verlassen Menschen ihre Heimat?“, können wiederkehrende, aber auch ergänzende Motive für Migrationen ausgemacht werden. Die Erforschung aktueller Beweggründe für Migrationen wird für Kinder und Jugendliche vor allem deshalb interessant, weil sie die Möglichkeit haben, mit Menschen, die entsprechende Erfahrungen gesammelt haben, ins Gespräch zu kommen. Das Nachfragenkönnen wird zwar auch durch die Auswertung von Texten und Quellen für vergangene Epochen möglich, die Vorteile eines Zeitzeugengesprächs sind jedoch vorzuziehen. Neben der Vermittlung historischen Wissens kann hier auch Anleitung und Anregung zu eigenständigem und verantwortlichem Handeln und die Erfahrung der direkten Begegnung mit eingewanderten Menschen gegeben werden.

3. Migranten haben immer ein persönliches Schicksal! Die Einzelne und der Einzelne sind nicht mit einer Statistik gleichzusetzen.

3.1. Begründung der These

Nur in der Berücksichtigung von Einzelschicksalen können Schülerinnen und Schüler Empathie und Verständnis entwickeln. Migration darf folglich nie ausschließlich anhand von Datenerhebungen behandelt werden, sonst wird sie zu einer Statistik, die mit dem Leben, den Schicksalen und den Entscheidungen von Menschen nichts mehr zu tun hat.

3.2. Konsequenz für die Behandlung der Zeit der Völkerwanderung

Hier sind wir bei der Völkerwanderungszeit bei einem Problem angelangt, denn die volkreichen germanischen Stämme, die sich zu Tausenden auf den Weg machten, hinterließen Spuren für die Archäologen, die Anthropologen und auch die Sprachwissenschaftler; Historiker müssen jedoch, was die schriftlichen Quellen angeht, mit der Außenperspektive, zumeist der der Römer, vorlieb nehmen. Singuläre Schicksale und persönliche Betroffenheit lassen sich für diese Zeit nicht durch authentische Augenzeugenberichte aus Sicht der Migranten herleiten. Der Unterricht ist folglich auf narrative Interpretationsleistungen angewiesen, die hier sinnvoll geübt werden können. Wie häufiger in der Auseinandersetzung mit der Geschichte wird deutlich, dass es auch um die Einübung von Plausibilität in Vermutungen und um

Empathieleistungen auf Seiten der Lernenden geht, wenn Geschichte erfahrbar werden soll[8].

3.3. Konsequenzen für den Unterricht

Gerade dann, wenn die Quellenlage für die Migrantenperspektive dünn oder kaum vorhanden ist (wie für die Völkerwanderungszeit nachvollziehbar), wird deutlich, dass die Einbeziehung eines weiteren Migrationsbeispiels Sinn macht, wenn es die vorhandenen Leerstellen, hier individuelle Schicksale, auszufüllen vermag.

Natürlich sind unmittelbare Schicksale und Geschichten, die Schülerinnen und Schüler von heutigen Migranten erfahren können, nicht mit denen der Völkerwanderungszeit gleichzusetzen. Aber Grunderfahrungen wie z. B. Verlustängste, Sorgen um eine ungewisse Zukunft und Heimweh, lassen sich auch auf eine wandernde Gotin oder einen wandernden Sueben übertragen.[9]

4. Migration bedeutet durch das Fortgehen aus einem Raum und das Ankommen in einem anderen in der Regel auch das Aufeinandertreffen von verschiedenen Kulturen oder mindestens räumlich bedingten verschiedenartigen Ausprägungen von Kultur.

4.1. Begründung der These

Für alle Migrationen gilt es mindestens zwei Perspektiven zu berücksichtigen, nämlich die der Migranten einerseits wie die der aufnehmenden Kultur andererseits. Demzufolge gehört auch die Berücksichtigung beider Perspektiven in die unterrichtliche Auseinandersetzung.

4.2. Konsequenz für die Behandlung der Zeit der Völkerwanderung

Für die Völkerwanderungszeit gedacht, ergibt sich wiederum die Problematik der fehlenden schriftlichen Quellen im Blick auf die Migrantensicht. Dafür stehen hier viele interessante Quellen für die römische Seite und Sichtweise zur Verfügung[10]. Aber auch der Blick aus römisch-germanischer Sicht auf die Hunnen ist durch Quellen in der Gotensaga nachvollziehbar[11]. Hier ist es ein lohnendes Ziel des Unterrichts, dass Schülerinnen und Schüler Quellenauszügen nicht nur Informationen entnehmen, sondern sich insbesondere darin üben, die enthaltenen Bewertungen zu

8 Klaus Bergmann nennt das „Fernerinnerung", vgl. Bergman 2004, S. 40.

9 Vgl. die Schülerbeiträge zu Station und Material A4.

10 So z. B. durch Cäsar, 51 v. Chr., in De bello gallico (vgl. Arens 2002, S. 28), vor allem aber durch Tacitus in seiner Monographie De origine et situ Germanorum und seiner Germania, 98 n. Chr., als bedeutendste ethnographische Abhandlung in der Antike (vgl. Arens 2002, S. 30f und S. 283 und Wolfram 2002, S. 26). Tacitus hat sich allerdings auf Berichte von Händlern und vor allem Quellen seiner Zeit gestützt, war selbst jedoch nicht bei den Germanen (vgl. Arens 2002, S. 31).

11 Vgl. die Gotensaga des gotischen Historiographen Jordanes De origine actibusque Getarum (551), (vgl. Arens 2002, S. 136).

erkennen und sich Gedanken über die damit verbundenen Denk- und Deutungsmuster der Autoren zu machen.[12]

4.3. Konsequenzen für den Unterricht

Auch unter dem Aspekt der Multiperspektivität wird offensichtlich, dass die für die Zeit der Völkerwanderung fehlende authentische Perspektive der Migranten durch ein weiteres Migrationsbeispiel einen gewissen Ausgleich erfahren kann. Die Einbeziehung der Gegenwart kann den Blick der Schülerinnen und Schüler für das Verständnis beider Perspektiven schärfen. Auch eigene Vorurteile und Erfahrungen können thematisiert werden und ihre Bearbeitung wird Auswirkungen auf das eigene verantwortliche Denken und Handeln zeigen.

5. Migrationen bleiben nicht folgenlos. Sie beeinflussen die Migranten selbst, aber auch das neue Umfeld. Neben vielen Problemen gehören für alle Betroffenen immer auch ein Potential an Chancen zu den Folgen!

5.1. Begründung der These

Beide Aspekte, Probleme wie Chancen, gehören in die unterrichtliche Planung, um in das Sichtfeld der Schülerinnen und Schüler zu geraten. Migrationsfolgen, von der Segregation über die Diskriminierung bis hin zur Integration und zur Assimilation, sollten beispielhaft in den Schülerhorizont einbezogen werden.

5.2. Konsequenz für die Behandlung der Zeit der Völkerwanderung

Die Völkerwanderung selbst bietet vor allem für die Betrachtung der Probleme schon ein ansehnliches Potential. Für die wandernden Stämme werden die Mühsal der Wanderungen zu allen Jahreszeiten, die Entbehrungen und die immer sich wiederholenden Enttäuschungen bei den sich jahrelang hinziehenden Wanderungen sowie die Gefahren durch Krankheiten und Kämpfe leicht erkennbar. Die Entscheidung des Losziehens hatte in der Regel einen jahre-, ja jahrzehntelangen Prozess des „auf dem Weg Seins" zur Folge, Migration als Dauerzustand. An einem Ort angekommen und sich niedergelassen zu haben, bedeutete oft nur einen Interimszustand, da sich die gesamte Gruppe oder Teile erneut auf den Weg machten. Angekommen zu sein bedeutete z. B. sich in einem gegenseitigen Verdrängungsprozess mit unterschiedlichem Ausgang wiederzufinden, aber auch in friedlicher Koexistenz ein Nebeneinander zu entwickeln. Aus der Aufnahmeperspektive werden vor allem die Störfaktoren, die im wörtlichen Sinne zu Zerstörung und Auflösung führen, deutlich.

Positive Aspekte, wie z. B. eine gegenseitige Bereicherung der Kulturen, werden für die Völkerwanderungszeit erst kenntlich, wenn man durch Abstand und

---

12 Tacitus verfolgt als Anhänger der republikanischen Zeiten mit seinem Lob germanischer Tugenden vor allem erzieherische Absichten (vgl. Arens 2002, S. 31).

Draufsicht die Migrationsfolgen betrachtet, wobei es nicht um ein quantitatives Ausloten gehen kann.[13]

5.3. Konsequenzen für den Unterricht

Erneut kann ein weiteres Migrationsbeispiel, vor allem die Hinzuziehung der Gegenwart, in der insbesondere die bereichernden Elemente ausgemacht werden können, ein zeitlich weit zurückliegendes Phänomen wie die Völkerwanderung sinnvoll ergänzen.

6. Durch die unterrichtliche Auseinandersetzung mit Migrationsgeschichte(n) können die Schülerinnen und Schüler zu einem respektvollen Umgang mit Migranten und ihren Schicksalen befähigt werden - und zwar in Geschichte und Gegenwart. Dies schließt die Förderung von sozialen und personalen Kompetenzen auch im Blick auf persönliche Begegnungen mit ein.

6.1. Begründung der These

Schülerinnen und Schüler in der Orientierungsstufe befinden sich in ihrer Entwicklung in einer Phase, in der sie beginnen, Urteile zu bilden, in der sie Bewertungsfragen nicht ausweichen wollen und in der sie nach Orientierung und Maßstäben suchen. Insofern kann die Auseinandersetzung mit einem Migrationsthema einen konstruktiven Beitrag zur Erziehung und zu einem verantwortungsvollen politischen Denken und Handeln leisten.

6.2. Konsequenz für die Behandlung der Zeit der Völkerwanderung

Für die Zeit der Völkerwanderung wird wiederum deutlich, dass der konkrete Fall Anregungen geben kann, indem die Schülerinnen und Schüler z. B. eine intensive Ursachenerforschung betreiben, die Verständnis für die Entscheidung zur Migration wecken kann[14].

6.3. Konsequenzen für den Unterricht

Ein respektvoller Umgang kann jedoch wiederum vor allem in der persönlichen Begegnung geübt werden; demzufolge wird ausdrücklich die Einbeziehung aktueller Migrationserfahrungen, die in persönliche Kontakte und Befragungen münden können, sinnreich und erfolgversprechend.

---

13 Vgl. Wolfram 2002, S. 88.

14 Vgl. Material und Station A2.

III. Zur Lernform des Stationenlernens im Blick auf die grundsätzlichen Überlegungen – Ergänzungen durch andere Lern- und Erfahrungsformen

Die Vorteile, die ein individualisiertes Arbeiten und Lernen bieten, sind schon vielfältig durchdacht worden[15]. Im Blick auf die vorgetragenen Thesen kann spezifiziert werden:

- Durch die Aufgliederung des Lernzusammenhangs in einzelne Stationen wird den Schülerinnen und Schülern deutlich, dass sie sich jeweils mit einem bestimmten Teilthema auseinander setzen, das durch die jeweilige Überschrift kenntlich werden muss. Ein zur Verfügung stehender Arbeitspass oder „Laufzettel" kann die Orientierung erleichtern, in welchem größeren Zusammenhang eine Station zu sehen ist[16]. Einzelne Bausteine gewinnen ihre je eigene Bedeutung, fügen sich jedoch, einem Mosaik gleich, zu einem Gesamtzusammenhang zusammen.
- Das Arbeiten und das Lernen können vielfältig vorbereitet und durchgeführt werden, unterschiedliche Medien, Methoden und Sozialformen können zur Geltung kommen. Das Lernen kann also abwechslungsreich gestaltet und die unterschiedlichen Lerntypen können durch eine variationsreiche Aufbereitung berücksichtigt werden; hier bietet sich vor allem gutes Filmmaterial[17] an, dass die Vorstellung für die historischen Gegebenheiten sinnvoll unterstützt.
- Die Möglichkeit des individuellen Arbeitens erlaubt den Lernenden vor allem, sich in ihrem eigenen Rhythmus einem Teilthema zu widmen, sich also länger und ausführlicher (oder auch kürzer und sicher dadurch auch mal oberflächlicher) auf einen Zusammenhang einzulassen. Gerade Aufgabenstellungen, die zu eigenen Gedanken und ihrer schriftlichen Fixierung auffordern, genehmigen den Schülerinnen und Schülern soviel Zeit, wie sie individuell dafür benötigen.
- Das Stationenlernen ermöglicht das Finden von persönlichen Lösungen für jeden Lernenden. Es verhindert, dass - wie häufig im gelenkten Unterrichtsgespräch - viele Schülerinnen und Schüler träge abwarten, was bestimmte aktive Mitschüler beitragen. Das Nachdenken eines jeden Einzelnen ist gefragt und wird eingefordert.
- Auch auf die veränderte Lehrerrolle ist hinzuweisen. Der Einfluss der Lehrerin oder des Lehrers bleibt hoch, denn die Lehrkraft hat ausgewählt und strukturiert. Während des Lernprozesses aber kann viel eher die Rolle der Lernbegleitung oder –beratung eingenommen werden und die Schülerinnen und Schüler können sich entsprechend in Eigenständigkeit üben.

15 Vgl. Bauer 1979 oder Hegele 1999.
16 Vgl. den Stationenpass, S. 123.
17 Vgl. die ZDF-Sendungen „Sturm über Europa", als zweiteilige DVD erhältlich.

- Schließlich bleibt zu betonen, dass Zwischenauswertungen und eine Endauswertung im Plenum, in der das Gespräch[18] eine zentrale Rolle spielen wird, unerlässlich sind. Im Gespräch können offene Fragen geklärt, neue Impulse aufgenommen und Ergebnisse gebündelt werden. Gerade auch die Verortung von Kohärenzen und Differenzen zwischen gegenwärtigen und historischen Migrationserfahrungen gehören in das Gespräch.

IV. Einblicke in das Stationenlernen mit dem historischen Schwerpunkt „Völkerwanderung" unter Berücksichtigung der ausgeführten Thesen

Aus Platzgründen können hier nur ausgewählte Materialien und Schülerbeiträge beispielhaft vorgestellt werden. Dazu gehören der Stationenpass[19], der einen Überblick ermöglicht, sowie Materialien aus beiden Inhaltsbereichen.

1. Vorstellung von Material und ausgewählten Schülerbeiträgen

1.1. Zu Station und Material A2

Den Schülerinnen und Schülern machte es in der Regel keine Probleme, den Zusammenhang zwischen den Harris-Linien, dem häufigen Mangel an Nahrung und Vitaminen vor allem während der Wintermonate und der Ursache „Hunger" als Grund für Migrationen herzustellen.

1.2. Schülerbeiträge, die sich auf die Station und das Material A4 beziehen:

Die Mehrheit der Lernenden wählte bei der 2. Aufgabe („Nun suche dir eine Person auf dem Bild aus ...") den *Mann mit dem Helm* und hier fanden sich Aussagen wie: „Ich hoffe, dass uns unsere Tiere nicht durchbrennen!" „Es müsste schneller gehen! Ich freue mich schon auf das neue Dorf, aber was ist mit meinen Eltern?" „Hoffentlich werden wir nicht überfallen und hoffentlich bleibt keiner zurück! Ich weiß nicht, ob alle diesen langen Weg bewältigen." „Ich bin der Anführer ... ich hoffe, dass wir einen Ort finden, wo sich die Viehzucht lohnt. Da, wo wir hin wollen, soll es auch viel Getreide und Esswaren geben." „Mann, geht das nicht schneller? Da kommen wir ja erst in sieben Jahren an!"

Einige haben sich für den *Schweinetreiber* entschieden: „Meine Füße tun weh und ich bin traurig, dass wir von zu Hause fort mussten. Hoffentlich kommen wir gut an. Diese Mistviecher wollen einfach nicht laufen. Wann sind wir endlich da? Meine Füße tun schon weh und ich habe Löcher in meinen Schuhen. Ich habe Hunger!" „Los, du Schwein, lauf schneller!" „Ich freue mich auf den Süden, weil es dort mehr zu essen geben soll und wir haben mehr Ernte wegen der Sonne."

---

18 Vgl. Wenzel 2004.

19 Bei der Station A1 handelte es sich um eine aufwändige, in Berlin bei der GFA ausleihbare interaktive Karte. Mit Hilfe von Ereigniskarten (Aufgaben) werden Orte mit Hilfe von Magnetsteinen lokalisiert und die Wanderungsbewegungen durch Lichtbänder verdeutlicht.

Für den *Mann mit der Lanze*, vorne links im Bild, wurden z. B. folgende Gedanken aufgeschrieben: „Ich bin der Ritter und passe auf alle auf ... Wir wollen nicht von den Römern überfallen werden!“ „Ich bin der Soldat, der die reisenden Kinder beschützt. Wir sind gegen Angriffe gewappnet. Wir haben noch einen langen Weg vor uns.“
Für den auf *dem Wagen sitzenden Mann* ist zu ergänzen: „Ich bin ein Züchter und hoffe, dass wir bald eine kleine Pause einlegen können, um die Tiere zu stärken.“

Interessanterweise wurden, obwohl das Bild als Figuren auch Kinder und Frauen anbietet, von allen Schülerinnen und Schülern fast ausschließlich die Männerfiguren gewählt, geschlechtsspezifische Sichtweisen oder Gefühle waren nicht unterscheidbar. Fast allen Kindern ist es gelungen, sich in die Situation des mühsamen Wanderns einzudenken und Empathie zu entwickeln – eine Fähigkeit, die in meinem Unterricht häufiger geübt wird. Auch das Einbringen des vorhandenen Wissens gelingt durch die Aufgabenstellung mühelos, ohne aufgesetzt zu wirken.

1.3. Schülerbeiträge, die sich auf die Station und das Material B1 beziehen:
Zur ersten Frage antworteten die Schülerinnen und Schüler beispielsweise:
„Es bedeutet, dass der Mann immer mit seinen Wurzeln durch die Gegend läuft und dass es ihm weh tut, seine Heimat zu verletzen.“ „Der Mensch kann sein Gepäck mitnehmen, aber nicht seine Wurzeln.“ „Wenn man in einer Stadt geboren ist und zieht in eine andere, zieht man seine Ansätze (Wurzeln) mit sich.“ „Es bedeutet, seine Wurzeln aufzugeben und sich irgendwo neu einzupflanzen. Es ist ein sehr steiniger Weg, aber wenn es sein muss, schafft er es.“ „Dass es schwer ist, seine Heimat zu verlassen. Dass man gegen seinen Willen ankämpfen muss. Weil man eigentlich gar nicht richtig seine Heimat verlassen will.“ „Dass es dem Mann schwer fällt zu gehen, weil er wie angewurzelt da steht und weil er sein Leben zurücklässt, also seine gewohnte Umgebung.“ „Es ist schwer, woanders ‚Fuß‘ zu fassen.“ „Dieser Mann verlässt seine Wurzeln und siedelt um.“

Die Antworten zeigen, dass die Kinder die Aussage des Künstlers erfassen und sie auf die Thematik beziehen können, zum Teil konkret und personalisiert auf den abgebildeten Mann bezogen, zum Teil jedoch auch in verallgemeinernder Weise. Interessant ist hier der zuerst zitierte Gedanke, das Ausreißen der Wurzeln bedeute eine Verletzung der verlassenen Heimat.
Zur zweiten Frage:

Ein Schüler einer Migrantenfamilie aus der Türkei schrieb: „Es wäre eine Tragödie, weil meine ganzen Freunde hier sind, dann muss ich neue Freunde finden und dann bin ich für eine Weile allein.“ Andere Beiträge lauteten: „Ich würde nach einer Woche wieder zurückkehren!“ „Verreisen würde ich toll finden, aber für immer weggehen nicht, hier sind meine Freunde und Verwandten.“ „Ich hätte Angst.“ „Ich würde nie ohne meine Mama und meinen Papa und meinen Bruder gehen.“ „Ich würde alles vermissen, aber wenn ich es anderswo schöner finde, dann will ich natürlich hin und mir da neue Freunde suchen.“ Ein Kind einer Migrantenfamilie aus Russland: „Hier ist mir alles ans Herz gewachsen und hier ist es friedlich.“

Diese Äußerungen zeigen zum einen, dass die Kinder die Frage tatsächlich auf sich persönlich bezogen haben, und zum anderen verweisen sie auf die hohe

Bedeutsamkeit von Familie und auf damit einhergehende Erwartungen und Erfahrungen an Geborgenheit und Sicherheit, die für das Alter der Kinder typisch sind.

1.4. Zu Erfahrungen mit dem Interview (vgl. Station B5)

Fast allen Schülerinnen und Schülern ist es gelungen, einen Interviewpartner zu finden, der aus dem Ausland nach Deutschland und Berlin immigriert ist. Zur Vorbereitung haben die Schülerinnen und Schüler Fragen vorgeschlagen, aus denen ich einen Interviewleitfaden (mit 26 Fragen) zusammenstellte, den sie in der Regel, ohne eigene Fragen zu ergänzen, nutzten. Die Interviewten waren Eltern, vor allem aus der Türkei oder Russland kommend, aber in größerer Anzahl auch Freunde, Bekannte, Arbeitskollegen der Eltern, entferntere Verwandte oder auch Lehrer unserer Schule. Das Spektrum der ursprünglichen Heimatländer umfasste dann auch weitere Staaten wie Ungarn, Tschechien und die USA; selbst Indien und Schwarzafrika waren als Heimat der Migrantinnen und Migranten vertreten.

Durch das Vorlesen und Besprechen im Unterricht, das den Kindern sehr wichtig war und das durch eine durchgängig hohe Konzentration und Aufmerksamkeit gekennzeichnet war, wurden vor allem wirtschaftliche Gründe als Migrationsursachen erkundet, aber es kamen auch politische und religiöse Gründe (bei der katholischen Religionslehrerin aus Tschechien) sowie Pflichtgefühl (bei dem türkischen Lehrer unserer Schule, der die türkische Sprache und Tradition sowie islamische Grundlagen vermittelt[20]) zum Ausdruck. Besonders beeindruckt waren die Kinder, dass auf die Frage „Wo ist jetzt nach deinem Gefühl deine Heimat?“ viele, trotz guter Erfahrungen mit der Migration, ihre Ursprungsheimat nannten.

V. Auswertung

Die Auswertung im Unterricht erfolgte im Wesentlichen gesprächsorientiert. Nachdem die Kinder alle ihre Interviews geführt hatten, wollten sie ausführlich davon berichten.

Im Zuge unseres Austauschs forderte ich die Kinder auf zusammenzufassen, was sie alles gelernt hätten. Es fiel ihnen nicht schwer, zwischen „früher“, der Zeit der wandernden Germanenvölker, und „heute“ zu unterscheiden.

Wir kamen auch auf den Bereich von Einstellungen und neuen Sichtweisen zu sprechen und einige in diesem Zusammenhang geäußerte Schüleräußerungen sollen

20 Die Antworten dieses Interviewpartners fanden die Kinder so interessant, dass wir den Kollegen zum Abschluss in die Klasse einluden und das Interview mit neuen und vertiefenden Fragen im Plenum fortsetzten. Warum er aus „Pflicht“ nach Deutschland gekommen sei, wollten die Schülerinnen und Schüler vor allem wissen und ob er nun ein Migrant sei oder nicht, da er berichtete, dass sein „Dienst“ ihn nur für einige Jahre verpflichte hier zu bleiben und er dann in die Türkei zurückkehren wolle. Gerade seine negativen Erfahrungen in Deutschland bildeten einen Kontrapunkt zu den vielen anderen überwiegend positiven Berichten der übrigen Interviewpartner.

den Beitrag abschließen und weitere Erkenntnisse der Unterrichtsarbeit und vor allem der Interviews anzeigen.

> *„Ich sehe jetzt Migranten ganz anders, jeder ist ein Mensch für sich."*

An dieser Stelle haben wir länger über das Recht des Individuums, als Person wahrgenommen zu werden, gesprochen und über die Auswirkungen, die es hat, in einen „Topf" „der" Polen, „der" Türken oder „der" Deutschen geworfen zu werden. Andere Äußerungen lauteten:

> *„Ich glaube, ich verstehe jetzt Migranten viel besser, vor allem, wenn sie Heimweh haben oder sich hier nicht wohlfühlen." „Ich möchte Migranten gern respektieren und ihre Probleme verstehen." „Ich glaube, wenn man von weit her ist und die Kultur ganz anders ist, hat man es besonders schwer."*

Auf die Nachfrage, was mit Kultur gemeint sei, erinnerte sich die Klasse an Migrantenerfahrungen:

> *„Na, alles ist anders, die Sprache, die Natur, die Stadt, das Essen, die Art der Leute, wie sie miteinander umgehen, die Religion, eben alles ist erst mal fremd."*

Auch wenn man annehmen könnte, die Schülerinnen und Schüler hätten hier „brav" das zusammengetragen, von dem sie meinten, die Lehrerin wolle es hören, so kann ich versichern, dass es sich um eine lebhafte, ehrliche, ja manchmal schonungslose Klasse handelte, die mir nicht nach dem Mund redete.

Insofern belegen Arbeitsergebnisse und Rückmeldungen, wie sie hier kurz angedeutet wurden, für mich eine erfolgreiche Unterrichtsarbeit.

VI. Anhang: Materialien zu dem Stationenlernen

Stationenpass,
Material zu Station A2
Material zu Station A 4
Material zu Station B1

Stationenlernen: „Warum verlassen Menschen ihre Heimat?" – Die Zeit der Völkerwanderung – Migration heute und zu uns

Stationen	Pflicht	Kür	Ort	Medien/ Materialien	Sozialform	schwierig?	Zeit
A Völkerwanderung							
1. Die Völkerwanderung: Wer? Wann? Von wo nach wo?	O			Interaktive Landkarte mit Ereigniskarten	Einzel- oder Partnerarbeit	mittel	Je Thema ca. 10 – 15 Min.
2. Ursachenforschung I: Warum verließen Menschen ihre Heimat?	O			Text- und Bildarbeit	Einzelarbeit	mittel	10 Min.
3. Ursachenforschung II: Warum verließen Menschen ihre Heimat?	O			Filmausschnitt, schriftliche Ergebnissicherung	Einzel- Partner- oder Gruppenarbeit	leicht	15 Min.
4. Germanen auf der Wanderung	O			Bildarbeit	Einzelarbeit	leicht	10 Min.
5. Hilfe – die Barbaren kommen! Die Sicht auf die „anderen" *oder* Wie die Römer die Germanen sahen	O			Quellenarbeit	Einzel- oder Partnerarbeit	mittel	15 Min.
6. Hilfe – die Barbaren kommen! Die Sicht auf die „anderen" *oder* Wie Germanen und Römer die Hunnen sahen		O		Quellenarbeit	Einzel- oder Partnerarbeit	mittel	15 Min.
7. Ergebnisse der Wanderungen – Zerstörungen, Neugründungen, Kulturbegegnungen?		O		Kartenarbeit, Textarbeit, Bildarbeit	Partnerarbeit	mittel	20 Min.
B Wanderungen (Migrationen) heute und zu uns							
1. Was bedeutet es, sein Zu-Hause, seine Heimat zu verlassen?	O			Bildarbeit	Partnerarbeit	mittel	15 Min.
2. Wer? Wie viele? Warum? Einwanderung nach Deutschland!?		O		Vermutungen, Daten und Fakten	Partnerarbeit	mittel	15 Min.
3. Ursachenforschung: Warum kommen Migranten nach Deutschland?	O			Vermutungen, Daten und Fakten	Partnerarbeit	mittel	10 Min.
4. Migrantenschicksale – Bleiben oder gehen?		O		Erfahrungsberichte, Textarbeit	Einzel- oder Partnerarbeit	leicht	15 Min.
5. Vorbereitung für deinen Forschungsauftrag	O			Familientabelle, Interviewratgeber und Interviewfragen	Einzelarbeit	mittel	

A 2: Ursachenforschung I:

Warum verließen Menschen (zur Zeit der Völkerwanderung) ihre Heimat ?

In einem **Moor** in Dänemark wurde die Leiche eines Mädchens gefunden. Die Untersuchungen ergaben, dass sie während der Eisenzeit in einem germanischen Stamm gelebt hat. Sie ist etwa im Alter von 14 Jahren gestorben.

Wenn du Fotos von dem Mädchenfund im Moor ansehen möchtest, schau sie dir im bereitliegenden Buch an.

Für unsere Ursachenforschung ist jetzt die **Röntgenaufnahme** des Schienbeins des Mädchens interessant. Auf der Aufnahme sind in regelmäßigen Abständen insgesamt **elf helle Querlinien** erkennbar. Diese sogenannten Harris-Linien zeigen **Störungen im Wachstum** an, sie können durch den **Mangel an Nahrung bzw. Vitaminen** entstehen.

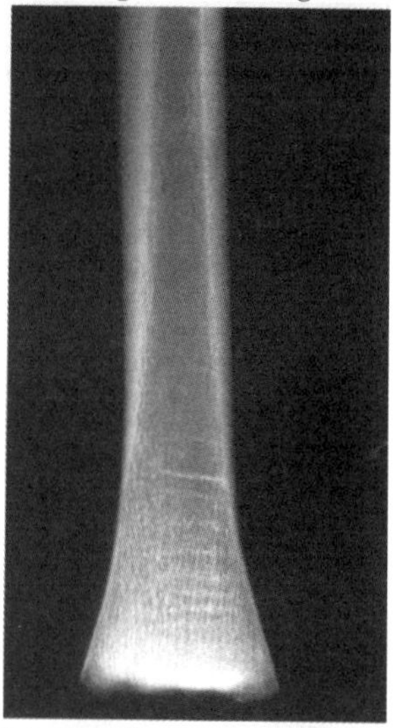

Röntgenbild des Schienbeins mit »Harris-Linien«

Zeichne einen Pfeil, der auf eine der hellen Querlinien zeigt!

Quelle: Moorleichen in Schleswig-Holstein, 2002, S.34

Überlege und schreibe auf, was du über das Leben des etwa vierzehnjährigen Mädchens aussagen kannst! Bedenke: Im Winter wurden die Vorräte knapp und frisches Gemüse oder Obst waren nicht verfügbar!

Du konntest mit Hilfe dieses Bogens eine Ursache dafür finden, dass Menschen zur Zeit der Völkerwanderung ihre Heimat verließen. **Fasse in einem Satz zusammen**, welche Ursache du hier herausgefunden hast:

A 4: Germanen auf der Wanderung

So stellt sich ein moderner Zeichner einen Germanenzug auf seiner Wanderung vor.
Quelle: Spuren der Jahrtausende, 2002, S. 227

Schau dir die Abbildung genau **an und entdecke** viele Einzelheiten! Jetzt **schreibe einen kleinen Bericht** über diesen Zug! *Beachte*: *Wie* reisen die Menschen? *Welche* Menschen erkennst du, gibt es *Unterschiede*? *Was* haben sie dabei?

Nun **suche dir eine Person** auf dem Bild **aus**. Welche Gedanken werden dieser Person durch den Kopf gehen? **Schreibe** deine Vermutungen **auf**! **Markiere** auf dem Bild die Person, die du gewählt hast, mit einem Pfeil. Beginne so:

Ich bin der / die

B 1: Was bedeutet es, sein Zu-Hause, seine Heimat zu verlassen ?

Zeichnung: Vangelis Pavlidis (Grieche)
Quelle: Praxis Geschichte, H. 4/2003

► Ein moderner Künstler hat über das Thema „Migration" nachgedacht und diese Zeichnung angefertigt. **Unterhalte dich mit einem Partner** über die Zeichnung. **Denkt gemeinsam nach und schreibt auf**: *Was möchte der Künstler mit diesem Bild aussagen?*

____

____

____

____

► Eine Frage für jeden einzelnen von euch:
Versuche dir vorzustellen, was es für dich persönlich bedeuten würde, Berlin oder gar Deutschland zu verlassen. **Schreibe** deine **Gedanken auf**!

____

____

____

____

Literatur

Arens, Peter: Sturm über Europa. Die Völkerwanderung. 3. Auflage, München. 2002.
Bauer, Roland: Schülergerechtes Arbeiten in der Sekundarstufe I: Lernen an Stationen, Berlin 1997.
Bergmann, Klaus: Gegenwartsbezug – Zukunftsbezug. In: GWU 54 (2004), S. 37-46.
Braisch, Ingeborg: Die Barbaren im Römischen Reich – Katastrophe oder Gottesgericht. Zum Umgang mit Fremden in der Spätantike. In: Praxis Geschichte, H. 4/2003, S. 11-14.
Gebühr, Michael: Moorleichen in Schleswig-Holstein. Schleswig 2002.
Hegele, Irmintraut: Lernziel: Stationenarbeit. Eine neue Form des offenen Unterrichts. 4. Auflage, Weinheim/Basel 1999.
Lange, Dirk: Migrationsgeschichte lernen. In: Praxis Geschichte, H. 4/2003, S. 4-10.
Menschen, Zeiten, Räume – Archäologie in Deutschland. Begleitband zur Ausstellung. Berlin 2002.
Freeden, Uta von; Schnurbein, Siegmar von, für die Römisch-Germanische Kommission (Hrsg.): Spuren der Jahrtausende. Archäologie und Geschichte in Deutschland. Stuttgart 2002.
Wenzel, Birgit: Gesprächsformen. In: Handbuch Methoden im Geschichtsunterricht. Schwalbach/Ts. 2004 (erscheint demnächst).
Wolfram, Herwig: Die Germanen. 7 Auflage, München 2002.
ZDF im Internet: Thema: Die Völkerwanderung. Von der Startseite über Wissen & Entdecken, über Geschichte & Abenteuer zur Völkerwanderung bzw. direkt zu http://www.zdf.de/ZDFde/inhalt/5/0%2C1872%2C2006981%2C00.html

Sektion 2 – Geschichtskultur

Museen als xenologische Orte. Der Umgang mit dem Fremden in Museen - Völkerkundliche und missionsgeschichtliche Sammlungen als Beispiel

Arnold Vogt

Völkerkundliche Sammlungen und verwandte Einrichtungen lassen sich nach unterschiedlichen Aspekten betrachten - als Forschungsstätten der Ethnologie, als Wirkungsfeld der Museums- oder Ethnopädagogik[1,] als "Deutsche Erinnerungsorte"[2], als "historisches Museum"[3], schließlich als "kulturgeschichtliche Spezialmuseen"[4], sodass sich eine sammlungs- bzw. fachübergreifende Betrachtung empfiehlt. Sie ist ebenso hinsichtlich "Migration und Fremdverstehen" bzw. "Geschichtskultur" sinnvoll, um daran anknüpfend auf völkerkundliche und vergleichbare Sammlungen einzugehen.

---

1 Zur Museums- und Ethnopädagogik: Klaus E. Müller / Alfred K. Treml (Hrsg.): Ethnopädagogik. Sozialisation und Erziehung in traditionellen Gesellschaften. Eine Einführung, 2. überarb. Aufl., Berlin 1996, S. 7ff, 127-148. Helga Unger-Heitsch: Einführung. Ethnopädagogik - ein interdisziplinäres Fach stellt sich vor, in: Helga Unger-Heitsch (Hrsg.): Das Fremde verstehen. Ethnopädagogik als konkrete Hilfe in Schule und Gesellschaft. Grundlagen und Beispiele (Interethnische Beziehungen und Kulturwandel, 48), 2. Aufl. Münster u. a. 2003, S. IX – XXI, hier besonders S. XIf. Vgl. auch Helga Unger-Heitsch (Hrsg.): Das Fremde verstehen. Ethnopädagogik als konkrete Hilfe in Schule und Gesellschaft. Grundlagen und Beispiele (Interethnische Beziehungen und Kulturwandel / Ethnologische Beiträge zu soziokultureller Dynamik, Bd. 48), 2. Aufl., Münster u. a. 2003, Anhang, S. 221 – 232, hier besonders S. 227: "Da Völkerkunde als Schulfach nicht existiert, waren die dort arbeitenden Museumspädagogen jahrzehntelang die einzigen ‚Experten für fremde Kulturen'...".

2 Hans Voges: Das Völkerkundemuseum, in: Etienne Francois und Hagen Schulze (Hrsg.): Deutsche Erinnerungsorte, 4. Auflage, Band 1, München 2002, S. 305-321.

3 Isac Chiva: Ein Prototyp, ein Befund. Das "ethnologische" Museum, in: Gottfried Korff / Martin Roth (Hrsg.): Das historische Museum - Labor, Schaubühne, Identitätsfabrik, Frankfurt a. M. / New York 1990, S. 187-197.

4 Das Berliner "Institut für Museumskunde" ordnet völkerkundliche und ähnliche Museen unter die "Kulturgeschichtlichen Spezialmuseen" (14,5%-Anteil an den Museen) ein - in freier Anlehnung an die UNESCO-Klassifikation für Museen. Vgl. Staatliche Museen zu Berlin - Preußischer Kulturbesitz - Institut für Museumskunde (Hrsg.): Statistische Gesamterhebung an den Museen der Bundesrepublik Deutschland für das Jahr 2001 (Materialien aus dem Institut für Museumskunde: Heft 55), Berlin 2002, S. 20f.

Grundsätzlich bieten Museen besondere Voraussetzungen, das Fremde besser zu verstehen. Wie kein Zweiter hat Peter Sloterdijk diese Auffassung fokussiert. In der Begegnung mit dem Andersartigen, Unbekannten erkennt Sloterdijk sogar ein Wesensmerkmal des Museums überhaupt, und er folgert daraus:

> "Museologie ist eine Form von Xenologie; die Museumswissenschaft gehört zur Phänomenologie der kulturellen Strategien des Umgangs mit dem Fremden. Das erklärt die [...] Ambivalenz des Wortes museal; wenn das Museum per se eine xenologische Institution ist, so hat es unweigerlich Anteil am Doppelsinn des Fremden: Als Ort der Begegnung mit dem schönen Fremden vermittelt es Erfahrungen mit dem xenophilen Spektrum wie Lust am Neuen, Anerkennung, Belebung, Exotik und Sympathie mit dem Nichtich, mit Verachtung, Antipathie und Repulsion gegen das Tote, Äußere, Unähnliche. Aufgrund dieser Ambivalenz ist das moderne Museum einer der nervösen Punkte, um die Arbeit der Kultur als gleichzeitiges Aneignen und Abwehren zu studieren."[5]

In Anlehnung an Nelson Goodman verdeutlicht Sloterdijk den fremdartigen, schillernden Charakter das Museums[6] durch den Vergleich der Museen mit Mülldeponien,[7] auch mit Friedhöfen, sogar mit Zuchthäusern, Freudenhäusern und Fußballspielen. Auf den ersten Blick zwar verschiedenartig, verbindet sie doch ein gemeinsamer "xenologischer Kern". Fremdheit hat offenbar fundamentale Bedeutung

---

5 Peter Sloterdijk: Museum. Schule des Befremdens, in: Frankfurter Allgemeine Zeitung, Magazin vom 17.3.1989.

6 Vgl. Sloterdijk (Anm. 5): "Es gehört schon zu den Gemeinplätzen der jüngeren museologischen Diskussion, das Museum mit analogen Institutionen und Orten der Kultur zu vergleichen. Weil der xenologische Kern der Museumspraxis bisher unter geschichtsphilosophischen, pädagogischen, kulturpolitischen, konservativen und kompensationstheoretischen Definitionen undeutlich blieb, mussten sich gerade die einsichtsvolleren Autoren mit indirekten Methoden an das Problem heranarbeiten. ... In der Beziehung auf die suspekten Plätze verdeutlicht sich, dass das Aneignungsmuseum in Wahrheit selbst ein exzentrischer Ort ist, ein Prachtrahmen um die fremden, verworfenen, bizarren, exzellenten und inkommensurablen Dinge, denen wir - gäbe es kein Museum - immer nur mit der Blindheit von Besitzern und Benutzern begegneten."

7 Vgl. Sloterdijk (Anm. 5): „Museen sind Einrichtungen zur Verarbeitung kultureller Entsorgungsprobleme - Deponien zur exemplarischen Aufbewahrung von zivilisatorischem Sondermüll, Endlagerstätten für schwach strahlende Substanzen und für Verbrennungsrückstände kreativer Prozesse. Während die Mülldeponie die materiellen Überbleibsel von Lebensprozessen anonym entsorgt, leistet das Museum eine Entsorgung nach oben und ins Gedächtnis. Sie widmet sich der Sondermüllkategorie ‚objektiver Geist', den sie als rezyklierbares Ergebnis früherer Lebensprozesse auswählt und für Anschlussproduktionen zur Verfügung stellt. Insofern sind musealisierte Werte und Aufbewahrungsstücke der Kultur eher mit einem Kompost als einem Endlager für Haus- und Industriemüll vergleichbar. Da der Müll- und Nebenfolgenberg der gesellschaftlichen Reproduktion sich heute schneller auftürmt als der Könnensberg, bricht im Zentrum des modernen Weltaneignungsprozesses selbst, inmitten der Selbstermächtigung durch Herstellung, das schlechthin Fremde und Nichtaneignenbare auf. Der Müll als heterologe Kategorie *par excellence* signalisiert die Rache des Nicht-Ich an der unersättlich produzierend-konsumierenden Subjektivität. Musealisierter Müll drückt schon das Selbstmitleid des Subjekts aus, das die Gefahr seines Untergangs beim Rückschlag des Fremden vorhersieht."

mit weitreichenden Konsequenzen für das Museumsverständnis generell, für Ausstellungen, Programme und Bildungsangebote - interdisziplinär, interinstitutionell und interkulturell.[8] Deshalb ist grundsätzlich nach befremdlichen Aspekten musealer "Geschichtskultur" sowie des Geschichtsbewusstseins zu fragen[9] - im Spannungsfeld von Nähe und Ferne, Heimat und Welt, Vertrautem, Bekanntem und Unbekanntem, Zulässigem und Verbotenem u.s.f..

Die Museumsszenerie birgt fundamentale "befremdliche" Merkmale. Dazu können in diesem Beitrag nur einige Aspekte dargelegt werden, so 1. die ungewöhnliche Ausstellungssprache, 2. der "Eigensinn" von Sachquellen, 3. ideologiekritische Vorbehalte gegen Vermittlungsstrukturen in Museen. Diese drei Aspekte sind Voraussetzung dafür, um den xenologischen Charakter von Museen generell zu erkennen und schließlich den freien Blick auf den 4. Aspekt zu ermöglichen, nämlich das Fremde in völkerkundlichen und missionsgeschichtlichen Museen.

Wer allerdings nach didaktischen Positionen der musealen Bildungsarbeit fragt, trifft auf erhebliche Kontroversen und Dissonanzen. So selbstverständlich didaktische Anforderungen unter Geschichtsdidaktikern sein mögen, so umstritten sind sie in der Museumspraxis: Ist die Schule eine "Zwangsanstalt", Ort bloßer Pflichtübung und Instruktion, wie in der aktuellen Professionalisierungsrhetorik behauptet wird? Bemerkenswert ist die emotionalisierte, überscharfe Abgrenzung musealer Bildung von jedweder vorgeblich "unfreien" Handlung, z. B. von (touristisch u. a.) organisierten Massenbesuchen, traditionellen Schulklassenbesuchen o. Ä.. Ihnen werden Manipulationen, organisatorische Hemmnisse, Profit- oder Leistungszwänge, Planerfüllung u. Ä. vorgeworfen. Bei solcher Gegenüberstellung bildet "Freiwilligkeit" das (idealistische) Charakteristikum des erwünschten Einzelbesuchers. Vorsicht ist aber geboten gegenüber einfacher Schwarz-Weiß-Malerei und Vorurteilen, vor denen Walter Hochreiter, Bernd Schönemann u. a. warnen.[10] Erfolgt der ideale

---

8 Vgl. Arnold Vogt: Museologie und Museumspädagogik, ihre Rahmenbedingungen und Perspektiven in Wissenschaft und Praxis, in: Katharina Flügel / Arnold Vogt (Hrsg.): Museologie als Wissenschaft und Beruf in der modernen Welt, Weimar 1995, S. 66f. Georg Auernheimer: Einführung in die interkulturelle Erziehung, Darmstadt 1990.

9 Vgl. Karl Ernst Jeismann: Geschichte und Bildung. Beiträge zur Geschichtsdidaktik und zur Historischen Bildungsforschung, Paderborn u. a. 2000, S. 46-100. Zbyněk Stránský: Die theoretischen Grundlagen der Museologie als Wissenschaft, in: Hermann Auer (Hrsg.): Museologie. Neue Wege - Neue Ziele, München 1989, S. 41, 50. Jörn Rüsen: Lebendige Geschichte. Grundzüge einer Historik III: Formen und Funktionen des historischen Wissen, Göttingen 1989, S. 109ff. Jörn Rüsen u. a. (Hrsg.): Geschichte sehen. Beiträge zur Ästhetik historischer Museen, Pfaffenweiler 1988, S. 9-20. Bernd Rese: Didaktik im Museum, Systematisierung und Neubestimmung, Diss., Bonn 1995. Stiftung Haus der Geschichte der Bundesrepublik Deutschland (Hg.): Geschichtsbewusstsein und Geschichtsvermittlung in den neuen Bundesländern, Zeitfragen, Bonn 2002.

10 Vgl. Walter Hochreiter: Vom Musentempel zum Lernort. Zur Sozialgeschichte deutscher Museen 1800 - 1914, Darmstadt 1994, Teil B: "Geschichte lernen im Museum", S. 197-242, hier besonders S. 205. Heiner Treinen: Was suchen Besucher im Museum?, in: Ekkehard Nuissl u. a. (Hrsg.): Wege zum lebendigen Museum, Heidelberg 1987, S. 32 – 54, hier bes. S. 46. Heiner Treinen: Prozesse der Bildwahrnehmung und Bildinterpretation in historischen

Einzelbesuch tatsächlich aus purer Freiwilligkeit, frei von Konventionen oder sonstigen sozial-kulturellen Zwängen? Ignoriert der in Museumsdebatten propagierte Individualismus nicht die gesamtgesellschaftlichen, institutionellen Voraussetzungen historisch-politischer "Erinnerung"?[11] Welche Chance bieten das moderne Lern-Verständnis, Geschichts- und Lernwerkstätten für das fruchtbare Miteinander von Schulen und Museen? Mit erstaunlicher Schärfe und Polemik wird um Antworten gerungen. Versachlichung ist nötig. Deshalb werden in diesem Beitrag Grundsatzpositionen hervorgehoben und mit ausführlichen Hinweisen und Anmerkungen bedacht.

1. Ungewöhnliche Ding- und Ausstellungssprache

Im Grenzbereich zwischen Forschung, Publikum und Öffentlichkeit erfordert die museale Kommunikation besondere Kompetenz. Merkwürdig sind schon die Museums- bzw. Ausstellungsarchitektur,[12] vor allem die ungewöhnliche Ding- und Ausstellungssprache.[13] Sie mag zwar unterschiedlich beurteilt werden, doch sie wird überdeutlich in Ausstellungen, in denen die musealen "Objekte"[14] dominieren oder

---

Ausstellungen, in: Bernd Mütter u. a. (Hrsg.): Geschichtskultur. Theorie - Empirie - Pragmatik (Schriften zur Geschichtsdidaktik: Band 11), Weinheim 2000, S. 159-174. Zur aktuellen Bedeutung der Ressentiments gegen Schulen: Friedrich Waidacher: Handbuch der Allgemeinen Museologie, 3. Aufl. Wien u. a. 1999, S. 219.

11 Vgl. Hochreiter (Anm. 10), S. 205. Bernd Schönemann: Museum geschichtsdidaktisch: Institution der Geschichtskultur - eigenständiger Lernort - Partner der Schule, in: Informationen des Sächsischen Museumsbundes: Nr. 19, Dresden, Weißbach 1999, S. 77-93. Arnold Vogt: Museen und Schulen. Neue Perspektiven im Dialog zwischen Museologie und Didaktik, in: Vieregg, Hildegard (Hrsg.): Museology and the Intangible Heritage (ICOFOM Study Series, Band 32) München 2000, S. 125 – 135.

12 Vgl. Michael Brawne: Neue Museen, Stuttgart 1965. Michael Brawne: Das neue Museum und seine Einrichtung, Stuttgart 1982. Zur starken, teils einschüchternden Wirkung der Museumsarchitektur. Vgl. Doris Jacobs: Interkulturelle Museumspädagogik. Internationale Bemühungen der Museumspädagogik in ihrer Relevanz für das außerschulische Vorschulkind, Weinheim 1986.

13 Vgl. Christoph Daxelmüller: "Die Sprache der Dinge". Mediale Vermittlung und Bildgrammatik, in: Mütter (Anm. 10) S. 175 – 200. Elisabeth Erdmann: Geschichte lernen durch Bilder? Erfahrungen mit Schülern und Studenten, in: Mütter (Anm. 10), S. 201 - 214.

14 Vgl. Martin R. Schärer: Die ausgestellte Ausstellung - ein museologisches Experiment, in: Museumskunde, Band 57, Heft 1, 1992, S. 47: "Das Hingeworfene, das außerhalb des Menschen Befindliche und eine Ich-Es-Beziehung Symbolisierende, der Gegen-Stand, der sich dank seines materiellen Charakters durch unsere Sinne begreifen, erfahren lässt - so könnte 'Objekt' im Hinblick auf den lateinischen Ursprung des Wortes umschrieben werden. Eine solchermaßen außerordentlich weit gefasste Deutung umschließt demnach alles, was sich je irgendwo materialisiert hat. Jedes Kulturobjekt ... hat einen Zweck, eine Funktion, auch das Kunstwerk; einen zweck- und funktionslosen Gegenstand gibt es nicht, hingegen ist eine Veränderung der Funktion im Laufe des Objektlebens recht häufig, zum Beispiel, wenn ein Stoßbutterfass zum Schirmständer umgestaltet wird. Ebenso ist das Verhältnis des Menschen zu seiner Objektwelt zeitbedingt und damit Wandlungen unterworfen, denn auch Symbol-,

sogar ohne Texterläuterung präsentiert werden. Aber auch dort, wo sie durch "ergänzende Medien" bzw. schriftlich erläutert und kommentiert worden sind, ist die Ding- und Ausstellungssprache wirksam. Sie kennzeichnet das Wesen musealer Kommunikation, in der Exposita als authentische Medien für Botschaften dienen - in wechselnder Bedeutung - als Beleg, Beispiel, Modell, Metapher usw..[15]

Das museale Arrangement bietet "Schaustellung nicht um ihrer selbst willen, sondern als Mittel der Erkenntnis, die in der Logik des Museums als Ort der Sammlung und Bewahrung anschaubarer Objektwelten selbst liegt."[16] So wichtig dabei auch Texte sein mögen, bleiben sie doch nachrangig gegenüber den Objekten, insbesondere gegenüber dreidimensionalen bzw. bildlichen. Das Publikum folgt der Anziehungs- und Haltekraft der Objekte, ihrer „attracting power", „holding power" und "communication power"[17]; doch es bedarf auch des analytischen und erfahrenen Blickes, um Ausstellungsgrammatik und Gestaltungsprinzipien zu erkennen: „ ... die Anordnung von Objekten, ihre Akzentuierung, Wiederholung, Beiordnung, Isolation, die Dichte, Geschlossenheit, Offenheit, Nähe oder Ferne einer Darstellung - all das sind Elemente einer visuellen Sprache, deren Prinzipien mit Hilfe der Semiotik erklärbar und darstellbar sind. Diese ... soll das Erkennen von Kommunikationszusammenhängen ermöglichen."[18]

Ding- und ausstellungssprachliche Grundlagen musealer Kommunikation gehören zu den wichtigsten Themen der aktuellen museumstheoretischen Debatte.[19] Zugespitzt schlussfolgert Gottfried Korff:

> "[...]das Museum [...] arrangiert anschaubare Objekte im Raum. Visuell sind seine Bauelemente eo ipso... Das Museum bebildert nicht; es ist Bild. Der [...] Museumstheoretiker Zbynek Z. Stránský hat deshalb als vordringlichste Aufgabe der Museumsarbeit die Entwicklung einer 'Präsentationssprache' bezeichnet. Dass diese [...] sich nicht in der Abfassung von Texten erschöpfen darf, sondern vor allem auf das dreidimensionale Arrangement (als Form einer visuellen Rhetorik, als Mittel der Information) gerichtet ist, erklärt sich aus den 'materiellen' und 'medialen'

Status- und Prestigewert der Gegenstände ändern sich." Vgl. auch Martin R. Schärer: Die Ausstellung, Theorie und Exempel (Wunderkammer, Band 5), München 2003; Hochreiter (Anm. 13), S. 207-219.

15 Vgl. Michael Parmentier: Der Bildungssinn der Dinge, in: Christian Rittelmeyer und Michael Parmentier (Hrsg.): Einführung in die pädagogische Hermeneutik, mit einem Beitrag v. Wolfgang Klafki, Darmstadt 2001, S. 104-125, hier besonders S. 105.

16 Gottfried Korff: Die Eigenart der Museumsdinge. Zur Materialität und Medialität des Museums, in: Kirsten Fast (Hrsg.): Handbuch museumspädagogischer Ansätze (Berliner Schriften zur Museumskunde, Band 9), Opladen 1995, S. 17 – S.28, hier bes. S. 23.

17 Vgl. Bernhard Graf: Ausstellungen als Instrument der Wissensvermittlung? Grundlagen und Bedingungen, in: Museumskunde, Band 68 (2003), Heft 1, S. 78ff.

18 Waidacher (Anm. 10), S. 250.

19 Vgl. Vinos Sofka in Zusammenarbeit mit dem Nationalmuseum Stockholm, dem Alimentarium Vevey / ICOM / ICOFOM (Hrsg.): Symposium: The Language of Exhibitions, Basic papers (ICOFOM Study Series, Band 19), Vevey (Schweiz) 1991. Vgl. Martin Schärer: Die Ausstellung als Bedeutungssystem, in: Museum aktuell. Die Zeitschrift für Museologie, April 2004, S. 25ff.

Eigentümlichkeiten des Museums, in dem sich, wie Stránský es formuliert hat, in 'erkenntnismäßiger Hinsicht [...] die Ebene der Dokumentation und [...] der Kommunikation überschneiden'. Mit Kommunikation meint Stransky nicht nur diskursive, sondern auch sinnlich ästhetische Eigenschaften, die von der Authentizität der Museumsobjekte herrühren.“[20]

Die Modalitäten dieser Kommunikation kennzeichnen zugleich das Fremde und Ungewohnte in der musealen Ausstellung. Dieser Zusammenhang wiegt schwer in einer primär verbalsprachlich geprägten Gesellschaft, in der die Erschließung der Dingzeichen, ihrer Bedeutung sowie der grammatischen Regeln ihrer Funktion überwiegend der Privatsphäre überlassen bleibt, zum Beispiel der Familie. Deshalb ist zusätzliche, institutionelle Kommunikations- und Lesehilfe vonnöten. Große Verantwortung wies Michael Parmentier dabei den Museen zu: "Das Museum ist das notwendige Komplement der Schule, [...] der unverzichtbare Zwilling... Man kann sagen: Das Museum befähigt [...], nicht nur die Schriften [...], sondern auch die [...] Artefakte einer Kultur als bedeutungsvolle Zeichen zu lesen."[21] Unbeschadet ihrer Eigenständigkeit sind Schulen und Museen zum Miteinander, zu gegenseitiger Ergänzung angehalten. Sonst wäre eine kulturelle Basis für Verstehens- und Verständnisfähigkeit - auch für die museale Geschichtskultur - verloren.

2. Fremdartiger "Eigensinn" von Sach- und Bildquellen in Museen, Wissenschaft und Unterricht

Eine weitere fremdartige Herausforderung bilden Museen und ihre Sammlungen aus historisch-kritischer Sicht - weitgehend abseits des vorherrschenden Historiker-Interesses. Es ist unumstritten und vielfach beklagt, dass Sach- und Bildquellen eher unterschätzt werden. „Eine spezielle Quellenkunde dreidimensionaler Quellen“, konstatiert Walter Hochreiter, „ist in der Neueren Geschichte [...] erst in Ansätzen in der Teildisziplin Technikgeschichte vorhanden; nur die Ur- und Frühgeschichte, die Archäologie, die Volkskunde, die Ethnologie und die Kunstgeschichte entwickelten eine Methodik gegenständlicher Quelleninterpretation.“[22] Ergänzend plädiert er für eine "semiologische Geschichtswissenschaft".[23] Das Ausmaß einschlägiger Vorbehalte reicht weit, spiegelt sich im unkritischen Einsatz von Bildquellen in geschichtsdidaktischen Unterrichtswerken.[24] Dies geht einher mit einer unverdienten Geringschätzung didaktischer Materialien, die in musealer Bildungsarbeit resp. Museumspädagogik für Freizeit- und Unterrichtsangebote entstanden.[25]

20 Korff (Anm. 16), S. 24, unter Hinweis auf Zbyněk Stránský: Die Prinzipien der musealen Ausstellung, in: Neue Museumskunde, 1981, Heft 24, S. 33-40, hier besonders S. 34f.

21 Parmentier (Anm. 15), S. 110f.

22 Hochreiter (Anm. 10), S. 208.

23 Ebd., S. 212ff.

24 Elisabeth Erdmann (Anm. 13).

25 Vgl. Frank M. Andraschko u. a.: Geschichte erleben im Museum, Anregungen und Beispiele für den Geschichtsunterricht, Frankfurt/Main 1992. Museumspädagogischer Dienst Berlin

Aber auch im Unterricht erscheint die Museumsszene als „fremdartige", kuriose Welt, wie Michael Matthes eindrucksvoll beschreibt:

> „In der Realität zeigen sich Schule und Museum im gegenseitigen Ergänzen und Begleiten überfordert. [...] Die Bestände der Museen bleiben trotz aller Vollständigkeit [...] nur Bruchstücke. Ihre reduzierte Präsentation verlangt von den Museumsbenutzern, eigene Vorstellungen und Kenntnisse stets mitzubringen. Wo diese nicht vorhanden sind, herrscht irrationale Faszination, reine Unterhaltung oder Desinteresse vor. Und in dem Maße, wie Schüler hilflos vor den Objekten [...] stehen, funktioniert die Verbindung Museum - Schule nicht [...] Die pädagogische Bedeutung des Museums besteht in der Unvollständigkeit gegenüber der komplexen Wirklichkeit außerhalb des Museums [...] Für Schüler kommt es darauf an, die in den Präsentationen konstruierten oder zufällig erzeugten Zusammenhänge als solche zu erfassen, um sie dann als Ausgangspunkte für neue Beobachtungen zu nutzen."[26]

Diese Auffassung sieht Schulen und Museen in einer engen Wechselbeziehung. Im Idealfall schaffen vor allem Schulen wichtige Vorbedingungen, unter denen Museumsbesuche nach Maßgabe der Besuchererwartungen auch gelingen können. Einmal neu zeigt sich die Notwendigkeit, den quellenkritischen Umgang mit musealen „Objekten" resp. ein angemessenes „Objekt"-Verständnis zu erarbeiten, die Fremdheit[27] und den "Eigensinn" der Exponate zu erkennen: "Das tote Exponat übermittelt die Zentralbotschaft des modernen Museums: Es gibt unauflösbar Fremdes in der Welt. Zugleich liegt es in der Natur musealer Routinen, dass sie das Schaurige, Nichtassimilierbare verbiedern und uns in eine falsche Vertrautheit mit dem Äußerlichsten und Fremdesten versetzen."[28] Dies provoziert zur Selbstvergewisserung und Auseinandersetzung mit dem Eigenen und dem Fremden und erfordert angemessenen Handlungsspielraum, u. a. in Form der sog. Geschichts- und Lernwerkstätten, um die Chancen des Museums als außerschulischem Lernort besser zu erschließen.

(Hrsg.): Schule und Museum. Vom Nutzen des Museums für die Schule. Anregungen für den Unterricht, Berlin, Milow 1998. MPZ München (Hrsg.): Museumspädagogik für die Schule. Grundlagen, Inhalte und Methoden, München 1998. Arnold Vogt: Literatur zur Museumspädagogik. Ein Überblick aus museologischer Sicht, in: Informationen des Sächsischen Museumsbundes, 1998, Heft Nr. 17, S. 45-68. Informationen für den Geschichts- und Gemeinschaftskundelehrer, Heft 62 (2. Halbjahr 2001) mit dem Schwerpunktthema „Museumspädagogik".

26 Michael Matthes: Allgemeine Thesen zum Museumsbesuch im Rahmen des Schulunterrichts, in: Durchsicht. Forum für Museumspädagogik in Berlin und Brandenburg, 1995, Heft 4, S. 25 – 27, hier bes. S. 25.

27 Nähe und Fremdheit der Exposita bilden ein viel diskutiertes Thema der Museumspädagogik. Vgl. dazu Uwe Christian Dech: Sehenlernen im Museum. Ein Konzept zur Wahrnehmung und Präsentation von Exponaten, Bielefeld 2003, S. 77f.

28 Sloterdijk (Anm. 5). Vgl. auch H.-J. Fuchs: Eigenwille, Eigensinn, in: Joachim Ritter (Hrsg.): Historisches Wörterbuch der Philosophie, Band 2 (D-F), Darmstadt 1972, Sp. 342-345.

3. Vorbehalte gegenüber narrativen Vermittlungsstrukturen, insbesondere gegen Aneignung und Abwehr des Fremden

Generell stehen historische Ausstellungen, insbesondere allzu freimütige Konstruktionen, unter Ideologie- und Manipulationsverdacht. Denn sie bieten lediglich eine Möglichkeit der Interpretation von Wirklichkeit. So warnt Martin Schärer ausdrücklich vor der

> "Gefährlichkeit solchen Tuns: Da das Museum nicht alles sammeln und ausstellen kann, muss es auswählen, zuerst beim Erwerb, dann für die Ausstellung. [...] Auswahl- und Visualisierungsprozesse sind nicht nur zeitbedingt, sondern auch sehr subjektiv. Das Museum als Ort der Kommunikation, der Fiktion und der Manipulation ist also alles andere als eine neutrale Institution; es vermittelt - unterschwellig und höchst selten thematisiert - ganz bestimmte Geschichts- und Weltbilder."[29]

Für Ausstellungskonzepte empfiehlt er konsequent, "verfremdende Elemente einzubauen, das heißt, eine kritische Distanz zum modernen Besucher zu schaffen. Dies - immer dem ehrlichen Bemühen um möglichst objektive Geschichtsdarstellung verpflichtet - kann auf vielfältige Weise geschehen, etwa durch Infragestellung gewohnter Zusammenhänge oder durch unübliches und damit Denkprozesse auslösendes Nebeneinanderstellen von Dingen. Damit wird der Besucher [...] mit einbezogen. Es wird ihm [...] nicht mehr einfach ein als wahr vorgegebenes, jedoch illusionistisches Bild der Vergangenheit vorgeführt, sondern er kann vielmehr auch die Vorläufigkeit jeder Darstellung und damit die Dynamik des Wandels besser verstehen. Dies bedeutet gleichsam Partizipation auf zweiter Ebene."[30] Dazu bedarf es - analog der Kategorie "Geschichtsbewusstsein" - eines besonderen, reflexiven

---

29 Schärer (Anm. 14), S. 47. Vgl. Bernward Deneke: Realität und Konstruktion, in: Korff / Roth (Anm. 3), S. 65-86. Martin Griepentrog: Kulturhistorische Museen in Westfalen (1900-1950). Geschichtsbilder, Kulturströmungen, Bildungskonzepte (Forschungen zur Regionalgeschichte: Band 24), Paderborn 1998, S. 3f. "Im Zuge der Musealisierung wird die ursprüngliche, zweckgerichtete und gebrauchsbezogene Bedeutung von Objekten immer von einem neuen 'Symbolwert' ersetzt: Das Objekt wird beispielsweise wegen der Repräsentativität für historische Prozesse und Strukturen oder wegen einer exemplarischen oder exzeptionellen Ästhetik gesammelt. In jedem Fall vollzieht sich bei der Musealisierung ein Interpretationsvorgang vor dem Hintergrund einer Vermittlungsabsicht: Obwohl die Dreidimensionalität musealer Objekte, insbesondere die vermeintliche 'Ganzheit' und 'Konkretheit' ganzer Ensembles (Zimmer, Häuser etc.), eine 'unmittelbare Gegenwärtigkeit' der Vergangenheit beim Betrachter suggeriert, so haben die musealen Selektionen, Überlieferungskriterien, Aufbereitungs- und Restaurierungsverfahren den Status des 'Überrestes' (nach Droysen) eingeschränkt und die Objekte in wissenschafts- oder museumsgeschichtliche 'Traditionen' eingebunden [...] Als 'Zeitbilder', d. h. Quellen einer bestimmten Geschichtsauffassung oder vergangenheitsbezogenen Ideologie vor dem Hintergrund der jeweiligen Gegenwart, können Museen und Ausstellungen recht ergiebig sein [...]."

30 Schärer (Anm. 14), S. 49.

Ausstellungsbewusstseins,[31] der Offenheit,[32] einer intellektuellen Redlichkeit und "Ehrlichkeit".[33]

In Museums- und Ausstellungspraxis ist solches Verantwortungsbewusstsein jedoch noch nicht die Regel. Viel zu selten wird auf inhaltliche, konzeptionelle Prämissen einer Ausstellung hingewiesen, etwa durch eine Ausstellungstafel mit dem Impressum, das über Verantwortliche, Autoren, Interpreten, Gestalter und Pädagogen, auch über Träger, Sponsoren und andere inhaltlich relevante Personen und Einrichtungen informiert. Stattdessen wird die Illusion genährt, als würden hier unverrückbare „Wahrheiten" verkündet. Solch unkritischer Praxis entspricht umgekehrt die eigentümliche Zitierweise, die Museums- und Ausstellungskataloge sogar namhafter Museen unter der Rubrik „K" (für Kataloge) bibliographiert statt unter dem Namen der Herausgeber oder Autoren, deren Denkweise dann offen läge. Skepsis und Zweifel gegenüber solcher Praxis sind nötig im Interesse ideologiekritischer Aufklärung.

Der Aufklärungsanspruch musealer Ausstellungen und Bildungsangebote wird wesentlich durch seine populäre, „epische Funktion" beeinflusst. Dabei wird „Geschichte" mit Objekten "illustriert" und in einer Erfolgsskala von Kontinuitäten

---

31 Vgl. Alexa Färber: Wissen ausstellen in der Wissensgesellschaft. Die Reflexivierung der Ausstellungspraxis und der Wert ethnographischer Verfahren, in: Museumskunde, Band 68 (2003), Heft 1, S. 86 – 90, S. 88ff. David D. Cunningham: The Philosophy of Visible Storage at the Museum of Anthropology, in: Überseemuseum Bremen (Hrsg.): Museum - Movie – Multimedia. The artefact and the Public. Artefact und Öffentlichkeit (Tendenzen 99, Jahrbuch Überseemuseum Bremen, Nr. VIII), Bremen u. a. 1999, S. 31- 54. Ian Hodder: Representations of Representations, in: Überseemuseum Bremen (Hrsg.): Museum – Movie – Multimedia. The Artefact and the Public. Artefakt und Öffentlichkeit (Tendenzen 99, Jahrbuch Überseemuseum Bremen: Nr. VIII), Bremen u. a. 1999, S. 55 – 63.

32 Vgl. Rudolf Nehles: Offenheit - pädagogisches Engagement ohne Theorie. Eine Darstellung und Analyse von pädagogischen Konzeptionen der Offenheit, insbesondere der offenen Curricula, Frankfurt/Main u. a. 1981. Klaus Weschenfelder und Wolfgang Zacharias (Hrsg.): Handbuch Museumspädagogik. Orientierungen und Methoden für die Praxis, 3. Auflage Düsseldorf 1992, S. 21-37, 125-188. Vgl. auch die Forderung einer "offenen Erzählung" in: Michael Parmentier: History is bunk. Gibt es eine Alternative zur Chronologie in historischen Museen? In: Standbein Spielbein. Museumspädagogik aktuell, 2003, Heft-Nr. 67, S. 4 - 8, hier besonders S. 7.

33 Hochreiter (Anm. 10), S. 222f: „Entscheidend erscheint, dass die Ehrlichkeit und Offenheit einer musealen Präsentation gewahrt bleibt: die Ehrlichkeit, dass die Sammlung durch eine Mischung aus Zufall und sozialer Auswahl zustande kam und nicht durch sich selbst Geschichte repräsentiert; die Offenheit, auch dem Besucher einzugestehen, dass fachwissenschaftliche und didaktische Kriterien eine Schausammlung oder Ausstellung unter bestimmten Prinzipien und Fragestellungen ordnen und organisieren. Nur eine Museumsarbeit, die zur Selbstthematisierung von Sammeln, Forschen und Ausstellen und damit zur Relativierung ihrer Darstellungsmöglichkeiten gegenüber dem Publikum bereit ist, vermeidet den weihevollen Charakter der bereits konstatierten Abgeschlossenheit und Selbstevidenz ihrer Ausstellungen. Damit steht das originale authentische Objekt zwar weiterhin im Zentrum der Ausstellungstätigkeit, doch nicht als alleinige Inkorporation von Geschichte."

"erzählt". Dies entspricht einem erstaunlich aktuellen Historismus, der auch geschichtsdidaktisch eine Herausforderung darstellt: Der museale Erzähl-Charakter

> "gibt der Geschichtsdidaktik auf, einen Sachverhalt museologisch zu verarbeiten, den sie schon bereitgestellt hat, nämlich den, dass in unserer Gesellschaft historisches Wissen in narrativer Struktur überliefert wird. Auch das Museum besitzt eine Rhetorik, die sinnlich-appellativ auftritt und deshalb handlungsleitend und sogar Identitätsstiftend wirken kann."[34]

Demgegenüber reklamiert Peter Sloterdijk die ideologische Problematik:

> „Indem das Museum mit einer großen Erzählung beauftragt wird, schafft sich der Historismus ein Institut, um sein Vorurteil einer zu uns her und auf uns hin erzählbaren Geschichte kulturpolitisch in Kraft zu setzen. Insofern ist das erzählende Museum wie auch das evolutionäre Revuemuseum nur die Materialisierung eines historischen Textes [...] Dieselbe intellektuelle Gewalt, die Volks-, Kultur- und Weltgeschichte schreibt, geht auch in die Kulturpolitiken ein, die zum Bau von [...] Museen führen [...] Die Eroberungskräfte des imperialen Bürgertums gestatten sich [...] den Kompromiß mit der Kontemplation; die Tatsache, dass die Welt soeben als globale Fabrik, als Gesamtwarenhaus und als Gesamtkriegsschauplatz hergerichtet wird, schließt ihre gleichzeitige Verwandlung in ein Objekt der Bildungsandacht nicht aus. Der Historismus ist der philosophische Sonntag der imperialistischen Woche und sein Museum ist der bürgerliche Tempel [...] Die seelische Bereicherung der Besucher spiegelt den Prozeß der bürgerlichen Weltaneignung als gleichzeitige Feststellung und Mobilmachung aller Bestände wider."[35]

Sloterdijks Urteil schmeichelt nicht:

> „In Wahrheit sind die Museen [...] nicht erzählerisch. Die Geschichte, von der sie Rechenschaft und Zeugnis abzulegen scheinen, ist de facto zuvor anderswo erzählt worden [...]. Museen selbst bleiben allemal bloße Kompilationen, Lagerplätze für kulturelle Kriegsbeutestücke, prunkvolle Gästehäuser für Trophäen wissenschaftlich getarnter Plünderungen, Archive, Schatzhäuser, Stapelplätze für Objekte der bürgerlichen Wertschätzung. Den epischen Geist der Sichtbarmachung von Geschichte hauchen ihnen die großen Erzählungen ein, die außerhalb der Museumsmauern in der Literatur und auf den philosophischen Lehrstühlen formuliert wurden."[36]

Er fokussiert seine Betrachtungen im ideologiekritischen Vorbehalt gegen den

> „Schlüsselbegriff der bürgerlichen Gesellschaft: *Aneignung*. Wer durch die museale National- und Weltgeschichte schreitet, tut das, um auf seinem Parcours in einem doppelten Sinn Eigentümer zu werden, an der Welt und am selbst. Gerade um in den Vollbesitz seiner Identität zukommen, muss der Geist, was er nicht selbst war, entweder

---

34 Wolfgang Jacobmeyer: Labor, Schaubühne, Identitätsfabrik, Musentempel, Lernort. Die Institution Museum als didaktische Herausforderung, in: Mütter (Anm. 10), S. 142-155, S. 154.

35 Sloterdijk (Anm. 5).

36 Sloterdijk (Anm. 5). Vgl. auch Parmentier (Anm. 32), S. 6 ff (Erzähl- und Darstellungsmuster musealer Ausstellungen).

> vernichten oder assimilieren [...] Das Fremde kann demnach nichts mehr anderes sein als ein Eigenes, das zuerst incognito auftrat, dann aber schnell durchschaut und einverleibt wurde. [...] Der fremde Rest ist die vernachlässigbare Größe im historischen Spiel, der Staub der Archive, der ungegenständliche Atem eines Lebens, das uns nur in seinen Äußerungen und Resultaten etwas bedeuten soll [...].“[37]

Demgegenüber erweist sich erneut die Notwendigkeit zu Skepsis und Zweifel, zu besonderen Verfremdungsimpulsen, um Fremdverstehen anzuregen.[38] Dazu können museale Sammlungen Fremdes, Vergessenes und Verdrängtes, doch ebenso scheinbar Selbstverständliches vor Augen führen. Dies kann mit den Interessen vorherrschender „Geschichtspolitik“ kollidieren, erfordert besondere Verantwortung und Ideologiekritik. Zentrale, scheinbar vertraute Begriffe erscheinen dabei in neuem Licht und bedürfen kritischer Hinterfragung, so z. B. auch die Vorstellung dessen, was die "deutsche" Museumsszene beeinflusst, was als "deutsch" oder als "ausländisch", was als "Heimat" oder "Welt" zu verstehen ist, welche konzeptionellen Weichenstellungen und Koordinaten die Museumsarbeit bestimmen sollen.

> "Die Sammlungen sind 'deutsch', völlig unabhängig davon, ob das nationale Kriterium in den Sammelstrategien [...] konzeptionelle Bedeutung gehabt hat. Die wissenschaftlichen Mitarbeiterinnen und Mitarbeiter sind 'deutsch', völlig unabhängig davon, ob sie mit dem Bewusstsein des Weltbürgers auf ihre Stadt schauen oder mit Abscheu, weil die Welt sich in der Heimat, [...], zu versammeln begonnen hat. Im Museum selbst hat [...] eine neue Epoche begonnen, weil die [...] Monokulturalität nicht mehr repräsentativ für die Lebenswelt der Stadt [...] und ihre Zukunft ist. Zuwanderung ist so wichtig wie Auswanderung [...] Die [...] Unterscheidung nach 'deutsch' und 'ausländisch' ist museologisch nichtssagend,"

stellt Jürgen Steen fest und verdeutlicht dies am Beispiel von "Ausländern" und "Heimatvertriebenen", für die der neue, deutsche Wohnort zunächst fremd war.[39]

4. Beispiele aus völkerkundlichen und missionsgeschichtlichen Museen

Mit dem Anspruch auf "Fremdverstehen" wurden zahlreiche museale Ausstellungs- und Begleitprojekte durchgeführt, so die Ausstellung der Berliner "Schillerpromenade"[40], eine Kooperation des Heimatmuseums Neukölln, des

37 Sloterdijk (Anm. 5).

38 Vgl. Rolf Schörken: Historische Imagination - Wort, in: Klaus Bergmann u. a., (Hrsg.): Handbuch der Geschichtsdidaktik, 5. überarb. Aufl. Seelze-Velber 1997, S. 64 – 67, S. 66.

39 Jürgen Steen: Migration und Heimat. Zur Gegenwart des Museums, in: Standbein Spielbein. Museumspädagogik aktuell, 2003, Heft Nr.65 (mit dem Themenschwerpunkt: "Migration und Integration"), S. 4 - 10, hier besonders S. 6.

40 Vgl. Bezirksamt Neukölln von Berlin / Institut für Europäische Ethnologie der Humboldt-Universität zu Berlin (Hrsg.): Schillerpromenade 27, 12049 Berlin: Ein Haus in Europa. Zum Wandel der Großstadtkultur am Beispiel eines Berliner Mietshauses, Opladen 1996. Udo Gösswald / Rita Klages (Hrsg.): Ein Haus in Europa. Bd. 2: Stadtkultur im Museum, Opladen 1996.

Ethnografischen Museums Budapest und des Historischen Museums Amsterdam, das EU-Projekt interkultureller Museumspädagogik "Migration, Work and Identity"[41] oder das Regionalprojekt zur interkulturellen Museumsarbeit "Begegnung mit dem Fremden"[42]. Erwähnenswert sind ebenso Ausstellungsvorhaben von Heimatmuseen, die den Heimatbegriff problematisieren, indem sie demonstrativ nach der "Heimat" von Asylsuchenden u. a. fragen.[43] Durchweg geht es darum, den interkulturellen und intergenerativen Dialog, Fremdheit zwischen den Kulturen und Generationen zu überbrücken und das Verständnis füreinander in einer multiethnischen Gesellschaft zu fördern. Solche Verantwortung gilt für Museen generell; doch bieten Völkerkunde- und Missionsmuseen dazu besonders günstige Voraussetzungen. Mit einer mehr als 150-jährigen Sammlungs- und Bildungstradition[44] konfrontieren sie das Publikum heute einerseits mit Sammlungsbeständen aus fremden, teils untergegangenen Kulturen überwiegend des 19. und 20. Jahrhunderts, doch andererseits auch mit einem wichtigen Teil europäischer Kulturgeschichte; denn in den betroffenen Sammlungen und Ausstellungen spiegeln sich auch die historischen Gründungsmotive.

In Deutschland entstanden Völkerkundemuseen[45] hauptsächlich von 1848 bis 1904, sodann von 1917 bis 1929 - in einer Zeit, in der deutsche Kolonien propagiert, dann auch errichtet wurden, nach dem ersten Weltkrieg aber verloren waren. Durchweg entstanden diese Museen in Großstädten aus Initiativen des wohlhabenden, kulturell engagierten Bürgertums und sie besaßen zunächst sehr gemischte natur- und völker-, handels-, gewerbekundliche und andere Sammlungen. Zeitlich parallel entstanden ähnliche Einrichtungen kirchlicher Missionsvereine, um für die Missionen zu werben, mit botanischen, zoologischen, ethnografischen, aber auch missionskundlichen Sammlungen.[46] Von 1860 bis 1913 wurden acht evangelische Missionsmuseen gegründet, 1922 und 1937 folgten zwei Stiftungen. Auf katholischer Seite entstanden zunächst zwölf Museen von 1882 bis 1912, weitere neun Museen von 1920 bis 1933.

---

41 Vgl. Rita Klages / Michael Matthes: Migranten und andere Bewohner in Berlin, in: Standbein Spielbein. Museumspädagogik aktuell, 2003, Heft Nr.65, S. 28ff.

42 Vgl. Museumsverband Baden-Württemberg (Hrsg.): Begegnung mit dem Fremden. Ausstellungen, Projekte, Aktionen, Dokumentation zum Modellversuch des Museumsverbandes, Mannheim 1995.

43 Vgl. Jürgen Stehen (Anm. 39). Corinne Eichenberger und Sandra Hughes: Museum für die Integration nutzen, in : Standbein Spielbein. Museumspädagogik aktuell: Heft Nr.65 / 2003, S. 24 – 27.

44 Vgl. Voges (Anm. 2), hier besonders S. 309f.. Michael Hog: Ziele und Konzeptionen der Völkerkundemuseen in ihrer historischen Entwicklung, Frankfurt/Main 1981, S. 3-20.

45 Vgl. Voges (Anm. 2), S. 317. Zu ergänzen sind hier allerdings die zahlreichen völkerkundlichen Sammlungen in den Beständen von Stadt-, Heimat-, historischen, kulturgeschichtlichen Museen.

46 Vgl. Gerrit Schlegel: Missionsmuseen in Deutschland. Eine museumshistorische Studie. Diplomarbeit am Studiengang Museologie der Hochschule für Technik, Wirtschaft und Kultur Leipzig, Leipzig 1997, S. 2. Werner Ustorf: Missionswissenschaft, in: Theologische Realenzyklopädie, Band XXIII, Berlin, New York 1994, S. 88-98.

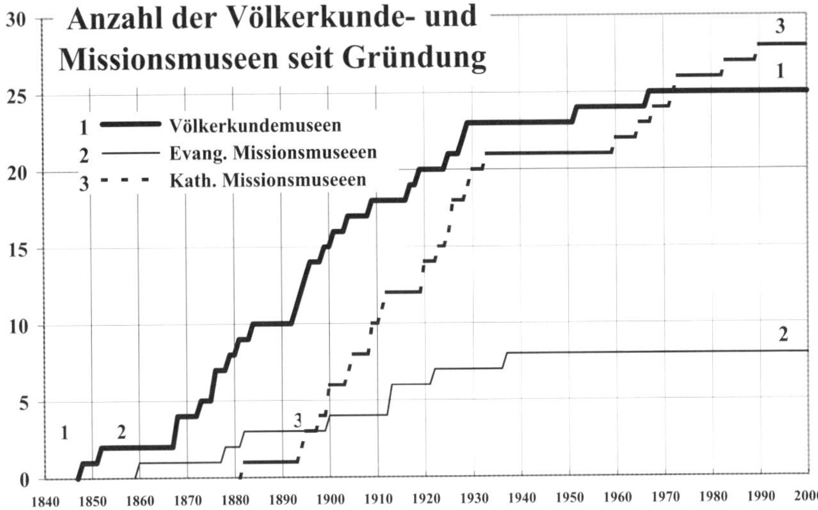

Abb. 1: Anzahl der Völkerkunde - und Missionsmuseen seit Gründung

Von Anfang an schwelte der Konflikt über Ziele und Adressaten. In Leiden (NL) stritten Parlament, Kultusbehörden einerseits und andererseits die Universität, ob ein Museum für die Öffentlichkeit zu schaffen sei oder ob die Einrichtung exklusiv Forschung und Lehre dienen solle.[47] In Deutschland prägten anfangs noch Abenteuerromane das vorherrschende Bild außereuropäischer Kulturen.[48] Gründungsinitiativen wurden durch kolonialpolitische Bestrebungen und Kampagnen begünstigt, von Vereinen und Ausstellungen mit exotischen Völkerschauen[49]. Mit Beginn deutscher Kolonialpolitik wurde auch der schulische Bildungsauftrag erweitert, über fremde Länder, besonders über die neuen überseeischen Gebiete, zu informieren. Nachhaltiger wirkten die Kirchen, die die Aufmerksamkeit durch Gebet, Geldspenden und andere Aktivitäten auf die überseeische Mission lenkten. Weiterer Faktor des öffentlichen Interesses an der Völkerkunde war die Massenauswanderung.[50] Die diffuse, national-koloniale Szenerie war wichtiger Bezugspunkt

47 Die Völkerkundemuseen in Leiden, in St. Petersburg und in Kopenhagen sind die wohl ältesten Gründungen. Vgl. Robert Goldwater: The Development of Ethnological Museums, in: Bettina Messias Carbonell (Ed.): Museum Studies. An Anthology of Contexts, Malden, MA/USA, Oxford/GB, Viktoria/Australien 2004, S. 133 – 138.

48 Vgl. Helga Unger-Heitsch / Dirk Wilking: Völkerkunde und Schule im deutschsprachigen Raum. Von den Anfängen bis zur Gegenwart, in: Unger-Heitsch (Anm. 1), S. 33 – 62, S. 36ff.

49 Vgl. Voges (Anm. 2), S. 310f. Vgl. Unger-Heitsch / Wilking (Anm. 48), S. 39f.

50 Vgl. Unger-Heitsch / Wilking (Anm. 48), S. 38 und S. 48ff über die Bemühungen, die "Völkerkunde" an Universitäten und Schulen zu verankern, insbesondere zur Bedeutung von Karl Weule, Direktor des Leipziger Völkerkundemuseums, ordentlicher Professor für

der Museumsgründer und ihrer Mitstreiter. Wer wollte, konnte die neuen Einrichtungen als Beleg der neuen deutschen Weltgeltung betrachten; obwohl die herausragenden Wortführer, etwa Rudolf Virchow, Mitbegründer der Berliner Gesellschaft für Anthropologie, Ethnologie und Urgeschichte, oder Adolf Bastian[51], erster Dozent für Völkerkunde an der Universität Berlin, nur wenige Anknüpfungspunkte nationaler Rhetorik boten. Bastian erreichte, dass das Berliner Völkerkundemuseum 1889 zum Zentralmuseum des Reiches bestimmt und seither in Schenkungen und Erlassen bevorzugt wurde.

In der Gründungsphase der Völkerkundemuseen begannen die verantwortlichen Wissenschaftler ihren Berufsweg meist noch an naturkundlichen Einrichtungen. Die neuen Museen trugen mit dazu bei, die Ethnologie an den Universitäten zu verankern. Die neue Disziplin fungierte als Ordnungswissenschaft, in der die neuartigen Sammlungen angelegt und anthropologische Gesetzmäßigkeiten, das Nebeneinander in "Kulturstufen" zugrunde gelegt wurden. Museen und Wissenschaft waren konstitutiv miteinander verbunden.[52] Auf solcher Basis orientierten sie sich weltweit, zugleich am kolonialpolitischen, reichsdeutschen Horizont[53]. Wichtige Impulse kamen von "außen" aus privaten Stiftungen und Initiativen. In ihnen fanden bürgerlich kommerzielle sowie private Interessen, staatliche Kolonialpolitik und ethnologische Forschung zu einander.[54] So wurden die deutschen Kolonien nach zoologischen, botanischen, anthropologischen, linguistischen, demographischen und geographischen Aspekten erschlossen.

In den Kolonien wurden die Eingeborenen zwangsweise Angehörige des Deutschen Reiches und unterlagen wachsender staatlicher, ideologischer und merkantiler Vereinnahmung und Europäisierung. Beteiligt waren auch die christlichen Missionen mit eigenständigen Positionen.[55] Das Kolonialregime hatte keinen totalitären Charakter; es ließ den Eingeborenen Raum für "hundertfältige

Ethnologie in Leipzig - der erste in Deutschland überhaupt, sein Engagement für die Völkerkunde, auch an den Schulen, mit Unterstützung des "Verbandes deutscher Museen für Völkerkunde" und des 47. Deutschen Anthropologentages.

51 Vgl. Unger-Heitsch / Wilking (Anm. 48), S. 34ff und S. 40.

52 Vgl. Chiva (Anm. 3), S. 192f. Unger-Heitsch / Wilking (Anm. 48), S. 43ff und S. 48ff. Franz Boas: Museums of Ethnology and Their Classification, in: Carbonell (Anm. 47), S. 139 – 142.

53 Voges (Anm. 2), S. 307: "Es sind keine ‚Vaterländischen Altertümer' zu besichtigen [...] Gleichwohl steht diese wohlgeordnete, museale Objektwelt für die weitreichenden Verbindungen eines Landes und seiner Bürger; eines neugegründeten Nationalstaates, der eine Großmacht sein will und sich anschickt, wenn auch verspätet, Kolonialgebiete zu erwerben. Sie steht, ohne dass es ausdrücklich gesagt werden müsste, für den Zugriff auf ferne, überseeische Länder und für die Botmäßigkeit ihrer Völker. Jedes der in einem Völkerkundemuseum auftauchenden Dinge scheint den Vormachtanspruch des Deutschen Reiches über ferne geographische Räume zu erneuern, den Anspruch auf die Zugehörigkeit ihrer Bewohner zu bekräftigen."

54 Vgl. Voges (Anm. 2), S. 311ff. Vgl. Unger-Heitsch / Wilking (Anm. 48), S. 45f.

55 Vgl. Arnold Vogt: Religion im Militär. Seelsorge zwischen Kriegsverherrlichung und Humanität. Eine militärgeschichtliche Studie (Europäische Hochschulschriften, Reihe III, Band 253) Frankfurt/Main, Bern, New York 1984, S. 239 - 246.

Listen, um auf Zwang und Gewalt zu antworten und ihren Herren bisweilen das Nachsehen zu geben."[56] Zwar repräsentierten Kolonialbehörden und Missionen jeweils auf ihre Art die europäische Kultur. Zugleich schufen die Missionsschulen aber "Pflanzstätten [...] künftigen [...] Ungehorsams, [...] Weichen für ein späteres 'Nation-building'".[57]

Seit 1882 wurden katholische Missionsmuseen gegründet. Der späte Einstieg erklärt sich aus den politischen Rahmenbedingungen.[58] Erst als eine Gesandtschaft des Heiligen Stuhls in Berlin errichtet wurde, folgte auch die Gründung des ersten katholischen „Missionsmuseums der Mariannhiller Missionare" in Würzburg. Der Beginn aktiver deutschen Kolonialpolitik verbesserte die Voraussetzungen katholisch-deutscher Mission[59] durch die Zulassung katholischer Orden in deutschen Kolonien seit 1889 - unter den gleichen Bedingungen wie evangelische Missionsgesellschaften. Die Neugründungen konnten dazu verhelfen, eine christliche Sicht der Ethnologie sowie auch die Missionswissenschaft zu veröffentlichen.

Nach Verlust deutscher Kolonien blieb die katholische Missionstätigkeit aktiv, u. a. durch das päpstliche Interesse Pius XI. (1922-1939). 1925 eröffnete das „Museo Missionario - Etnologico" im Lateran in Rom, in Aachen 1933 das „Museum für Missions- und Völkerkunde" des „Franziskus-Xaverius-Missionsvereins" - ein deutscher Zweig des „Päpstlichen Werks der Glaubensverbreitung". In nationalsozialistischer Zeit wurden viele Klöster und Missionshäuser geschlossen. Aber auch der Zweite Weltkrieg und wachsender Nationalismus in den ehemaligen Kolonien stellten die Missionstraditionen in Frage. In der Konsequenz erweiterten Missionsmuseen ihren konzeptionellen Anspruch zum interreligiösen und -ethnischen Dialog. Das 2. Vatikanische Konzil (1962-1965) brachte ein neues Missionsverständnis, unter dem sieben katholische Neugründungen und Wiedereröffnungen

56 Voges (Anm. 2), S. 315. Vgl. dazu auch Chiva (Anm. 3), S. 193f: "Seit jeher besteht die Funktion der Völkerkundemuseen darin, die kulturellen Differenzen zwischen Gruppen und Gesellschaften als Spiegel einzusetzen und gleichzeitig ethnischen Identitäten zum Ausdruck zu verhelfen, wie die Geschichte der meisten auf Folklore und Brauchtum spezialisierten Museen zeigt. In zahlreichen Fällen, und zwar vor allem in Europa, jetzt aber auch in den gerade unabhängig gewordenen Ländern, hat dieser Museumstyp eine elementare Rolle für die Legitimation des jeweiligen politischen Gebildes bzw. für die Unterstützung politischer Forderungen gespielt und spielt sie immer noch."

57 Voges (Anm. 2), S. 315. Vgl. auch Erich Renner: Pädagogik als Umerziehung. Von der Missions- und Kolonialpädagogik zur Pädagogik für Minoritäten, in: Unger-Heitsch (Anm. 1), S. 97-120.

58 Vgl. Horst Gründer: Christliche Mission und deutscher Imperialismus. Eine politische Geschichte ihrer Beziehungen während der deutschen Kolonialzeit (1884 - 1914) unter besonderer Berücksichtigung Afrikas und Chinas, Paderborn 1982, S.318f. Horst Gründer: Geschichte der deutschen Kolonien, 2. erg. Aufl. Paderborn u. a. 1991. Horst Gründer: Welteroberung und Christentum. Ein Handbuch zur Geschichte der Neuzeit, Gütersloh 1992.

59 Vgl. Gerhard Besier: Religion, Nation, Kultur: Die Geschichte der christlichen Kirchen in den gesellschaftlichen Umbrüchen des 19. Jahrhunderts, Neukirchen-Vlyn 1992. Kurt Nowak: Geschichte des Christentums in Deutschland. Religion, Politik und Gesellschaft vom Ende der Aufklärung bis zur Mitte des 20. Jahrhunderts, München 1995.

zustande kamen. Sie demonstrierten ihre Neuausrichtung auch im Namen, in Werl z. B. als "Forum der Völker"[60] Museale Bildungsangebote sind freilich historisch wie aktuell von der Politisierung und der Popularisierung des Musealen überschattet. So löste z. B. der Schädel des von deutschen Kolonialtruppen geköpften Sultans Mkwawa, ursprünglich als Trophäe ans Bremer Überseemuseum entsandt, internationale Auseinandersetzungen aus. Der Versailler Vertrag hatte die Rückgabe bestimmt, die jedoch erst 1954 stattfand und jüngst ein erneutes Echo in Publikation und Fernsehen erfuhr.[61] Offensichtlich sind museale Ausstellungen und Programme Teil eines museumsübergreifenden Beziehungsgefüge in Politik, Öffentlichkeit und Gesellschaft.

Resümee

Museale Bildungsangebote unterliegen wesentlich der ding- und ausstellungssprachlichen Kommunikation. Dazu gibt es, so Michael Parmentier,

> "keine standardisierten Leitfaden, keine bewährte Methode. [...] Die verborgenen Bedeutungen der Dinge können nur hervortreten, wenn alte Verknüpfungen gelöst und neue riskiert werden. Das experimentelle Spiel mit den Dingen verlangt nach Zerlegung und Arrangement. Dabei sind alle Kompositionstechniken erlaubt: Verfremden und Trivialisieren, Kontrastmontage und Reihenbildung [...], wie dabei das Verständnis der neuen Bedeutungen an Stabilität gewinnt, entfalten auch die Dinge ihre bildende Wirkung. Sie überwinden die Fessel der bisherigen Wahrnehmungs- und Deutungskonventionen [...]. Die alltägliche Lektüre der gegenständlichen Sinnobjektivation bleibt allerdings individuell und deshalb dem Irrtum ausgesetzt." [62]

So gesehen steht die solide, wissenschaftlich fundierte Sammlungs- resp. Bestandspflege auch und gerade in der Verantwortung, den notwendigen Baustein für die Urteils- und Kommunikationskompetenz der Besucher bereitzustellen. [63] Dazu schaffen museale Ausstellungen, Bildungs- und Studienangebote einen sinnstiftenden

---

60 Vgl. Schlegel (Anm. 46), S. 2 und 62 - 71 zur Entstehung der missionsgeschichtlichen Sammlung des Franziskaner-Klosters in Dorsten 1905 bis 1915, seit 1913 als Missionsmuseum, 1960/62 wieder eröffnet in Werl, 1985 neukonzipiert als "Forum der Völker - Völkerkundemuseum der Franziskaner". Gudrun Reinking, Forum der Völker - Völkerkundliches Museum der Franziskaner in Werl - Babylonien, Ägypten, Palästina, Ostasien, Neuguinea, Afrika, Nordamerika, Brasilien, Ausstellungskatalog, Werl 1989.

61 Vgl. Martin Baer und Olaf Schröter: Eine Kopfjagd. Deutsche in Ostafrika, Spuren kolonialer Herrschaft, Berlin 2001.

62 Parmentier (Anm. 15), S. 111.

63 Michael Parmentier zur "Selbstbildung" der Besucher: "Indem sie die Dingzeichen verstehen lernen, lernen sie auch sich selber verstehen. In den neuen Relationen, die sie den Dingen abgezwungen haben, erkennen sie die [...] verborgene Grammatik ihres Daseins wieder. Genau das verstehe ich unter Bildung. Der Ausdruck bezeichnet die reflexive Bewegung, in der die Menschen gegen den Widerstand der eigenen Gewohnheiten, in dem latenten Subtext ihrer überlieferten und gegenwärtigen Sachkultur die unbekannten Bedingungen ihrer Existenz wieder finden." Parmentier (Anm. 15), S. 111. Vgl. dazu auch Vogt (Anm. 11).

Anreiz - zwischen den Ansprüchen individueller Betroffenheit, „geschichtspolitischer" Öffentlichkeit und historischer Forschung. Demgegenüber bleiben die öffentlichen ideologischen Interessen und Einflüsse auf die museale "Kultur als gleichzeitiges Aneignen und Abwehren" des Fremden und Unbekannten allerdings eine besondere Herausforderung. [64] Dazu sind sehr verschiedene Verfahren hilfreich, u. a. Inszenierungs- und Fragestrategien für Ausstellungen wie für Veranstaltungen, insbesondere für Lern- und Geschichtswerkstätten. "Welche Aspekte der vergangenen und gegenwärtigen Welt diese Museen auch ausstellen mögen, ihrem geschichtlichen Augenblick werden sie nur dann begegnen, wenn sie ihr Publikum in eine aufgeklärte Weltfremdheit einführen."[65] In jedem Fall sollte es darum gehen, einen Rahmen zu schaffen für Aktivitäten der Besucher, um sie zu neuer Nachdenklichkeit anzuregen.

Diesem Anspruch entsprechend können völkerkundliche Sammlungen im positiven Sinn zur Befremdung provozieren, zur Verknüpfung von Heimatverbundenheit und Weltläufigkeit. Allerdings spiegeln völkerkundliche und missionsgeschichtliche Sammlungen primär ihre Entstehungszeit, auch Vorstellungen und Motive ihrer Gründer, die Kulturen der Herkunftsländer, sodass Ausstellungs- und Bildungskonzepte eines besonderen reflexiven Bewusstseins,[66] einer gegenwartsorientierten Verknüpfung und Motivation bedürfen. Das Amsterdamer Tropenmuseum, Teil des Tropeninstituts, konfrontierte das Publikum mit Familiengeschichten aus Südafrika anhand privater Erinnerungsstücke:[67] Fotografien, Presseausschnitte, Musikinstrumente, Mobiliar, Hausrat, Spielzeug, Schmuck, Kleidungsstücke, Videomitschnitte, Tonträger usw.. Jeder Familie wurde ein Ausstellungs-Apartment gewidmet, das ähnlich einer privaten Wohnung gestaltet wurde. In diesem wohnungsähnlichen Rahmen konnten sich Besucher bewegen und dort waren "Überreste" und Kommentare aus vier Generationen in einer retrospektiven Selbstdarstellung arrangiert, die den Blick von der Entstehungszeit des Tropenmuseums in der niederländischen Kolonialzeit, vom 19. Jahrhundert bis zur

64 Sloterdijk (Anm. 5). Vgl. Voges (Anm. 2), S. 306f: "Es gibt Tierpräparatoren, dazu Händler, die Museen, wissenschaftliche Institute und Privatpersonen mit [...] ‚prachtvollen' Faksimiles der Schöpfung beliefern. Ähnlich ergeht es den Menschen fremder Zonen, die hier als ‚Schaugruppe' posieren, die als Konstellation von Gipsfiguren mit authentischer Hautfarbe und Bekleidung typische Alltagssituationen ihrer Heimat nachspielen; dort als Puppen, als Einzelpersonen, zu typischen Vertretern ihrer Rasse und Kultur abgestempelt werden. Daneben sieht man Modelle von Häusern, aber auch Boten und Schiffen, die die Reisenden, vor allem Seeleute, aus der Ferne mitbringen. Aus welchen Gründen die Miniaturisierung von Dingen auch immer faszinieren mag, vielleicht als Spiegelung eines möglichst vollständigen Universums, jedenfalls könnte man sie an diesem Ort als Indiz für ein gleichzeitiges Streben nach Authentizität und Besitz nehmen." Vgl. Zora Neale Hurston: What White Publishers Won`t Print, in: Carbonell (Anm. 47), S. 216 – 219.

65 Sloterdijk (Anm. 5).

66 Cunningham / Hodder (Anm. 31), S. 31 - 54.

67 Group Portrait of South Africa. Familjeverhalen uit Zuid-Africa / 10 Apartments, Nine Family Histories. Sonderausstellung im KIT-Tropenmuseum Amsterdam, in: "http://zuidafrika.tropenmuseum.nl" (August 2003).

Gegenwart führten. Das Tropenmuseum ist einem umfassenden Bildungsanspruch verpflichtet: "Our mission [...] is an independent centre of knowledge and expertise in the areas of international and intercultural cooperation."[68]

Wer nach geschichtsdidaktischen Operationen fragt, ist auf Programme und didaktische Materialien der Völkerkunde- und Missionsmuseen verwiesen, darunter unterrichtsergänzende Angebote und Unterrichtseinheiten. Die "Arbeitsgruppe Ethnopädagogik in der Deutschen Gesellschaft für Völkerkunde" hat 32 Projekt- und Unterrichtbeispiele empfohlen von der Vorschule bis zum Gymnasium.[69] Zu ergänzen bleiben die Angebote anderer Museen, der großen Museumspädagogischen Zentren und der kirchlichen Träger. Durchweg besteht eine Schwierigkeit darin, konkrete Anknüpfungspunkte zur curricularen Einbindung zu benennen. Die Arbeitsgruppe empfiehlt ausdrücklich eine fachübergreifende Orientierung in erlebnis- und handlungsorientierten Projekten verschiedener Themenbereiche: Arbeit, Ernährung und Ökologie, Fremdheit, Handel, Kleidung, Körperschmuck, Musik, Erzählkultur, naturnahe Techniken und Spiele.

Sicher bleibt es dem Publikum vorbehalten, welche Ziele angenommen, welche Entdeckungen, Aussagen einem Expositum entnommen werden, und dies beruht wesentlich auf Zweierlei: 1. auf dem subjekt-internen bzw. individuellen Charakter jeglicher Welt-Vorstellung und -Deutung sowie 2. auf dem nahezu unerschöpflichen Bedeutungspotential der Objekte. "In dieser Vieldeutigkeit, an ein und demselben Ding die unterschiedlichsten Eigenschaften und Aspekte entdecken zu können, liegt exploratives und kreatives Potential. Ein Museum hat im wahrsten Sinne des Wortes das Zeug dazu, nicht nur fertige Wissensantworten zu liefern [...], sondern vor allem die Art von offenen Fragen, von denen die Wissenschaft lebt und sie immer weiter treibt."[70] Ausstellungen können dafür einen günstigen Rahmen schaffen. Im Idealfall regen sie zur erwähnten Nachdenklichkeit an, auch zu besserem Selbst- und Weltverstehen, zum eigenständigen, forschenden und entdeckenden Sehen.[71]

Grundsätzlich bleibt zu fordern, 1. die Chancen musealer Kommunikation ernst zu nehmen, die Objektbetrachtung in ihrer semiologischen Dimension theoretisch zu reflektieren und "lernaffin" zu gestalten,[72] 2. den Eigensinn der musealen Objekte zu

---

68 KIT-Tropenmuseum Amsterdam / KIT's mission and expertise, in: "www. Amsterdam.tropenmuseum.nl" (August 2003). Das Amsterdamer Tropenmuseum, Teil des Königlichen Tropeninstituts (KIT), gliedert den Bildungsanspruch demonstrativ in ein umfassendes Service-Programm..

69 Vgl. AG Ethnopädagogik: Ethnopädagogik in der Praxis. Erziehung zum multikulturellen Zusammenleben, in: Unger-Heitsch (Anm. 1), S. 167-220 mit 32 Projekt- und Unterrichtsbeispielen, darunter drei für die Vorschule, 22 für die Grundschule, 26 für die Sekundarstufe I, 6 für die Sekundarstufe II.

70 Max J. Kobbert: Psychologische Aspekte zum Lernort Museum, in: Informationen des Sächsischen Museumsbundes, Nr. 22, 2001, S. 91-104, hier besonders S. 104. Vgl. auch Max J. Kobbert: Kunstpsychologie. Kunstwerk, Künstler und Betrachter, Darmstadt 1986.

71 Vgl. Waidacher (Anm. 10), S. 219, 227, 238, 418, 480f. Gerhard Henke-Bockschatz: Entdeckendes Lernen, in: Bergmann (Anm. 38), S. 406-410.

72 Jacobmeyer (Anm. 34), S. 154.

erschließen, 3. ein reflexives Ausstellungsbewusstsein zu fördern, auch hinsichtlich "Aneignung" und Abwehr des Fremden, 4. die Begegnung in Völkerkunde- und Missionsmuseen als Chance zu begreifen, den Spiegel der eigenen Vergangenheit im historischen Umgang mit fremden Kulturen zu entdecken, das Eigene im Fremden zu erkennen - ebenso umgekehrt, das Fremde im Eigenen. In solch komplexer Aufgabe sieht Peter Sloterdijk die Perspektive des modernen Museums schlechthin, sich mit fremd(artig)er Kultur zu befassen und auseinander zu setzen, angemessene hinführende, objekterschließende Fragestrategien zu entwickeln:

> "Seine Aufgabe ist es, eine Gesellschaft, die sich an Identifizierungen klammert, in einen intelligenten Grenzverkehr mit dem Fremden zu verwickeln - auch mit dem 'eigenen'. Auch darum ist das authentische Museum von heute ein Museum der inneren Ethnologie."[73]

Geschichtsdidaktisch ist ebenso unumstritten:

> „Das ‚Fremde' (auch das Exotische, Bedrohliche und Verhasste) beginnt allemal in der Tiefe der eigenen Person und der eigenen Kultur. Und das Eigene findet sich in wichtigen Teilen auch bei den ‚anderen' in fremden Kulturen, wenn man ihnen denn nur intensiv genug begegnet."[74]

Anhang - Gründungslisten: Völkerkunde- und Missionsmuseen

Jahr	**Völkerkundemuseen**
1848	„Roemer u. Pelizaeus-Museum" Hildesheim (1911)
1852	Völkerkundeabteilung des „Niedersächsischen Landesmuseums" in Hannover
1868	„Staatliches Museum für Völkerkunde München"
1868	„Museum für Völkerkunde Leipzig"
1873	„Museum für Völkerkunde Berlin"
1876	„Staatliches Museum für Völkerkunde Dresden"
1876	„Museum für Völkerkunde Wien"
1879	„Hamburgisches Museum für Völkerkunde"
1881	„Bernisches Historisches Museum"
1894	„Museum für Völkerkunde Kiel"
1884	„Lindenmuseum - Staatl. Museum für Völkerkunde Stuttgart"
1893	„Museum für Völkerkunde und Schweizerisches Museum für Volkskunde Basel"
1895	„Museum für Völkerkunde Freiburg"
1896	„Überseemuseum" Bremen

73 Sloterdijk (Anm. 5).
74 Bodo von Borries: Dritte Welt und Geschichtslernen, in: Bergmann (Anm. 38), S. 87 – 91, S. 90.

1899	„Museum für Völkerkunde St. Gallen" (CH)
1901	„Rautenstrauch-Joest Mus. f. Völkerkunde" Köln
1904	„Museum für Völkerkunde" Frankfurt/M.
1909	Sammlung für Völkerkunde Burgdorf (CH)
1917	„Deutsches Ledermuseum" Offenbach
1919	„Völkerkundemuseum der J. und E. von Portheim Stiftung" Heidelberg
1925	„Reiss - Museum" Mannheim (1975)
1928	„Indianer-Museum" Radebeul
1929	Völkerkundliche Lehrsammlung der Universität Marburg
1952	„Museum Rietberg Zürich"
1967	„Afrikamuseum" in Bad Deutsch Altenburg (A)

Jahr	**Evangelische Missionsmuseen**
1860	„Missionsmuseum der Basler Mission"
1878	„Museum in Herrnhut" der „Erneuerten Evangelischen Brüderunität"
1882	Missionsmuseum der Berliner Missionsgesellschaft
um 1900	„Missionsmuseum" der Hermannsburger Missionsgesellschaft
1913	„Völkerkundliches Missionsmuseum auf der Hardt" der Rheinischen Missionsgesellschaft
1913	„Missionsmuseum" der Leipziger Missionsgesellschaft
1922	„Missionsmuseum" Neuendettelsauer Missionsgesellschaft
1937	„Missionsschau der Liebenzeller Mission"

Jahr	**Katholische Missionsmuseen**
1882	„Missionsmuseum der Mariannhiller Missionare"
1894	„Afrikamuseum" der St. Petrus Claver Sodalität
1895	„Missionsmuseum der Spiritaner Knechtsteden"
1898	„Missionsmuseum der Pallotiner"
1900	„Missionsmuseum der Missionare vom Heiligsten Herzen Jesu" (Hiltrup)
um 1900	„Missionsmuseum d. Missionare v. H.H.J." (Arndsberg)
1904	„Missionsmuseum d. Missionare v. H.H.J." (Salzburg)
1905	„Missions- Ethnographisches Museum St. Gabriel" des Steyler Missionswerkes

1909	„Missionsmuseum. der Missionsschwestern v. H.H.J."
1909	„Missionsmuseum der Franziskaner"
1911	„Missionsmuseum St. Ottilien" der Missionsbenediktiner
1912	„Missionsmuseum d. Hünfelder Oblaten GmbH" der „Missionare Oblaten der Makelosen Jungfrau Maria"
1920	„Missionsmuseum der Weißen Väter"
1920	„Missions- und Völkerkundliche Museum" St. Wendel des Steyler Missionswerkes
1923	„Missionsmuseum St. Xaver" des Steyler Missionswerkes
1925	„Missionsmuseum Münsterschwarzach" der Missionsbenediktiner
1926	„Brasilienmuseum" der Franziskaner
1926	„Missionsmuseum der Kapuziner"
1929	„Missionsmuseum Dachsberg" der „Kongregation des hl. Franz von Sales" (Oblaten)
1930	Missionsmuseum der Franziskaner
1933	„Aachener Missionsmuseum - Museum für Missions- und Völkerkunde" des Franziskus Xaverius Missionsverein
60'er Jahre	„Missionsmuseum der Salesianer Don Boscos" der „Gesellschaft des hl. Franz von Sales"
1965	Missionsmuseum der „Missionsbrüder des Hl. Franz von Assisi"
1968	„Missions- und Heimatmuseum Stieft Viecht" der Missionsbenediktiner
1972	„Afrikamuseum im Schloß Riedegg" der Mariannhiller Missionare
1973	„Haus Völker und Kulturen" des Steyler Missionswerkes
1983	„Missionsmuseum des päpstlichen Missionswerkes der Kinder in Deutschland
1990	„Afrikamuseum" der Missionsbenediktiner

Migrations-Geschichten im Museum. Die Ausstellung „hier geblieben – Zuwanderung und Integration in Niedersachsen 1945 – 2000“

Andreas Urban

„Auch nach 30 Jahren in Deutschland kommt es vor, daß ich gefragt werde: ‚Woher kommen Sie? Seit wann sind Sie hier? Und wann werden Sie zurückgehen?‘ Es ist die letzte der drei Fragen, die mich verletzt.“
Hatice F., die 1965 aus der Türkei nach Deutschland kam und in Hannover lebt.

In den letzten Jahren sind in bundesdeutschen Museen und Kulturzentren eine Reihe von Ausstellungen vorgestellt worden, die sich dem Thema Migration widmeten. Zu diesen Visualisierungsversuchen der Lebensgeschichten von Zuwanderern gehört auch die von der Niedersächsischen Landeszentrale für politische Bildung und dem Historischen Museum Hannover erstellte Ausstellung „hier geblieben“, die die Zuwanderung im Bundesland Niedersachsen seit dem Zweiten Weltkrieg dokumentiert.[1]

Die derzeitige Konjunktur von Migrationsausstellungen ist ein Symptom dafür, daß die in Politik und Gesellschaft heftig und kontrovers geführte Diskussion um geeignete Konzepte und gesetzliche Regelungen für Zuwanderung und Integration, daß die Sensibilisierung der bundesdeutschen Bevölkerung für die Spuren transnationaler Wanderungsbewegungen vor der eigenen Haustür mit einiger Zeitverzögerung auch in den Kultureinrichtungen angekommen ist, die auf Grund ihrer Aufgaben des Sammelns und Bewahrens gesellschaftlichen Wandlungsprozessen eher hinterhinken als sie avantgardistisch zu befördern oder gar zu initiieren.

Welche Rolle kommt also den Geschichtsmuseen bei der Aufarbeitung der Migrationsgeschichte zu? Was können diese Orte des Zeigens von Authentischem für eine Gesellschaft leisten, für die die Mobilität ihrer Bürger zu einer Selbstverständlichkeit geworden ist und die sich im Umgang mit zugewanderten und zuwandernden Menschen dennoch schwer tut? Theodor W. Adorno sprach in seinem Aufsatz „Valéry Proust Museum“ davon, daß die im Museum zur Schau gestellten

1 „hier geblieben“ ist eine Wanderausstellung, die erstmals 2002 im Historischen Museum Hannover gezeigt wurde. Weitere Stationen waren und sind Osnabrück, Oldenburg, Wolfsburg, Braunschweig, Syke, Peine und Göttingen. Zu der Ausstellung ist die Publikation erschienen: Andreas Urban/Marianne Winkler: hier geblieben. Zuwanderung und Integration in Niedersachsen 1945 bis heute, Hannover 2002.

Gegenstände „mehr aus Rücksicht als aus gegenwärtigem Bedürfnis“[2] aufbewahrt und präsentiert werden. Entsprechend verhalte sich der Betrachter auch nicht mehr lebendig zu ihnen. Museen, so seine kritische Folgerung, seien wie „Erbbegräbnisse“[3]. Sie bezeugten die „Neutralisierung der Kultur“[4]. Den Relikten vergangener Zeiten wohne dort keine umfangende, substantielle Kraft mehr inne. Wie verhält sich dies, so ließe sich anknüpfend an die These Adornos fragen, in Bezug auf die in Museen und Ausstellungen präsentierten dinglichen Überreste der Migranten? Welche Kraft wohnt den Dingen der Zuwanderer inne, oder sind sie in den Museen möglicherweise wirklich nur noch begraben, abgeschnitten von gegenwärtigen Bedürfnissen? Und welche Bedürfnisse könnten es sein, die sich an ihnen festmachen? Fragen, die bei einer abschließenden Bewertung der Ausstellung „hier geblieben“ zu erwägen sein werden.

Einen anderen, für die deutende Rezeption von Vergangenheitsmaterialien im musealen Kontext grundsätzlichen Gedanken hat Gottfried Korff formuliert. Für Korff geht es im Museum „stets um das Spiel der fließenden Grenzen zwischen Fremdem und Eigenem“[5]. Unabhängig davon, aus welchem zeitlichen, räumlichen und kulturellen Kontext die musealisierten Gegenstände stammen, für die Menschen, die sich ihnen zuwenden, sind sie mit der Erfahrung des Fremden, des Anderen verbunden. Das neugierige Hinterfragen der Fremd- und Andersartigkeit dieser Dinge, die Entschlüsselung der Geschichte und der Geschichten in und hinter ihnen oder, wie Korff es formuliert, die „Vermittlung des Unsichtbaren mit dem Sichtbaren“[6] macht den Reiz, aber auch die Schwierigkeit der Auseinandersetzung mit Geschichte im Museum aus.

Museen, so eine Bemerkung Aleida Assmanns in ihrem Plädoyer für diese Einrichtungen als Dingreservate in einer digitalisierten Welt, in der gegenständliche Erfahrungen mehr und mehr verloren gehen, seien prädestinierte „Orte der Bestimmungsübung: Was ist fremd? Was ist eigen?“[7]. Die Konfrontation mit dem Fremden, mit den Relikten anders gelebter Leben geht nicht spurlos an dem Eigenen vorüber. Irritationen, Bezüge zu eigenen Lebenserfahrungen und das Hinterfragen von Wertvorstellungen können positive Effekte des Dialogs mit dem musealisierten Fremden sein. Verweigerung, Ignoranz und Bestätigung bestehender Vorurteile sind mögliche negative Reaktionen. Wobei zu bedenken bleibt, daß der Museumsbesuch – mit Ausnahme dem der Schüler – freiwillig erfolgt und ein gewisses Interesse voraussetzt. Menschen, die jeglicher Form von Zuwanderung und Integration ablehnend gegenüberstehen, gehen erst gar nicht in eine Migrationsausstellung.

2 Theodor W. Adorno: Valéry Proust Museum, in: Kulturkritik und Gesellschaft I. Prismen, Ohne Leitbild, Frankfurt a.M. 1997, S. 181-194, hier S. 181.

3 ebd.

4 ebd.

5 Gottfried Korff: Fremde (der, die, das) und das Museum, in: ders.: Museumsdinge. Deponieren – exponieren, Köln/Weimar/Wien 2002, S. 146-154, hier: S. 146

6 ebd.

7 Zit. nach ebd., S. 153.

Ausstellungen, die die Begegnung mit dem Fremden in Gestalt zuwandernder Menschen aus unterschiedlichsten Kulturen thematisieren, tangieren also einen der für das Selbstverständnis des Geschichtsmuseums konstitutiven Gedanken. Wie aber könnte eine Ausstellung aussehen, die den Besuchern die fremden Mitmenschen aus ihrem Lebensumfeld nahebringt, die für die Vielfalt von Fremdheit sensibilisiert und einen Resonanzboden für Offenheit und Toleranz gegenüber fremden Zuwanderern schafft? Wie sollten dingliche Überreste präsentiert werden, damit sie Dialoge zwischen dem Fremden und dem Eigenen initiieren können?

Vermittlungsinteressen und Inhalte. Das Ausstellungskonzept

Eine mögliche Antwort auf diese Fragen stellt die Ausstellung „hier geblieben" dar, deren Konzept auf den folgenden inhaltlichen und didaktischen Leitgedanken basiert:

1. Freiwillige oder erzwungene Migration ist in modernen Gesellschaften eine Normalität. Für die Betroffenen bedeutet sie jedoch einen tiefen Einschnitt in ihrer Biographie.

2. Seit dem Zweiten Weltkrieg sind Menschen aus unterschiedlichen Herkunftsregionen und -ländern in das Bundesland Niedersachsen zugewandert. Die Ausstellung konzentriert sich – aus didaktischen Gründen und wegen der verfügbaren materiellen Überlieferung - auf vier Hauptgruppen dieser Zuwan derer: Deutsche Flüchtlinge und Vertriebene, Arbeitsmigranten, Aussiedler und Spätaussiedler, Asylsuchende und Bürgerkriegsflüchtlinge sowie – andeutungsweise – illegal in Deutschland lebende Menschen ohne Papiere.

3. Die zugewanderten Menschen mit ihren Geschichten stehen im Zentrum der Präsentation. Sie erzählen in Tondokumenten und Filmen, die auf der Grundlage von zuvor erstellten Interviews produziert wurden, von ihren Erfahrungen und Erinnerungen, ihren Erwartungen und Hoffnungen, ihren Gefühlen und Träumen, ihren Erfolgen und Enttäuschungen. Zudem werden bei jeder Zuwanderungsgruppe exemplarische Biographien präsentiert, die den Rezipienten die Einfühlung und das Verstehen erleichtern sollen.

4. Um den Besuchern Vergleiche hinsichtlich der Gemeinsamkeiten und der Unterschiede zwischen den vier Zuwanderungsgruppen zu erleichtern, wurden der Präsentation folgende Fragestellungen zugrunde gelegt: Warum und in welchem historischen Kontext kamen die Menschen nach Niedersachsen? Wie wurden sie in Niedersachsen aufgenommen, und wie sahen die Begegnungen zwischen Einheimischen und Zuwanderern aus? In welchen Arbeitsbereichen waren die Zuwanderer tätig, und wie sahen ihre Wohn- und Lebenssituationen aus? Was bedeutet Heimat für die Zuwanderer, und wie eng waren bzw. sind die Bezüge zur Herkunftsregion oder zum Herkunftsland?

Abb.1: Ausstellungsabteilung zum Thema „Flüchtlinge und Vertriebene“

Abb.2: Ausstellungsabteilung zum Thema „Arbeitsmigration“

Exemplarisch seien hier einige Interviewauszüge von Zuwanderern aus den unterschiedlichen Gruppen zum Thema Heimat vorgestellt, die in dieser Reihenfolge in der Ausstellung zu hören sind. Auf diese Weise bekommen die Besucher einen Eindruck von den – trotz der unterschiedlichen historischen Rahmenbedingungen - vergleichbaren lebensgeschichtlichen Erfahrungen der Migranten.

Brigitte Stoll (Schlesierin, 1945 nach Ostfriesland gekommen): *„Ich habe in Ostfriesland ein wunderbares Zuhause gefunden. Aber meine Heimat ist Schlesien."*

Josef Seidel (Sudetendeutscher, 1947 aus der Kriegsgefangenschaft zunächst nach Ostfriesland gekommen): *„Ja, ja, Verbindung zu der Heimat haben wir noch. Wir fahren auch jetzt öfter mal hin. Wir waren schon ein paar Mal da. Auch mein Elternhaus steht noch. Ich kann Ihnen ein Bild davon zeigen. Der Tscheche, der darin wohnt, ... der hält das auch gut in Schuß. Ist ja auch Trautenau eine wunderschöne Gegend. Vom Gebirge her, hier ist Flachland. Ich bin so Gebirge gewohnt. Skifahren, also ich bin leidenschaftlicher Skifahrer. Ja, ja, wir waren auch schon mit unseren Kindern allen hin und haben ihnen die Heimat gezeigt."*

Rocco Artale (1961 aus Italien nach Hannover gekommen): *„Wenn ich nach Italien fahre, sage ich: Ich fahre nach Hause. Aber wenn ich da unten bin, dann fahre ich doch wieder nach Hause, nach Deutschland."*

Josie-Rodioza Lazaga (1975 von den Philippinen zur Arbeit in der Medizinischen Hochschule Hannover gekommen): *„Zuhause, wir sind ja letztes Jahr zweimal geflogen, dieses Jahr wieder, fast jedes Jahr. Wir haben auch ein Haus da gebaut. Und ist ganz anders. Das ist für mich ein Besuch nur da. Und wenn ich länger dort in den Philippinen (bin), glaube ich: 7 Wochen - mein letzter Urlaub. Und ich fühle mich nicht so wohl dort. Es ist mir zu heiß, und ich suche meine Arbeit." Ihre Tochter: „Also wir haben uns entschieden für Deutschland. Oder sagen wir mal seit 1991, wir mußten uns ja damit auseinandersetzen, ist nun deutsche Staatsbürgerschaft, was wollen wir damit usw.? Da haben wir uns ja mehr mit auseinandergesetzt als die Eltern. Für die war das ja immer: Ach, wir gehen nach Hause. Kommt ein Problem. In den Philippinen ist das besser. Und irgendwann habe ich mich für mich oder für meinen Bruder, hat auch er gesagt: Wir sind Hannoveraner, wir bleiben in Deutschland. Alle Entscheidungen werden in Deutschland getroffen. Und bei meinen Eltern ist das so, da ist eine Zerrissenheit immer noch. Die haben zum Beispiel ein Haus da, kümmern sich um ihre Verwandten als wären das ihre eigenen Kinder. Also, die haben zwar alles hier, aber die haben immer noch die Hälfte Zuhause. Für uns ist das so, wir sagen: Ja wir haben einen Bausparvertrag, wir werden irgendwann mal bauen, also heißt es, wir würden unsere Zukunft hier gestalten." Ihr Ehemann: „Heimat ist Heimat."*

Hatice Helmbrecht (1965 allein aus der Türkei zugewandert): *„Ja, also, wenn ich hier bin, ich bin hier Zuhause. Wenn ich in Istanbul bin, da bin ich nicht Zuhause. Weil, ja, ich hab zwar Zuhause, aber Zuhause ist meine Schwester. Ich fühle mich da wohl, aber ich kann nicht sagen, Istanbul ist mein Zuhause. Das kann ich nicht sagen. Ja, es ist klar. Also wenn ich an meine Bekannten, Freunde, liebe Menschen* *denke, in Istanbul habe ich außer meiner Schwester und ihrer Bekanntschaft niemand. Aber hier sind meine Freunde und meine Umgebung. Hannover ist schon, vielleicht zweite Zuhause, erste Linie Zuhause geworden."*

Mihriban Sürmeli (1970 mit ihrer Familie aus der Türkei zu ihrem ein Jahr zuvor zugewanderten Vater gekommen): *„Mein Vater war ja auch glücklich in Deutschland, auch mit seiner Sehnsucht. Weil, irgendwo war er auch glücklich und zufrieden. Er hatte das erreicht ... Meine Mutter war ja eigentlich auch glücklich dadurch, daß sie einen sehr toleranten Mann hatte, gesunde Kinder hatte, genug zu essen hatte, im Grunde war ihr Zuhause da, wo mein Vater war."*

Waldemar Heckel (1992 aus Russland ausgesiedelt): *„Da haben viele gesagt: ‚Ja, wir haben Heimweh."*

Swetlana W... (1999 aus Kasachstan gekommen) auf die Frage, ob sie noch Kontakt nach Kasachstan hat: *„Ja, wir helfen immer und telephonieren. Wir kaufen für ihnen die Sachen, wie Bonbons und schicken nach Kasachstan. Telephonieren jedes Wochenende."*

Ariosto José Müller-Alarcon (1973 aus Chile nach Deutschland geflohen): *„Und für mich ist Deutschland mein Haus, das zweite Haus ist Spanien, und das dritte ist Chile. Ich arbeite hier, ich habe meine Freunde hier, ich habe meine Familie hier. Meine Frau stammt von hier. Und das sind meine Heimatgefühle. Wenn ich nach Chile fliege, ich nehme mir immer 4-5 Wochen, nach 2 Wochen komme ich zurück."*

Der „allgemeine Migrationstopf" oder „Miteinander geht alles viel besser" – Besucherreaktionen

Aussagen zum Umgang der Besucher mit ausgestellter Geschichte und zu deren Anregungs- und Reflexionspotential sind ohne systematische Besucherforschung kaum möglich. Obgleich solche Befragungen in Hannover nicht durchgeführt wurden, lassen sich anhand von Kommentaren besonders kritischer oder mitteilungsbedürftiger Ausstellungsrezipienten in Besucherbüchern einige allgemeine Rückschlüsse hinsichtlich verbreiteter Reaktionsmuster ziehen.

Kommentare von Betroffenen in dem Sinne, daß sie selbst als Zuwanderer nach Niedersachsen gekommen sind, zeigen die Heterogenität der Reaktionen sowie das affektive Potential des Ausstellungskonzeptes und der dinglichen Überlieferung.

So beispielsweise ein deutscher Vertriebener: *„Im Gegensatz zu den anderen sogenannten Migranten wurden wir aus Deutschland in einen anderen Teil unseres Vaterlandes vertrieben. Es ging um das nackte Überleben – nicht um die Verbesserung von Lebensverhältnissen. ... Migrant – Ich bin keiner! Es ist höchst unglücklich, die deutschen Kriegsflüchtlinge mit in den allgemeinen Migrationstopf mit seinen heutigen Problemen einzuwerfen. Da bleiben wichtige, notwendige Differenzierungen auf der Strecke."*

Im Vergleich dazu ein anderer Zuwanderer: *„Die Ausstellung gefiel uns gut! Wir leben Tag und Nacht in unseren Gedanken, in unserem Körper mit diesen Themen!*

So wie diese Geschichten zu Deutschland, zu Hannover gehören, gehören wir auch ebenfalls zu Hannover. Die Frage ist nur, wie so etwas ohne Wurzeln aussieht.“

Und ein türkisches Ehepaar: *„Wir haben heute die Zuwanderungsausstellung besucht. Als eine Gastarbeiterfamilie möchten wir sagen, daß die Ausländerpolitik in Deutschland sehr wenig für die Integration und für uns tut. Man darf uns nicht mehr als Gastarbeiter (ansehen), sondern als integrierte Mitmenschen akzeptieren. Kein Deutscher ist in der Hierarchie höher als irgendein Mensch. Akzeptiert uns als Mitmenschen, dann geht es mit der Integration viel schneller. Denn eins ist klar: Miteinander geht alles viel besser.“*

Die Ausstellung fordert die Zuwanderer zu Stellungnahmen heraus und provoziert Kritik. Ein durchgängiges, bei deutschen Flüchtlingen und Vertriebenen besonders stark ausgeprägtes, bei anderen Besuchern mit Zuwanderungserfahrungen aber auch erkennbares Reaktionsmuster ist das geringe Interesse an und die Abgrenzung von anderen Zuwanderungsgruppen. Gemeinsamkeiten werden nicht erkannt oder bewußt ignoriert. Statt dessen suchen die Menschen in der Ausstellung nach Bestätigung eigener Erfahrungen und berufen sich auf die Besonderheiten der eigenen Lebensgeschichte(n). Bei vielen Betroffenen überwiegt die auf die eigene Gruppe bezogene selektive Wahrnehmung.

Aber die Ausstellung bewirkt auch eine Öffnung des Museums. Menschen mit Migrationserfahrungen, insbesondere solche aus bildungs- und museumsfernen Sozialschichten, besuchen aus diesem Anlaß das hannoversche Geschichtsmuseum und vielleicht Museen überhaupt zum ersten Mal. Da die Geschichten und materiellen Überlieferungen der Zuwanderer bislang in den Sammlungen und Präsentationen der Geschichtsmuseen nicht oder nur halbherzig Berücksichtigung gefunden haben, fehlten bislang Bezugspunkte und lebensgeschichtlich motivierte Anreize für einen Besuch. Insofern stellt die Ausstellung für die Zuwanderer etwas Besonderes dar. Sie sehen in der Ausstellung eine Wertschätzung und Anerkennung ihrer Person.

Kritische Besucher mit einem offenen Blick für die Probleme des Zusammenlebens von Einheimischen und Zuwanderern in der bundesdeutschen Gesellschaft fordern gelegentlich deutlichere Bezüge und eine ausführlichere Thematisierung der Integrationsprobleme wie Jugendarbeitslosigkeit bei den Nachkommen von Zuwanderern, fehlende Akzeptanz gegenüber fremden Kulturen etc.. Bei aller Anerkennung des Beitrags zur Aufklärung und Verständigung, den die Ausstellung leistet, erwarten sie ein klareres Aufzeigen der Folgen nicht gelungener Integration.

Migration und Museum - Einige abschließende Gedanken

Als Kristallisationspunkte sinnlicher Erkenntnis lösen die musealisierten Dinge von Zuwanderern bei den Betroffenen, d. h. bei Menschen mit vergleichbaren Migrationserfahrungen, emotionsgeladene Erinnerungen aus. Banale Gegenstände des Alltags wie ein Handwagen mit Gepäckstücken oder ein aufgeschlitzter Koffer einer deutschen Flüchtlingsfamilie, eine kleine, von einer Türkin nach Deutschland mitgebrachte Emaille-Teekanne und ein handgeschriebenes Gebetbuch einer Rußlanddeutschen erinnern diese Zuwanderer an Menschen und vergangene Lebenssituationen, die für sie bedeutsam waren und die ihr Leben geprägt haben. Die von den Objekten ausgelösten bildhaften Assoziationen – Peter Knoch hat bezüglich der Konfrontation mit Museumsdingen von einem „Akt bildlicher Produktion im Kopf"[8] gesprochen - verbinden sich bei diesen Ausstellungsrezipienten mit dem Eigenen. Insofern sind sie ihnen nicht eigentlich fremd.

Auch wenn die Lebensgeschichten derjenigen, die die Dinge benutzt und an denen sie ihre Spuren hinterlassen haben, nur bedingt vergleichbar sind mit den Lebensgeschichten der Betrachter, so führen subjektive Rezeptionsmuster doch zur Aufladung der Objekte mit persönlichen Bedeutungen. Mit ihrem identifizierenden Sehen sind diese Ausstellungsbesucher auf der Suche nach Bestätigung der eigenen, aus ihren Lebenserfahrungen destillierten Weltsicht: Die Exponate werden zum Spiegel der Lebenserinnerungen. Sie fungieren gleichsam als authentische Beweise der Echtheit und Wahrheit ihrer Identität, ihrer Einstellungen und Werturteile.

Sinnliche Erkenntnis, so muß relativierend angefügt werden, ist aber nur dort möglich, wo die Perspektive des Betrachters nicht durch Scheuklappen auf die eigene Person beschränkt ist. Betroffenheit ist in diesem Zusammenhang eher ein schlechter Ratgeber. Sie fördert das Bewußtsein der eigenen Besonderheit und behindert den offenen, unvoreingenommenen Blick auf Gemeinsamkeiten mit anderen Lebensgeschichten. Dies trifft insbesondere auf die erste Generation der Zuwanderer zu. Bei der zweiten und dritten Generation, den Kindern und Enkelkindern der Zuwanderer, ist dagegen ein ausgeprägtes Interesse an den Anderen festzustellen.

Was bedeuten nun die Exponate der Zuwanderer für all diejenigen, deren Lebensgeschichten nicht durch Migration bestimmt wurden? Sind sie ihnen fremder als andere Gegenstände aus der Vergangenheit? Worin unterscheiden sich für den heutigen Museumsbesucher ohne Migrationserfahrungen ein goldener Tafelaufsatz von 1913 aus dem Ratssilberschatz der Stadt Hannover, die Alltagshaube einer verwitweten Bäuerin oder der Koffer eines Wandergesellen von den Mitbringseln eines italienischen Arbeitsmigranten? Sicher, die Bilder und Assoziationen, die von den Dingen ausgehen, werden – je nach Vorwissen und Lebenserfahrungen der Rezipienten – variieren. Aber allen diesen authentischen Fragmenten gelebten Lebens eignet das Unbestimmte, Rätselhafte. Die Identifizierung erfordert stets Einbildungskraft sowie begriffliche und emotionale Anstrengung. Ohne Rekontextualisierung der Objekte, d. h. ohne die deutende Konfiguration mit anderen Vergangenheitsmaterialien (Bilder, Filme, Tondokumente) im Rahmen von Inszenierungen und ohne erläuternde Hinweise auf die Objektgeschichten, kann das Sichtbare das Unsichtbare nur sehr eingeschränkt vermitteln.

Sinnliche Erkenntnis kann folglich im Museum nur dann gelingen, wenn Deutungshilfen gegeben werden, um die assoziative Kraft der Dinge mit Bedeutungen zu füllen. Die Fremdheit der Lebenszeugnisse von Migranten

8 Peter Knoch: Zur Didaktik historischer Ausstellungen, in: Standbein – Spielbein. Museumspädagogik aktuell 25 (1989), S. 10-12, hier: S. 10

unterscheidet sich in dieser Hinsicht nicht prinzipiell von der Fremdheit anderer Geschichtsobjekte. Bedeutsamer sind die Haltungen der Rezipienten. Ohne deren Bereitschaft und Fähigkeit zur Empathie, ohne die Neugier auf das Andere fehlt jede Voraussetzung für sinnliche Erkenntnis. Die Dinge bleiben stumm.

Um abschließend noch einmal auf Adornos Kritik an der Musealisierung von Kulturprodukten zurückzukommen: „Erbbegräbnisse“ der Gegenstände von Zuwanderern oder Bezüge zu „gegenwärtigen Bedürfnissen“? Den Zuwanderern stellt sich diese Frage nicht. Allein die ihnen, ihren Familien und den anderen Menschen aus ihrer Zuwanderungsgruppe durch die Präsentation ihrer Erinnerungsstücke entgegengebrachte Wertschätzung entspricht ihrem tiefgehenden Bedürfnis nach Anerkennung in einer Gesellschaft, in der sie die Angst vor und die Ablehnung von „Fremden“ oder fremd Erscheinenden - und seien sie schon seit Jahrzehnten in der Bundesrepublik - Tag für Tag zu spüren bekommen. Für alle anderen, die die Erfahrung der Zuwanderung als Fremde in ein anderes Land oder in eine andere Region nicht am eigenen Leib gemacht haben, bietet die Präsentation von Migrationsgeschichten die Möglichkeit des Kennenlernens von Mitbürgern, denen sie tagtäglich begegnen und mit denen sie zusammenleben, ohne jedoch die Beweggründe ihres Hierseins zu kennen. Die „sinnlichen Zeichen“ (Goethe), an denen sich die Lebensgeschichten der Zuwanderer kristallisieren, stellen in gewisser Weise das Entreebillet zum Verstehen dieser Geschichten dar und erleichtern einen ersten Zugang. In der Verständigung über Bedeutungen, in der Einfühlung in und in den Dialogen über die Gegenstände und Geschichten liegt, so könnte Adorno entgegengehalten werden, ein vitales gesellschaftliches Bedürfnis mit hohem Aktualitätswert.

Migration wider Willen - Zum Wandel der Wahrnehmung von Flucht und Vertreibung in der Bundesrepublik Deutschland.

Waldemar Grosch

1. Die Invasion der Besitzlosen (1945-1950)

Mit dem Vordringen der Roten Armee im Herbst 1944 setzte eine Bevölkerungsbewegung ein, in deren Folge etwa 15 Millionen Deutsche aus ihren bisherigen Wohngebieten im Osten flohen oder vertrieben wurden.

Ihr größter Teil[1] suchte Schutz bei den Westalliierten und zog dabei in ein Land, das durch die Zerstörungen des Krieges selbst in schwere Mitleidenschaft gezogen war. Als Folge der Bombardierungen fehlten in den Westzonen bereits 4,3 Millionen Wohnungen, so dass für die Flüchtlingsströme allenfalls auf dem Land Platz war: In Bayern beispielsweise wurden rund 1,3 Millionen Personen auf kleinere Orte mit unter 4000 Einwohnern verteilt, wo sie zunächst bei Privatleuten einquartiert werden mussten. Natürlich gab es dabei zahllose Akte der Solidarität, mit denen viele Einzelpersonen zur Milderung der Not beitrugen. Die Mehrheit nahm die besitzlosen Neuankömmlinge aber keineswegs mit offenen Armen auf, sondern betrachtete sie viel eher als Landplage: Man verweigerte ihnen Unterkünfte, bis die alliierten Militärbehörden Zwangseinweisungen vornahmen, man brachte sie in Scheunen und Viehställen unter, man achtete argwöhnisch darauf, möglichst wenig von den ohnehin knappen Lebensmitteln abgeben zu müssen.

Gleichsam nebenher vollzog sich eine fundamentale soziale Umschichtung: Die große Zahl der aus den ostdeutschen Großstädten stammenden Flüchtlinge wurde nun mit den Lebensverhältnissen auf dem Dorf konfrontiert und da es bei der Zuweisung von Aufenthaltsorten keine umfassende Planung gab, konnten sich durch den Zuzug beispielsweise die jahrhundertealten konfessionellen Verhältnisse schlagartig verändern.

Dennoch gelang die Bewältigung dieser Probleme: Als die Wirtschaft steil wuchs und Arbeitskräfte benötigte, kam das Heer der Flüchtlinge und Vertriebenen gerade recht. Ganze Handwerkerpopulationen aus Schlesien und dem Sudetenland konnten ihre Arbeit wieder aufnehmen - als Beispiel sei Neugablonz im Allgäu genannt. Gerade die verarmten Flüchtlinge bemühten sich mit aller Kraft darum, ihren früheren sozialen Status wieder zu erreichen, und so trugen auch zahlreiche Unternehmerpersönlichkeiten aus dieser Gruppe mit zum „Wirtschaftswunder" bei. Allerdings waren die meisten Flüchtlinge eher unter den Verlierern: Zwischen 1945

1 1950 wurden in der Bundesrepublik 7,9 Millionen Vertriebene gezählt.

und 1950 mussten zwei Drittel der Neuankömmlinge ihren Beruf wechseln, bei den Landwirten waren es sogar 87%. Dabei verdoppelte sich der Anteil der Arbeiter unter ihnen, und als auch sie mit der Gründung der Bundesrepublik Freizügigkeit erhielten, verlegte zwischen 1949 und 1960 statistisch gesehen jeder Vertriebene einmal seinen Wohnsitz innerhalb des Bundesgebietes.

Die Entwurzelung so vieler Menschen, ihre Konzentration in Notunterkünften und Lagern und die sich aus dem Besitzverlust ergebenden sozialen Spannungen erweckten vor allem bei den alliierten Militärbehörden die Sorge, hier könne sich revolutionärer Sprengstoff ansammeln. Tatsächlich hat man in der Sowjetunion durchaus auf diesen Effekt spekuliert. Politische Zusammenschlüsse der Vertriebenen wurden deshalb durch ein Koalitionsverbot verhindert. Gelegentliche Unruhen zielten auf die Verbesserung der Lage des Einzelnen ab; sie verschwanden mit dem wirtschaftlichen Aufstieg, obwohl sie durchaus auch zu einer weiteren Radikalisierung hätten führen können. Dennoch äußerte 'Volkes Stimme' nicht selten den Verdacht, die Flüchtlinge (oder zumindest viele von ihnen) seien als 'Fünfte Kolonne' Moskaus gezielt zur Destabilisierung in die Bundesrepublik eingeschleust worden.

Mit aufwendigen Sozialprogrammen - beginnend mit dem Soforthilfegesetz von 1949, dem Flüchtlingssiedlungsgesetz, später dem Bundesvertriebenengesetz und dem Lastenausgleichsgesetz - versuchte die Regierung, dem Vertriebenenproblem seine Brisanz zu nehmen. Allerdings stellten die finanziellen Unterstützungen niemanden zufrieden: Einerseits kamen von der eindrucksvollen Summe, die aus öffentlichen Mitteln an Vertriebene und Flüchtlinge gezahlt wurde - bis heute rund 100 Milliarden DM - lediglich 23 Milliarden den Betroffenen unmittelbar zugute; der größere Teil wurde in die Rentenkassen (bis zu 48 Milliarden DM) und den Wohnungsbau investiert. Andererseits erregte der Lastenausgleich den Neid vieler Alteingesessener, obwohl es sich meist nur um in Raten gestückelte Kleinbeträge handelte, die ausdrücklich nicht als Entschädigung für den Verlust, sondern nur für den Nutzungsausfall gedacht waren. Hartnäckig hielt sich aber die Vorstellung, man brauche als Flüchtling nur zu behaupten, in Ostpreußen Rittergutsbesitzer gewesen zu sein, um sofort das Geld für den Kauf einer vergleichbaren Latifundie in der Bundesrepublik zu erhalten.

2. Speerspitze im Ost-West-Konflikt (1950-1969)

Mit dem wirtschaftlichen Aufschwung verschwanden die Spannungen zwischen Vertriebenen und Einheimischen zusehends, die Erinnerung an die gemeinsam durchgestandenen Kriegsjahre, den Zusammenbruch und den Wiederaufbau schien sich stärker im Gedächtnis zu halten als die vergleichsweise kurzen Belastungen durch Einquartierung und Lagerleben. Aus den 1950er Jahren stammen die zahlreichen symbolischen Solidaritätsbeweise gegenüber den Vertriebenen: Länder, Städte und Gemeinden übernahmen Patenschaften für vergleichbare Körperschaften der Vertreibungsgebiete und benannten Siedlungen, Straßen, ja sogar Autobahnraststätten nach ihnen. Solche Patenschaften zogen häufig die Einrichtung von

„Heimatstuben“ und Gedenkstätten nach sich. Auch die Prominenz zeigte sich gerne auf den Veranstaltungen der Vertriebenenorganisationen, die sich seit Aufhebung des Koalitionsverbotes Ende 1948 zunächst auf regionaler Ebene bildeten und ihren rund 2,8 Millionen Mitgliedern dann 1957 im „Bund der Vertriebenen, Vereinigte Landsmannschaften und Landesverbände“ (BdV) ein gemeinsames Dach gaben.

Zwar gab es stets auch Interessengegensätze, doch dominierte eine grundsätzliche Übereinstimmung, die ein ernsthaftes, vielleicht sogar gewaltsames Aufbegehren der Vertriebenen gegen die Vertreibung ebenso ausschloss wie eine Anerkennung des Gebietsverlustes durch die Westdeutschen. Besonders deutlich zeigt sich diese Haltung in der Charta der Heimatvertriebenen, in der 1950 alle Vertriebenenverbände gemeinsam feierlich auf Rache und Vergeltung verzichteten, ihre Mitwirkung am Aufbau Deutschlands und der Schaffung eines vereinten Europas zusagten und die Anerkennung des Rechtes auf Heimat als Grundrecht forderten.[2]

Selbstverständlich wollte der BdV stets die Interessen der Vertriebenen wahren. Er ist deshalb tendenziell einseitig und geht ähnlich vor wie andere Interessengruppen auch: er betreibt Lobbyarbeit, pocht auf Rechte und erhebt Forderungen. Dabei verstärken Provokation und Polarisierung die öffentliche Wirkung und machen nicht nur auf die eigenen Anliegen aufmerksam, sondern verdeutlichen auch den Mitgliedern den Sinn ihrer Beitragszahlung.

Es muss aber festgehalten werden: Keine der Vertriebenenorganisationen hat jemals mit Gewalt gedroht oder sich auch nur ernsthaft um eine Revision der 1945 von den Siegermächten getroffenen Entscheidungen bemüht. Wenn schon an eine Überwindung der innerdeutschen Grenze nicht zu denken war, erschienen auch noch so winzige Heimkehrhoffnungen der Schlesier, Sudetendeutschen oder Ostpreußen völlig illusorisch.[3] Politisches Ziel der Vertriebenenverbände war das Offenhalten jeder endgültigen Entscheidung über die künftige Grenzziehung, die einem von den Alliierten zwar angekündigten, durch den Ost-West-Konflikt aber de facto auf den St.-Nimmerleins-Tag verschobenen Friedensvertrag vorbehalten sein sollte. In der Spannung zwischen Rückkehrhoffnung und Integrationswillen fiel die Entscheidung der Vertriebenen deshalb mit aller Deutlichkeit für die optimistische Zukunftserwartung in der neuen Heimat.

Trotzdem konnten sie im Ost-West-Konflikt wichtige Funktionen erfüllen: Einerseits waren sie der lebende Beweis für die Härte und Entschlossenheit der kommunistischen Staaten, den man nach Bedarf der Weltöffentlichkeit anklagend präsentieren konnte. Dazu trugen auch die vielen Erlebnisberichte, Fernsehspiele,

2 Die Auffassung Salzborns, es handele sich dabei um ein taktisches Manöver zur „Relativierung der deutschen Verbrechen durch die Einbettung in den europäischen Kontext“, wird vom politischen Handeln der Vertriebenenverbände in der Folgezeit nicht bestätigt; vgl. Salzborn, Samuel: Heimatrecht und Volkstumskampf. Außenpolitische Konzepte der Vertriebenenverbände und ihre praktische Umsetzung. Hannover 2001.

3 Vgl. Schlau, Wilfried: Integration von Flüchtlingen und Vertriebenen. In: Blumenwitz, Dieter (Hg.): Flucht und Vertreibung. Vorträge eines Symposiums veranstaltet vom Institut für Völkerrecht der Universität Würzburg 19.-22. November 1985. Köln u. a. 1987, S. 297-316, hier S. 300.

Dokumentationen und „Heimatfilme“ bei, die deutsches Leid in den 1950er Jahren fast bis zum Überdruss thematisierten. Andererseits verfügten viele unter ihnen über besondere Kenntnisse, die zwar je nach Herkunftsgebiet unterschiedlich ausgeprägt, aber westlich des Eisernen Vorhanges nachgefragt waren: Sprachkenntnisse, eigene Erfahrungen mit Strukturen und Mentalitäten der östlichen Nachbarvölker, teilweise auch noch erhaltene persönliche Kontakte und Verwandtschaftsbeziehungen. Dadurch wurden einige Vertriebene zu wichtigen Fachleuten, die schon aus eigenen Interessen heraus Informationen über die Ostblockstaaten sammelten und die Politik berieten.

Auch die wissenschaftliche Aufarbeitung der Vertreibung schritt voran: 1953 erschien die vom Vertriebenenministerium veranlasste und von Theodor Schieder herausgegebene „Dokumentation der Vertreibung der Deutschen aus Ost-Mitteleuropa“[4]. Methodisch revolutionär, wandte sie erstmals in Deutschland die Methode der Oral History in großem Umfang an. Fünf Bände mit Erlebnisberichten wurden veröffentlicht, kamen aber als Ministeriumsdruck nicht in den Buchhandel; der sechste Band, welcher die wissenschaftliche Auswertung und vor allem die Einbeziehung der Vertreibung in den historischen Kontext - einschließlich der nationalsozialistischen Volkstumspolitik - beinhalten sollte, wurde zwar fertiggestellt, aber auf Betreiben des Ministeriums zurückgehalten. Es sei, so erklärte der zuständige Staatssekretär Peter Paul Nahm mit Blick auf künftige Friedensverhandlungen, „politischer Selbstmord“, eine Deutung der Vertreibung quasi regierungsamtlich zu vertreten, die diese „nur“ als Glied in einer jahrzehntelangen Kette gewaltsamer, gerade auch von Deutschen zu verantwortender Bevölkerungsverschiebungen ansah.[5] Heute ist diese Sicht in der Forschung Konsens; Mathias Beer will den fehlenden Band demnächst vorlegen.

3. Integration oder Assimilation?

Einen wesentlichen Anteil an der Integration der Vertriebenen hatten die von Adenauer geführten Regierungen. Zwar wird dies von niemandem bestritten, doch stellt sich die Frage, in welcher Weise und Absicht dies geschah. Im Rückblick sind folgende Zugeständnisse beider Seiten erkennbar:

- Adenauer gelang die Integration der Vertriebenen in die politische Landschaft der Bundesrepublik durch Übernahme ihrer Kernforderungen: wirtschaftliche Eingliederung, theoretisches Offenhalten der Grenzfrage, Forderung eines

4 Dokumentation der Vertreibung der Deutschen aus Ost-Mitteleuropa. Bearb. von Theodor Schieder in Verb. mit Werner Conze u. a. Hg. vom Bundesministerium für Vertriebene, Flüchtlinge und Kriegsgeschädigte. 5 Bde., Bonn 1953-1962; Neudruck München 1984. Mitarbeiter waren u. a. Peter Rassow, Hans Rothfels, Martin Broszat und Hans-Ulrich Wehler.

5 Dazu umfassend Beer, Mathias: Die Dokumentation der Vertreibung der Deutschen aus Ost-Mitteleuropa. Hintergründe - Entstehung - Ergebnis - Wirkung. In: GWU 50 (1999), S. 99-117, hier S. 110.

„Rechtes auf Heimat", Lastenausgleich und materielle Förderung der Vertriebenenorganisationen.

- Im Gegenzug verzichteten die Vertriebenen auf eine selbständige Interessenpolitik, wie sich besonders an der Entwicklung der „Gesamtdeutschen Partei/Block der Heimatvertriebenen und Entrechteten" (GB/BHE) zeigte: Hatte die GB/BHE noch im Juni 1950 bei den Landtagswahlen in Schleswig-Holstein 23,4% der Stimmen erhalten und als zweitstärkste Fraktion den stellvertretenden Ministerpräsidenten gestellt, fiel sie in den Folgejahren in die Bedeutungslosigkeit zurück. Vor allem die CDU hatte es verstanden, sich als Sprachrohr der einen Bevölkerungsanteil von rund 20% ausmachenden Vertriebenen zu profilieren und zunächst populäre BHE-Politiker[6], dann auch einen großen Teil ihrer Wähler zu sich hinüberzuziehen.

Allerdings blieben die Zugeständnisse der CDU-geführten Regierungen praktisch bedeutungslos: Von der wirtschaftlichen Entwicklung profitierten alle, und die politischen Versprechen erwiesen sich als rein deklamatorisch. Auch in den Parlamenten blieben die Vertriebenen unterrepräsentiert: 1975 entsprach weder im Bundestag noch in den Landtagen (abgesehen von West-Berlin) ihr Anteil unter den Abgeordneten auch nur annähernd ihrem Anteil an der jeweiligen Wohnbevölkerung, und mit Ausnahme des hessischen Landtages war stets die CDU/CSU die Partei mit dem geringsten Vertriebenenanteil.[7]

Effektiv wurde der durchaus vorhandene soziale Sprengstoff dadurch entschärft, dass man eine Assimilation der Vertriebenen betrieb und ihnen allenfalls eine „folkloristische Subkultur"[8] zugestand. Eine Einbringung ihrer spezifischen Werte und Traditionen in die neue gemeinsame Gesellschaft erfolgte nicht, obwohl das Beispiel der Karelier in Finnland beweist, dass dies durchaus möglich gewesen wäre. Die vielbeschworene Integration der deutschen Flüchtlinge und Vertriebenen ist folglich ein Mythos; sie wurden nicht mit ihren Besonderheiten akzeptiert, sondern sind inzwischen praktisch spurlos verschwunden.

Auch ein wirklicher Lastenausgleich unterblieb, da er den wohlhabenderen Wählerschichten abzuverlangen gewesen wäre, auf die sich die CDU aber im besonderen Maße stützte. Lediglich bei der materiellen Förderung der Vertriebenenorganisationen, vor allem ihrer wissenschaftlichen und kulturellen Einrichtungen, wurden die Zusagen eingehalten. Mit § 96 des Bundesvertriebenengesetzes verpflichtete sich der Bund, „das Kulturgut der Vertreibungsgebiete in dem Bewusstsein der Vertriebenen und Flüchtlinge, des gesamten deutschen Volkes und

6 Im März 1956 traten die Bundesminister Waldemar Kraft und Theodor Oberländer der CDU/CSU-Fraktion im Bundestag bei.

7 Bayerisches Staatsministerium für Arbeit und Sozialordnung (Hg.): Vertriebene in Zahlen. München 1976, Übersicht IV 2.

8 Kitzmüller, Erich; Kuby, Heinz und Niethammer, Lutz: Der Wandel der nationalen Frage in der Bundesrepublik Deutschland. Nationalstaat ohne Nationalökonomie? (Teil I). In: Aus Politik und Zeitgeschichte. Beilage zur Wochenzeitung „Das Parlament" B 33/1973, S. 17.

des Auslandes zu erhalten".[9] Den größten Teil der Fördermittel erhielten die in der ganzen Bundesrepublik verstreuten Museen, die in der Trägerschaft der einzelnen Landsmannschaften natürlich das Herkunftsgebiet der jeweiligen Vertriebenengruppe zumindest in den Vordergrund stellten und sich folglich an ein eng umrissenes, immer kleiner werdendes Publikum wandten.

1969, noch unter der großen Koalition, schien der Prozess der Eingliederung endgültig abgeschlossen zu sein; das Bundesministerium für Vertriebene, Flüchtlinge und Kriegsgeschädigte wurde aufgelöst.

4. Ewiggestrige und Revanchisten (1968-2000)

In den 1960er Jahren verschoben sich die weltpolitischen Gewichte: Die USA strebten nach mehreren Rückschlägen eine Entspannung an und gingen deshalb zunehmend auf die Sowjetunion und ihre Satelliten zu. Damit wurden die Vertriebenen in der Bundesrepublik zu einem Problem: Ihr Schicksal konnte das Bild der neuen Vertragspartner trüben, weshalb man sie nicht nur in Moskau, Warschau und Prag als Störenfriede ansah.

Nun hätte die große Mehrzahl der Vertriebenen eine unter Bedauern oder Protest ausgesprochene Anerkennung der Oder-Neiße-Grenze durch die Bundesregierung als unabwendbare Konsequenz der weltpolitischen Machtkonstellation hingenommen. Selbst die wenigen Hardliner in den Vertriebenenverbänden hatten ja gemäß der Charta der Heimatvertriebenen allenfalls eine Verhandlungslösung im Rahmen eines künftigen, aber kaum in absehbaren Zeiträumen vorstellbaren Friedensvertrages gefordert.

Allerdings hatten die Erfahrungen des Versailler Vertrages gezeigt, dass ein solcher Verzicht vor künftigen Revisionsforderungen nicht sicher war. Es lag im Interesse der Ostblockstaaten, hier eine von weiten Teilen der bundesdeutschen Öffentlichkeit mitgetragene Lösung zu finden. Diese konnte nur darin bestehen, die Anliegen der unmittelbar Betroffenen zu diskreditieren und sie und vor allem ihre Funktionäre innerhalb der Gesellschaft zu isolieren.

Durch Westorientierung, Blockbildung und Informationsmangel war der Osten in der Bundesrepublik allmählich zu einem unbekannten Teil Europas geworden. Als sich im Zuge der Ostpolitik Willy Brandts die Chance bot, den östlichen Ländern wieder als Nachbarn zu begegnen, geschah dies in weiten Teilen der bundesdeutschen Bevölkerung unvoreingenommen und offen, aber auch ohne weitergehende Kenntnis der gemeinsamen Beziehungsgeschichte. Der vor allem in der polnischen und tschechoslowakischen Publizistik üblichen Diffamierung der Vertriebenen als Ostlandritter im Sinne der Alldeutschen, als Anhänger der NS-Volkstumsideologie und als kriegslüsterne Revanchisten war deshalb von ihrer Seite nichts entgegen zu setzen. Mit Unglauben und Entsetzen mussten die Vertriebenen feststellen, dass sich diese Sichtweise auf die bundesdeutsche Öffentlichkeit

9 Gesetz über die Angelegenheiten der Vertriebenen und Flüchtlinge (BVFG) vom 19.05.1953 (BGBl., 1953, S. 201), § 96.

übertragen ließ und sich letztlich ihre Mitbürger zunehmend mit den „Vertreiberstaaten" gegen sie solidarisierten.

Besonders nach 1968 verschärfte sich die Vorgehensweise deutlich, obwohl oder gerade weil die führenden Köpfen der „Außerparlamentarischen Opposition" in überproportionaler Zahl aus Flüchtlings- und Vertriebenenfamilien stammten. Dem Soziologen Wilfried Schlau zufolge zeichnet sich die „zweite Generation" bei Einwanderergruppen oft durch besondere politische Labilität aus. Bei den Nachkommen der deutschen Vertriebenen komme noch hinzu, dass ihnen die für ihre Eltern so typische affektgeladene Distanz zu den kommunistischen Regimes der „Vertreiberländer" ebenso fehle wie die Dankbarkeit und Loyalität gegenüber dem Aufnahmeland.[10] Natürlich kann die weltweite Unruhe unter der studentischen Jugend dieser Jahre damit nicht begründet werden, doch erscheint das Phänomen als solches durchaus auffällig. In den Augen der „Achtundsechziger", die den Faschismusvorwurf inflationär erhoben, bot jedenfalls gerade die Gruppe der Vertriebenen einen wohlfeilen, weil letztlich wehrlosen Gegner, in dem sich alle Vorwürfe in plakativer Weise zu inkarnieren schienen.

Die Erscheinungsformen dieses Prozesses sind vielfältig. Ihren ersten Höhepunkt erreichte er in einem ARD-Kommentar zum Pfingsttreffen der Vertriebenen 1969, bei dessen Diskussion das böse Wort von den Vertriebenen „als Spucknapf der Nation" fiel. Der Süddeutsche Rundfunk schlug in einer am 9.6.1970 ausgestrahlten und gleich noch einmal wiederholten Sendung die „Heterologe Insemination oder: die Endlösung des Vertriebenenproblems" vor. Im Ausland wurde registriert, dass die Vertriebenen zu „Prügelknaben" der Deutschen geworden seien, mit denen diese ihre eigene Außenseiterrolle in der Welt zu kompensieren versuchten, dass sie „nahezu wie Verfemte und Vogelfreie gewertet" würden[11] oder sogar die „Ersatzjuden" der Bundesrepublik[12] seien.

Weitere Aufsehen erregende Stationen waren beispielsweise die Löschung der Grenzen von 1937 aus Atlanten[13] oder den Wetter- und Nachrichtenkarten des Fernsehens, wodurch der Eindruck entstand, man wolle die damals noch ganz selbstverständlich „Ostdeutschland" genannten Gebiete schleichend aus dem öffentlichen Bewusstsein verdrängen. Mit der in den deutsch-polnischen Schulbuchkonferenzen erklärten Bereitschaft, in Schulbüchern den Begriff „Vertreibung" durch das neutralere „Umsiedlung" zu ersetzen, schien den Betroffenen ihr Opferstatus abgesprochen zu werden.

Zunehmend empfand man die nach ostdeutschen Landschaften oder Städten benannten Straßen als peinlich und beseitigte sie im Zuge von Gebietsreformen, da ihre Beibehaltung als Ausdruck einer unzeitgemäßen revanchistischen Gesinnung

10 Schlau, Integration (Anm. 3), S. 304.

11 B. K. Skrehunetz-Hillebrand in einem Leitartikel der „Salzburger Nachrichten" vom 16.7.1966.

12 So der 1938 aus Wien emigrierte Professor an der New York State University Robert Rie: Reise durch die Bundesrepublik. In: Die neue Gesellschaft, Heft 2/1966, S. 143.

13 Noch 1970 im „Diercke"-Weltatlas; die entsprechende Ausgabe wurde in Schulen bis in die 1980er Jahre verwendet.

erschien. Die in den 1950er Jahren übernommenen Städtepatenschaften schliefen ein, wurden aufgekündigt oder auf die jetzt polnischen oder tschechischen Städte übertragen. Man sprach nun gerne von „ehemaligen" Pommern oder Schlesiern, um zu verdeutlichen, dass die wirklichen Pommern oder Schlesier die jetzt dort wohnenden Menschen seien. In der Öffentlichkeit vermied man die Verwendung der historischen Ortsnamen, obwohl sie von polnischen Wissenschaftlern bei Vorträgen in deutscher Sprache ganz unbefangen benutzt wurden und es zu der eigenartigen Situation kommen konnte, dass der polnische Vortragende von „Breslau", der deutsche Diskussionsteilnehmer aber von „Wrocław" sprach. Dass es sich dabei aber weniger um Sympathie für die slawische Kultur handelte, zeigt die völlige Unkenntnis der Ausspracheregeln oder das Fehlen der diakritischen Zeichen - übrigens bis heute auch in sich intellektuell gebenden Periodika wie dem „Spiegel" oder der „Frankfurter Allgemeinen".

Es ist sicher nicht zu stark formuliert, wenn man von einer regelrechten Kampagne spricht, mit der die eben noch als Ostexperten und mahnende Überlebende sowjetischer Barbarei wahrgenommenen Vertriebenen einer gesellschaftlichen Desintegration ausgesetzt wurden.

Die Vertriebenen selbst wurden von dieser Entwicklung völlig überrascht; mit der eigenen sozialen und ökonomischen Eingliederung beschäftigt, hatten sie ihre politische Einflussnahme immer weiter reduziert. Ihre herausragenden Repräsentanten der ersten Stunde, vor allem Wenzel Jaksch (SPD) und Hans Lukaschek (CDU), beide Verfolgte des NS-Regimes, waren inzwischen verstorben, und Nachfolger von vergleichbarem Ansehen konnten nicht gefunden werden. Die breite Masse der Vertriebenen antwortete darauf mit Resignation: Das ursprüngliche Ziel einer Rückkehr in die Heimat war in unerreichbare Ferne gerückt und erschien angesichts der inzwischen erreichten günstigen wirtschaftlichen Situation auch nur noch in der Theorie wünschenswert. Eine Minderheit reagierte aber auch mit trotzigem, sich radikalisierendem Widerstand. Sie begann in das rechte Lager abzudriften und schien das schiefe Bild, das man sich in der Öffentlichkeit von den Vertriebenen machte, durch Skandale immer wieder zu bestätigen. Die aktive Mitarbeit in den Verbänden wurde damit für Personen attraktiver, welche die geistige Entwicklung der Nachkriegszeit nicht oder nur ungern nachvollzogen,[14] und Solidarisierungseffekte mit anderen, sich ebenfalls „unverstanden" fühlenden reaktionären Gruppen blieben nicht aus.

In der Auseinandersetzung um die Ostverträge gelang es den Vertriebenenverbänden zum letzen Mal, nennenswerte öffentliche Resonanz zu erzielen, wobei sie nicht erkannten, dass ihre ehrlich empfundene Furcht, durch eine einseitige Vorleistung der Bundesrepublik ihre Heimat nun - anscheinend unnötigerweise - endgültig zu verlieren, von der CDU/CSU-Opposition als innenpolitischer Hebel gegen die Regierung Brandt instrumentalisiert wurde.

---

14 Vgl. Faehndrich, Jutta: Erinnerungskultur und Umgang mit Vertreibung in Heimatbüchern deutschsprachiger Vertriebener. In: Zeitschrift für Ostmitteleuropa-Forschung 52 (2003), S. 191-229.

Mit den Verträgen von Moskau, Warschau und Prag und der Unterzeichnung der KSZE-Schlussakte in Helsinki flaute diese Kampagne deutlich ab, in subtilerer Form sind Seitenhiebe auf die Vertriebenen und besonders ihre Organisationen aber stets üblich geblieben.

Das entscheidende Resultat dieser Entwicklung war, dass in den 1960er und 1970er Jahren die Identität der Vertriebenen - sowohl als landsmannschaftliche Gruppe wie auch als Einzelperson - in Frage gestellt wurde. Manche der Älteren flüchteten darauf in eine von Kitzmüller, Kuby und Niethammer konstatierte[15] und vielfach persiflierte „Subkultur" der Heimatabende und Trachtengruppen. Die jüngeren Jahrgänge und erst recht die nachwachsende Generation entschieden sich in der Regel zur Abkehr von dieser gesellschaftlich zunehmend geächteten Gruppe, wobei die Skala der Abstufungen von Desinteresse bis hin zur Aggressivität gegenüber der Elterngeneration reichte. Eine bewusste Tradierung des Vertriebenengefühls, wie sie bei Flüchtlingsgruppen sonst die Regel ist, wurde von den Verbänden allem Anschein nach nicht einmal angestrebt.

Dazu kam noch, dass es tatsächlich nachteilig sein konnte, mit Flüchtlingen und Aussiedlern in Verbindung gebracht zu werden. Der Mikrozensus von 1971 hat ergeben, dass von den drei Gruppen der Einheimischen, der DDR-Aussiedler und der Flüchtlinge und ihrer Nachkommen die letztgenannte Gruppe in ihrem durchschnittlichen beruflichen Intergenerationen-Aufstieg zunehmend zum Schlusslicht wurde und bei den 1947 und später geborenen sogar der Abstieg den Aufstieg überwog.[16]

Auch die wissenschaftliche Aufarbeitung von Flucht und Vertreibung kam in den 1960/70er Jahren fast völlig zum Erliegen; die noch unter der Großen Koalition im Juni 1969 in Auftrag gegebene „Dokumentation über Kriegsverbrechen an Deutschen während der Vertreibung" wurde zwar im Sommer 1974 fertig gestellt, aber „wegen außenpolitischer Bedenken" nicht veröffentlicht.[17] Die wenigen beachtenswerten Arbeiten dieser beiden Jahrzehnte stammen fast ausnahmslos von außerhalb der Bundesrepublik.[18]

Eugen Lemberg schrieb in einer Rezension: „Nach den zahlreichen [...] Analysen der fünfziger Jahre wird seit 1961 fast nur noch polemisiert: Die Vertriebenen, zunächst wider Erwarten nicht proletarisch oder nationalistisch-revolutionär und deshalb auch als Mitgestalter des Wirtschaftswunders anerkannt, erscheinen jetzt fast nur noch als nationalistische Revanchisten und als Verhinderer einer fortschrittlichen Ostpolitik, als beliebtes Opfer von Kabarettspäßen [...]" .[19]

---

15 Kitzmüller, Kuby, Niethammer (Anm. 8), S. 17.

16 Schadwill, Gerhard: Soziale Mobilität und Herkunft - eine kritische Analyse zum Mikrozensus 1971. Dipl.Arbeit an der EWH Rheinland-Pfalz, Abt. Worms. Ms. 1978, (zit. nach Schlau (Anm. 3), S. 312).

17 Seit den 1980er Jahren sind Erhebungsbögen und Schlussbericht des Bundesarchivs für die Forschung freigegeben.

18 Erwähnenswert ist vor allem Alfred M. de Zayas: Nemesis at Potsdam. London 1977.

19 Eugen Lemberg: Rezension zu Hiddo M. Jolles: Zur Soziologie der Heimatvertriebenen und Flüchtlinge, Köln, Berlin 1965, in: „Frankfurter Allgemeine Zeitung" vom 3.3.1966.

Bei der Erwähnung des Themas, auch z. B. in Lehrveranstaltungen, erntete man, wie Hans-Christof Kraus schrieb, bestenfalls Stirnrunzeln oder abfälliges Grinsen, schlimmstenfalls den empört vorgebrachten Vorwurf, deutsche Leiden gegen vorangegangene NS-Verbrechen „aufrechnen" (und diese dadurch verharmlosen) zu wollen - eine „Schweigespirale" im Sinne Noelle-Neumanns.[20]

Zudem begann das Vertriebenenproblem auch biologisch an Bedeutung zu verlieren. Die Erlebnisgeneration näherte sich dem Ende ihrer statistischen Lebenserwartung und die Jüngeren vermischten sich zunehmend mit den Einheimischen. Während 1946-50 noch 46,1% der Vertriebenen einen ebenfalls vertriebenen Partner heirateten, waren es 1961-70 nur noch 32,0%; jüngere Daten fehlen.[21] Damit ist eingetreten, was Eugen Lemberg und Lothar Krecker schon 1950 ankündigten: „Die Entstehung eines neuen Volkes aus Binnendeutschen und Ostvertriebenen".[22] Offen bleibt dabei nur die Frage, wer das kulturelle und politische Bewusstsein dieser „neuen" Population bestimmte.

In der Ära Kohl spielten die Vertriebenenverbände keine politische Rolle mehr. Zwar traten auf den großen Treffen der Landsmannschaften immer auch hochrangige Vertreter der Regierungsparteien auf, die ihre Redebeiträge stets an den Erwartungen der Zuhörer ausrichteten, doch blieben diese verbalen Streicheleinheiten auf den Anlass beschränkt und zeitigten keine weiteren Folgen. Einzige Ausnahme blieb die „institutionelle Förderung" vor allem der kulturellen und wissenschaftlichen Institutionen, welche die Vertriebenenorganisationen inzwischen aufgebaut hatten. Mit den Geldern des Bundesministeriums des Inneren wurden Stellen für wissenschaftliche Mitarbeiter finanziert, Forschungsprojekte gefördert und Publikationen bezuschusst, so dass sich auch jüngere Wissenschaftler angezogen fühlten, die selbst keinen persönlichen Bezug zu den Vertreibungsgebieten mehr hatten. Ihren Höchststand erreichte die Förderung 1992 mit der Summe von 50 Millionen DM.[23] Die wenigen Politiker, die sich auch in den Vertriebenenorganisationen engagierten, hier vor allem Herbert Czaja bei der CDU und Herbert Hupka, zunächst bei der SPD, dann ebenfalls bei der CDU, wurden als exotisches Alibi geduldet, aber auch parteiintern bespöttelt und stets zur Parteidisziplin verpflichtet. Manche CDU-Politiker hielten es für opportun, im richtigen Moment alle offenkundigen Verbindungen zu den Vertriebenenorganisationen zu kappen, um ihre Karrieren nicht zu gefährden: Bernhard Jagoda gab sein Amt als Vorsitzender der Landsmannschaft der Oberschlesier auf, um Präsident der Bundesanstalt für Arbeit zu werden, und der lange als Czajas Kronprinz gehandelte Hartmut Koschyk

20 „Frankfurter Allgemeinen Zeitung" vom 30.8.2002.

21 Statistisches Bundesamt (Hg.): Bevölkerung und Kultur. Volkszählung vom 27. Mai 1970. Heft 22: Vertriebene und Deutsche aus der DDR. Stuttgart und Mainz 1974, S. 24 u. a.

22 Lemberg, Eugen und Krecker, Lothar: Die Entstehung eines neuen Volkes aus Binnendeutschen und Ostvertriebenen. Untersuchungen zum Strukturwandel von Land und Leuten unter dem Einfluß des Vertriebenen-Zustromes. Marburg a. d. L. 1950.

23 Nach Lau, Jörg: Blühende Museumslandschaften. In: „Die Zeit" vom 25.9.2003. 1998 waren es noch 46 Millionen DM, in den Haushaltsjahren 2001 und 2002 jeweils 33,2 Millionen DM.

trat als Generalsekretär des Bundes der Vertriebenen zurück, nachdem er ein Bundestagsmandat erhalten hatte.

Mit dem Zerfall des Ostblocks hätten die Anliegen der Vertriebenen wieder Aktualität gewinnen können, doch blieb jede Aufbruchsstimmung aus: Wiedervereinigung und Grenzverträge fanden völlig ohne ihre Beteiligung statt. Weder nutzte die Bundesregierung deren spezifische Kenntnisse und Kontakte (was Kohl durchaus vor Peinlichkeiten wie dem dann doch abgesagten Annaberg-Besuch hätte bewahren können), noch wurden sie nach ihren Wünschen und Absichten befragt. Die Anerkennung der 1945 verfügten Grenzziehung im Jahr 1990 erfolgte bei der CDU und vor allem bei Helmut Kohl sichtlich in einem Gefühl der Erleichterung, nun die lästige Verpflichtung gegenüber diesen Gruppen ein für alle Mal losgeworden zu sein.

Erstes Zeichen dieser neuen Einstellung war die Gründung eines „Bundesinstituts für ostdeutsche Kultur und Geschichte" in Oldenburg (1991), das, finanziell und personell gut ausgestattet, ganz offensichtlich in Konkurrenz zu den wissenschaftlichen Einrichtungen der Vertriebenen treten und diese wohl langfristig absorbieren sollte. Gleichzeitig bewiesen diese aber nach der Öffnung der Grenzen und der Archive vor allem in Polen, dass sie nicht nur handwerklich solide Arbeit leisten konnten, sondern diese dort auch anerkannt wurde. Ost- und ostmitteleuropäische Historiker nehmen ganz selbstverständlich an den wissenschaftlichen Arbeitstagungen ihrer kulturellen Stiftungen teil und publizieren in deren Schriftenreihen, welche ihrerseits in polnischen, tschechischen und russischen Organen rezensiert und - bei allen inhaltlichen Divergenzen - als dem wissenschaftlichen Standard entsprechend akzeptiert werden.[24] Auch in der Öffentlichkeit dieser Länder wurden die Vertriebenen zunehmend entdämonisiert, und im humanitären Bereich haben sie die bereits bestehenden Kontakte genutzt und ausgebaut.

Unter der rot-grünen Koalition wurde die institutionelle Förderung aus Bundesmitteln wie erwartet sofort radikal heruntergefahren: Wissenschaftliche Mitarbeiter mussten entlassen und Publikationsreihen eingestellt werden, bereits vorgenommene Investitionen blieben ohne Folgeförderung.[25] Damit waren die Vertriebenenorganisationen endgültig entmachtet und das Schicksal ihrer Mitglieder vergessen; mit der Öffnung der Grenzen schien das lange geforderte „Recht auf Heimat" nur noch eine Frage individueller Entscheidung zu sein.

24 Als Beispiel sei das von der Stiftung Haus Oberschlesien in Ratingen herausgegebene „Oberschlesische Jahrbuch" genannt, zu dessen festem Autorenstamm zahlreiche Wissenschaftler aus Polen und Tschechien gehören.

25 Prominentes Beispiel ist der vom Bund mit 12 Millionen DM finanzierte Neubau des Oberschlesischen Landesmuseums in Ratingen, dessen Unterhalt mit jährlich 1,5 Millionen DM aus Bundesmitteln gefördert wurde. 2001 wurde die Bundesförderung wegen zu geringer Besucherzahl eingestellt.

5. Der Umbruch

Der Umbruch erfolgte völlig überraschend im Jahr 2001, als der revanchistischer Umtriebe unverdächtige Günter Grass seine Novelle „Im Krebsgang" veröffentlichte. Dieses von der Kritik als Meisterwerk gefeierte Buch stellt den Untergang des Flüchtlingsschiffes „Wilhelm Gustloff" 1945 in der Ostsee in den Vordergrund und berührt damit eines der Themen der deutschen Nachkriegsgeschichte, die zumindest in den Hintergrund des öffentlichen Bewusstseins geraten waren. Im Gefolge dieser Novelle publizierte der „Spiegel" eine umfangreiche Serie über die „Flucht der Deutschen" und bewarb sie mit dem Slogan: „Vertrieben, gedemütigt, vergessen".[26] Guido Knopp sprach in einer mehrteiligen Fernsehsendung von „Hitlers letzten Opfern" und zahlreiche weitere Publikationen griffen die Thematik auf. Dabei ist bemerkenswert, dass mit großer Unbefangenheit Aussagen übernommen wurden, die man vor wenigen Jahren noch als völlig unangemessen und reaktionär kritisiert hat.

Insofern besteht eine große Ähnlichkeit mit der aktuellen Diskussion über den Luftkrieg, bei der die Deutschen ebenfalls als Opfergruppe wieder entdeckt werden. Die Angst vor einem Rückfall in nationalistische Denkweisen hat sich nicht nur bei uns deutlich abgemildert: Besonders in Polen ist zunehmend eine offene Diskussion des lange verschwiegenen Themas zu beobachten, während in Tschechien ein erstaunliches Beharrungsvermögen einen Perspektivenwechsel bislang noch verhindert hat.

Die Gründe für das neue Interesse an der Vertreibung sind vielfältig und bislang noch nicht wissenschaftlich aufgearbeitet.

- War es ein „verbotenes Thema", solange „ehemalige Nazis zuhauf in den oberen und unteren Etagen des öffentlichen Dienstes und der Wirtschaft ihr Auskommen hatten"?[27]
- Liegt es am Aussterben der Erlebnisgeneration und dem unbefangeneren Umgang der Nachkommen?
- Ist es die Initiative einiger linker Intellektueller, die inzwischen offen von ihren eigenen Fluchterfahrungen sprechen (z. B. Peter Glotz, Oskar Negt oder auch Günter Grass)?[28]
- Gibt es eine neue Selbstwahrnehmung der Deutschen, die sich immer weniger über die Verbrechen des Nationalsozialismus definieren lassen wollen?
- Ist es Ausdruck eines neuen Selbstbewusstseins („Wir sind wieder Wer"), das mit der neuen Rolle Deutschlands in der Welt verbunden ist?
- Haben die Ereignisse auf dem Balkan eine Rolle gespielt, als die „ethnischen Säuberungen" wieder schreckliche Realität wurden?
- Handelt es sich um die Lust am Bruch der letzten Tabus?

---

26 Erschienen als „Spiegel Special", 2/2002, unter dem Titel „Die Flucht der Deutschen".
27 Peter Schneider in der „Frankfurter Allgemeinen Zeitung" vom 26.3.2002.
28 Lorenz Jäger in der „Frankfurter Allgemeinen Zeitung" vom 4.12.2001.

- Oder geht es lediglich um die systematische Aufarbeitung „weißer Flecken“ in der Landkarte des deutschen Geschichtsbildes?

Eine endgültige Antwort wird sich erst geben lassen, wenn abzusehen ist, wohin die Entwicklung führen wird.

6. „Zentrum gegen Vertreibungen“

Der bislang letzte Schritt steht mit dem „Zentrum gegen Vertreibungen“ in Verbindung, das von der Präsidentin des Bundes der Vertriebenen, Erika Steinbach, angeregt wurde, um analog zum Holocaust-Mahnmal in Berlin eine über die biologische Lebensspanne der Erlebnisgeneration hinausreichende Institutionalisierung des Erinnerns zu bewirken und die vielen kleinen, nach dem Ende der institutionellen Förderung finanziell und personell nicht mehr lebensfähigen Einrichtungen in einem zentralen Ort aufgehen zu lassen.

Über die Frage, ob ein solches Zentrum einen Fort- oder einen Rückschritt darstellt, ob es in den Händen der Betroffenen, der Täter oder der Opfer liegen soll, wer mitwirken darf, wessen gedacht werden und wo sich dieses Zentrum befinden soll, ist eine heftige Diskussion entbrannt.[29] Es überrascht dabei nicht, dass sämtliche alten Vorwürfe gegenüber den deutschen Vertriebenen wieder ausgegraben werden: Revanchismus und Grenzrevision, Relativierung deutscher Untaten und Unterschlagung der Vertreibungs-Vorgeschichte, Gefährdung des inzwischen guten Verhältnisses zu unseren östlichen Nachbarn. Dabei lassen die bislang vorgelegten Konzepte für dieses Zentrum wie auch die beteiligten Personen - man denke nur an Peter Glotz, Arnulf Baring, Julius Schoeps oder Ralph Giordano - eine solche Zielrichtung nicht erkennen; bei vielen Kritikern dürften ideologische Stereotype eine Rolle spielen, die zumindest in der Forderung Ausdruck finden, man dürfe eine solche Einrichtung nicht den beargwöhnten Vertriebenen überlassen. Dabei hat sich der BdV unter Steinbach in entschiedener Weise geöffnet[30], Kritiker zur Mitarbeit eingeladen und sich von umstrittenen Funktionären getrennt.[31] Die „Stiftung für ein Zentrum gegen Vertreibungen“ hat auch die Tätigkeit der „Preußischen Treuhand“ scharf kritisiert, welche sich in Nachahmung der Jewish Claim Conference um die Durchsetzung privatrechtlicher Vermögensansprüche von Vertriebenen durch Sammelklagen vor internationalen Gerichten bemühen will.

Besonders in Polen und Tschechien wird ein solches Vorhaben aber mit Heftigkeit abgelehnt; nur wenige Intellektuelle denken ernsthaft darüber nach, dieses Zentrum in Breslau einzurichten. Aber auch bei ihnen zeigt sich, dass man es keinesfalls den

29 Zum Stand der Diskussion siehe Dieter Bingen, Włodzimierz Borodziej, Stefan Troebst (Hrsg.): Vertreibungen europäisch erinnern. Historische Erfahrung, Vergangenheitspolitik, Zukunftskonzeptionen (Veröffentlichungen des Deutschen Polen-Instituts Darmstadt, Bd. 18). Wiesbaden 2003.

30 So die Einschätzung von Peter Glotz in der „Frankfurter Allgemeinen Zeitung“ vom 11.8.2003.

31 So 2001 von dem Thüringer BdV-Landesvorsitzenden Paul Latussek, dem verharmlosende Aussagen zum Holocaust vorgeworfen wurden.

Deutschen und schon gar nicht den Vertriebenen überlassen will: Das Misstrauen ist groß, man wolle hier eine einseitige Schuldzuweisung an die „Vertreiberstaaten" vornehmen. Bis zur Einsicht, dass auch Opfer nationalsozialistischer Gewalt nicht davor gefeit waren, selbst zum Täter zu werden, ist sicher noch ein weiter Weg zurückzulegen, zumal es immer noch Stimmen gibt, welche die Vertreibung als angemessene Kollektivstrafe für die deutschen Verbrechen rechtfertigen.
Wenn die Diskussion um das Zentrum gegen Vertreibungen eines verdeutlicht, so ist es die Notwendigkeit einer offenen und multiperspektivischen Auseinandersetzung, bei der allerdings ein wenig geschichtsdidaktische Kompetenz manchmal wünschenswert wäre.

Bedarf für ein solches Forum besteht sicherlich, und viele Ängste dürften unbegründet sein: Die „normative Kraft des Faktischen" hat zu unstrittigen Ergebnissen geführt. Die Vertreibung ist nicht reversibel, eine Revision von Grenzen durch zahlreiche internationale Verträge ausgeschlossen und ein eventuelles Rückkehrrecht der Vertriebenen dürfte nach einem halben Jahrhundert nur von einigen Wenigen in Anspruch genommen werden. Dennoch ist zu unterstreichen, was Arnulf Baring auf einer internationalen Tagung in Darmstadt im Dezember 2002 sicherlich als Provokation formuliert hat: Vertreibung sei zwar heute international geächtet, ihre Ergebnisse erfreuten sich aber internationaler Anerkennung. Frank Ebbinghaus formuliert es noch schärfer: „Durch Vertreibungen werden Fakten geschaffen, die später kaum noch revidierbar sind. So war es in Pommern, Schlesien oder Ostpreußen. So ist es in Bosnien und so wird es in Afghanistan sein."[32]

---

32 „Frankfurter Allgemeine Zeitung" vom 20.11.2001.

„Ein Tabuthema“ oder „Die andere Geschichte“. Zum öffentlichen Umgang mit „Flucht und Vertreibung“ in der SBZ und DDR

Saskia Handro

Das Thema „Flucht und Vertreibung“ hat in den letzten Jahren Konjunktur. Dieser Eindruck entsteht, wenn man an die zahlreichen TV-Dokumentationen erinnert, sich die Markteinführung der Günter Grass-Novelle „Im Krebsgang“ ins Gedächtnis ruft[1] oder den anhaltenden Diskurs über die Errichtung eines Mahnmals oder „Zentrums gegen Flucht und Vertreibung“ verfolgt.[2] Trotz der unterschiedlichen Erinnerungsmodi scheinen sich die Slogans, mit denen hier für das Produkt „Geschichte“ geworben wird, zu ähneln: Beschworen wird der Tabubruch. Erstmals sei es möglich und auch opportun, die Geschichte der Deutschen nicht nur als Täter-, sondern auch als Opfergeschichte wahrzunehmen.[3] Diese Aussage bedarf der Relativierung: Weder wird erstmals an einem Tabu gerührt noch erstmals eine Opfergeschichte erzählt.[4] Gleichwohl ist der Deutungs- und Bedeutungswandel unübersehbar, den dieses Kapitel der deutschen Geschichte in der wissenschaftlichen und öffentlichen Auseinandersetzung erfahren hat.[5] Auch die gegenwärtig wahrnehmbare Diskussion weist über das Thema „Flucht und Vertreibung“ hinaus. Der Diskurs spiegelt die Suche nach Bewahrung und Institutionalisierung von Erinnerung mit dem Aussterben der Erlebnisgeneration. Es ist aber auch ein Nachdenken über die Modi der Erinnerung im wiedervereinten Deutschland. Doch nur am Rande wird berücksichtigt, dass der Umgang mit Flucht und Vertreibung zwei

---

1 Günter Grass: Im Krebsgang. Eine Novelle. Göttingen 2002.

2 Vgl. dazu die Debatte in der „Zeit“ u. a. Gunter Hofmann: Unsere Opfer, ihre Opfer. In: „Die Zeit“ vom 17.07.2003; Karl Schlögel: Die Düsternis – in neuem Licht. In: „Die Zeit“ vom 24.07.2003; Leszek Kolakowski: Noch einmal: Über das Schlimmste. In: „Die Zeit“ vom 18.09.2003. Zur wissenschaftlichen Reflexion des Diskurses Beiträge in: Jürgen Danyel/Philipp Ther (Hrsg.): Flucht und Vertreibung in europäischer Perspektive, ZfG 51 (2003), Heft 1.

3 K. Erik Franzen: In der neuen Mitte der Erinnerung. Anmerkungen zur Funktion des Opferdiskurses. In: Danyel/Ther (Anm. 2), S. 49-53.

4 Vgl. Mathias Beer: Im Spannungsfeld von Politik und Zeitgeschichte. Das Großforschungsprojekt „Dokumentation der Vertreibung der Deutschen aus Ost-Mitteleuropa“. In: VfZG 46 (1998), S. 345-389.

5 Vgl. zusammenfassend dazu Bernd Faulenbach: Die Vertreibung der Deutschen aus den Gebieten jenseits von Oder und Neiße. Zur wissenschaftlichen und öffentlichen Diskussion in Deutschland. In: APuZ B51-52/2002, S. 44-54; Eva Hahn/Hans Henning Hahn: Flucht und Vertreibung. In: Etienne Francois/Hagen Schulze (Hrsg.): Deutsche Erinnerungsorte. Bd. 1. München 2001, S. 335-351.

unterschiedliche Vorgeschichten hat, die in gegensätzlichen, aber keineswegs beziehungslos nebeneinander existierenden Erinnerungsgemeinschaften generiert worden sind: nämlich in West- *und in Ostdeutschland*.[6]

Im Folgenden soll der „anderen Geschichte" nachgegangen werden – der Erinnerung an Flucht und Vertreibung in der SBZ und DDR. In der nach 1990 aufgenommenen gesamtdeutschen Flüchtlings- und Vertriebenenforschung scheint man sich einig: „Flucht und Vertreibung" waren in der SBZ und DDR „Tabuthemen".[7] Zweifellos erscheint dem heutigen Betrachter die geschichtskulturelle Flurbereinigung durchaus gründlich. So finden sich in einem Standardwerk zur DDR-Geschichte zwei Halbsätze: „Millionen Flüchtlinge zogen auf der Suche nach einem Obdach über die Landstraßen", und zwanzig Seiten später wird im Zusammenhang mit den Regelungen des Potsdamer Abkommens auf „die geordnete Überführung deutscher Bevölkerungsteile aus Polen, der Tschechoslowakei und aus Ungarn"[8] verwiesen. Die Vorgeschichte der Flüchtlinge und Vertriebenen und auch der Prozess der Zwangsmigration bleiben im Dunkeln. Historische Flurbereinigung auch in den DDR-Atlanten: Die Pommersche Bucht wurde zum Oderhaff.[9] Das Ausmaß staatlich verordneten Vergessens kann angesichts der realhistorischen Bedeutung von „Flucht und Vertreibung" für die Geschichte der SBZ und DDR durchaus verwundern. Denn Flucht und Vertreibung gehörten zur biografischen Erfahrung eines Viertels der DDR-Gesamtbevölkerung. Die sowjetische Besatzungszone war für die Mehrheit der Flüchtlinge und Vertriebenen nicht nur eine Durchgangsstation. Bis Januar 1948 blieben 40,9 Prozent aller in Deutschland aufgenommenen Flüchtlinge und Vertriebenen in der SBZ – soviel wie in keiner

6 Hier überrascht es vor allem, dass Hahn/Hahn (Anm. 5) in ihrer luziden Analyse des bundesdeutschen Erinnerungsortes „Flucht und Vertreibung" diese Perspektive völlig unberücksichtigt lassen. Faulenbach, ebd., S. 45f., verweist punktuell auf diesen Aspekt, verfolgt ihn aber nicht systematisch. Eine Ausnahme bilden die Untersuchungen von Michael Schwartz: Vertreibung und Vergangenheitspolitik. Ein Versuch über geteilte deutsche Nachkriegsidentitäten. In: DA 30 (1997), S. 177-195.

7 Vgl. u. a. Wolfgang Meinicke: Flüchtlinge, Umgesiedelte, Vertriebene in der Sowjetischen Besatzungszone. Ein kurzer historischer Überblick. In: Alexander von Plato/Ders.: Alte Heimat – neue Zeit. Flüchtlinge, Umgesiedelte, Vertriebene in der Sowjetischen Besatzungszone und in der DDR. Berlin 1991, S. 23-81, hier S. 23f; Alexander von Plato: Vergangene Perspektiven? Schwerpunkte, Fragen und Probleme der Flüchtlingsforschung vor und nach der Wende. In: Dierk Hoffmann/Marita Krauss/Michael Schwartz (Hrsg.): Vertriebene in Deutschland. Interdisziplinäre Ergebnisse und Forschungsperspektiven (Schriftenreihe der Vierteljahreshefte für Zeitgeschichte; Sondernummer), München 2000, S. 87-107, hier S. 94 u. 98; Manfred Wille: Die „Umsiedler"-Problematik in der DDR-Geschichtsschreibung. In: Ders./Johannes Hoffmann/Wolfgang Meinicke (Hrsg.): Sie hatten alles verloren. Flüchtlinge und Vertriebene in der Sowjetischen Besatzungszone. Wiesbaden 1993, S. 3-11; Geschichte als Tabu. Die DDR und die Geschichte der Deutschen im östlichen Europa (Podiumsgespräch im Alten Rathaus Potsdam), Potsdam 2003.

8 Geschichte der Sozialistischen Einheitspartei Deutschlands. Abriß. Berlin 1978, S. 77 u. 96.

9 Atlas der Erdkunde für die allgemeinbildenden polytechnischen Oberschulen. 16. Aufl. Leipzig 1975; Atlas für jedermann. 3. erw. Aufl. Gotha 1983.

anderen Besatzungszone.[10] Bis 1949 fanden in der SBZ 4.321.288 Flüchtlinge und Vertriebene Aufnahme[11], und für die übergroße Mehrheit sollte die DDR zu einer „neuen Heimat“ werden.[12] Doch dürfte die Geschichte von Flucht und Vertreibung nicht nur als *„Opfer- und Leidensgeschichte“* im kommunikativen Gedächtnis der Betroffenen virulent gewesen sein. Die Integrationsleistung, die in der SBZ und DDR unter den Bedingungen der Zusammenbruchgesellschaft erbracht worden ist, barg durchaus historischen Stoff, um zu einer *„Erfolgsgeschichte“* der Nachkriegszeit stilisiert zu werden.

Warum also wurden – anders als im bundesrepublikanischen Paralleldiskurs – weder die *„Opfer- und Leidensgeschichte“* noch die *„Erfolgsgeschichte“* zu wichtigen Bestandteilen der geschichtskulturellen Erinnerung? Diese Fragestellung zeigt bereits: Die „Tabuisierungsthese“ soll hier nicht weiter fortgeschrieben, sondern mit der Suche nach der „anderen Geschichte“ heuristisch gewendet werden. Welche geschichtskulturellen Legitimations- und Identifikationsstrategien wurden mit der „Tabuisierung“ oder besser der selektiven Erinnerung verfolgt? Wie sahen die Verdrängungs- und Konstruktionsmechanismen der öffentlichen Erinnerung aus? Zur Beantwortung dieser Leitfragen muss der geschichtskulturelle Umgang mit Flucht und Vertreibung diachron und bereichsspezifisch differenziert werden. Eine Skizze der auf die Bewältigung der nachkriegsbedingten Migration gerichteten Vergangenheitspolitik[13] der KPD/SED steht am Beginn der Untersuchung. Ausgehend von den politisch-ideologischen und den legislativen Rahmenbedingungen wird dann die geschichtskulturelle Tradierung von Flucht und Vertreibung in den Bereichen Geschichtspropaganda, Geschichtswissenschaft und Literatur verfolgt.

I. Vertriebenenpolitik[14]

Die Potsdamer Konferenz schaffte die völkerrechtliche Grundlage für die bereits laufenden Massenmigrationen, die zur ethnisch-territorialen Neuordnung Europas führten und die Aufnahmegebiete vor eine Integrationsaufgabe bisher ungekannten

10 Vgl. Plato (wie Anm. 7), S. 93.

11 Manfred Wille: Zur Integration der Vertriebenen in der SBZ. In: GEP 3 (1992), Heft 3, S. 158-169, hier S. 163.

12 Zur Abwanderung der Flüchtlinge und Vertriebenen aus der SBZ und DDR in die Westzonen bzw. in die Bundesrepublik vgl. Helge Heidemeyer: Vertriebene als Sowjetzonenflüchtlinge. In: Hoffmann/Krauss/Schwartz (Anm. 7), S. 237-249.

13 Zum Begriff der Vergangenheitspolitik vgl. Norbert Frei: Vergangenheitspolitik. Die Anfänge der Bundesrepublik und die NS-Vergangenheit. München 1996, S. 13f.

14 In Übereinstimmung mit dem gegenwärtigen Forschungsdiskurs wird hier nicht der aus der Quellensprache der SBZ und DDR stammende „Umsiedler“-Begriff verwendet, sondern es werden die Begriffe Flucht und Vertreibung beibehalten. Vgl. zur Begriffsdiskussion u. a. Philipp Ther: Deutsche und polnische Vertriebene. Gesellschaft und Vertriebenenpolitik in der SBZ/DDR und in Polen 1945-1956 (= Kritische Studien zur Geschichtswissenschaft; 127). Göttingen 1998, S. 88-100.

Ausmaßes stellten. Vergleichsweise begrenzt war der Handlungsspielraum der Sowjetischen Militäradministration, aber auch der deutschen Kommunisten: In den Potsdamer Verhandlungen ließ Stalin keine Zweifel an der Unumkehrbarkeit der Vertreibungen.[15] Zeitgleich hatte die KPD die historisch-politische Legitimation für die Massenvertreibungen gefunden. Ihr Aufruf vom Juni 1945 erkannte bereits die Pflicht zur Wiedergutmachung an[16] und noch im selben Monat präzisierte Walter Ulbricht: „Der Nazismus, der ausgezogen war, ein Weltreich zu erobern, hat es nicht nur fertiggebracht, das Haus anderer Völker zu verwüsten und die eigene Heimat zu zerstören, sondern er hat obendrein die Gebiete östlich der Elbe verspielt [...]“[17] Doch darf das Moment der politischen Kontinuität in der Vertriebenenpolitik in der Rückschau nicht überwertet werden. Die Endgültigkeit der Grenzfrage und die Unumkehrbarkeit des Vertreibungsprozesses waren weder im Parteivorstand noch in der Parteibasis unumstritten.[18] Wiederholt bot der Antirevisionismus der KPD/SED Konfliktpotential in der Auseinandersetzung mit den bürgerlichen Parteien. Und nicht zuletzt sah man sich aufgrund wahlstrategischer Überlegungen zeitweilig zu durchaus weitreichenden Kompromissen gezwungen. So propagierte die SED in ihrer Wahlkampagne 1946 die Offenheit der Grenzfrage, um im Konkurrenzkampf mit LDP und CDU Wählerstimmen aus dem großen Lager der Flüchtlinge und Vertriebenen zu gewinnen.[19] Dieser Strategiewechsel blieb jedoch nur ein Intermezzo. Denn maßgeblich außenpolitische Zwänge machten jegliche innenpolitische Instrumentalisierung der Grenzfrage unmöglich.[20] Daran konnte spätestens nach den Ergebnissen der Moskauer und der Londoner Außenministerkonferenz kein Zweifel mehr bestehen. Mit der Blockbildung wurde die Grenzfrage zum Politikum und stellte sich auch aufgrund der geografischen Nachbarschaft zu den Vertreiber- und Opferstaaten für die SBZ ganz anders als für die westlichen Besatzungszonen. In den Jahren 1947/48 übernahm die SED

15 Die Potsdamer Konferenz der höchsten Repräsentanten der drei alliierten Mächte – UdSSR, USA und Großbritannien. Dokumentensammlung. Moskau/Berlin 1986, S. 102.

16 Schaffendes Volk in Stadt und Land! Männer und Frauen! Deutsche Jugend! Aufruf des ZK der KPD vom 11. Juni 1945. In: Lothar Berthold/Ernst Diehl (Hrsg.): Revolutionäre deutsche Parteiprogramme. Berlin 1967, S. 191-200, hier S. 192 u. 198.

17 Walter Ulbricht: Zur Geschichte der deutschen Arbeiterbewegung. Aus: Reden und Aufsätze. Bd. 2. Berlin 1953, S. 434.

18 Vgl. u. a. Manfred Wille: SED und "Umsiedler" – Vertriebenenpolitik der Einheitspartei im ersten Nachkriegsjahrzehnt. In: Dierk Hoffmann/Michael Schwartz (Hrsg.): Geglückte Integration? Spezifika und Vergleichbarkeiten der Vertriebenen-Eingliederung in der SBZ/DDR (Sondernummer der Schriftenreihe der Vierteljahreshefte für Zeitgeschichte). München 1999, S. 91-104, hier S. 94f.

19 Die SED und die Grenzfrage. In: Dokumente der Sozialistischen Einheitspartei Deutschlands. Beschlüsse und Erklärungen des Zentralsekretariats und des Parteivorstandes. Bd. 1. Berlin 1951, S. 98ff.; Aufruf an alle Neubauern und Umsiedler. In: Ebd., S. 106f. Auch die Broschüre zur Wahl: Umsiedler! Wie findet ihr eine neue Heimat? Berlin 1946.

20 Vgl. u. a. Wille (Anm. 18), S. 94f.

nachdrücklich die politische Regie in Vertriebenenfragen.[21] In der 1947 veröffentlichten Broschüre „Die nächsten Schritte zur Lösung des Umsiedlerproblems“ wurde das Bekenntnis zur Oder-Neiße-Linie als Friedensgrenze festgeschrieben.[22] Allen Positionen, die bei den Vertriebenen Hoffnung auf Rückkehr schürten, wurde eine klare Absage erteilt. Die Sehnsucht der „Umsiedler“ nach der „alten Heimat“ sei vielmehr das entscheidende Hindernis für eine schnelle Integration.[23] Die Endgültigkeit der Grenzfrage wurde in der Folgezeit durch den Abschluss von Freundschafts- und Wirtschaftsabkommen mit Polen und der Tschechoslowakei unterstrichen. Der Görlitzer Vertrag von 1950 sicherte dann die bereits vollzogene Anerkennung der Oder-Neiße-Linie legislativ ab.[24] Mit der staatlichen Anerkennung der östlichen Nachbarn wurde jedem vergangenheitspolitischen Revisionismus der Boden entzogen.[25] Der Blick sollte nicht zurück, sondern nach vorn, auf die Integration der Vertriebenen, gerichtet sein.

Doch anfänglich spielte diese Dimension des Vertriebenenproblems in den politischen Überlegungen der KPD/SED eine eher marginale Rolle. Integrationspolitik unter den ohnehin erschwerten Bedingungen der Zusammenbruchgesellschaft war zunächst ganz pragmatisch orientiert oder wahlstrategisch motiviert, aber ohne langfristige Konzepte. Neben dem außenpolitischen Sprengstoff, den die Rückkehrhoffnungen der Flüchtlinge und Vertriebenen boten, gewann das Integrationsproblem aber mit wachsendem Arbeitskräftemangel eine neue, eine wirtschaftliche Dimension.[26] Dies sind auch die Handlungsfelder, mit denen sich die SED seit 1947 profilierte: zügige Integration durch Konzentration auf die „neue Heimat“, durch wirtschaftliche, soziale und berufliche Eingliederung und politisch-ideologische Umerziehung.[27] Zwischen 1946 und 1953 lassen sich eine Vielzahl von Integrationsmodellen nachweisen: Karitative Maßnahmen wie Sammlungen oder Umsiedlerwochen, aber auch die Umverteilung von Ressourcen im Wohnungsbereich strebten ebenso die Gleichstellung von Einheimischen und Neuankömmlingen an wie

21 Vgl. u. a. Michael Schwartz: Apparate und Kurswechsel. Zur institutionellen und personellen Dynamik von ‚Umsiedler'-Politik in der SBZ/DDR 1945-1953. In: Hoffmann/Schwartz (Anm. 18), S. 105-135.

22 Paul Merker (Hrsg.): Die nächsten Schritte zur Lösung des Umsiedlerproblems. Berlin 1947. Paul Merker war Leiter der SED-Umsiedlungsabteilung.

23 Vgl. ebd. S. 8.

24 Dieser Prozess steht jedoch nicht nur für die politisch-ideologische Blockbildung, sondern bildete für die SBZ und DDR auch ein existentielles wirtschaftliches Erfordernis. So war die Unterzeichnung des Görlitzer Vertrages eine Voraussetzung dafür, dass die DDR dem bereits im Januar 1949 geschlossenen Wirtschaftsbündnis der Ostblockstaaten, dem RGW, beitreten konnte.

25 Vgl. Schwartz (Anm. 6), S. 192.

26 Vgl. Schwartz, Michael.: Vertrieben in die Arbeiterschaft. „Umsiedler“ als „Arbeiter“ in der SBZ/DDR 1945-1952. In: Peter Hübner/Klaus Tenfelde (Hrsg.): Arbeiter in der SBZ-DDR. Essen 1999, S. 81-128.

27 Vgl. Merker (Anm. 22).

längerfristige sozialpolitische Maßnahmen[28], die von der Kreditvergabe bis hin zur Berufs- und Bildungsförderung reichten.[29] Eine klare vertriebenenpolitische Akzentuierung ist auch bei der Bodenreform zu erkennen. Im Zuge dieser sozialen Revolution auf dem Lande sollten die besitzlosen Neuankömmlinge maßgeblich an den Landverteilungen partizipieren und zu den Gewinnern des gesellschaftlichen Transformationsprozesses gehören. Doch wurde in den traditionellen dörflichen Milieus der intendierte Integrationsprozess ausgebremst.[30] Erfolgreicher verlief er hingegen in städtisch-industriell geprägten Regionen.[31] Trotz aller Unterschiedlichkeit war den Integrationsbemühungen ein sozialegalitärer Impetus gemein, der anders als in der Diskussion um den Lastenausgleich nicht auf Wiedergutmachung und Anerkennung des Opferstatus, sondern auf Gleichstellung von Einheimischen und Neuankömmlingen zielte und somit in den gesamtgesellschaftlichen Transformationsprozess eingebettet war. Die Ergebnisse der staatlich gelenkten Integrationspolitik sind durchaus ambivalent: Einerseits verweisen jüngere Studien auf den Integrationserfolg und den Integrationsvorsprung vor der Bundesrepublik, der erst 1952 mit dem Lastenausgleichsgesetz annähernd kompensiert werden konnte.[32] Andererseits problematisieren nunmehr vorliegende Regionalstudien die wirtschaftlichen, sozialen und vor allem die sozialpsychologischen Grenzen der Integration.[33] Trotz aller Einschränkungen darf das Integrationskonzept durchaus als ein tragfähiges politisch-pragmatisches Handlungsmuster gesehen werden. Diese politisch-pragmatische Interpretation erklärt aber nicht die Verdrängung des Themas „Flucht und Vertreibung“ aus dem öffentlichen Diskurs.

II. Geschichtspropaganda

Die ersten Ansätze zur historischen Verortung von Flucht und Vertreibung finden sich in der politischen Propaganda. Auf dieser Ebene kann die „Tabuisierung“ als

28 Am 8. September 1950, kurz nach der Unterzeichnung des Görlitzer Vertrages, wurde das „Gesetz über die weitere Verbesserung der Lage der ehemaligen Umsiedler“ verabschiedet.

29 Vgl. Ther (Anm. 14), S. 157-238; insbesondere zur Bildungsförderung Saskia Handro: Geschichtsunterricht und historisch-politische Sozialisation in der SBZ und DDR (1945-1961). Eine Studie zur Region Sachsen-Anhalt. Weinheim 2002, S. 343-349.

30 Vgl. Willi Meinicke: Bodenreform und Vertriebene. In: Arndt Bauernkämper (Hrsg.): „Junkerland in Bauernhand?“ Durchführung, Auswirkungen und Stellenwert der Bodenreform in der Sowjetischen Besatzungszone. Stuttgart 1996, S. 133-151; Arndt Bauernkämper: Die vorgetäuschte Integration. Die Auswirkungen der Bodenreform und Flüchtlingssiedlung auf die berufliche Eingliederung von Vertriebenen in die Landwirtschaft in Deutschland 1945-1960. In: Hoffmann/Schwartz (Anm. 18), S. 193-214.

31 Vgl. Schwartz (Anm. 26); Peter Hübner: Industriearbeit als Faktor der Vertriebenenintegration in der SBZ/DDR. In: Hoffmann/Krauss/Schwartz (Anm. 7), S. 291-312.

32 Vgl. Schwartz (Anm. 6), S. 192f.

33 Vgl. u. a. Irina Schwab: Flüchtlinge und Vertriebene in Sachsen 1945-1952. Die Rolle der Kreis- und Stadtverwaltungen bei der Aufnahme und Integration. Frankfurt/M. 2001; Torsten Mehlhase: Flüchtlinge und Vertriebene nach dem Zweiten Weltkrieg in Sachsen-Anhalt. Ihre Aufnahme und Bestrebungen zur Eingliederung in die Gesellschaft. Münster 1999.

Folge eines Ideologisierungsprozesses interpretiert werden, dessen entscheidender Katalysator der Ost-West-Konflikt und damit auch die Blockeinbindung der beiden deutschen Teilstaaten gewesen ist. Für diese Interpretation sprechen mehrere Argumente: Ganz entscheidend hätte die Thematisierung von Flucht und Vertreibung den sensiblen Prozess der politisch-ideologischen und wirtschaftlichen Blockbildung behindert, ja das Bündnissystem und seine Vorgeschichte in Frage gestellt. Zudem wurde im Konkurrenzmodell des Kalten Krieges die Integration der Flüchtlinge und Vertriebenen zu einem Gradmesser für die wirtschaftliche und politische Leistungsfähigkeit des jeweiligen Systems. Und nicht zuletzt sicherten die bipolaren Denkmuster des Kalten Krieges die antifaschistische Legitimationsbasis der SED-Führung und damit den antifaschistischen Gründungsmythos der DDR. Mit Anerkennung der Rechtmäßigkeit der „Umsiedlung“ als Wiedergutmachung schien in der SBZ/DDR die Schuld gleichsam gesühnt, die Vergangenheit „entnazifiziert“.[34] Die „dunklen“ Kontinuitätslinien deutscher Geschichte führten vielmehr nach Bonn. Flucht und Vertreibung waren allein Teil dieser „anderen“ (west)deutschen Geschichte. Aus dem Kanon der eigenen historischen Traditionen konnten sie ausgeblendet werden und standen damit nicht mehr der neu zu konstruierenden Bündnisgeschichte der „sozialistischen Bruderstaaten“ im Weg. Unter diesen Prämissen waren nur noch die Anerkennung der Oder-Neiße-Grenze und die Integrationserfolge geschichtskulturell tradierbar.

Bereits in den Aufnahme- und Quarantänelagern setzte seit 1945 die politisch-ideologische Schulung der Neuankömmlinge ein. Hier wurden Themen wie: „Warum kam es zur Umsiedlung, und wer ist schuld an unserem Elend?“, „Wie kam es zur Oder-Neiße-Linie?“, „Gibt es ein Zurück in die ehemalige Heimat?“, „Was erwartet den Umsiedler in der neuen Heimat?“ diskutiert.[35] In den Jahren 1949/50 wurden das Bekenntnis zur Oder-Neiße-Linie, zur deutsch-sowjetischen Freundschaft und die „Verachtung des westdeutschen Revanchismus“ zur ideologischen Nagelprobe und war u. a. Gegenstand zahlreicher Gesinnungsprüfungen an den Oberschulen der DDR.[36] Politische Brisanz entfaltete dieser Gegenstand jedoch nur in der Etablierungsphase, danach reihte sich das Thema mühelos in das geschichtskulturelle

34 Vgl. zur Bedeutung des Antifaschismus in der deutsch-deutschen Erinnerungspolitik u. a. Jeffrey Herf: Zweierlei Erinnerung. Die NS-Vergangenheit im geteilten Deutschland. Berlin 1997. Speziell zur DDR Herfried Münkler: Antifaschismus als Gründungsmythos. Abgrenzungsinstrument nach West und Herrschaftsmittel nach innen. In: Manfred Agethen/Eckhard Jesse/Erhard Neubert (Hrsg.): Der missbrauchte Antifaschismus. DDR-Staatsdoktrin und Lebenslüge der deutschen Linken. Freiburg 2002, S. 79-99.

35 Alexander von Plato/Wolfgang Meinicke: Alte Heimat – neue Zeit. Flüchtlinge, Umgesiedelte, Vertriebene in der Sowjetischen Besatzungszone und in der DDR. Berlin 1991, S. 44; Vgl. Mehlhase (Anm. 33), S. 184-208.

36 Vgl. u. a. Vernehmungsprotokolle von Schülern an der Magdeburger „Humboldt-Oberschule“ vom Mai 1950. Landesarchiv Merseburg Landesleitung SED/Kultur und Erziehung/LIV/L2/9.02/24, Bl. 96-108. Ausführlicher Handro (Anm. 29), S. 262 u. 376-379.

Gesamtkonzept ein.[37] Auch symbolpolitisch tilgte man noch 1950 den deutschen Osten aus der Erinnerung – durch Umbenennung von Straßen und Bahnhöfen.[38]

Neben der Propagierung der Oder-Neiße-Linie als Friedensgrenze dominierte die wirtschaftliche und soziale Integrationsaufgabe frühzeitig den öffentlichen Diskurs. Betrachtet man die Ikonografie der SED-Wahlplakate und Flugblätter der Jahre 1946 und 1950, dann erscheint hier die Einheitspartei als Interessenvertreterin der Flüchtlinge und Vertriebenen, die ihnen aus dem Dunkel der Vergangenheit kommend eine leuchtend helle Zukunft verheißt.[39] Die Parteipresse[40] und auch die von der Umsiedlerverwaltung herausgegebene illustrierte Monatsschrift „Die neue Heimat" feierten in erster Linie die Integrationserfolge. Mit den 1948 SBZ-weit inszenierten Umsiedlerwochen erreichte diese Propagandastrategie einen ihrer Höhepunkte.[41] „Flucht und Vertreibung" wurden auf die wirtschaftliche und soziale Bewältigung ihrer Folgen reduziert. Kulturelle und mentale Differenzen fanden allenfalls am Rande Erwähnung. Der Blick war in die gemeinsame „sozialistische Zukunft" gerichtet, die Dimension der Vergangenheit getilgt. Dieses Muster findet sich auch in der Sprachpolitik der SED. Die alltagssprachlichen Begriffe „Flüchtlinge" und „Vertriebene" wurden bereits 1945 durch den die Zwangsmigration verschweigenden „Umsiedler"-Begriff ersetzt, um dann vorübergehend der zukunftsweisenden Bezeichnung „Neubürger" zu weichen. Seit 1949 kannte der offizielle Sprachgebrauch nur noch „Staatsbürger" der DDR.[42] Lediglich in den Kaderakten oder bei politischen Überprüfungen taucht in den 50er- und 60er-Jahren der Begriff „Umsiedler" noch auf, hier als Signal eines nicht genauer definierten ideologischen Restrisikos, welches den zur Geschichtslosigkeit Verurteilten anhaftete.[43]

Parallel zur Enthistorisierung von Flucht und Vertreibung wurden die Netzwerke des kommunikativen Gedächtnisses der Flüchtlinge und Vertriebenen zerstört und ein öffentlicher Diskurs über ihre Vergangenheit nahezu unmöglich gemacht. Die Bildung von Organisationen oder auch nur Treffen landsmannschaftlicher

---

37 Vgl. Geschichte. Lehrbuch Klasse 10. Berlin 1989, S. 17.

38 Vgl. Wille (Anm. 18), S. 102.

39 Vgl. u. a. Wahlplakate 1946. In: Plakatsammlung des Deutschen Historischen Museums Inventarnr. P 95/1960 u. SAPMO Flugblattsammlung SGY/2V.D.F.XX/24 und Wahlplakat 1950, Plakatsammlung DHM, Inventarnr. P 94/2118.

40 Vgl. für die Provinz Sachsen/Sachsen-Anhalt: Volkszeitung. Organ der KPD der Provinz Sachsen vom 3.1.1946, 15.5.1946; Mitteldeutsche Tageszeitung. Freiheit. Organ der Sozialistischen Einheitspartei Deutschlands/Land Sachsen-Anhalt vom 11.6.1946, 2.9.1946 u. a.

41 Vgl. Torsten Mehlhase: Die SED und die Vertriebenen. Versuche der politischen Einflussnahme und der „Umerziehung" in den ersten Nachkriegsjahren in Sachsen-Anhalt. In: Wille/Hoffmann/Meinicke (Anm. 7), S. 159-177, besonders 173-175.

42 Ausführlich dazu Michael Schwartz: „Vom Umsiedler zum Staatsbürger" Totalitäres und Subversives in der Sprachpolitik der SBZ/DDR. In: Hoffmann/Krauss/Schwartz. (Anm. 7), S. 135-166.

43 So findet sich der Umsiedlerbegriff noch in Statistiken zur Republikflucht wie u. a. SAPMO-BArch ZK, Abt. Vobi/DY30/IV2/9.05/142 u. 143.

Verbindungen waren verboten und wurden von den Besatzungsbehörden und der Polizei bereits seit 1945 verfolgt.[44] Anfang 1950 wies das Innenministerium zudem an, alle Volkskunsttreffen zu verbieten und zu unterbinden. Nischen boten sich allenfalls im Schutzraum der katholischen Kirche oder im Rahmen kleinerer informeller Gruppen, deren Wirken aufgrund der fehlenden Überlieferung nicht rekonstruiert werden kann. Unterbunden wurde jedoch nicht nur der Ausbau eines institutionellen Netzwerkes.[45] Die Flüchtlinge und Vertriebenen verfügten aufgrund der staatlichen Lizensierungspraxis auch über keinerlei Medien der Erinnerung. Selbst aus den Musiksendungen des Rundfunks mussten alle Heimatlieder aus deutschen Ostprovinzen gestrichen werden. Mit diesen Mitteln der historischen und kulturellen Identität beraubt, blieb allenfalls die Familie als Ort der Erinnerung und Traditionspflege.[46]

Nachdem das sogenannte „Umsiedlerproblem“ zumindest propagandistisch gelöst worden war, lassen sich nur noch Schwundformen der Erzählung über Flucht und Vertreibung verfolgen. Seit Mitte der fünfziger Jahre beschränkte sich der öffentliche Diskurs auf drei „Erzählstränge“, die nicht die historische Erfahrung der Betroffenen, sondern die DDR-spezifischen geschichtskulturellen Identifikationszumutungen, Legitimationsbedürfnisse, aber auch Abgrenzungsstrategien in Zeiten der deutsch-deutschen Teilung erkennen lassen. In ihrer rituellen Wiederholung und hermetischen Konstruktion sind sie Teil des Gründungsmythos der DDR und hatten bis zu ihrem Ende Bestand.

Da wäre die Erfolgsgeschichte der wirtschaftlichen und sozialen Integration. An diese wurde jedoch nicht in ihrer durchaus zu würdigenden gesamtgesellschaftlichen Dimension erinnert, sondern sie wurde auf die Darstellung der Integrationserfolge im Zuge der Bodenreform verkürzt. Denn so konnte die sozialrevolutionäre Dimension des Integrationsprozesses nachhaltiger ins kulturelle Gedächtnis eingeschrieben und die Vertriebenen zu den Gewinnern der Geschichte stilisiert werden. Nach außen eignete sich die Geschichte der „Umsiedlerneubauern“ als Konkurrenzgeschichte zu gescheiterten Bodenreformprojekten in den westlichen Besatzungszonen[47] und zugleich markierte die „Bodenreform“ einen zentralen Punkt in der Ost-West-Auseinandersetzung.[48]

Ebenfalls außenpolitisch bedeutsam war die Geschichte des sozialistischen Bruderbundes, dessen Gründungsurkunde der Görlitzer Vertrag darstellte. Diese „neue Geschichte“ hatte nicht nur den sich formierenden Ostblock historisch zu legitimieren, sondern verortete die DDR zugleich in den Reihen der „Sieger der Geschichte“.

44 Zwar war das Koalitionsverbot unter den Alliierten zunächst Konsens, doch wurde es anders als in der Bundesrepublik nach 1948/50 nicht gelockert, sondern weiter repressiv durchgesetzt.

45 Selbst die mit der Integration beauftragten Umsiedlerbehörden wurden 1948 aufgelöst und damit die Existenz gruppenspezifischer Sonderinteressen negiert. Vgl. Schwartz (Anm. 21).

46 Vgl. dazu Mehlhase (Anm. 41), Wille (Anm. 18), S. 103; Schwartz (Anm. 6).

47 Vgl. Günter J. Trittel: Die Bodenreform in der britischen Zone 1945-1949. Stuttgart 1975.

48 Vgl. u. a. Frei und reich ist unser Land. Ein Dokumentarband über die Neugestaltung der Landwirtschaft in der Deutschen Demokratischen Republik. Berlin 1955, S. 326f.

Komplementär zu den innen- und außenpolitischen Integrationsgeschichten wurde ein Feindbild konstruiert, welches die deutsch-deutsche Teilung zu rechtfertigen hatte. Dieses mündete in der Geschichte des westdeutschen Revanchismus[49], der Geschichte der Nichtanerkennung der Friedensordnung und des unbewältigten Nationalsozialismus[50]. Diese Geschichte hatte jedoch nicht nur eine Abgrenzungsfunktion nach außen, sondern auch eine Disziplinierungsfunktion nach innen. Jeder, der die Oder-Neiße-Grenze in Frage stellte oder Rückkehrhoffnungen hegte, konnte so dem Lager der „Kriegshetzer" und „Klassenfeinde" zugeordnet und kriminalisiert werden.

III. Geschichtswissenschaft

Berücksichtigt man den politischen Rahmen und erinnert an die Handlungsspielräume der Geschichtswissenschaft in der SBZ und DDR, dann verwundert es keineswegs, dass „Flucht und Vertreibung" in der historischen Forschung ebenfalls zu den so genannten „Tabuthemen" gehörten.[51] Jenseits der geschichtspropagandistisch zurechtgestutzten Erinnerung sollte der wissenschaftlichen Aufarbeitung dieses Kapitels der deutschen Nachkriegsgeschichte zunächst kein Platz eingeräumt werden.[52] So mussten 1957 erste Vorstöße des ehemaligen Vizepräsidenten der Zentralverwaltung für Umsiedler, Arthur Vogt, die Integrationsarbeit seiner Behörde zu dokumentieren, auf den Widerstand der SED-Kulturfunktionäre stoßen.[53] Doch ist die wissenschaftliche Marginalisierung nicht allein als Folge eines politisch erzwungenen Tabus zu sehen. Untersuchungen zur Geschichte der DDR-Geschichtswissenschaft und zur deutsch-deutschen

49 Vgl. Wille (Anm. 18), S. 103. Konjunkturen dieser Geschichte lassen u. a. die im Deutschen Rundfunkarchiv (DRA) archivierten Sendeprotokolle der von Karl-Eduard Schnitzler moderierten Sendung der „Schwarze Kanal" erkennen. Vgl. Protokolle der Sendungen: Wie hältst Du's mit der Geschichte vom 14.9.1981; oder 'Deutschland'-Bild in den Schulbüchern vom 6.5.1981. Siehe auch Anm. 37.

50 Internationale Aufmerksamkeit erregte insbesondere der 1960 in der DDR in absentia durchgeführte Prozess gegen den westdeutschen Bundesminister für Vertriebene, Theodor Oberländer, der zwischen 1933 und 1945 zu den Propagandisten nationalsozialistischer Lebensraumpolitik gehörte. Wenige Tage nach dem Schuldspruch trat Oberländer als Vertriebenenminister zurück. Zur Inszenierung dieses Falles in der DDR-Presse vgl. u. a. Neues Deutschland. Organ des Zentralkomitees der Sozialistischen Einheitspartei vom 23. Oktober 1959.

51 Vgl. u. a. Manfred Wille: Die „Umsiedler"-Problematik im Spiegel der SBZ/DDR-Geschichtsschreibung. In: Manfred Wille/Johannes Hofmann/Wolfgang Meinicke (Hrsg.): Sie hatten alles verloren. Flüchtlinge und Vertriebene in der sowjetischen Besatzungszone Deutschlands. Wiesbaden 1993, S. 3-11.

52 Eine Ausnahme bildete die 1949 in Leipzig verteidigte Dissertation von Erhard Bergmann: Das Umsiedlerproblem und die Bodenreform innerhalb des Kreises Bitterfeld im Lichte historischer und volkskundlicher Quellen. Diss. Ms. Leipzig 1949. Sie steht noch in den Traditionen der Volkstumsforschung und die Forschungsbiografie des Verfassers weist entsprechende Kontinuitäten auf.

53 Vgl. Schwartz (Anm. 21), S. 135.

Wissenschaftsgeschichte als Beziehungsgeschichte lassen differenziertere Erklärungsansätze zu:[54] Mit Blick auf die personelle Neubegründung der Disziplin dürfte die von der KPD/SED vorgegebene historisch-politische Legitimation von Flucht und Vertreibung durchaus von einer Mehrheit der Historiker getragen worden sein. Angesichts des Spaltungsprozesses der deutsch-deutschen Geschichtswissenschaft in den 50er-Jahren könnte zudem die wissenschaftliche Hinwendung zu „Flucht und Vertreibung“[55] aus Sicht der DDR-Historiografie nur ein Beleg für die ohnehin unterstellte politische Indienstnahme ihrer westdeutschen Kollegen gewesen sein[56] – vor allem wenn, wie das Beispiel Theodor Schieder nahe legt, direkte personelle Kontinuitäten dies zu bestätigen schienen.[57] Bislang völlig im Dunkeln liegt die Bedeutung von „Flucht und Vertreibung“ im seit 1957 auf Kommissionsebene institutionalisierten Diskurs zwischen ostdeutschen, polnischen, tschechischen oder sowjetischen Historikern.[58] Unstrittig ist hingegen, dass die

54 Die folgenden Erklärungsansätze können in ihrer Übertragung auf das hier begrenzte Themenfeld zunächst nur Hypothesenstatus haben. In historiografiegeschichtlichen Arbeiten wie Ilko-Sascha Kowalczuk: Legitimation eines neuen Staates. Parteiarbeiter an der historischen Front. Geschichtswissenschaft in der SBZ/DDR 1945-1961. Berlin 1997, erscheint das Thema „Flucht und Vertreibung“ nicht als eigenständiger Untersuchungsgegenstand, was seine marginale Rolle in der DDR-Geschichtswissenschaft bestätigen könnte. Zugleich vermisst man aber in der aktuellen gesamtdeutschen Vertriebenenforschung eine tiefergehende wissenschaftsgeschichtliche Kontextualisierung der Tabuisierungsthese.

55 Vgl. Beer (Anm. 4).

56 Dass das Thema „Flucht und Vertreibung“ im Rahmen der bundesdeutschen Zeitgeschichtsforschung eine Sonderstellung eingenommen hat und keineswegs frei war von politischen Instrumentalisierungen, ist nunmehr unstrittig. Dazu Claudia Kraft: Was kann die zeithistorische Forschung zum öffentlichen Erinnerungsdiskurs über Flucht und Vertreibung beitragen? In: Danyel/Ther (Anm. 2), S. 42-48. Zur beziehungsgeschichtlichen Dimension vgl. Martin Sabrow: Gegensätzliche Geschichtsbilder – gegnerische Geschichtsbilder? Die deutsch-deutsche Historikerkonkurrenz als Wahrnehmungsgeschichte. In: Christoph Kleßmann/Hans Misselwitz/Günter Wichert (Hrsg.): Deutsche Vergangenheiten – eine gemeinsame Herausforderung. Der schwierige Umgang mit der doppelten Nachkriegsgeschichte. Berlin 1999, S. 139-160, besonders S. 149f. In der Entwicklung der DDR-Volkskunde belastete das Thema „Flucht und Vertreibung“ nachweislich seit 1953 das Verhältnis zur westdeutschen Schwesterdisziplin. Vgl. Heike Müns: Die Heimatvertriebenen in der wissenschaftlichen Literatur der Kommission für deutsche und osteuropäische Volkskunde. In: Manfred Wille (Hrsg.): 50 Jahre Flucht und Vertreibung. Gemeinsamkeiten und Unterschiede bei der Aufnahme und Integration der Vertriebenen in die Gesellschaften der Westzonen/Bundesrepublik und der SBZ/DDR. Magdeburg 1997, S. 224-237, hier besonders S. 224-226.

57 Zur Rolle Schieders vgl. Sabrow (Anm. 56): ebd.; Kraft (Anm. 56), S. 43f., aber auch Götz Aly: Macht-Geist-Wahn. Kontinuitäten deutschen Denkens. Berlin 1997, S. 153-182.

58 Vgl. Kowalczuk (Anm. 54), S. 263f. Möglicherweise könnten sich auf dieser Ebene frühe Ansätze für die Beschäftigung mit dieser gemeinsamen Geschichte finden. Einen entsprechenden Hinweis verdankt die Autorin Frau Sonja Koch (TU Dresden), die mich auf entsprechende Gespräche in den 80er-Jahren im Umfeld der Akademie der Wissenschaften aufmerksam machte. Hier könnte eine Auswertung der „grauen Literatur“ eventuell neue Erkenntnisse bringen.

Prozesse der Zwangsmigration im spezifischen Forschungsprofil einer marxistischen Zeitgeschichtsforschung zunächst keinen Platz haben konnten.[59]

Diese vielfältigen disziplinären und politischen Implikationen bündeln sich seit Anfang der 50er-Jahre u. a. in der Diskussion um den Heimatbegriff, die als eine theoretische Positionierung zum Thema „Flucht und Vertreibung" interpretiert werden kann. Hier wurde Heimat nicht als Geburtsheimat verstanden und emotional aufgeladen, sondern als eine an den gegenwärtigen Arbeits- und Wohnort gebundene Raumkategorie gefasst. Sie wurde damit enthistorisiert und rationalisiert.[60] 1961 erörterte Max Steinmetz die geschichtswissenschaftlichen Konsequenzen des neuen Heimatbegriffs. „Heimat" – so Steinmetz – „ist Gewinn und Zukunft, nicht Verlust und Vergangenheit, nicht sehnsuchtsvolle Erinnerung, sondern lebensvolle Gegenwart. [...] Und für alle diejenigen, die infolge der Verbrechen des Hitlerfaschismus ihre alte Heimat verlassen mussten, ist die neue Heimat dauerhafter, echter, zukunftsreicher, als es die alte je war."[61] Damit wurde nicht nur die Beschäftigung mit den Herkunftsgebieten der Flüchtlinge und Vertriebenen für obsolet erklärt, sondern der Bruch mit den Traditionen der deutschen Landesgeschichtsschreibung vollzogen und die Frontstellung zur westdeutschen Landesgeschichte markiert. Aufgabe der neu zu begründenden DDR-Regionalgeschichte sollte es sein, „den Missbrauch der Regionalgeschichte für Zwecke des Revanchismus und eines neuen ‚Zuges nach dem Osten' zu entlarven".[62] Neben dieser distinktiven Funktion hob Steinmetz ebenfalls die integrative Aufgabe von Heimat-, Regional- und Nationalgeschichte hervor. Unabhängig von der Raumkategorie gelte es, nationale Identität zu stiften und damit integrativ zu wirken – durch das Bekenntnis zur sozialistischen Heimat und ihren politischen Verhältnissen. In diesem Integrations- und Legitimationskonzept mussten „Flucht und Vertreibung" Unthemen sein.

Erst Anfang der 80er-Jahre konnte das Schicksal der Flüchtlinge und Vertriebenen zu einem Thema der DDR-Zeitgeschichtsforschung werden.[63] Zum einen ließ die internationale Entspannungspolitik Anfang der 80er die ideologischen Mauern um das Thema brüchig werden. Zum anderen ermöglichte die nationale Erbe-Traditions-Debatte eine, wenngleich verhaltene, Hinwendung zu diesem bislang unerwünschten Kapitel deutscher Nachkriegsgeschichte.[64] Zu vermuten sind auch Synergieeffekte

---

59 Vgl. Heinz Heitzer: „Zeitgeschichte" 1945 bis 1958. Ihre Grundlegung als Spezialdisziplin der Geschichtswissenschaft der DDR. In: ZfG 35, (1987), Heft 2, S. 99-115.

60 Vgl. ausführlicher Handro (Anm. 36), S. 349-359.

61 Max Steinmetz: Die Aufgaben der Regionalgeschichtsschreibung in der DDR bei der Ausarbeitung eines nationalen Geschichtsbildes. In: Zeitschrift für Geschichtswissenschaft 9 (1961), S. 1735-1773, hier S. 1756.

62 Ebd., S. 1772.

63 Eine Ausnahme bildet Hans-Ulrich Krellenberg: Die Eingliederung der Umsiedler in das gesellschaftliche und politische Leben in Mecklenburg 1945-1949. Diss. Ms. Rostock 1971.

64 Vgl. u. a. Georgi Verbeek: Kontinuität und Wandel im DDR-Geschichtsbild. In: APuZ B11/90, 1990S. 30-42, hier S. 35-42.

der bundesrepublikanischen Flüchtlingsforschung.[65] Flüchtlings- und Vertriebenenforschung, wie sie maßgeblich von Magdeburger Historikern um Manfred Wille und Wolfgang Meinicke betrieben wurde, konnte jedoch auch zu diesem Zeitpunkt nur Integrationsforschung sein.[66] Doch anders als die politisch propagandistische Präsentation der Umsiedlerintegration kamen hier die wirtschaftlichen, sozialen und ideologischen Dimensionen des Integrationsprozesses in ihrer Gesamtheit in den Blick. Die Befunde stellten zwar nicht die geschichtskulturell konstruierte Erfolgsgeschichte in Frage, aber sie differenzierten sie.

IV. Flucht und Vertreibung als Gegenstand der DDR-Literatur

Flucht und Vertreibung waren trotz einer rigiden Zensurpolitik in der Literatur der DDR keine Tabuthemen.[67] Sicher kam ihnen im Vergleich zur bundesdeutschen Literaturlandschaft eher eine marginale Rolle zu.[68] Dennoch: Flucht und Vertreibung, Integration, aber auch die politisch erzwungene Tabuisierung waren in der DDR-Literatur präsent. Die Literatur erwies sich als Schnittstelle zwischen kulturellem und kommunikativem Gedächtnis sowie individueller Erinnerung. Somit fungierte sie nicht allein als Stütze der Geschichtspropaganda, sondern unterlief zunehmend mit literarischen Mitteln die gesetzten geschichtskulturellen Schranken.

Die Bearbeitung des Themas „Flucht und Vertreibung“ hatte sich zunächst dem Erzählprogramm des sozialistischen Realismus anzupassen. In diesem Erzählprogramm hatte die Leidengeschichte des Einzelnen keinen Platz.[69] Gefragt war der Typus des positiven, klassenbewussten, sozialistischen Helden, der sich als Identifikationsfigur eignete. So konnte auch Anna Seghers Kurzgeschichte „Die Umsiedlerin“ von 1952 zwar die wirtschaftlichen, sozialen und ideologischen Hemmnisse des Integrationsprozesses andeuten. Doch die Hauptfigur Anna Nieth,

65 Vgl. dazu Sabrow (Anm. 56), S. 157-160.

66 Vgl. u. a. Just, Regine: Die Lösung der Umsiedlerfrage auf dem Gebiet der Deutschen Demokratischen Republik, dargestellt am Beispiel des Landes Sachsen (1945-1952). Diss. Ms. Dresden 1985; Manfred Wille: Die Zusammenarbeit der deutschen Antifaschisten mit der SMAD in der Umsiedlerfrage, speziell in Sachsen-Anhalt (1945-1949). In: Jahrbuch für die Geschichte der sozialistischen Länder, Bd. 23/1, S. 69-79; Wolfgang Meinicke: Zur Integration der Umsiedler in die Gesellschaft 1945-1952. In: Zeitschrift für Geschichtswissenschaft 36 (1988) 10, S. 867-878.

67 Vgl. Manfred Jäger: Das Wechselspiel von Selbstzensur und Literaturlenkung in der DDR. In: ApuZ, B41-42/91, S. 13-24.

68 Vgl. zur bundesdeutschen Literaturlandschaft Louis F. Helbig: Der ungeheuere Verlust. Flucht und Vertreibung in der deutschsprachigen Belletristik der Nachkriegszeit. Wiesbaden 1988; Sascha Feuchert (Hrsg.): Flucht und Vertreibung in der deutschen Literatur. Frankfurt/M. u. a. 2001.

69 Vgl. Elke Mehnert: Vertriebene versus Umsiedler – der ostdeutsche Blick auf die Nachkriegsgeschichte. In: dies. (Hrsg.): Landschaften der Erinnerung. Flucht und Vertreibung aus deutscher, polnischer und tschechischer Sicht. Frankfurt/M. 2001, S. 133-157, hier S. 145; Beate Ihme-Tuchel: Die SED und die Schriftsteller 1946 bis 1956. In: APuZ B13/2000, S. 3-10;

eine Proletarierin, trifft auf lehrwillige sozialistische Führergestalten und macht dann mit beim Aufbau des Sozialismus.[70] Genau diese widerspruchsfreie Zukunftsdimension gibt die Umsiedlerin in der 1961 verbotenen Komödie Heiner Müllers „Die Umsiedlerin oder Das Leben auf dem Lande“ nicht frei.[71] Wenngleich hier das Umsiedlerthema nur ein Erzählstrang unter anderen ist, werden mit dem inszenierten Verbot die Grenzen für eine Übertretung des staatlich sanktionierten Erzählprogramms markiert. Offenkundige gesellschaftliche Konflikte sollten nicht literarisch gestaltet, sondern literarisch gelöst werden.[72] Paradigmatisch spiegelt sich dies in der Aufbaulyrik der 50er-Jahre. Hier weiß man „Die alte Heimat in guten Händen“ [73] und huldigt damit dem sozialistischen Bruderbund. In der Lyrik der 60er, wie bei Peter Huchel, hat Heimatsehnsucht, Schmerz über die verlorene Heimat – wenngleich in überzeitlichen Reflexionen – ihren Platz.[74] In Johannes Bobrowskis Romanwerk der 60er-Jahre ist die verlorene Heimat Erzählort, jedoch zumeist in einer Vergangenheit vor der Vertreibung.[75] Erst mit Christa Wolfs Roman „Kindheitsmuster“[76] von 1976 erreicht die literarische Beschäftigung mit dem Thema eine neue Dimension. Dies betrifft nicht die historische Verortung des Vertreibungsgeschehens – hier erinnert Wolf an die Schuld der Elterngeneration. Vielmehr problematisiert der Roman die Schere zwischen öffentlich inszenierter Erinnerung und individuellen Erinnerungsbedürfnissen, zwischen kulturellem und kommunikativem Gedächtnis und nähert sich so den Folgekosten des Verschweigens: „ … fremd, fremder, am fremdesten“ [77]. Auch Franz Fühmann thematisierte in seiner Erzählung „Böhmen am Meer“ (1977) die Schere zwischen kulturellem und kommunikativem Gedächtnis und damit die Grenzen des Integrationsprozesses, indem er formulierte: „solange noch einer nach dem Warum der Umsiedlung fragte, war die Vergangenheit nicht vergangen [...]“.[78] Entgegen dem kollektiven und

70 Anna Seghers: Die Umsiedlerin. In: Manfred Behn (Hrsg.): Geschichten aus der Geschichte der DDR 1949-1979. Darmstadt/Neuwied 1981, S. 29-34.

71 Vgl. Heiner Müller: Die Umsiedlerin oder Das Leben auf dem Lande. O. J. Berlin /West. Die Neufassung von 1964 trug den Titel „Die Bauern“. Erst 1975 durfte das Stück publiziert und 1976 erstmals öffentlich aufgeführt werden.

72 Vgl. Matthias Braun: Drama um eine Komödie. Das Ensemble von SED und Staatssicherheit, FDJ und Ministerium für Kultur gegen Heiner Müller „Die Umsiedlerin oder Das Leben auf dem Lande“ im Oktober 1961. Berlin 1996.

73 Louis F. Helbig: Gemeinsamkeiten und Unterschiede in Darstellungen von Flucht, Vertreibung und Eingliederung in der westlichen und östlichen Literatur Deutschlands. In: Wille (Anm. 56), S. 74.

74 Ebd., S. 78f.

75 Wohl am bekanntesten Johannes Bobrowski: Levins Mühle. 34 Sätze über meinen Großvater. Frankfurt/M. 1964.

76 Christa Wolf: Kindheitsmuster. 10. Aufl. Berlin/Weimar 1985 (Erstausgabe 1976).

77 Ebd., S. 503. Diese Dimension bleibt bei Helbig, (Anm. 68) unbeachtet, wird aber von Michael Schwartz: Tabu und Erinnerung. Zur Vertriebenen-Problematik in Politik und literarischer Öffentlichkeit der DDR. In: Danyel/Ther (Anm. 2), S. 85-101, hier S. 93-95, reflektiert.

78 Franz Fühmann: Böhmen am Meer. In: Franz Fühmann. Erzählungen 1955-1975. 3. Aufl. Rostock 1983, S. 283-318 (zuerst 1977).

objektivistischen Erzählprogramm der 50er und 60er stilisierte Fühmann seinen Helden zum Eigenbrödler, Unverbesserlichen und entzog sich durch das ästhetische Mittel der Individualisierung und Subjektivierung politischen Deutungskonflikten.[79] Eben diese scheinbare Flucht in den Subjektivismus ermöglichte es der Kindergeneration der Vertriebenen, das Thema „Heimatverlust“ literarisch aufzuarbeiten.[80] 1985 schrieb Ursula Höntsch mit „Wir Flüchtlingskinder“ einen Roman, der an den meisten Tabugrenzen des kulturellen Gedächtnisses rührte und eine Erzähl- und Erinnerungsgemeinschaft zwischen Autor und Leser inszenierte, gleichsam das verschwundene kommunikative Gedächtnis wiederbelebte: Sie differenziert die Erfolgsgeschichte der Integration, beschreibt das Weiterleben privater Erinnerung trotz rigider staatlicher Kontrolle. Sie zeigt aber auch, dass die repressive Privatisierung der Erinnerung weitgehend geglückt war – eine Tatsache, an der die Elterngeneration zu zerbrechen drohte, die aber für die Kindergeneration ein Schlüssel zur Integration sein konnte. Gleichzeitig öffnet sie den Blick auf die parallele polnische Vertreibungsgeschichte und bricht damit ein weiteres Tabu.[81]

V. Zusammenfassung

Die Themen „Flucht und Vertreibung“ waren in der SBZ und DDR kein Tabu im Sinne des totalen Verschweigens. Vielmehr wurde dieses Kapitel deutscher Nachkriegsgeschichte selektiv erinnert und ideologisch aufgeladen. Doch diese selektive geschichtskulturelle Erinnerung konnte offenbar nicht in Übereinstimmung gebracht werden mit dem in der Literatur und im familiären Raum virulenten kommunikativen Gedächtnis. Das politisch verordnete Verschweigen provozierte Fragezeichen, die auch das kommunikative Gedächtnis am Leben erhielten.[82] Die Themen „Flucht und Vertreibung“ sind keine spezifischen Tabuthemen der DDR-Geschichtskultur. Vielmehr spiegeln sie ganz paradigmatisch historische Identifikations-, Abgrenzungs- und Legitimationsstrategien. Die Themen „Flucht und Vertreibung“ waren, obwohl oder gerade weil sie höchst selektiv erzählt worden sind, integrativer Bestandteil des Gründungsmythos der DDR. Will man die Muster der geschichtskulturellen Erinnerung an „Flucht und Vertreibung“ verstehen, darf man jedoch keinesfalls in der ostdeutschen Binnenperspektive verharren. Das

79 Zum Wandel in Fühmanns Erzählprogramm der 70er-Jahre vgl. Günther Rüther: Franz Fühmann. Ein deutsches Dichterleben in zwei Diktaturen. In: ApuZ B 13/2000, S. 11-19.

80 Vgl. zur Entwicklung der DDR-Literatur insgesamt Günther Rüther: „Greif zur Feder Kumpel“. Schriftsteller, Literatur und Politik in der DDR 1949-1990. Düsseldorf 1991.

81 Ursula Höntsch-Harendt: Wir Flüchtlingskinder. 5. Aufl. Halle/Leipzig 1985; Ursula Höntsch: Wir sind keine Kinder mehr. Die Geschichte einer Jugend. Halle/Leipzig 1990. Vgl. auch Schwartz, (Anm. 77), S. 95-99.

82 Nicht untersucht ist bislang, inwieweit die parallel konstruierte bundesrepublikanische Erinnerung durch Medien im Osten rezipiert oder durch grenzüberschreitende familiäre Bindungen reflektiert worden ist. Sicher kommt diesem Erklärungsansatz ein hohes Maß an Plausibilität zu. Letztlich setzte die geschichtskulturell inszenierte Ablehnung des westdeutschen Musters die Kenntnis der „anderen Geschichte“ voraus.

geschichtskulturell konstruierte Bild von „Flucht und Vertreibung" und auch sein diachroner Wandel hat die politische und wissenschaftliche Deutungskonkurrenz der beiden deutschen Teilstaaten zur Voraussetzung. Die „andere", die ostdeutsche Geschichte von Flucht und Vertreibung, kann nur in ihren Verflechtungen mit der westdeutschen Parallelgeschichte erzählt und verstanden werden. Ebenso muss diese Prämisse im umgekehrten Fall für die Rekonstruktion des bundesrepublikanischen Diskurses gelten. Durch die politische und historische Positionierung zu „Flucht und Vertreibung" wurde die nationale Identität der beiden deutschen Teilstaaten konstituiert, ihr Verhältnis zu den östlichen Nachbarn definiert und ihr jeweiliges gesellschaftliches Integrationspotential vor dem Hintergrund der nachkriegsbedingten Massenmigration demonstriert. Entlang dieser Leitprobleme hatten beide deutsche Teilstaaten zwischen 1945 und 1989/90 den historischen Ort von „Flucht und Vertreibung" immer wieder neu zu bestimmen.[83] Zudem musste die Erinnerung an Flucht und Vertreibung in die Gründungsmythen der beiden deutschen Teilstaaten integriert werden. Dies geschah in Abgrenzung voneinander aber eben auch in wechselseitiger Bezugnahme.[84] Damit ist die *„andere Geschichte"* zugleich ein Teil der *„eigenen"*. Nimmt man diese Leitprobleme ernst, dann muss im wiedervereinten Deutschland zunächst diese *gemeinsame Diskursgeschichte* hinreichend wahrgenommen werden. Eine differenzierende Historisierung erhellt nicht nur die wechselseitigen politisch-ideologischen Implikationen und Instrumentalisierungen, sondern dürfte auch zukünftig eine europäische Kontextualisierung des Vertreibungsgeschehens erleichtern.

83 Die genannten Leitprobleme des vergangenheitspolitischen Diskurses zu „Flucht und Vertreibung" dürften ihr heuristisches Potential auch mit Blick auf die gegenwärtige Debatte nicht verloren haben, wenngleich mit der hinzugewonnenen europäischen Dimension neue Akzente gesetzt werden müssen.

84 Diese Überlegungen knüpfen an einen laufenden zeithistorischen Methodendiskurs an. Vgl. zuerst Christoph Kleßmann: Verflechtung und Abgrenzung. Aspekte der geteilten und zusammengehörigen deutschen Nachkriegsgeschichte. In: APuZ B29-30/93, S. 30-41; Arnd Bauernkämper/Martin Sabrow/Bernd Stöver (Hrsg.): Doppelte Zeitgeschichte. Deutsch-deutsche Beziehungen 1945-1990. Bonn 1998, besonders S. 14f. sowie die Exemplifizierung dieses Modells im Band selbst.

Verwobene Geschichte oder: Was hat das Fremde mit der eigenen Geschichte zu tun?

Monica Juneja-Huneke

1. Kultureller Austausch oder gemeinsame Geschichte?

In einem faszinierenden Aufsatz schildert der italienische Historiker Carlo Ginzburg die Einführung des Fingerabdrucks zur Erkennung von Straftätern im späten 19. Jahrhundert.[1] Seit Jahrhunderten hatten sich Wahrsager in Süd- und Ostasien für die unauffälligen Linien interessiert, welche die Epidermis furchen. Der in den Großreichen von China und Indien gängige Brauch, auf Briefe und Dokumente den pech- oder tintengeschwärzten Daumen zu drücken, weist darauf hin, dass ein schmutziger Fingerabdruck auf jeder beliebigen Oberfläche in diesen Kulturen als Schrift entzifferbar war. Im Jahre 1860 erkannte Sir William Herschel, der englische Verwaltungsdirektor des Bezirkes Hooghly in Bengalen, die Nützlichkeit dieses Brauches. Nach 17 Probejahren wurde 1880 der Fingerabdruck in die forensische Praxis der Kolonialverwaltung in Indien eingeführt. Lokale Traditionen, aber auch die englische Vorstellung, die Einheimischen seien Analphabeten und eine unterschiedslose Masse, dürften zu der widerstandslosen Umsetzung der Methode beigetragen haben.[2]

Der Erfolg in der Kolonie führte dazu, dass der Arzt und Anthropologe Francis Galton die Methode wenig später auch für die englische Strafverfolgung empfahl. Seit der Entstehung einer bürgerlichen Gesetzgebung in Europa verlangte die bürgerliche Ehrbarkeit zunehmend nach Erkennungszeichen für rückfällige Kriminelle, die genauso unauslöschlich, aber weniger blutig und demütigend wären, als die des Ancien Régime. Galtons Hoffnungen, bei vergleichenden Untersuchungen rassische Unterschiede zwischen den Völkern zu finden, zum Beispiel seine Erwartungen, bei einigen indischen Stämmen ein „more monkey-like pattern“ in den Fingerabdrücken zu entdecken, blieben dabei unerfüllt.[3] Dennoch war die Funktionalität des Verfahrens im Indizienprozess offenkundig und die Methode setzte sich innerhalb kürzester Zeit in England und dann in der ganzen Welt durch.

Diese Begebenheit, so trivial wie sie zunächst erscheinen mag, ist doch ein Zeichen für die Spuren, welche eine ‚gemeinsame Geschichte' Europas und der

1 Carlo Ginzburg: Der Jäger entziffert die Fährte, Sherlock Holmes nimmt die Lupe, Freud liest Morelli – die Wissenschaft auf der Suche nach sich selbst. In: Carlo Ginzburg: Spurensicherung. Die Wissenschaft auf der Suche nach sich selbst. Berlin 2002, S. 7-57, hier 40-47.

2 Ebd., S. 46. Ausführlicher bei Radhika Singha: Settle, Mobilize, Verify: Identification Practices in Colonial India. In: Studies in History 16 (2000), H. 2, S. 151-198.

3 Vgl. Ginzburg (Anm. 1), S. 46.

nicht-europäischen Welt hinterlassen hat. Der kulturelle Austausch im Gefolge der Expansion Europas fand nicht zuletzt in der konkreten Form sozialer Praxis wechselseitig seinen Niederschlag. Die Kolonien waren nicht nur die Empfänger der Errungenschaften abendländischer Zivilisation, wie eine ältere Lesart suggerierte, sondern geradezu die ‚Labors der europäischen Moderne', wie es jüngere postkoloniale Ansätze ausdrücken.[4] In vielerlei Hinsicht stellten sie ein Experimentierfeld dar, das zur Erprobung von Eingriffen in gesellschaftliche Strukturen diente. Die Rückwirkungen der kolonialen Erfahrung lassen sich auf diese Weise in ihrer grundsätzlichen Bedeutung für die Entwicklung europäischer Gesellschaften erfassen.

Die Wechselwirkung zwischen Weltkulturen ist kein Phänomen, das sich ausschließlich auf den Kolonialismus zurückführen ließe. Längst bevor die imperialen Voraussetzungen der europäischen Weltmächte zustande kamen, waren die vielfältigen Beziehungen zwischen Asien und Europa von der Durchlässigkeit geographisch-kultureller Grenzen geprägt.[5] Zu dieser historischen Verflechtung trugen nicht nur Handelsnetzwerke oder die Zirkulation von Edelmetallen bei. Auch Menschen, Ideen und mentale Konstrukte zirkulierten über kontinentale Grenzen hinweg.

Welche Aufgaben bereitet die Verwicklung Europas mit der außereuropäischen Welt der Geschichtswissenschaft? Dass viele Aspekte unseres Daseins nur noch im Zusammenhang weltweiter Beziehungen verstanden werden können ist ja heute eine Selbstverständlichkeit. Doch geht es hier um mehr als die Gegenseitigkeit von Import, Einfluss und kulturellen Anleihen. Die Herausforderung, die wechselseitige Verflechtung Europas mit Gesellschaften in Asien, Afrika oder Amerika ernst zu nehmen, besteht vielmehr darin, mit zu reflektieren, dass diese Austauschprozesse, wenn auch durch asymmetrische Machtverhältnisse geprägt, für die Entwicklung und das Selbstverständnis aller beteiligten Gesellschaften konstitutiv waren. Das jüngste Aufkommen des Themas Globalisierung in den Sozialwissenschaften hat auch Historiker dazu verleitet, neue Modelle für die Geschichtsschreibung zu entwerfen.

4 Vgl. Nicholas Dirks (Hrsg.): Colonialism and Culture. Ann Arbor 1992; Laura Ann Stoler/Frederic Cooper: Between Metropole and Colony. Rethinking a Research Agenda. In: Dies. (Ed.): Tensions of Empire. Colonial Cultures in a Bourgeois World. Berkeley 1997, S. 1-56. Christoph Conrad/Martina Kessel (Hrsg.): Kultur und Geschichte. Neue Einblicke in eine alte Beziehung. Stuttgart 1998, S. 26; Sebastian Conrad: Schlägt das Empire zurück? Postkoloniale Ansätze in der deutschen Geschichtsschreibung. In: Werkstatt Geschichte 30 (2001), S. 61-71.

5 In diesem Sinne hat der indische Historiker Sanjay Subrahmanyam den Begriff „connected histories" eingeführt, vgl. Sanjay Subrahmanyam: Connected Histories. Notes towards a Reconfiguration of Early Modern Eurasia. In: Modern Asian Studies 31 (1997), S. 735-762. Eine Fallstudie aus dieser Perspektive bietet Monica Juneja-Huneke: Begegnung, Kommunikation, Sinnbildung. Deutsche Pietisten und südindische Tamilen im 18. Jahrhundert. In: Margarete Grandner/Andrea Komlosy (Hrsg.): Vom Weltgeist beseelt. Globalgeschichte 1700 – 1815. Wien 2004 (Edition Weltregionen), S. 221-242.

2. Globalisierung und ‚global konzipierte Weltgeschichte'

Der Begriff der Globalisierung ist heute in aller Munde. Mit ihm gelingt es nahezu konkurrenzlos, das gegenwärtige Zeitalter zu prägen, da er Alltägliches und Strukturelles in sich vereinbart. Hinter der Vielfalt von Positionen und Deutungsmustern um das Phänomen der Globalisierung besteht doch allgemeiner Konsens darüber, die weltweite Verdichtung von sozialen Beziehungen, Netzwerken und Systemen habe Kategorien von Raum und Zeit verändert, die wiederum die Bedeutung von nationalstaatlichen Grenzen und Sichtweisen zunehmend in Frage stellen. Die Sozial- und Kulturwissenschaften antworteten auf diese Herausforderung zunächst durch die disziplinäre Erweiterung: Arbeitsfelder wie etwa Migration, Kommunikation, Kulturtransfer und Fremdverstehen sowie weltwirtschaftliche Beziehungen, deren Ergebnisse zur Erschließung von Prozessen der Globalisierung genützt werden könnten, werden intensiver als zuvor erforscht und entwickelt.

Einen umfassenden Ansatz bietet das Schlagwort der ‚World History', das seit den 1990er-Jahren im angloamerikanischen Sprachraum Anklang findet. Unter den sehr unterschiedlichen Vertretern dieses Ansatzes fehlt jedoch ein allgemeines Einverständnis, wofür genau der Begriff der Weltgeschichte stehen soll.[6] Ein frühes Beispiel einer ‚globally conceptualised world history' ist das durch die UNESCO geförderte mehrbändige Werk *History of Mankind* gewesen.[7] Den Leitfaden dieses Werkes sollte eine jenseits des Eurozentrismus konzipierte Erzählung der Menschheitsentwicklung bilden, in deren Mittelpunkt ein friedliches Zusammenwirken von Zivilisationen stünde. In der Tat besteht das Werk aus einer enzyklopädischen Fülle additiver historischer Wissensbestände zu sämtlichen Weltregionen. Die aus zahlreichen Ländern stammenden Autoren bringen in das Werk eine entsprechende Vielfalt von methodischen Zugängen, kulturellen Sichtweisen und auch nationalstaatlich geprägten Perspektiven ein. Gegen die Gefahr, dass der Eurozentrismus durch eine Reihe anderer Ethnozentrismen ersetzt werden könnte, werden kaum methodische Sicherungen aufgebaut.

Der Ansatz einer ‚global konzipierten' Weltgeschichte weist auf eine zweite Richtung hin: Quer zu einzelnen National- und Regionalgeschichten untersucht er das Verbindende zwischen allen Kulturen, Ethnien und Menschen, nämlich ihre gemeinsame Vergangenheit und Zukunft auf dem Planeten Erde. Somit betont die ‚Weltgeschichte' die interdisziplinäre Zusammenarbeit sowie die Integration natur- und geisteswissenschaftlicher Wissensbestände vor allem aus der Biologie, aber auch

---

6 Einen Überblick bietet Susanne Popp: Geschichtsunterricht jenseits der Nationalhistorie. In: Zeitschrift für Geschichtsdidaktik (2002), S. 100-122, hier 103-108. Vgl. auch Patrick Karl O'Brien: Perspectives on Global History: Concepts and Methodology/Mondialisation de l'histore. Concepts et méthodologie. In: Proceedings/Actes Nineteenth International Congress of Historical Sciences/XIXe Congrès International des Sciences Historiques. Oslo 2000, S. 3-27.

7 Jacquetta Hawkes/Leonard Woolley (Ed.): History of Mankind. Cultural and Scientific Development (Publication of the International Commission for a History of the Scientific and Cultural Development of Mankind). 7 Bde. London 1963-1976. Vgl. O'Brien (Anm. 6), S. 8.

aus der Ethnologie, der Anthropologie und der Archäologie.[8] Für manche Vertreter dieser Richtung[9] wird die Evolutionstheorie zu einer Art ‚Metatheorie', die einzig in der Lage sei, die Variation und Abstammung des Lebens auf der Erde schlüssig zu erklären. Wie eine der evolutionären Sicht der Naturwissenschaften verpflichtete Historiographie konkret aussehen könnte, ist für McNeill wie auch für viele andere noch offen.[10] Der Bestrebung, die traditionellen Schranken zwischen den Disziplinen abzubauen, scheint jedoch die Klarheit darüber zu fehlen, welche methodischen Erneuerungen innerhalb der Geschichtswissenschaft durch den Dialog mit benachbarten Wissenschaften zu erzielen sind. So riskiert die ‚Weltgeschichte' zu einer Art Niemandsland zu werden, das keiner der Fachdisziplinen mehr zuzuordnen sei.

Die Überwindung des Eurozentrismus in der Geschichtsschreibung steht eindeutig auf der Agenda aller Vertreter des globalen Ansatzes. Dennoch bleibt die Operationalisierung des Perspektivwechsels methodisch ungelöst. Der Klärung bedürfen auch die konzeptionellen Überlegungen zu einem methodischen Weg, um Zugang zur ‚außereuropäischen' Geschichte zu finden. Die von Europa aus geprägte Kategorie des ‚Außereuropäischen' lässt sich kritisch hinterfragen, denn sie dient dazu, eine große Zahl heterogener Kulturen und Geschichten undifferenziert unter ein gemeinsames Dach zu bringen. Viele Fragen bedürfen noch der gründlichen Reflexion. Sollte der nationalstaatliche Blick nun durch eine neue Meistererzählung ersetzt werden, einen ‚welthistorischen Zusammenhang' oder eine moderne Universalgeschichte im Sinne von Toynbee oder Spengler? Wie ist die Frage von Grenzen verschiedener Art zu problematisieren? Das Plädoyer für eine ‚Weltgeschichte', die aus einem gleichberechtigten Miteinander vieler Weltgeschichten bestünde und eine Vielfalt von Einzelperspektiven nebeneinander darstellen würde,[11] käme ohne Selbstreflexion kaum über den Eklektizismus hinaus. Die treffende Formulierung Hans-Jürgen Pandels, die Existenzform von Geschichte sei die Gegenwart,[12] zwingt zur Selbstreflexion über die Prozesse der Wissensproduktion, welchen jeder geschichtswissenschaftliche Diskurs unterliegt: historische Inhalte gibt es kaum unabhängig von den erkennenden Subjekten.[13] Berücksichtigt die ‚Weltgeschichte' eine Pluralität von regionalen Perspektiven, so muss sie sich zugleich mit multiplen national-ethnischen Geschichtskulturen[14] auseinandersetzen,

---

8 Vgl. Susanne Popp/Johanna Forster (Hrsg.): Curriculum Weltgeschichte. Globale Zugänge für den Geschichtsunterricht. Schwalbach/Ts. 2003 (Forum Historisches Lernen). Popp (Anm. 6), S. 108.

9 William H. McNeill: Unvertraute Perspektiven. Zur Annäherung von evolutionstheoretischen Wissenschaften und Geschichtswissenschaft. In: Popp/Forster (Anm. 8), S. 17-34.

10 Ebd. Vgl. Jörg Wettlaufer: http://hsozkult.geschichte.hu-berlin.de/rezensionen/2003-3-067

11 Vgl. Popp (Anm. 6). S. 108.

12 Hans-Jürgen Pandel: Die Curriculumforschung ist tot – Es lebe die Interessenpolitik! In: Zeitschrift für Geschichtsdidaktik (2002), S. 151-164, hier S. 158.

13 Ebd.

14 Den Begriff der Geschichtskultur definiert Pandel als ein eindeutig an das moderne Verständnis der Geschichte gebundenes Phänomen. Hans-Jürgen Pandel: Geschichtskultur als

die in den verschiedenen Teilen der Welt die Geschichtswissenschaft prägen. Dies ist heute eine brisante Frage, da sich die disziplinarische Integralität der Geschichtswissenschaft als einer im Gegensatz zu Mythos und Volksglauben stehenden empirisch Fachwissenschaft zunehmend von nationalistisch-fundamentalistischen Angriffen gefährdet sieht. In dieser Hinsicht ist es berechtigt, die oft als eurozentristische Anmaßung oder im Namen der ‚Authentizität' weitgehend tabuisierte Frage nach der Universalisierbarkeit eines ursprünglich aus der westlichen Moderne stammenden Wissenschaftsverständnisses zu stellen.

3. Verflechtung statt Dichotomie

Dieser Beitrag plädiert für eine Geschichtsschreibung, in deren Mittelpunkt die historische Verflechtung von Weltkulturen und Regionen steht. So stellt er die herkömmliche Polarität zwischen Eigenem und Fremdem in Frage, zwischen Identität und Alterität. Die dichotome Gegenüberstellung Europa/Nicht-Europa hat dazu geführt, dass wechselseitige Beziehungen und Interaktionen zwischen beiden aus unserem Geschichtsverständnis weitgehend exiliert worden sind, dass die Zuschreibung von Fremdheit als oberflächliche Exotik oder als ontologische Essenz statt als historischer Prozesse konzipiert wird. Die pauschale Exotisierung des ‚Anderen' scheint in der Polarität zwischen den Fachdisziplinen der Geschichte und der Anthropologie ihre Einbettung zu finden: Denn die Gesellschaftsgeschichte, wie sie in Europa und vor allem in Deutschland bislang praktiziert worden ist, neigt sehr häufig dazu, ihre Zuständigkeit an die Anthropologie oder Ethnologie abzugeben, sobald die Grenze Europas erreicht wird.[15] Zweifellos bieten diese Wissenschaften den Historikern eine Hilfeleistung, indem sie komplexe Strukturen wie Verwandtschaftssysteme oder Rituale gut beschreiben können. Sie verfügen jedoch über keine analytischen Mittel, um Prozesse des Wandels komplexer hierarchisierter Gesellschaften, wie etwa in Asien, zu erfassen. Die Anthropologie als Wissenschaft ‚des Anderen' entstand im Rahmen der kolonialen Wissensproduktion. Ihre Grundlage bildeten die zahlreichen Völkerschauen in den europäischen Tierparks und Weltausstellungen des 19. Jahrhunderts, die begeisterten Besuchern die ‚naturgegebene Hierarchie von Völkern und Rassen' vorstellten.[16] Abgesehen von den wenigen Anthropologen, die sich selbstreflexiv mit der Geschichte ihres Faches auseinander setzen, neigt die Anthropologie nach wie vor dazu, theoretisch die uralten Klischees von geschichtsmächtigen und geschichtslosen Teilen der Menschheit oder von Kultur- und Naturvölkern zu reproduzieren – und dies vor allem in Deutschland, wo die disziplinäre Trennwand zwischen der Soziologie, der

Gegenstand und Problem historischen Lernens in der Schule. Vortrag zum 43. Historikertrag (2000) in Aachen, unveröff. Ms.

15 Vg. Jürgen Osterhammel: Transnationale Gesellschaftsgeschichte: Erweiterung oder Alternative? In: Geschichte und Gesellschaft 27 (2001), H. 3, S. 464-479, hier S. 466-467.

16 Hilke Thode-Arora: Für fünfzig Pfennig um die Welt. Die Hagenbeckschen Völkerschauen. Frankfurt a. M. 1989, S. 127 – S. 136.

Wissenschaft der modernen oder im Wandel begriffenen Gesellschaften, und der Anthropologie, der Wissenschaft der kulturell einzigartigen Völker, immer noch aufrecht erhalten wird.[17]

Auf diesem Hintergrund ist zu fragen, welchen Weg die Suche nach einer theoretisch und begrifflich verfeinerten Geschichtswissenschaft nimmt, die ‚Außereuropäisches' kommensurabel macht, statt es in wissenschaftlichen Sonderbereichen zu entsorgen. Bislang haben kulturneutrale Kategorien einer allgemeinen Fachsprache in der deutschen Geschichtsschreibung weitgehend gefehlt, um nicht-okzidentale Gesellschaften zu erfassen. Dieser Mangel findet dann auch im Geschichtsunterricht und in den Geschichtsbüchern seine Resonanz. Die Ergebnisse einer im Jahr 2000 veröffentlichte Studie, die Schulbücher in verschiedenen Fächern ab dem Jahr 1981 unter die Lupe genommen hat, zeigen, dass oft vermeintlich progressive Vorschläge wie z. B.: „Fragt eure türkischen Mitschüler …" Migrantenkinder zum Objekt machen, die sich als kulturell ‚fremd' ausweisen müssten.[18] Die Neigung, das Fremde als Anderes auszuweisen, kann es zur anthropologischen Konstante machen, während Entwicklungen in Deutschland oder Europa durch historische Kategorien wie Wandel, Dynamik und innere Differenzierungen erschlossen werden. Einige wenige Geschichtsbücher jüngeren Datums sind dem Problem gegenüber deutlich sensibler geworden[19]. Ironischerweise haben die neuesten Bildungspläne (Stand: 2003/2004) auf die Herausforderung, welche die Globalisierung im Alltag der Schülerinnen und Schüler heute bewirkt, damit geantwortet, dass sie das nationalgeschichtliche Korsett für den Unterricht noch enger gezogen haben.[20]

4. Transnationale Gesellschaftsgeschichte

Um die Geschichte Europas zu erfassen, in der eine Innen- und Außenperspektive verschränkt sind, verwendet Jürgen Osterhammel den Begriff der transnationalen Gesellschaftsgeschichte.[21] Transnational bezeichnet zunächst eine besondere Kategorie sozialer Beziehungen, die im Sinne einer Widerständigkeit gegen fortbestehende nationalstaatliche Einschränkungen gelebt werden. Osterhammel

17 Vgl. Martin Fuchs: Phänomenologie der Differenz. Reflexionsstufen ethnographischer Repräsentation. In: Eberhard Berg/Martin Fuchs (Hrsg.): Kultur, soziale Praxis, Text. Die Krise der ethnographischen Repräsentation. Frankfurt a. M. 1993, S. 11-108. Martin Fuchs: Kampf um Differenz. Repräsentation. Subjektivität und soziale Bewegungen. Das Beispiel Indien. Frankfurt a. M. 1999, S. 32-34.

18 Sandra Trauner: Vom Gastarbeiter zum Fremden. Ausländer im Schulbuch. In: Frankfurter Rundschau vom 21/22.06.2000, S. 44.

19 Hans-Jürgen Pandel (Hrsg.): Geschichte konkret. 3 Bde, Hannover 2002-2004.

20 Dazu Hans-Jürgen Pandel: Hase und Igel oder wie die Geschichte der Geschichte davonläuft. In: Kursiv. Journal für Politische Bildung, Heft 4/2003, S. 46.

21 Vgl. Osterhammel (Anm. 15). Ders.: Geschichtswissenschaft jenseits des Nationalstaats. Studien zu Beziehungsgeschichte und Zivilisationsvergleich (Kritische Studien zur Geschichtswissenschaft 147), Göttingen 2001.

bezieht sich auf das Werk von Klaus Bade und führt hier das Beispiel von gegenwärtigen Migrantengruppen an, etwa von türkischstämmigen Bewohnern der Bundesrepublik Deutschland:

> „... durch Bilingualität und die Ausbildung multipler Identitäten werden individuelle und kollektive Lebensformen ermöglicht, die sich keineswegs in der dünnen Luft eines entrückten Kosmopolitismus realisieren, sondern in unentwegter Grenzüberschreitung zwischen weiterhin national verfassten Gesellschaften und Kulturen.“ [22]

Transnationale Gesellschaftsgeschichte, so Osterhammel, ergänze ein Denken in Strukturen durch eines in Strömen. Ihr zentraler Begriff dürfe das ‚Netz‘ werden.

Das Konzept des Transnationalen begegnet uns bei Osterhammel in einer europäischen Sichtweise. Um es zu erweitern und zu verfeinern, möchte ich einen ergänzenden Begriff einführen, den Begriff der ‚Zirkulation‘. Zirkulation deutet auf Bewegungen in mehrere Richtungen hin, der Begriff lässt den Perspektivwechsel zu und sensibilisiert für Prozesse der Kommunikation und Sinnbildung,[23] die nun in den Mittelpunkt der historischen Untersuchung von globalen Begegnungen rücken sollten.[24]

5. Grenzziehungen

Zugleich sollte die Begrifflichkeit nicht bewirken, dass die unterschiedlichsten Weltregionen und Kulturen alle gleichsam auf eine glatte Fläche eingeebnet würden. Mit welchen analytischen Mitteln können Historikerinnen und Historiker zum Beispiel Einwanderergesellschaften oder koloniale „plural societies“ oder auch bereits kosmopolitische multikulturelle Metropolen erschließen, in denen unterschiedliche Lebenskreise schwach integriert nebeneinander existieren?[25] Anders gesagt: Die Wahrnehmung der Differenz, die Zuschreibung der Grenzen zwischen Eigenem und Fremdem bleibt von zentraler Wichtigkeit für die Untersuchung der vielschichtigen Beziehungen zwischen den Kulturen.

Die Begriffe des ‚Fremden’ und des ‚Eigenen’ müssen an dieser Stelle kurz präzisiert werden. Nicht alles, was unvertraut ist oder vom Bekannten schlicht abweicht, muss in einem kulturtheoretischen Sinn als ‚fremd’ gelten. Theorien des Fremden, wie sie in der Soziologie, der Kulturanthropologie und der Literaturwissenschaft entwickelt wurden, stimmen weitgehend darin überein, dass

---

22 Osterhammel (Anm. 15), S. 473.

23 Zum Begriff der Sinnbildung siehe Jörn Rüsen: Was heißt Sinn der Geschichte? In: Klaus E. Müller/Jörn Rüsen (Hrsg.): Historische Sinnbildung. Problemstellungen, Zeitkonzepte, Wahrnehmungshorizonte, Darstellungsstrategien. Reinbek bei Hamburg 1997, S. 17-47.

24 Monica Juneja (Hrsg.): Exploring Alterity in Pre-modern Societies. The Medieval History, in Journal 5 (2002), H. 2 (Sonderheft) S. 185 – 193 (Einleitung); auch Juneja (Anm. 5).

25 Vgl. Osterhammel (Anm. 15), S. 476.

das Fremde keine selbstständige, sondern eine relationale Größe ist.[26] Fremdheit ist demnach keine Eigenschaft von Personen oder Gegenständen, sondern eine Zuschreibung, die innerhalb einer Beziehung stattfindet, eine Form des In-Beziehung-Setzens.[27] Die Andersartigkeit oder Alterität wird durch Ergänzungen konstituiert, durch die sich oft nur fragmentarische Erfahrungen des Anderen zu einem geschlossenen System fügen.

Die Aufgabe des Historikers besteht in dem Versuch, die Prozesse sowie die Maßstäbe der Differenzbestimmung genau und kontextbezogen zu rekonstruieren. Was macht einen Menschen in den Augen eines anderen zum Fremden? Anhand welcher Kategorien werden Differenzen zwischen Menschen und Kulturen festgelegt? Wie werden diese Differenzen beurteilt? Werden sie für immer und ewig als fest und unüberbrückbar betrachtet? Mit welchen Mitteln wird das Fremde erschlossen und verstanden, assimiliert, toleriert oder ausgegrenzt?

Die jüngere Forschung über die Prozesse des Fremdverstehens hat die historisch variablen Bedingungen dieser Erfahrung nachdrücklich betont.[28] Mit anderen Worten: Prozesse der Selbstdeutung und Fremdzuschreibung von Menschen und Gesellschaften bedürfen der Einbettung in zeitgenössische sozial- und kulturhistorische Zusammenhänge. So sollen die unterschiedlichen Sinndeutungsmodelle von Kulturen untersucht und mit den jeweils spezifischen Wissensordnungen und literarischen Darstellungsmustern verknüpft werden.

Dazu das folgende Beispiel: Während der Frühen Neuzeit verband ein dichtes Netz von Kommunikationswegen – Schriften, Reisen, Missionsaufträge oder diplomatische Vertretungen – die europäischen Gesellschaften mit fernen Ländern. In Bezug auf Asien hat Jürgen Osterhammel das 18. Jahrhundert als eine „heroische Zeit der Asien-Erschließung" bezeichnet, eine Zeit, in der das Interesse einer gebildeten Öffentlichkeit an Berichten aus diesem Weltraum stärker war als je zuvor.[29] Es wurde durch eine Flut von Literatur verschiedener Gattungen, aber vor allem durch Reiseberichte befriedigt. In eine ähnliche Richtung weist meine laufende Forschung über deutsche Missionare in Südindien hin: Missionsberichte und Abhandlungen über die indische Gesellschaft fanden eine breitere Rezeption in den deutschen Leserkreisen, als wir es aus heutiger Sicht vermuten würden.[30] Die Ergebnisse der missionarischen Forschung über Südindien flossen in andere bedeutende Wissensbestände der Aufklärung ein, wie zum Beispiel Zedlers Universal-Lexikon.

26 Vgl. Alois Hahn: Die soziale Konstruktion des Fremden. In: Walter M. Sprondel (Hrsg.): Die Objektivität der Ordnungen und ihre kommunikative Konstruktion. Frankfurt a. M. 1994, S. 140-166. Herfried Münkler/Bernd Ladwig: Dimensionen der Fremdheit. In: Dies.: (Hrsg.): Furcht und Faszination. Facetten der Fremdheit. Berlin 1997, S. 11-44. Justin Stagl: Grade der Fremdheit. In: Ebd., S. 85-114.

27 Vgl. Georg Simmel: Exkurs über den Fremden. In: Ders.: Soziologie. Untersuchungen über die Gesellschaft. Gesammelte Werke Bd. 2. Berlin 1968, S. 509-512.

28 Vgl. die Beiträge in Juneja (Anm. 24).

29 Jürgen Osterhammel: Die Entzauberung Asiens. Europa und die asiatischen Reiche im 18. Jahrhundert. München 1998.

30 Juneja (Anm. 5).

Das Fremdkulturelle, so auf die Ebene expliziten Wissens gehoben, wurde zu allen wichtigen Diskussionen herangezogen. Es diente als Argument in europäischen Diskursen der Frühen Neuzeit und der Aufklärung: In Debatten über den Zivilisationsbegriff, über Fortschritt und Dekadenz, über politische Herrschaft und den Geist der Gesetze, über die Wahrheit und Irrtümer der Weltreligionen oder über das Verhältnis zwischen Mann und Frau.[31] So muss gefragt werden, ob sich die Fundamente der europäischen Aufklärung im 18. Jahrhundert überhaupt ohne die Einbeziehung von globalen Begegnungen erklären lassen.

6. Postkoloniale Ansätze

Diese Sichtweise prägt postkoloniale Ansätze für die Neuzeit noch deutlicher: Ohne die Berücksichtigung interkultureller und kolonialer Erfahrung müsse das Verständnis der europäischen Geschichte partiell und unvollständig bleiben.[32] Vor allem in Bezug auf die deutsche Geschichte hat der bekannte Afrika-Historiker Albert Wirz die vorherrschende Auffassung kritisch hinterfragt, die koloniale Erfahrung sei von marginaler Bedeutung für die Geschichte des Kaiserreiches angesichts der kurzen Dauer des deutschen Kolonialreiches sowie der vergleichsweise kleinen Anzahl von deutschen Siedlungen in Übersee.[33] Wirz argumentiert dagegen, dass sich die kolonialen Imaginationen keineswegs an territoriale und zeitliche Grenzen hielten. Anhand einer Reihe von Beispielen, wie etwa der Auseinandersetzung über die Geschlechterordnung in der deutschen bürgerlichen Gesellschaft oder Entwicklungen in der Wissenschaftsgeschichte, etwa der Medizin und Eugenik, oder auch zu juristischen Fragen wie dem so genannten „Mischehenverbot“ oder zur Definition der Staatsangehörigkeit, zeigt Wirz, dass sich die Herausbildung der bürgerlichen Gesellschaft in Deutschland kaum aus einer Binnenperspektive allein erklären ließe.[34] Er führt seine Argumentation am Beispiel der Neufassung des Staatsangehörigkeitsrechts von 1913 aus, welche die enge Verknüpfung zwischen Kolonialismus und gesellschaftlicher Ordnung zeigt. So ging es in den ausführlichen Debatten zu dem Gesetzentwurf um das Verbot von Mischehen und die Möglichkeit, rassische Kriterien im Staatsangehörigkeitsgesetz zu verankern. Eine wichtige Regelung wurde in den Gesetzentwurf aufgenommen: Das Recht auf die deutsche

31 Vgl. Osterhammel (Anm.29). Jörg Fisch: Zivilisation, Kultur. In: Otto Brunner/Werner Conze/Reinhart Koselleck (Hrsg.): Geschichtliche Grundbegriffe. Historisches Lexikon zur politisch-sozialen Sprache in Deutschland. Stuttgart 1992, Bd. 7, S. 679-774.

32 Vgl. Dirks (Anm. 4). Conrad/Kessel (Anm.4). Sebastian Conrad/Shalini Randeria (Hrsg.): Jenseits des Eurozentrismus. Postkoloniale Perspektiven in den Geschichts- und Kulturwissenschaften. Frankfurt a. M. 2002.

33 Vgl. Albert Wirz: Innerer und äußerer Wald. Zur moralischen Ökologie des Kolonisierenden. In: Michael Flitner (Hrsg.): Der deutsche Tropenwald. Bilder, Mythen, Politik. Frankfurt a. M. 2000, S. 23-48. Andreas Eckert/Albert Wirz: Wir nicht, die Anderen auch. Deutschland und der Kolonialismus In: Conrad/Randeria (Anm. 32), S. 372-392; Susanne Zantop: Colonial Phantasies. Conquest, Family and Nation in Precolonial Germany 1770-1870. London 1997.

34 Vgl. Eckert/Wirz (Anm. 33), S. 380ff.

Staatsbürgerschaft erlosch fortan nicht mehr nach zehn Jahren der Abwesenheit von dem Heimatland und war sogar auf die Nachkommen übertragbar. Auf diese Weise, so Wirz, sollte sichergestellt werden, dass deutsche Siedler in den überseeischen Besitzungen dem ‚deutschen Volkskörper' und der Volkswirtschaft nicht verloren gingen.[35] Diese Definition gilt bis heute. Als ein glücklicher Umstand erwies sich diese nicht unproblematische Definition für die oft leidvolle Geschichte der Spätaussiedler, die in den 1990er Jahren aus den ehemaligen sowjetischen Gebieten nach Deutschland zurückkehrten. Eine solche Sichtweise, in deren Mittelpunkt die konstitutive Wirkung der Erfahrung mit dem Fremden für die ‚eigene' Gesellschaftsordnung steht, ist leider bislang eine historiographische Marginalie geblieben. Die großen Projekte zur deutschen Sozialgeschichte, wie etwa die umfangreiche Bielefelder Bürgertumsforschung oder das Monumentalwerk von Hans-Ulrich Wehler zur deutschen Gesellschaftsgeschichte, sind von dieser Fragestellung weitgehend unberührt geblieben.

7. Die Welt aus der „Gegenperspektive"

Wie weit lässt dieser wichtige postkoloniale Ansatz einen Perspektivwechsel zu? Bleibt die andere, nicht-europäische Seite einer transnationalen oder interkulturellen Beziehung ohne eigene Stimme, ohne Handlungsraum? Hier stoßen wir auf die Grenze postkolonialer Sichtweisen, welche die historischen Asymmetrien zwischen dem „mächtigen Westen" und dem „verstummten Osten" oft auf etwas undifferenzierte Weise dramatisieren.[36] Sie bleiben ungewollt doch einem Eurozentrismus verhaftet, indem sie hauptsächlich von einer europäischen Fragestellung ausgehen oder sich mit westlichen Praktiken der Selbstdeutung und Wissensproduktion beschäftigen und fast ausschließlich mit europäischen Quellen arbeiten. An dieser Stelle möchte ich kurz zwei Ebenen vorschlagen, auf denen ein Perspektivwechsel fruchtbar und wünschenswert wäre.

Auf der Ebene der Quellen müssen Gegenstimmen erschlossen werden. Seit dem 18. Jahrhundert kamen immer mehr Menschen aus anderen Kontinenten nach Europa – Inder, Chinesen, Araber, Türken, Malaysier, Bewohner der Karibik oder der Südseeinseln. Sie kamen zunächst als Reisende, Seeleute oder Sklaven, dann im Zeitalter des Kolonialismus als Studierende, Sozialreformer, Politiker, Kunsthandwerker für die großen Weltausstellungen, Dienstboten usw. Die jüngste angloamerikanische Forschung hat gezeigt, dass Nicht-Europäer eine nicht geringe demographische Präsenz in den englischen Großstädten der viktorianischen Zeit bildeten.[37] Es werden immer mehr Texte entdeckt, in denen diese Menschen das

35 Vgl. ebd., S. 381.

36 Grundlegend für diese Sichtweise, Edward W. Said: Orientalism. London u. a. 1978. Vgl. die Beiträge in: Conrad/Randeria (Anm. 33). Dazu eine kritische Besprechung von Monica Juneja: Debatte Postkolonialismus. In: Werkstatt Geschichte 34 (2003), S. 88-96.

37 Vgl. Rozina Visram: Ayahs, Lascars and Princes: The History of Indians in Britain, 1700-1947. London 1986. Antoinette Burton: At the Heart of Empire. Indians and the Colonial

Europa des 19. und 20. Jahrhunderts kommentieren und zuweilen scharfsinnig analysieren. Anhand von Biographien von Individuen asiatischer oder afrikanischer Herkunft, aber auch aus ihren Briefen, Zeitungsbeiträgen und Reiseberichten, Quellenbeständen, die zum großen Teil noch auf ihre Erschließung warten, könnte die Geschichte der nicht immer friedlichen Kulturbeziehung zur europäischen Welt aus der Gegenperspektive nachgezeichnet werden.

An dieser Stelle kann ich nur ein spannendes Beispiel kurz vorstellen. Es ist die Lebensgeschichte einer indischen Frau, Pandita Ramabai, die in der zweiten Hälfte des 19. Jahrhunderts mehrere Jahre in England und in den USA verbrachte, bevor sie dann nach Indien zurückkehrte, um sich dort für soziale Reformen zu engagieren. Ramabai wurde in einer gelehrten, aber verarmten Familie der Priesterkaste aus der westindischen Region Maharashtra geboren. Die ganze Familie wanderte über lange Jahre durch ganz Indien herum, um ihren Lebensunterhalt durch das Rezitieren von religiösen Versen zu verdienen. Mit 22 Jahren heiratete Ramabai einen gebildeten Mann aus der niedrigsten Kaste, einen Sudra. Mit 24 wurde sie mit ihrer kleinen Tochter Witwe. In Kalkutta kam sie in Kontakt mit christlichen Missionaren der anglikanischen Kirche, die es ihr ermöglichten, im Jahre 1883 zusammen mit ihrer Tochter nach England zu reisen, um dort Medizin zu studieren. Aus den drei Jahren, die sie in England verbrachte, sind umfangreiche Briefwechsel und unterschiedliche Schriften in mehreren Sprachen vorhanden: Hier sind Ramabais intensive kulturelle Auseinandersetzungen mit der fremden Gesellschaft sowie ihre tiefen Spannungen mit den kirchlichen Autoritäten im viktorianischen England ausführlich und plastisch aufgezeichnet. Ein zentraler Konfliktpunkt waren die konträren Vorstellungen über ihre Rolle als indische Christin und koloniales Subjekt im Herzen des Mutterlandes. Ihr anfängliches Medizinstudium durfte sie schon bald nicht mehr fortsetzen, sondern sie sollte sich als Missionsfrau im Dienst der anglikanischen Kirche ausbilden, um anschließend den ‚Heiden' in ihrer Heimat das Evangelium zu bringen. Kurzum: Die Lebensgeschichte Ramabais ist zugleich ein Schauplatz, auf dem Reformkonzepte für indische Frauen einerseits aus Sicht der Kolonialmission, andererseits aus der Sicht einer gebildeten Inderin ihren Ausdruck fanden.[38]

8. Der historiographische Dialog

Die zweite Ebene des Perspektivwechsels bildet der aufgeschlossene historiographische Dialog.[39] Die wissenschaftliche Beschäftigung mit Gesellschaften in

Encounter in Late-Victorian Britain. Berkeley u. a. 1998. Michael H. Fisher: Counterflows to Colonialism. Indian Travellers and Settlers in Britain 1600-1857. New Delhi 2004.

38 Zur Lebensgeschichte von Pandita Ramabai vgl. Burton (Anm. 37), S. 72-109. Meera Kosambi (Hrsg. u. Übers.): Returning the American Gaze. Pandita Ramabai's *The Peoples of the United States* (1889). New Delhi 2003. Uma Chakravarty: Rewriting History. The Life and Times of Pandita Ramabai, New Delhi 1998.

39 Einen Beitrag zu diesem Ansatz leisteten Monica Juneja/Margit Pernau (Hrsg.): Religion und Grenzen in Indien und Deutschland. Studien auf dem Weg zu einer transnationalen Historiographie, Frankfurt a. M. 2005 (im Druck).

Asien, Afrika, Lateinamerika oder Ozeanien bietet den ‚Europa-Historikern' mehr als eine reizvolle Abwechslung. Sie ermöglicht ein wichtiges Korrektiv gegen Tendenzen zur Verabsolutierung von Identitäten und Alteritäten, seien sie religiöser, ritueller, ethnischer, geschlechtsspezifischer oder linguistischer Art. Denn etliche Beispiele von Gesellschaften in Asien oder Nordafrika bieten dem Wissenschaftler ein komplexes Gewebe von Völkern und Sprachen, von religiösen Gemeinschaften und ethnisch geschichteten Systemen, und dies nicht nur in den belebten Hafenstädten. Sowohl innere Spannungen und Fragmentierungen als auch fließende Binnengrenzen können eine zivilisatorische Einheit kennzeichnen, welche durch die Möglichkeit multipler oder überlappender Identitäten und liminaler[40] Kulturräume auch eigene Modi der Konfliktbewältigung schuf. Die Beschäftigung mit diesen Gesellschaften sensibilisiert für osmotische Grenzen, ja sie zwingt, die Grenze selber zum Thema zu machen: Ihre Definition und Hinterfragung, die alltäglichen Verhandlungen über ihren Verlauf und die ebenso alltäglichen Überschreitungen werden so zum Konstituens der Identität von Individuen und von Gruppen. Die Bewegung von Menschen und Handelsgütern über geographische Grenzen hinweg müsste nicht immer und zwangsläufig zur Auflösung anderer Grenzen führen: So konnte ein indischer Muslim seine Identität einerseits als Mitglied der nicht-territorialen, spirituellen Gemeinschaft der Ummah deuten, andererseits konnte er zugleich in mehrere multiethnische Vertrauensnetzwerke einbezogen sein wie etwa Netzwerke der Händler- oder Hofgesellschaften, der örtlichen Nachbarschaft oder der Großfamilie. Viele nicht-europäische Gesellschaften offenbaren historische Formen von Pluralität, die vielleicht auch für die europäische Geschichte aufschlussreich sein könnten.

Die Bereitschaft zu fragen, ob solche Ansätze, wie sie vielleicht aus der indischen, lateinamerikanischen oder afrikanischen Geschichte herausgearbeitet worden sind, auch für die Erforschung der ‚eigenen' deutschen Geschichte fruchtbare Impulse liefern können, bildet vielleicht den ersten Schritt, um einem historiographisch-strukturellen Eurozentrismus zu entkommen. Forschungstechnisch ist dieser Anspruch ohne eine systematischer als bisher strukturierte internationale Zusammenarbeit sowie den aufgeschlossenen historiographischen Dialog zwischen Forschungsansätzen über kontinentale Grenzen hinweg kaum zu leisten.

Das nationalstaatliche Paradigma für die Geschichtswissenschaft ist keine Naturgegebenheit, sondern bekannter Weise das historische Produkt des modernen Nationsbildungsprozesses. Eine transnationale Perspektive betont nicht nur Verflechtungen und Gemeinsamkeiten zwischen Weltregionen und Kulturen, sondern begreift auch nationale Besonderheiten und kulturelle Abgrenzungen als Teil der

40 Der aus der Kulturanthropologie stammende Begriff Liminalität bezeichnet einen dritten, zwischen zwei Gemeinschaften vermittelnden und grenzüberschreitenden Raum, der eine binäre Struktur transzendiert. Vgl. Victor Turner: Vom Ritual zum Theater: der Ernst des menschlichen Spiels (übers. Sylvia Schomburg–Scherff). Frankfurt a. M. 1995. Shail Mayaram: Liminalität und flukturierende Grenzen zwischen Hindus und Muslimen im 19. und 20. Jahrhundert. In: Juneja/Pernau (Anm.39)

Verschränkung von Innen- und Außenperspektiven. So werden Phänomene in ihrer Komplexität und globalen Verwobenheit verständlich. Die Geschichtswissenschaft muss über die Grenzen einer nationalstaatlichen Innenperspektive hinauskommen, um Anschluss an die Forschungsparadigmen der Gegenwart zu finden. Ihre Stärke, die gerade in der Präzision empirischer Rekonstruktion von Sachverhalten als auch bei der Erklärung von Wandel liegt, könnte auf diesem Weg ihren besonderen Beitrag zu einem besseren Verständnis der Globalisierung leisten.

Workshop: Geschichtsunterricht

Migrant(inn)en-Stimmen über Interkulturelles Geschichtslernen – Bericht über den Workshop

Andreas Körber

Der zweite Workshop des letzten Tages der Konferenz sollte auch die Sichtweise von Migrantinnen und Migranten auf das Thema in die Tagung einfließen lassen. Dabei galt es zum einen, ein erneutes Reden *über* einen relevanten Teil der Bevölkerung und der Lerngruppen sowie die diese Gruppe(n) und ihr Verhältnis untereinander und zur „einheimischen" Bevölkerung betreffenden Fragen des Lernens zumindest ansatzweise zu verwandeln in ein Reden *mit* Repräsentanten dieser Bevölkerungsgruppen. Zum anderen spielte auch das Interesse eine Rolle, die bei der Formulierung des Tagungsthemas und der Sektionstitel wie auch in einzelnen vorangehenden Vorträgen gemachten Prämissen nicht nur aus der Sicht der Theorie, sondern auch aus der Sicht der Betroffenen zu diskutieren.

Zu diesen Prämissen gehört(e) unter anderem der von Martin Sökefeld im Einleitungsvortrag stark vertretene konstruktivistische Kulturbegriff[1] und die aus seiner Verwendung in der Fachdiskussion gezogene Schlussfolgerung, dass es beim historischen Lernen von und unter Beteiligung von Migranten (wie auch sonst) nicht um die Repräsentation gegebener, in sich abgeschlossener (National-)Kulturen gehen dürfe („genetischer Kulturbegriff").[2] Vielmehr sei ein offener Kulturbegriff zu verwenden, also von vielfältigen, auch die Grenzen von ethnischen Gruppen übergreifenden „Kulturen" auszugehen, die zudem viel veränderlicher seien, als dies bei Nationalkulturen gemeinhin unterstellt wird. Im äußersten Falle gelten Migranten dann nicht mehr als zwei (oder mehreren) Kulturen *gleichzeitig* zugehörig, sondern

---

1 Siehe den Beitrag von Martin Sökefeld in diesem Band. Vgl. auch: Sökefeld, Martin: Der Kulturbegriff in der Ethnologie und im öffentlichen Diskurs - eine paradoxe Entwicklung? In: Stöber, Georg (Hrsg.): 'Fremde Kulturen' im Geographieunterricht. Analysen - Konzeptionen - Erfahrungen (Studien zur internationalen Schulbuchforschung; 106). Hannover 2001, S. 119-137.

2 Die Forderung, „die" fremden Kulturen (als fest stehende Einheiten) müssten im Geschichtsunterricht auch in Form der Geschichte der Herkunftsländer der Schülerinnen und Schüler ihren Platz finden, wurde auf der Tagung zwar von Vadim Oswalt erhoben, galt aber zuvor und auch in der Diskussion als nicht unproblematisch (vgl. den Beitrag von Oswalt in diesem Band).

ihre „Hybridität" selbst stelle eine neue „Kultur" dar („Kultur[en] der Hybridität")[3], wobei dann aber nur noch ein Kultur*typ*, nicht aber einzelne Kultur*en* greifbar sind, weshalb „Kulturen" immer nur plural und sich überlappend zu denken seien.

Darüber hinaus werden zwei Prinzipien der interkulturellen Geschichtsdidaktik diskutiert: *Erstens,* ein besonders fruchtbarer Zugang zum historischen Lernen sei für Migrant(inn)en wie Nichtmigrant(inn)en in der Thematisierung vergangener Wanderungsbewegungen („Migrationsgeschichte") gegeben, weil Migration eine Grundkonstante der menschlichen Geschichte darstelle; und *zweitens,* gerade die Geschichte von Kulturkontakten konflikthafter (katastrophischer, negativer) wie friedlicher bzw. kultivierter (positiver) Art stelle ein vielversprechendes Inhaltsauswahlprinzip dar. Hinter der letzteren These steckt letztlich ein Konzept exemplarischen historischen Lernens, insofern angestrebt wird, durch die Behandlung eines vergangenen historischen Kontakts im Unterricht Einsichten für die Gestaltung gegenwärtiger und zukünftiger Kontakte ableiten zu können. Das erste Prinzip hingegen basiert auf der Vorstellung, dass historisches Lernen originäre Orientierungsbedürfnisse der Lernenden aufgreifen und diese historisch wenden müsse sowie auf der Setzung, dass die zentrale Veränderungserfahrung von Migrant(inn)en ihre eigene Migration sei resp. bei Nichtmigrant(inn)en die neuartige Anwesenheit von „Fremden" nicht nur „in der Fremde"/Ferne, sondern im „heimischen" Umfeld.

Alle diese Prämissen und didaktischen Grundkonzepte haben *prima facie* einiges an Plausibilität – zumal sie (außer bei kurzschlüssiger Anwendung) durchaus dem gängigen Modell eines gegenwartsbezogenen Geschichtslernens entsprechen. Dennoch haben diese Konzepte den Mangel, dass sie ihrerseits weitgehend von Nicht-Migranten erstellt und vertreten werden. Auch im Bereich der Geschichtsdidaktik ist die Debatte um interkulturelles Lernen eher eine *über* als eine solche *von* oder *mit* den Migrant(inn)en.[4] Dieser Mangel konnte im Rahmen einer solchen Konferenz und eines Workshops nicht behoben werden. Wohl aber sollten die mit den genannten Prämissen und den Zweifeln an ihrer Validität verbundenen Kategorien und Kriterien in den Diskussionshorizont der Teilnehmer gebracht werden. Entgegen einer ursprünglichen Planung war es organisatorisch nicht gelungen, Schüler(innen) mit (sowie einige ohne) Migrationshorizont selbst zur Tagung einzuladen und im Rahmen einer Gruppendiskussion zu eben diesen Fragen

---

3 Der Begriff der „kulturellen Hybridität" kennzeichnet in den letzten Jahren die Debatte um Interkulturalität und Kulturtransfer. Die Formulierung von den „Kulturen der Hybridität" stammt von Stuart Hall: Die Frage der kulturellen Identität. In: ders: Rassismus und kulturelle Identität (Ausgewählte Schriften. Bd. 2), 2. Aufl., Hamburg 2000, S. 180 – 222, hier S. 218

4 Vgl. die mit Bezug auf die allgemeinpädagogische Debatte um die interkulturelle Erziehung geäußerte Kritik, diese sei ein Qualifikationsbereich für Vertreter der Mehrheit, wogegen die Minderheiten auch hier systematisch vergessen würden: Mecheril, Paul: „Kompetenzlosigkeitskompetenz". Pädagogisches Handeln unter Einwanderungsbedingungen. In: Auernheimer, Georg (Hrsg.): Interkulturelle Kompetenz und pädagogische Professionalität. Opladen 2002, S. 15-34, sowie Castro Varela, Maria do Mar: Interkulturelle Kompetenz - ein Diskurs in der Krise. In: ebda., S. 35-48.

zu Wort kommen zu lassen. Daher wurden als *Input* für die Diskussion zwei Repräsentationsformen gewählt: Zum einen eine Videoaufnahme von einem Kurs der 12. Jahrgangsstufe, der sich mit den genannten Problemen und Fragen befasste, und zum anderen ein Satz von Fragebögen, den die Schüler(inne)n zu Beginn der Gruppendiskussion ausgefüllt hatten. Dabei sollte es nicht um repräsentative Ergebnisse oder auch nur valide Messungen fest umrissener Konzepte gehen, sondern um empirisches Material ohne Verallgemeinerungsanspruch als Diskussionsanreiz.[5]

Zu Beginn der Arbeit im Workshop wurden zunächst die Schülerantworten im Fragebogen gemeinsam „ausgezählt", auf einem vergrößerten Fragebogen visualisiert (vgl. Abb. 1), sodann verbalisiert und bewertet. Schließlich wurde die Videoaufzeichnung der Gruppendiskussion gemeinsam angeschaut und Beobachtungen formuliert.

In diesem Bericht ist es nicht möglich und angesichts der Datenbasis auch nicht ratsam, eine vollständige und detaillierte Auswertung der Daten oder gar Schlussfolgerungen auf Einstellungen in einer wie auch immer gearteten Grundgesamtheit („die Migranten", „die Schüler") zu versuchen. Im Folgenden sollen daher auf der Basis der Workshopdiskussion einige Beobachtungen und sodann eine vorsichtige Schlussfolgerung für das interkulturelle Geschichtslernen formuliert werden:

1. Hinsichtlich der Frage, welche (National-)Geschichten den Unterricht bestimmen sollen oder ob von den Konzepten der Nationalgeschichten nicht grundsätzlich Abstand genommen werden sollte, besteht kein durchaus konsistentes Meinungsbild in der Schülergruppe: Ein Überwiegen der deutschen bzw. europäischen Geschichte wird von den befragten Schülern aus verschiedenen Nationen abgelehnt (I.13). Dies bildet eine interessante Verbindung mit der tendenziell akzeptierten Formulierung, der Geschichtsunterricht solle zum „Zurechtfinden" in der Zielgesellschaft (I.8) beitragen.[6] Sie könnte dahingehend interpretiert werden, dass diese Zielgesellschaft nicht als eine geschlossene, monokulturelle, sondern als eine vielfältige interpretiert wird. Jedenfalls wird der Forderung nach einer gleichberechtigten Behandlung der Geschichte des jeweils (eigenen) Herkunfts- wie der des Ziellandes nur schwach zugestimmt (I.1), eine mehrere Kulturen berücksichtigende Sicht hingegen stärker akzeptiert (I.20).

5 Eine Replikation der Befragung in drei Schulen im Großraum Hamburg (N = 79, davon 46 Migranten) durch drei Studierenden im Wintersemester 2003/04 ergibt im Großen und Ganzen ähnliche Ergebnisse, im Einzelnen jedoch auch Abweichungen. Im Folgenden sind durch sie gestützte Ergebnisse mit einem hochgestellten Stern (*) gekennzeichnet, Abweichungen explizit erwähnt. Vgl. Buban, Thora / Gattmann, Rahel / Nordbruch, Christine: Untersuchung zum Thema „Interkulturelles Geschichtslernen". Unveröffentlichte Seminararbeit am FB Erziehungswissenschaft der Universität Hamburg, 2004.

6 In der Gruppendiskussion, die per Video eingespielt wurde, formuliert ein Schüler jedoch genau diese Auffassung: Deutsche Geschichte sei wichtiger als diejenige seines Heimatlandes, denn er lebe ja nun in Deutschland.

Dr. Andreas Körber

Liebe Schülerinnen und Schüler,
ich bin Lehrer hier an der Schule und gleichzeitig an der Universität Hamburg in der Ausbildung von Geschichtslehrern tätig. Anfang Oktober soll ich auf einer Tagung einen *Workshop* für Fachleuten für Geschichtsunterricht leiten, in dem es darum gehen soll, wie Erfahrungen von Migranten, also von Schülerinnen und Schülern, die nicht in Deutschland geboren sind, oder deren Eltern aus anderen Ländern nach Deutschland gekommen sind, im Geschichtsunterricht aufgegriffen werden sollen.
Was liegt da näher, als Migranten selbst zu fragen? Mit diesem Fragebogen möchte ich euch *anonym* (also ohne Namensnennung) die Möglichkeit geben, über Eure Erfahrungen mit und Vorstellungen zum Geschichtsunterricht mitzuteilen. Bitte schreibt **nicht** euren Namen auf das Blatt, beantwortet ihn aber aufrichtig und ernsthaft. Es gibt keine Noten dafür, aber es geht um etwas, nämlich um die Möglichkeit, Geschichtsunterricht zu verbessern.

Du wirst merken, dass der Fragebogen in den Themen der Fragen stark hin- und her springt. Das ist beabsichtigt. Lies einfach jeder Frage gut durch und beantworte dann mit deinem Kreuz!

Vielen Dank im Voraus!

Andreas Körber

1. Aus welchem Land bist du/ ist deine Familie nach Deutschland gekommen? ....
2. Seit wieviel Jahren wohnst du hier? ....
3. Zu welchem Jahrgang gehörst du? ....
4. Wie sehr stimmst du folgenden Aussagen zu?

		ja, genau	eher ja	unentschieden	eher nein	nein, gar nicht
1	Geschichtsunterricht soll die Geschichte meines Herkunftslandes ebenso stark behandeln wie die Geschichte des Landes, in das ich gekommen bin.					
2	Für gemeinsame Werte aller Menschen nehme ich auch in Kauf, dass meine Kultur vielleicht hier und da kritisiert wird.					
3	Heutzutage sind nicht „meine" oder die hiesige Geschichte wichtig, sondern eine gemeinsame, allgemein-menschliche Sichtweise auf die Geschichte.					
4	Ich kenne aus meiner Kultur ganz andere Beurteilungen der Geschichte, die ich im deutschen Geschichtsunterricht vermisse.					
5	Mir ist es wichtig, dass meine Herkunftskultur unverfälscht im Unterricht vorkommt.					
6	Viel wichtiger als die Geschichte von Ländern ist es, die Ursachen dafür aufzuarbeiten, warum meine Familie auswandern musste oder konnte.					
7	Woher ein(e) Schüler(in) kommt, sollte im Geschichtsunterricht nie eine Rolle spielen.					
8	Ich finde, Geschichtsunterricht soll dazu beitragen, dass ich mich in dieser Gesellschaft, in die ich gekommen bin, zurecht finde.					
9	Geschichtsunterricht sollte die Konflikte zwischen Kulturen und Ländern sowie gegenseitige Vorurteile zum Thema machen.					
10	Meine Herkunftskultur bedeutet mir wenig. Meine eigene Kultur ist eine Kombination vieler Einflüsse.					

Andreas Körber: {NB}\E:\Andreas\Arbeiten\KGD2003\Fragebogen.1.BKI; 29.09.2003; S. 1

Abb. 1: Schülerfragebogen

		ja, genau	eher ja	unent-schie-den	eher nein	nein, gar nicht
11	Ich fände es spannend, nicht *über* andere Kulturen (auch meine) zu lernen, sondern *mit* Schüler(inne)n dort über Geschichte zu sprechen					
12	Geschichte, wie ich sie in meiner Familie höre, ist ganz anders als die, die ich hier in der Schule lerne.					
13	Geschichtsunterricht in Deutschland sollte vornehmlich deutsche und westeuropäische Geschichte behandeln.					
14	Geschichtsunterricht soll vornehmlich Wissen vermitteln – da ist es nicht wichtig, woher die einzelnen Schüler(innen) kommen.					
15	„Meine Geschichte" ist nicht die meines Herkunftslandes, sondern die Geschichte meiner persönlichen Erfahrung in verschiedenen Ländern.					
16	Ich finde, Geschichtsunterricht soll das Ziel haben, andere Völker und Kulturen verstehen zu lernen.					
17	Geschichtsunterricht soll zeigen, dass und wie mein Volk ungerecht behandelt worden ist und wir eigentlich im Recht sind.					
18	Mich interessieren Beispiele, wie Kulturen früher miteinander gelebt haben und umgegangen sind.					
19	Nationale Sichtweisen auf Geschichte führen zu sehr zu Hass und Krieg – der Geschichtsunterricht muss gemeinsame Werte für alle Menschen fördern.					
20	Geschichte sollte weder „deutsche" oder die meiner Kultur sein, sondern alle Kulturen gleichmäßig behandeln.					
21	Wenn im deutschen Geschichtsunterricht die Geschichte anderer Kulturen vorkommt, so ist das immer nur die westliche Sichtweise.					
22	Es sollte keine Themen geben, die zur Geschichte bestimmter Schüler(innen) gehören, sondern nur solche Themen, zu denen alle etwas aus ihrer Sichtweise und Erfahrung beitragen können.					
23	Da ich selbst Migrant(in) bin, ist nicht die Geschichte meines Herkunftsvolkes für mich interessant, sondern die Geschichte von Wanderungen zu anderen Zeiten.					
24	Nationalgeschichte sollte deutlich geringeren Stellenwert haben. Das Leben der Menschen im Alltag ist für die Menschen viel wichtiger.					
25	Geschichtsunterricht sollte meine persönlichen Fragen an die Geschichte behandeln, nicht die Geschichte eines Landes.					
26	Die Herkunft der Schüler(innen) sollte immer eine Rolle spielen, denn ihre Geschichte ist ihre Identität.					

5. Wenn du zu einzelnen Fragen noch etwas schreiben willst, dann kannst du das auf der Rückseite tun! Vielen Dank!

2. Hinsichtlich der Darstellung der fremden Kulturen nimmt nur ein Teil der Schüler(innen) einen grundsätzlichen Unterschied zwischen dem wahr, was in ihren Elternhäusern, und dem, was in der Schule gelernt wird.[7] Zudem wird durchaus der Aussage zugestimmt, dass in der Schule andere Kulturen immer nur in der westlichen Sichtweise wahrgenommen würden (I.21), wogegen ein Anspruch auf 'unverfälschte' Repräsentation der Herkunftskultur erhoben wird (I.5).

3. Gleichzeitig geben die Schülerinnen und Schüler Konzepten von Nationalgeschichten insgesamt einen eher geringeren Stellenwert als etwa „übergreifenden, allgemein-menschlichen Sichtweisen auf die Geschichte“ (I. 3) sowie solchen, die persönliche und nicht 'nationale' Erfahrungen in den Mittelpunkt stellen (I.15).[8]

4. Die in der Debatte um das interkulturelle Geschichtslernen formulierten Konzepte eines Geschichtsunterrichts, der weder von Themen der Geschichte des Herkunfts- noch derjenigen des Ziellandes ausgeht, sondern die Migration als solche in den Mittelpunkt stellt, scheinen für diese Schüler eher wenig attraktiv zu sein. Das gilt für die direkte Forderung, die Gründe für die eigene Migration historisch aufzuarbeiten (I.6), aber auch für Konzepte einer allgemeinen Migrationsgeschichte (I.23).

5. Deutlich mehr interessieren sich die Schüler für solche Konzepte, die einen dezidiert überkulturellen und auf Verständigung zwischen den 'Kulturen' ausgerichteten Fokus haben (I.3, I.16, I.19). Hierzu gehört auch das Konzept der Behandlung vergangener Konturkontakte sowohl in negativer (katastrophischer; I. 9) wie auch in positiver Ausprägung (I.18)*.

6. Schließlich ist noch das latente Spannungsverhältnis zwischen den Antworten auf die Items 7 und 26 hervorzuheben: Zunächst (im einfachen Item) fordern die Schülerinnen und Schüler überwiegend eine gewisse Blindheit des Geschichtsunterrichts gegenüber ihrer Herkunft, im anderen Item, wo dies mit einer Identitätsbegründung verbunden wird, zeigt sich eine Uneinigkeit zwischen zwei Lagern mit einer kleinen unentschiedenen Gruppe. Das erste Item lässt sich (erhärtet durch eine Aussage in der Gruppendiskussion) vor allem als auf Bewertungsverfahren und damit als Forderung nach Chancengleichheit gerichtet verstehen, wogegen beim zweiten Item ein Teil der Schülerinnen und dem Schüler im Unterricht selbst durchaus auch „als“ Angehörige(r) einer bestimmten Kultur erkannt und angesprochen werden möchte.*

---

7 In der Nachbefragung äußern allerdings Migranten Zustimmung zur These deutlich anderer Beurteilungen der Geschichte zwischen eigener Kultur und deutschem Geschichtsunterricht. Vgl. Buban u. a. (Anm. 5).

8 In der Nachbefragung von Buban u. a. (Anm. 5) erweist sich dieses Ergebnis jedoch als nicht stabil. Dort wird das I.15 entsprechende Item gerade von Migranten deutlich abgelehnt.

Es ist also festzustellen, dass bei diesen Schülern zum einen deutlich ein Anspruch auf Authentizität „ihrer" Herkunftskultur vorhanden ist. Diesem liegt offenkundig (I.5) ein „genetischer" Kulturbegriff (Sökefeld) zu Grunde, der eher abgeschlossene Kulturen voraussetzt, die miteinander kombiniert werden können. Dazu passt auch, dass trotz Zustimmung zu Aussagen, die die *individuellen* Erfahrungen und Fragen an die Geschichte betonen (I.15; I.25), kaum solchen Formulierungen zugestimmt wird, die offen mit dem konstruktivistischen Kulturbegriff der Kulturwissenschaften arbeiten und die Konstruktion einer neuen, ganz eigenen Identität durch die Migrationserfahrung behaupten (I.10). Dies zeigt deutlich, dass die Schülerinnen und Schüler mit Migrationshintergrund zwar zwischen ihrer eigenen, individuellen Person und Staaten bzw. Ländern als Thematisierungsebenen von Geschichte unterscheiden, ihre eigene Individualität jedoch (noch?) nicht als Kulturausprägung begreifen. Ihr Begriff von „Kultur" ist (noch?) weitgehend von Vorstellungen geschlossener und abgrenzbarer Gruppen geprägt, die „authentisch" repräsentiert werden könnten. Dies verdeutlicht die Wichtigkeit einer 'Verflüssigung' von Vorstellungen vermeintlich unwandelbarer (kultureller oder nationaler) Identitäten.[9]

Fazit

Die Konzepte und Kategorien, in denen die Debatte um interkulturelles Lernen geführt wird, und insbesondere der dynamische Kulturbegriff, sind analytisch wie konzeptionell fruchtbar, wenn es darum geht, wichtige Lernnotwendigkeiten und Lernmöglichkeiten zu reflektieren. Sie passen zudem gut zu der in der bundesdeutschen Geschichtsdidaktik als Modell anerkannten Theorie des historischen Denkens nach Jörn Rüsen als einer gegenwärtiges Handeln orientierenden Bearbeitung von Veränderungserfahrungen durch Hinwendung zur Vergangenheit. Die daraus abgeleitete Auffassung, interkulturelles Geschichtslernen sei weniger von „Kontakten" und „Konflikten" oder gar von einer möglichst gleichberechtigten Repräsentation existierender und als voneinander abgeschlossen zu denkender „Kulturen" her zu konzipieren, als vielmehr von den konkreten Erfahrungen der Migranten selbst, entspricht jedoch nicht ohne weiteres deren eigenen Konzepten. Interkulturelles Geschichtslernen darf also weder bedeuten, das hergebrachte Themenspektrum einfach um weitere „Kulturen" oder Nationalgeschichten zu erweitern, noch darf es in einer plumpen Schülerorientierung enden. Vielmehr bedarf es einer unterrichtlichen Thematisierung gerade auch der Konzepte und Vorstellungen, die Schülerinnen und Schüler von „Kultur" sowie von kultureller oder anderer Identität haben. Interkulturelle Geschichtspädagogik darf nicht glauben, dass eine Verwendung der neueren kulturwissenschaftlichen Konzepte in Analyse und Planung allein schon eine hinreichende Orientierung an den Problemen und Interessen ihrer Rezipienten garantiere. Sie muss vielmehr anerkennen, dass diese

9 Vgl. Alavi, Bettina / Borries, Bodo von: "Geschichte." In: Reich, Hans / Holzbrecher, Alfred / Roth, Hans Joachim (Hrsg.): Fachdidaktik interkulturell. Ein Handbuch. Opladen 2000, S. 55-91, hier S. 81f.

trotz ihrer Migrationserfahrungen keineswegs konventionelle Kulturkonzepte aufgegeben und bewusst kulturelle Orientierungen neuen Typs ausgebildet haben. Das Überdauern von und das Festhalten an Vorstellungen 'ganzheitlicher' Kulturen und ihrer Authentizität ist wahr und ernst zu nehmen und die Geltung der Vorstellungen variabler und vermischbarer Kulturen mitsamt ihrem normativen Anteil sind jeweils *im Unterricht* mit den Migrant(inn)en und den „Einheimischen" auszuhandeln. Auch insofern erfordert Geschichtsunterricht „unter den Bedingungen von Einwanderung und Globalisierung"[10] stärker als konventionelle Unterrichtsformen einen Einbezug einer „Meta-Ebene" der Reflexion über die Kategorien des historischen Denkens, eine höhere Reflektiertheit und (Selbst-)Reflexivität bei der Themenwahl, der Durchführung und der Bewertung der Ergebnisse.

10 Vgl. den Untertitel von: Körber, Andreas (Hrsg.): Interkulturelles Geschichtslernen. Geschichtsunterricht unter den Bedingungen von Einwanderung und Globalisierung. Konzeptionelle Überlegungen und praktische Ansätze (Novemberakademie; 2). Münster 2001.

Workshop: Empirie – Probleme

Fremdverstehen, Schülervorstellungen und qualitative Forschung

Hilke Günther-Arndt

Vorbemerkung: Der Text führt in den Workshop „'Fremdverstehen' – fassbar machen für die empirische Forschung. Alltagsweltliche Erfahrungen, methodologische Präzisierungen" ein und nimmt Anregungen aus der Arbeit der Teilnehmerinnen und Teilnehmer auf. Der Duden definiert einen „Workshop" als „Kurs, Seminar o. Ä., in dem in freier Diskussion bestimmte Themen erarbeitet u. praktische Übungen durchgeführt werden".[1] Die Form entzieht sich, wenn sie ernsthaft praktiziert wird, eingeführten Publikationsregeln, vor allem wenn, wie bei diesem Workshop, die „praktischen Übungen" an transkribierten Interviews mit Jugendlichen intensiv betrieben wurden. Die Interviews wurden von Mitgliedern der AG Geschichtsdidaktik im Promotionsprogramm „Fachdidaktische Lehr- und Lernforschung – Didaktische Rekonstruktion"[2] erhoben und bezogen sich nicht ausdrücklich auf Fremdverstehen, können aber auch unter dieser Perspektive ausgewertet werden. Die Diskussion bezog sich weniger auf Ergebnisse, die in der kurzen Zeit auch gar nicht erarbeitet werden konnten, als auf forschungsmethodische Fragen und Anregungen. Dafür sei allen Mitwirkenden gedankt.

I. Fremdverstehen als Untersuchungsaufgabe

Geschichtsdidaktisch wird das Gelingen oder Misslingen von Fremdverstehen unter mindestens drei Aspekten diskutiert:

- Vorstellungen von „Anderen",
- Fremdverstehen im Kontext der interkulturellen Bildung,[3]

---

1 Duden. Fremdwörterbuch, 7., neu bearb. und erw. Aufl., hrsg. von der Dudenredaktion, Mannheim u. a. 2001, S. 1044.

2 Zum Forschungsrahmen „Didaktische Rekonstruktion" vgl. den Beitrag von Achim Jenisch in diesem Band. Der AG Geschichtsdidaktik im Promotionsprogramm gehören außerdem Sylke Bergau (Was sich Schülerinnen und Schüler unter Sklaverei vorstellen: Eine Untersuchung zum historischen Denken von Jugendlichen) und Edda Grafe (Schüler auf Reisen. Studien zu historischen Stadtexkursionen) an.

3 Vgl. Andreas Körber: Interkulturelles Lernen im Geschichtsunterricht – eine Einleitung. In: Andreas Körber (Hrsg.): Interkulturelles Geschichtslernen. Geschichtsunterricht unter den

- Fremdverstehen als Alteritätserfahrung.

Das kollektive Gedächtnis enthält eine Fülle von Vorstellungen über die „Anderen", die „Fremden" oder „Barbaren", die „tief in einer Kultur und in der Psyche ihrer Angehörigen verwurzelt sind und sich über lange Zeiträume erhalten"[4] und als Imagines, Klischees, Stereotype, Vorurteile und Feindbilder relativ gut erforscht sind.[5] Im Mittelpunkt der Forschungen standen dabei in der Regel nationale oder rassistische Stereotype oder Vorurteile sowie die Frage ihrer Veränderung durch Unterricht.

Nach Tornow und von Borries ist „Fremdverstehen als *eine* (nicht *die*) Hauptaufgabe des Geschichtsunterrichts anzusehen. Es bedeutet sorgfältige Durchdringung und mentale Aneignung anderer Lebenswelten mittels ‚Empathie'. Zugleich gelingt dadurch eine bessere Einschätzung der eigenen Situation, d. h. mittels des Perspektiven-Vergleichs kommt es zur Perspektiven-Erweiterung. An der ernsthaften Auseinandersetzung mit anderen lernen wir auch uns selbst besser verstehen."[6]

Während Tornow und von Borries bei ihrer Begriffsklärung den Geschichtsunterricht im Blick haben, systematisiert Elisabeth Erdmann Fremdheitssituationen und nennt eine Reihe von Möglichkeiten, das „Fremde" auf den Begriff zu bringen. Es könne „erlebt" werden als

- *das Auswärtige, das Ausländische, das sich jenseits einer räumlich definierten Grenzlinie befindet;*
- *das Fremdartige, das im Kontrast zum Eigenen, zu Eigenheiten steht;*
- *das noch Unbekannte, wobei die Möglichkeit des Kennenlernens, des Vertrautwerdens besteht;*
- *das letzten Endes Unerkennbare, bei dem es keine Möglichkeit des Kennenlernens gibt;*
- *das Unheimliche, das auf der beklemmenden Erfahrung beruht, dass auch Eigenes und Vertrautes fremd werden kann.*[7]

Bedingungen von Einwanderung und Globalisierung. Konzeptionelle Überlegungen und praktische Ansätze. Münster u. a. 2001, S. 11-16.

4 Gustav Jahoda: Das Überdauern der Bilder: Zur Kontinuität der Imagines vom Anderen. In: Harald Welzer (Hrsg.): Das soziale Gedächtnis. Geschichte, Erinnerung, Tradition. Hamburg 2001, S. 260.

5 Vgl. Bernd Mütter: Stereotypen und historisches Lernen. In: Geschichte in Wissenschaft und Unterricht 51 (2000), S. 250-258.

6 Lutz Tornow/Bodo von Borries: Fremdverstehen durch systematische Einübung in Perspektivenwechsel? Von gelegentlich ‚multiperspektivischer' Quellenarbeit zu konsequent ‚kontroverser' Behandlung. In: Andreas Körber (Hrsg.): Interkulturelles Geschichtslernen (Anm. 3), S. 227 – 238, hier S. 231 (Hervorhebungen im Original).

7 Elisabeth Erdmann (Hrsg.): Verständnis wecken für das Fremde. Möglichkeiten des Geschichtsunterrichts. Schwalbach/Ts. 1999, S. 7 (Vorwort).

Geschichtsdidaktische Definitionen von Fremdverstehen heben auf Wahrnehmungen und Erfahrungen sowie auf sozialkognitive Operationen wie Perspektivenübernahme ab. Fremdverstehen ist danach vor allem das Verstehen „anderer Lebenswelten" und die Reflexion des „Eigenen" und des „Fremden".

Historisches Denken kann auch generell als Verstehen fremder Zeiten aufgefasst werden. Das hängt mit dem historischen Verstehensbegriff zusammen, den der Historiker John H. Arnold in der berühmt direkten englischen Wissenschaftssprache so umschreibt: „There is, however, one core difference that divides all historians into two groups: those who believe that people in the past were essentially the same as us; and those who believe that they were essentially different."[8] Für die eine Position steht Wilhelm von Humboldt, der als Voraussetzung für das Verstehen „eine vorhergängige, ursprüngliche Übereinstimmung zwischen dem Subject und dem Object" postulierte, für die andere Arthur C. Danto: „Kenntnis der Vergangenheit entfremdet uns Zeiten, die andere sind als unsere eigene Zeit."[9]

Das Verbindende der geschichtsdidaktischen und der geschichtstheoretischen Konzeptualisierungen von Fremdverstehen ist das Verstehen von Lebenswelten, die räumlich oder zeitlich nicht mit der eigenen Lebenswelt identisch sind. Forschungsmethodisch ist zu fragen, wie sich Kinder und Jugendliche andere Lebenswelten aneignen, wie sie diese verstehen oder erklären und welche Vorstellungen Schüler vom Fremden haben. Die Erforschung von Schülervorstellungen, die vor allem in den naturwissenschaftlichen Fachdidaktiken weit fortgeschritten ist und zu der es international auch einige geschichtsdidaktische Beiträge gibt,[10] ist dabei *eine* von mehreren Möglichkeiten, Fremdverstehen empirisch zu fassen. Es könnte sogar sinnvoll sein, Verbaldaten von Jugendlichen, die in anderen Zusammenhängen erhoben wurden, systematisch auf Fremdverstehen zu befragen, weil die Faktoren „soziale Erwünschtheit" oder „political correctness" eine geringere Rolle spielen.

II. Schülervorstellungen

Der Begriff „Schülervorstellungen" leitet sich aus dem englischen Wort *conception* ab, das mit Vorstellung übersetzt wird. Vorstellungen im Sinne von *conceptions* sind

8 John H. Arnold: History. A Very Short Introduction. Oxford/New York 2000, S. 96.

9 Vgl. Ulrich Muhlack: Verstehen. In: Jordan, Stefan (Hrsg.): Lexikon Geschichtswissenschaft. Hundert Grundbegriffe. Stuttgart 2002, S. 310-314 (Zitat Humboldt, S. 311); Hans-Jürgen Goertz: Umgang mit Geschichte. Eine Einführung in die Geschichtstheorie. Reinbek bei Hamburg 1995, S. 115-116 (Zitat Danto, S. 116).

10 Vgl. z. B. Helga Pfundt: Das Atom – letztes Teilstück oder erster Aufbaustein? Zu den Vorstellungen, die sich Schüler vom Aufbau der Stoffe machen: In: chimica didactica 7 (1981), S. 75-94; Ola Halldén: Constructing the Learning Task in History Instruction. In: Mario Carretero/James F. Voss (Hrsg.): Cognitive and Instructional Processes in History and the Social Sciences. Hillsdale, N. J. 1994, S. 187-200; Ola Halldén: Conceptual Change and the Learning of History. In: Voss, James F. (Hrsg.): Explanation and Understanding in Learning History. London 1998 (= International Review of History Education 2), S. 201-210; Ola Halldén: On Reasoning in History. In: ebd., S. 272-278.

Begriffe, Konzepte und Theorien, mit denen ein Sachverhalt erklärt wird. Schülervorstellungen werden in der Regel vor oder neben der Schule erworben, es sind Alltagskonzepte oder implizite Theorien, die sich als brauchbar erwiesen haben, um bestimmte Ereignisse oder Phänomene zu erklären. Implizite Theorien sind außerordentlich resistent, selbst jahrelanger Unterricht vermag sie kaum zu ändern. Häufig bestehen Alltagswissen und Schulwissen unverbunden nebeneinander und es kommt auf den jeweiligen Kontext an, welche Art von Wissen aktiviert wird. Entscheidend ist die Alltagstauglichkeit des Wissens, so lange diese besteht, gibt es kaum Gründe, Vorstellungen zu Gunsten wissenschaftlich korrekterer Vorstellungen zu verändern. In diesem Zusammenhang wird besonders die Frage des *conceptual change* diskutiert, also wie, wann und ob überhaupt ein Wechsel von Alltagsvorstellungen zu wissenschaftlichen Vorstellungen erfolgt und wie Lernumgebungen gestaltet sein müssen, die diesen Konzeptwechsel unterstützen.[11]

Schülervorstellungen zur Geschichte können sich auf alle historischen Phänomene beziehen, z. B. auf Personen, Institutionen, Handlungen, Ereignisse und Strukturen, auf Motive von historischen Akteuren oder den Zusammenhang von Ursachen und Folgen eines Ereignisses. Mit den in der Geschichtsdidaktik verbreiteten Vorstellungsbegriffen gibt es Überlappungen. Unter Vorstellungen wird z. B. von Bodo von Borries ein Bündel von kognitiven und affektiven Lernervoraussetzungen und Lernermerkmalen zusammengefasst: „Wissen und Vorurteile, Einstellungen und Erwartungen, Phantasien und Erinnerungen, Denkfiguren und Moralurteile“[12]. Rolf Schörken versteht Vorstellungen als Imaginationskraft im Sinne innerer Vorstellungen, stellt aber fest, dass das Wort im täglichen Wortgebrauch nicht präzise benutzt wird und eine Bandbreite von Bedeutungen zulässt.[13] Auch in der Geschichtswissenschaft bürgert sich der Begriff Vorstellungen ein, ein Beleg ist die neueste Auflage des „Gebhardt“. Vorstellungen im kulturgeschichtlichen Sinn sind Deutungen der Vergangenheit, die sich „eindeutig weder aus den in den Quellen überlieferten Spuren noch aus dem Verfahren der Historiker“ ergeben, sie sind vielmehr „durch die sich im Laufe der Zeit ändernden und selten einheitlichen Gesichtspunkte, Erfahrungen und Erwartungen mitbedingt, die die Beobachtung leiten und die Darstellung prägen.“[14] Die geschichtsdidaktischen und geschichtswissenschaftlichen Vorstellungsbegriffe sind zwar nicht mit der Definition von *conceptions* deckungsgleich, gleichwohl gibt es hinsichtlich der Bedeutung der Erfahrung oder der Denkfiguren Ähnlichkeiten.

11 Vgl. Reinders Duit: Lernen als Konzeptwechsel im naturwissenschaftlichen Unterricht. In: Reinders Duit/Christoph von Rhöneck (Hrsg.): Lernen in den Naturwissenschaften. Beiträge zu einem Workshop an der Pädagogischen Hochschule Ludwigsburg. Kiel 1996, S. 145-162.

12 Bodo von Borries: „Glanzvolle Ritterzeit“ oder „bäuerliche Leibeigenschaft“? Mittelalter-Vorstellungen bei Schülerinnen und Schülern. In: Geschichte lernen, Heft 11/1989, S. 4-7, hier: S. 4.

13 Rolf Schörken: Historische Imagination und Geschichtsdidaktik. Paderborn u. a. 1994, S. 7.

14 Jürgen Kocka: Das lange 19. Jahrhundert. Arbeit, Nation und bürgerliche Gesellschaft (= Gebhardt, Handbuch der deutschen Geschichte, 10. Aufl., Band 13). Stuttgart 2001, S. 23.

Schülervorstellungen zu einem Gegenstand sind immer schon vorhanden, sie sind der Rahmen für die Verarbeitung neuer Informationen, ohne sie fände gar kein Lernen statt. Sie können allerdings auch ein Lernhemmnis sein, wenn sie die (wissenschaftlich) angemessene Aneignung eines Sachverhalts behindern. Da nützt es auch wenig, wenn der Jugendliche verbal korrigiert wird – die Schülervorstellung muss in den Lernprozess integriert werden. Ein kleines Beispiel aus der täglichen Unterrichtspraxis:[15]

> *Die Einleitung in den Unterrichtsstoff erfolgte über den französischen Satz „L'état c'est moi", der von den Schülern sofort übersetzt und auch Ludwig XIV. zugeordnet werden konnte. Die Äußerung einer Schülerin, Ludwig XIV. werde auch der Sonnenkönig genannt, habe Schloss Neuschwanstein erbaut und sei später in seinem Gartenteich ertrunken, habe ich mit dem Hinweis auf Ludwig den Bayern (sic!) korrigiert.*

Bei dieser Schüleräußerung handelt es sich nicht um eine Vorstellung im Sinne der Schülervorstellungsforschung, d. h. um keine implizite Theorie. Aber sie verdeutlicht, wie Jugendliche Wissensfragmente zusammenfügen, um sich Geschichte vorzustellen oder zu vergegenwärtigen: Zwei Könige mit dem Namen Ludwig werden gleichsam ineinander geschoben. Für die Schülerin ist das plausibel, Könige sind offenbar exaltierte Menschen, während ein Lehrer wohl von einem Zuordnungsfehler sprechen würde.

III. Erforschung von Schülervorstellungen

Schülervorstellungen zu bestimmten historischen Gegenständen können empirisch mit unterschiedlichen Methoden und in unterschiedlichen Situationen erhoben und als Produkt (z. B. Aufsatz) oder als Prozess (z. B. Gespräche) untersucht werden.[16] Sie können

- während des Unterrichts akustisch aufgezeichnet oder videografiert,[17] 1)
- aus Produkten wie Tests, Aufsätzen, Briefen, Klassenarbeiten, Fragebögen, *mind maps* oder Zeichnungen identifiziert oder 2)

---

15 Aus einem studentischen Fachpraktikumsbericht, Gymnasium, Klasse 8, Februar 2002 – Universität Oldenburg.

16 Vgl. dazu Hans Merkens: Integration qualitativer und quantitativer Methoden in der Lehr- und Lernforschung. In: Claudia Finkbeiner/Gerhard W. Schnaitmann (Hrsg.): Lehren und Lernen im Kontext empirischer Forschung und Fachdidaktik. Donauwörth 2001, S. 80.

17 Vgl. dazu Stefan von Aufschnaiter/Manuela Welzel (Hrsg.): Nutzung von Videodaten zur Untersuchung von Lern-Lern-Prozessen. Aktuelle Methoden empirischer pädagogischer Forschung. Münster u. a. 2001; Ralf Schmidt/Josef Keuffer: Musteranalyse einer Unterrichtssequenz im Fach Geschichte. In: Meinert A. Meyer/Ralf Schmidt (Hrsg.): Schülermitbeteiligung im Fachunterricht. Englisch, Geschichte, Physik und Chemie im Blickfeld von Lehrern, Schülern und Unterrichtsforschern. Opladen 2000, S. 143-176.

- in Handlungen, Gruppengesprächen, Interviews oder durch lautes Denken erhoben werden.

Grundsätzlich können Schülervorstellungen zwar auch mit quantitativen Verfahren erfasst werden, für diese spezifische Forschungsaufgabe eignen sich qualitative Verfahren allerdings besser. Als methodisch besonders effektiv hat sich eine Kombination von Prozess- und Produktanalysen erwiesen, in der AG Geschichtsdidaktik des Promotionsprogramms „Didaktische Rekonstruktion" z. B. die Kombination von Schülerzeichnungen mit lautem Denken. Alle der genannten Methoden eignen sich auch für die Erhebung und Analyse der Aktualisierung von Geschichtsbewusstsein, da es für diese Forschungsfragen aber eher um Aspekte wie Differenzierungen des Zeit- und Geschichtsbegriffs oder um die Geltungsbegründung historischer Aussagen geht, sind Prozessanalysen angemessener. In der empirischen Forschung insgesamt und besonders in ihrer qualitativen Ausprägung bedarf es immer „eines methodischen Vorgehens, das sich nicht in der umstandslosen Applikation schon fertiger Instrumentarien erschöpft, sondern vielmehr eines, das die jeweiligen Besonderheiten des Untersuchungsgegenstandes berücksichtigt".[18]
Für die Analyse von Schülervorstellungen im Sinne von *conceptions* sind der Inhalts- und der Strukturaspekt zu unterscheiden. Der Inhaltsaspekt wird mit problemzentrierten Leitfadeninterviews[19] erfasst (z. B. Vorstellungen zu historischem Wandel oder zu Sklaven), das dort erhobene sprachliche und nichtsprachliche Material ist der Ausgangspunkt für die anschließende Strukturierung. Die Strukturierung kann von den Forschungspartnern mit Hilfe eines Struktur-Lege-Verfahrens, durch Ordnung von Begriffskarten, durch *mind maps* oder durch Zeichnungen vorbereitet werden. Die Struktur kann aber auch das Ergebnis der sprachlichen Analyse z. B. als *concept map* durch den Forscher oder eine Wissensstrukturdarstellung sein.[20] Die Schüleräußerungen werden in jedem Fall original erfasst und transkribiert. Die Analyse kann sich auf einen einzelnen Schüler beziehen, dann ist es das Ziel, das Denken in allen seinen Facetten (Begriffe, Konzepte, Erklärungen usw.) zu erfassen. Aus dem transkribierten Material kann aber auch eine Typologie entwickelt werden, dafür ist allerdings ein größerer Corpus notwendig. Da es sich um qualitative Forschung handelt, wird gleichwohl auch dann kein Anspruch auf Repräsentativität erhoben.

---

18 Carlos Kölbl: Methoden, die sich ihrem Gegenstand anschmiegen: Zur adäquaten Untersuchung von Geschichtsbewußtsein im Jugendalter. In: http://www.qualitative-psychologie.de/t-ws0/1-koelbl.htm

19 Vgl. Barbara Friebertshäuser: Interviewtechniken – ein Überblick. In: Annedore Prengel (Hrsg.): Handbuch Qualitative Forschungsmethoden in der Erziehungswissenschaft. Weinheim 1997, S. 371-395.

20 Vgl. Martina Langer-Plän: Problem Quellenarbeit. Werkstattbericht aus einem empirischen Projekt. In: Geschichte in Wissenschaft und Unterricht 54 (2003), S. 319-336.

Die Auswertung von sprachlichen Äußerungen wird in unserer Arbeitsgruppe nach Mayring durchgeführt.[21] Nach den Schritten Zusammenfassung und Explikation des Ausgangsmaterials (hier der Schülerinterviews) durch eine engere und weitere Kontextanalyse erfolgt mit der Strukturierung die eigentliche Auswertung des Materials, wobei vier Grundformen zu unterscheiden sind:

- formale Strukturierung, z. B. nach syntaktischen, thematischen, semantischen oder dialogischen Kriterien,
- inhaltliche Strukturierung,
- typisierende Strukturierung,
- skalierende Strukturierung.

Für die Arbeiten im Rahmen des Modells der Didaktischen Rekonstruktion stehen die formale und die inhaltliche Strukturierung im Mittelpunkt. Die Kategorien für die inhaltliche Strukturierung ergeben sich teils aus dem Material selbst (induktive Kategorienbildung), teils werden geschichtsdidaktische oder geschichtswissenschaftliche Kategorien wie Gegenwartsbezug, Multikausalität, Marktwirtschaft oder auch Fremdverstehen an das Material herangetragen. Analysiert werden z. B. die Sprache (Metaphern, Wortbedeutung, unklare Begriffe), Faktenwissen (korrekt, falsch, fehlend), Interpretationskategorien (Fortschritt/Rückschritt, statisch/dynamisch, alltäglich/besonders, hierarchisch/gleich), Analysekategorien (Anlass, Ursachen, Motive, Kontext), aber auch Aspekte wie Umfang, Differenziertheit, Rigidität, Flexibilität und Expliziertheit oder emotionale Faktoren wie Überlegenheitsgefühle. Zusätzlich wird untersucht, ob Schüler von sich aus bestimmte formale Fragen bei der Ordnung ihrer Gedanken und Äußerungen nutzen, z. B. die nach Eigenschaften (Was ist x?), nach der Struktur (Wie kann man x einteilen?), der Funktion (Wozu dient x?), nach den Relationen (Wie hängen x und y zusammen?), nach dem Prozess und nach Prozessstadien (Wie wird x zu y?) oder der Ursachenzuschreibung (Warum gibt es x? Warum wird x zu y?).

Für die Auswertung des sprachlichen Materials bieten sich hermeneutisch-analytische Methoden sowie rekonstruktive und interpretative Verfahren der qualitativen Sozialforschung wie die „Grounded Theory" an.[22] Dabei geht es nicht um das „richtige", „falsche" oder „fehlende" Wissen zu einem historischen Gegenstand; entscheidend ist, dass die Perspektive der Forschungspartner zu einem bestimmten historischen Gegenstand beschreibend und nachvollziehend rekonstruiert wird und seine Interpretationsmuster festgestellt werden. Daher eignen sich Interviews auch für Untersuchungen zum Fremdverstehen von Jugendlichen in seinen unterschiedlichen Formen: Wie werden andere Lebenswelten und fremde Zeiten wahrgenommen, beschrieben, erklärt und bewertet?

---

21 Vgl. Philipp Mayring: Qualitative Inhaltsanalyse. Grundlagen und Techniken. 7. Aufl., Weinheim 2000.

22 Vgl. Anselm Strauss: Grundlagen qualitativer Sozialforschung. Datenanalyse und Theoriebildung in der empirischen soziologischen Forschung. München 1994.

Qualitative Forschungen sind für empirische Forschungen in der Geschichtsdidaktik auch deshalb besonders geeignet, weil sie den Fähigkeiten und Fertigkeiten, die in der Ausbildung zum Historiker erworben werden, in einem hohen Maße entgegen kommen. Die Analyse von sprachlichem Material gehört zum ‚Alltagsgeschäft' des Historikers, professionell sind sie darauf ‚geeicht', sprachliches Material unter einer bestimmten Fragestellung zu analysieren, zu kategorisieren, zu systematisieren und zu interpretieren. Genau das ist auch der Kern der qualitativen Inhaltsanalyse.

Abschließend seien zwei Interviewausschnitte näher vorgestellt. Ein Forschungspartner war Norbert, er besuchte 2003 den Leistungskurs Geschichte in Klasse 12 und äußerte sich in einem Interview, das Edda Grafe führte, um Schülervorstellungen zur historischen Stadtentwicklung zu erkunden:[23]

> *SimCity ist so'n Computerspiel, da hat man eine eigene Stadt gebaut. Da hab ich das immer so in Rechteckform gebaut. Immer so'n paar Kästchen mit Wohngebieten und Industrie und so was wie die Industrie eigentlich weit außerhalb, und dann in bestimmten Quadraten und in bestimmten Abständen werden Schulen gebaut. Ich denke mal in Wirklichkeit ist das alles ganz anders. Also damals war's halt so, dass die alles um den Marktplatz gebaut haben.*

Norbert hat ein ganz klares Muster für die Stadtentwicklung und er nennt auch explizit die Quelle dieser Vorstellung, die übrigens von erstaunlich vielen Jugendlichen erwähnt wurde: das Computerspiel „SimCity", ein historisches Simulationsspiel. Norbert formuliert zwar die Entgegensetzung von Spiel und Wirklichkeit, aber auch in anderen Äußerungen sind seine Vorstellungen von dem planmäßigen Stadtaufbau im Computerspiel mehr geprägt als von historisch gewachsenen Städten, die er aus dem Unterricht und von eigenen Reisen kennt. Auch die Konzentration der Wahrnehmung auf den Marktplatz ist typisch für viele Schüler, sie nehmen die Stadt in der Gegenwart *und* in der Vergangenheit überwiegend als eine Ballung von Einkaufsmöglichkeiten wahr. Im freien Gespräch dominieren eindeutig die Alltagserfahrungen und nicht die auch bei diesem Schüler vorhandenen Wissenselemente zur historischen Stadtentwicklung.

Sylke Bergau hat 2003 Vorstellungen von Schülerinnen und Schüler aus 9. Klassen zur Sklaverei erhoben.[24] Ludwig äußerte zur Herkunft von Sklaven:

> *Zum Großteil kommen die Sklaven ja aus Afrika, zum Beispiel so aus irgendwelchen Entwicklungsländern, wo die noch nicht so entwickelt waren. Und der Rassenunterschied, dass die Weißen den Schwarzen überlegen sind, das gibt es schon Jahrhunderte und das hält ja jetzt noch an. Weil die Schwarzen, die kamen ja immer aus den unterentwickelteren*

23 Vgl. Anmerkung 2.
24 Vgl. Anmerkung 2.

> *Ländern und hatten noch eine andere Lebenseinstellung und Sitten. Sie hatten gar keine Medizin, keine Krankenhäuser. Nur irgendwelche Buschhütten.*

Auf den ersten Blick hat Ludwig manifeste Vorurteile und Überlegenheitsgefühle gegenüber Schwarzen. Auf den zweiten Blick versucht Ludwig jedoch eine Klärung mit dem ihm zur Verfügung stehenden Wissenselementen und sprachlichen Möglichkeiten. Er arbeitet mit Stereotypen, aber er formuliert gleichzeitig, dass der „Rassenunterschied" historisch bedingt sei, er greift also kein rassistisches Muster auf. Die Schwarzen und die früheren Sklaven kamen aus „unterentwickelteren" Ländern mit „anderen Lebenseinstellungen und Sitten". Die Überlegenheit könnte sich danach auflösen, wenn die Schwarzen die „Unterentwicklung" überwunden haben. Ludwig bettet also die „Rassenunterschiede" in ein Fortschrittskonzept ein: Die Krankenhäuser und die Medizin der „Weißen" sind den „Buschhütten" der Schwarzen überlegen. Auch das kann als Stereotyp bezeichnet werden, hat aber eine andere Qualität als ein rassistisches Vorurteil. Ob diese Interpretation Bestand hat, würde aber erst die Einbettung dieser Sequenz in den vollständigen Interview-Text zeigen. Die Interpretation von Einzeläußerungen ist noch keine qualitative Forschung.

IV. Grenzen und Möglichkeiten qualitativer Forschung

In den letzten Jahren ist der früher scharfe Gegensatz von quantitativer und qualitativer Forschung etwas ‚gemildert' und sind deren jeweilige Leistungen und Grenzen stärker reflektiert worden.[25]

- Qualitative Forschung ersetzt keine repräsentativen Untersuchungen zu Wissen, Fähigkeiten oder Einstellungen von Jugendlichen, wie sie etwa von Bodo von Borries oder vom PISA-Konsortium durchgeführt worden sind.[26] Qualitative Untersuchungen können solche *large scale*-Untersuchungen allerdings vorbereiten oder begleiten. Qualitative Forschung kann explorativ angelegt sein, als Vorstufe zu einer quantitativen Untersuchung, oder als qualitative Klärung von Fragen, die sich aus quantitativen Studien oder theoretischen Überlegungen ergeben haben.

25 Vgl. Werner Helsper/Leonie Herwartz-Emden/Ewald Terhart: Qualität qualitativer Forschung in der Erziehungswissenschaft: In: Zeitschrift für Pädagogik 47 (2001), S. 251-269.

26 Bodo von Borries, Bodo: Das Geschichtsbewußtsein Jugendlicher. Erste repräsentative Untersuchung über Vergangenheitsdeutungen, Gegenwartswahrnehmungen und Zukunftserwartungen von Schülerinnen und Schülern in Ost- und Westdeutschland. Weinheim/München 1995; PISA 2000. Basiskompetenzen von Schülerinnen und Schülern im internationalen Vergleich, hrsg. vom Deutschen PISA-Konsortium. Opladen 2001.

- Qualitative Forschung ersetzt keine Unterrichtsforschung im engeren Sinne, wie sie von Wolfgang Hasberg vorgeschlagen wird.[27] Es geht dabei nicht um die Evaluation des Erfolgs z. B. von bestimmten Unterrichtsverfahren. Die klassische Versuchsanordnung dafür ist: Messung vor dem Unterricht, Durchführung des Unterrichts, Messung nach dem Unterricht. Qualitative Forschung kann aber die Prozessfaktoren von Unterricht besser erkennen und analysieren.
- Qualitative Forschung ersetzt schließlich nicht das besonders in der Psychologie verbreitete Experiment, bei dem Wirkungszusammenhänge von bestimmten Faktoren statistisch berechnet werden, so wie es z. B. Heinz Neber für das Training von Schülerfragen im Geschichtsunterricht getan hat.[28] Aber auch hier gilt wieder, dass qualitative Forschung heuristisch oder analytisch experimentelle Forschung begleiten sollte.

Fragestellungen, die qualitativ erforscht werden können, sind außer gegenstandsbezogenen Schülervorstellungen z. B.

- Wie sind schulisches und außerschulisches historisches Lernen verbunden?
- Wie sind fachliches und außerfachliches Lernen im historischen Lernprozess verbunden?
- Wie denken Schüler? Was behalten Schüler? Wie gehen Schüler mit Aufgaben um?

Die Ergebnisse könnten die Basis für die Diagnostik im Geschichtsunterricht oder für die Entwicklung von Standards sein. Kompetenzniveaus könnten auf diese Weise empirisch gehaltvoll beschrieben werden. Das kann zu einem erheblichen Teil in *low budget*-Projekten geschehen, z. B. in Examensarbeiten. Auf diese Weise würden Studierende auch darin geschult, sehr genau auf sprachliche Äußerungen von Jugendlichen zu achten. Da historisches Denken überwiegend ‚sprachliches' Denken ist, eröffnen sich der Geschichtsdidaktik mit qualitativen Methoden sehr gute und gegenstandsangemessene Forschungsmöglichkeiten.

---

27 Wolfgang Hasberg: Über den möglichen Nutzen des Fliegenbeinzählens. Empirische Forschung zum historischen Lernen. In: Marko Demantowsky/Bernd Schönemann (Hrsg.): Neue geschichtsdidaktische Positionen. Bochum 2002, S. 143-171.

28 Heinz Neber: Fragetraining und Wissenserwerb im Geschichtsunterricht: Trainingsformen, Testformate und geschlechtsspezifische Differenzen. In: Bettina Hannover (Hrsg.): Sozialkognitive Aspekte der Psychologie, Band 1. Essen 1999, S. 98-113.

Workshop: Alternative Zugriffe auf das Tagungsthema

Resultate – Desiderate – Impulse

Wolfgang Hasberg

Im Gegensatz zu den Workshops, die sich mit dem Fremdverstehen im Museum, im Geschichtsunterricht und als Gegenstand der empirischen Forschung befassten und damit dem Tagungsthema eine neue, weiterführende Wende geben sollten, war es die Aufgabe des Workshops, dessen Ergebnisse an dieser Stelle wiedergegeben werden sollen, die Erträge der einzelnen Sektionen zu bündeln, um sie auf diesem Wege der abschließenden Diskussion im Plenum zuzuführen.

Damit rückte die Tagungsleitung von der bislang etablierten Praxis ab, einen Einzelnen mit der Aufgabe zu betrauen, das Tagungsfazit zu ziehen. Statt dessen sahen sich die Teilnehmer des Workshops vor die Aufgabe gestellt, nochmals alle Beiträge aus den Sektionen Revue passieren zu lassen und daraufhin zu befragen, inwieweit das Tagungsziel erreicht werden konnte. In moderner Terminologie war der Auftrag des Workshops, eine erste, notwendig vorläufige *Evaluation* vorzunehmen. Doch nicht in erster Linie um Evaluation ging es den Workshop-Teilnehmern, sondern um das Ausmachen möglicher Impulse, die von der Konferenz ausgehen und den geschichtsdidaktischen Diskurs um Migration, Fremdverstehen und interkulturelles Lernen in Geschichtskultur und Geschichtsunterricht befruchten können. Es ging – wiederum in die Terminologie moderner Pädagogik gekleidet – darum, die *Nachhaltigkeit* des Tagungsgeschehens zu erhöhen.

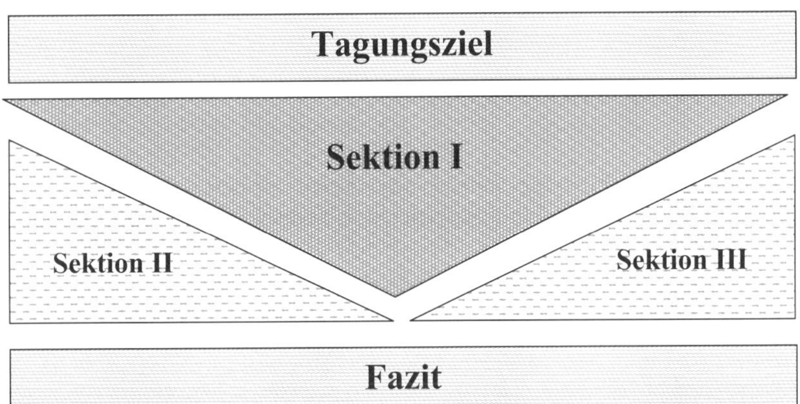

In der Tagungsarchitektur war wegen der interdisziplinären Ausrichtung des Tagungsgegenstandes den geschichtsdidaktischen eine „interdisziplinäre“ Sektion vorgeschaltet, in der Experten aus Soziologie und Politologie, Ethnologie und den angelsächsischen Cultural Studies zu Wort kamen, um über den Forschungsstand zu informieren, der bezüglich der Migration, des Fremdverstehens und des interkulturellen Lernens in diesen Disziplinen inzwischen erreicht ist. Ohne jeden Zweifel ist es unerlässlich, mit diesen Disziplinen ins Gespräch zu kommen – und zwar keineswegs nur im Rahmen einer Tagung und angesichts einer solch betont interdisziplinären Thematik. Die Referenten der beiden Sektionen des zweiten Tages konnten sich allerdings auf die Ausführungen der Spezialisten nur bedingt beziehen. Folglich musste es Aufgabe des Workshops sein, Übereinstimmungen und Divergenzen ausfindig zu machen, mit anderen Worten: die einzelnen Elemente des Tagungsgerüsts puzzelartig zusammenzuführen (Abb. 1). Im Einzelnen galt es folgendermaßen vorzugehen:

1. Welche Forschungserträge, Einsichten und Anregungen der Spezialdisziplinen sind in den geschichtsdidaktischen Beiträgen (wie in der Geschichtsdidaktik insgesamt) bereits präsent? Wo also rekurriert die Geschichtsdidaktik bereits auf Befunde der Spezialdisziplinen?
2. Zweitens musste festgestellt werden, welche Forschungsergebnisse und welche daraus abzuleitenden Konsequenzen die Spezialisten vorgetragen hatten, die bislang in der Geschichtsdidaktik noch keine Rolle spielen.
3. Aufgrund der beiden ersten Fragestellungen sollten drittens die Desiderate aufgelistet, d. h. Leerstellen benannt werden, die aus geschichtsdidaktischer Perspektive der weiteren Erforschung bedürftig sind – und zwar sowohl durch die Geschichtsdidaktik als auch durch die Nachbardisziplinen.
4. Schließlich galt es, der geschichtsdidaktischen Diskussion und Forschung Impulse zu geben.

Es war also ein immenser Aufgabenkatalog, der vor den nicht sonderlich zahlreichen Teilnehmern des Workshops lag und der in der zur Verfügung stehenden Zeit nur bedingt abgearbeitet werden konnte. [1]

I. Tagungsverlauf – das Angebot

Insofern die aufgeworfenen Fragestellungen bereits die Zusammenschau der einzelnen Sektionen und ihrer Ergebnisse voraussetzen, erscheint es geboten, ohne an dieser Stelle die Vorträge ausführlich referieren zu können, zunächst die inhaltlichen

1 Insofern es sich bei den im Folgenden dargestellten Befunden um Ergebnisse des gemeinsamen Gesprächs handelt, wäre es geboten, die einzelnen Teilnehmer an dieser Stelle namentlich aufzuführen. Da der vorliegende Text jedoch von den Workshop-Teilnehmern nicht gegengelesen werden konnte, muss der Verfasser das Dargestellte – auf die Gefahr hin, den Diskussionsverlauf und dessen Ergebnisse aus seiner subjektiven Perspektive wiedergegeben zu haben – alleine verantworten.

Schwerpunkte der einzelnen Sektionen in groben Zügen zu erfassen, um ihren Stellenwert in der Tagungsarchitektur bestimmen zu können. Ohne jeden Anspruch auf Vollständigkeit sollen mithin einige Akzente herausgehoben werden, die notwendig der subjektiven Perspektive des Berichterstatters verpflichtet sind.

1. Irritierender Auftakt

Anstelle des altbewährten Aufrissvortrags stand zu Beginn der Tagung in Freiburg eine Sektion, in der die in Augenschein genommene Thematik aus dem Blickwinkel verschiedener Disziplinen beleuchtet wurde. In ihrem explorativen Referat führte Bettina Alavi in die Tagungsthematik ein, indem sie die Titelbegriffe zu präzisieren versuchte. Davon ausgehend, dass Migration ein alle (nicht nur moderne) Gesellschaften durchdringendes Phänomen darstellt, machte sie auf vier mögliche Aspekte des Begriffsverständnisses aufmerksam:

- Zum ersten können mit Migration die Wanderungsbewegungen in der Vergangenheit bezeichnet werden (m. a. W.: Migrationsgeschichte).
- Zweitens können subjektive Migrationserfahrungen (in Vergangenheit und Gegenwart) gemeint sein.[2]
- Dabei gilt es drittens zu beachten, dass Migrationserfahrungen zunehmend intergenerativ vermittelt werden, das heißt, dass die durch Migration Betroffenen selber keine unmittelbaren Migrationserfahrungen erworben haben, sondern vermittelt durch die Eltern- oder Großelterngeneration, deren Heimatwechsel zeitlich bereits zurückliegt.[3]
- Schließlich kann aus der Migration die Notwendigkeit interkultureller Erziehung abgeleitet und der geschichtsdidaktischen Forschung und Reflexion als Gegenstand zur Aufgabe gemacht werden.

Der zweite zentrale Begriff des Tagungsthemas war das „Fremdverstehen“. Bei diesem unterschied Bettina Alavi zwei Aspekte. Zum einen umriss sie den Terminus im Sinne des hermeneutischen Verstehens, ohne dass dabei bereits die Sinnbildung als (individueller) Teilakt des Verstehens Berücksichtigung gefunden hätte.[4] Die historische Dimension suchte sie diesem Begriff von (Fremd-) Verstehen zu implementieren, indem sie die (zeitliche) Alterität hinzufügte und somit implizit die verstehende Überwindung von (zeitlicher) Alterität zum Spezifikum historischen

2 Insofern Migrationserfahrungen in der Vergangenheit thematisiert werden, kann von Erfahrungsgeschichte die Rede sein.

3 Das gilt selbstverständlich für alle Migrationsprozesse, auch bei vergangenen Migrationsprozessen waren immer auch die Nachkommen der ursprünglichen Migranten betroffen.

4 Vgl. dazu neuerdings die Beiträge der Sektion „Historische Sinnbildung“ in: Ranft, Andreas/Meumann, Markus (Hrsg.): Traditionen – Visionen. 44. Deutscher Historikertag in Halle an der Saale. Berichtsband, München 2003, S. 204-207.

Verstehens machte. Damit präzisiert sie in keineswegs originärer Weise historisches Verstehen, kann indes nicht die Spezifik des „Fremdverstehens" erklären.[5]

Wichtiger erscheint der Hinweis darauf, dass – wie in empirischen Untersuchungen mehrfach festgestellt werden musste – die Fähigkeit zur Empathie, die als eine Voraussetzung für das Fremdverstehen zu betrachten ist, allenfalls mäßig, bei der Mehrheit der Schüler nicht einmal anfanghaft ausgebildet ist.[6] Deshalb war die Forderung nach weiteren empirischen Untersuchungen zum Erwerb der Kompetenz des Fremdverstehens nur allzu berechtigt. Mit Blick auf die Diskussion, die im Rahmen dieser Sektion recht lebhaft geführt wurde, muss ergänzt werden: Nicht minder notwendig sind erneute Bemühungen zur theoretischen Durchdringung des Begriffs „Fremdverstehen". Denn während bislang der Eindruck erweckt wurde, in der Geschichtsdidaktik herrsche Einvernehmen über das, was mit diesem Begriff bezeichnet wird, so brachte die Sektion ans Licht, dass davon in keiner Weise die Rede sein kann.

Diese Einsicht erfuhr eine nachhaltige Bestärkung durch den Vortrag des Soziologen Michael Bommes, der die vermeintliche Prägnanz der grundlegenden Begriffe erschütterte, indem er Migration als normale Form sozialer Mobilität bezeichnete und die Notwendigkeit des Fremdverstehens in modernen Gesellschaften deutlich relativierte, weil Rollenstrukturen die Fremdheitsproblematik zu einem guten Teil regelten. Was macht es eigentlich interessant, Fremdes als Fremdes verstehen zu wollen? – Diese Frage erscheint berechtigt, auch in Hinsicht auf die Geschichtswissenschaft, die es per definitionem mit dem Anderen, mit dem zeitlich Anderen zu tun hat. Doch befasst sie sich mit diesem nicht nur, um das Eigene, die eigene Zeit besser zu verstehen, in der es sich zu orientieren gilt?

Im Vordergrund der folgenden Referate standen inhaltliche Aspekte: „Wie reagierte die Politik in Deutschland auf den Zuwanderungsstrom seit den 1960er-Jahren?" war das Thema von Karin Schönwälder, nicht um für die Re-Konstruktion der Migration, sondern des Umgangs mit der Migration zu plädieren. Dem gegenüber wagte Martin Sökefeld sich auf das Feld des Konstruktivismus, indem er die Fremdheit der Migranten als ein permanent neu konzipiertes Konstrukt entlarvte, das

---

5 Ob übrigens tatsächlich Schörken, Rolf: Geschichtsunterricht in einer kleiner werdenden Welt. Prolegomena zu einer Didaktik des Fremdverstehens. In: Süssmuth, Hans (Hrsg.): Geschichtsdidaktische Positionen, Paderborn 1980, S. 315 - 335 der Begründer des Konzepts Fremdverstehens in der Geschichtsdidaktik ist, muss mit Blick auf die weltgeschichtlichen Ambitionen der spähistoristischen Historiker des 18. Jahrhundert füglich bezweifelt werden.

6 Immer wieder repliziert in den Erhebungen von Borries, Bodo v: Kindlich-jugendliche Geschichtsverarbeitung in West- und Ostdeutschland 1990 (Geschichtsdidaktik. Studien, Materialien NF 8). Pfaffenweiler 1992, S. 57ff.; ders.: Das Geschichtsbewußtsein Jugendlicher (Jugendforschung), Weinheim/München 1995, insb. S. 135ff.; ders.: Jugend und Geschichte (Schule und Gesellschaft, 21), Opladen 1999, S. 190ff. Vgl. auch Körber, Andreas: Can our pupils fit into the shoes of someone else? Introduction. In: Leew-Roord, Joke v. d. (Hrsg.): The State of History Education in Europe, Hamburg 1998, S. 123 - 138; ders.: „Hätte ich mitgemacht?" Nachdenken über historisches Verstehen und (Ver-) Urteilen im Unterricht, in: GWU 51 (2000) S. 430 - 448.

sowohl den Ausgrenzungs- als auch den – positiv konnotierten – Multikulturalismusdiskurs bestimmt. Der Rolle des weiblichen Geschlechts im Rahmen der Migration nahm sich Umut Erel an, die auf die doppelte Ausgrenzung als Frau und als Migratin aufmerksam machte und aus dem Umfeld der Cultural Studies auf erste Untersuchungen zu dieser Problematik verwies.

Bestimmend blieb trotz dieser inhaltsreichen Referate in der Diskussion die begriffliche Problematik um das Fremdverstehen. Kann Fremdheit nicht immer nur historisch erklärt werden? Ist Fremdheit heute nicht das Normale? Was hat man angesichts des sich ausweitenden Kulturbegriffs unter kultureller Authentizität und kultureller Fremdheit zu verstehen? Welche Konsequenzen ergeben sich aus der Verflüchtigung des Kulturbegriffs für die interkulturelle Erziehung? Trägt der analytische Kulturbegriff, wenn es um die Konstruktion von Lehr-Lernprozessen geht? – Die Vielschichtigkeit der gestellten Fragen dokumentiert, was ein Diskutant prägnant in die Aussage kleidete, dass der Referenzhorizont in den Referaten wie in den diese begleitenden Diskussionen permanent gewechselt worden sei, ohne dass konkrete Probleme des Umgangs mit Migration und (kultureller) Fremdheit in Gesellschaft und/oder Geschichtsunterricht in das Blickfeld getreten seien. War also trotz aller Irritationen durch die nicht eigentlich interdisziplinäre, sondern verschiedene Disziplinen zusammenführende Sektion ein Grund gelegt, auf dem die weiteren Sektionen aufbauen konnten? Inwieweit konnten sie zu einer Lösung der aufgeworfenen Probleme beitragen?

2. Angebote der Sektionen

a) Geschichtsunterricht und Migration

Der thematische Zuschnitt der beiden geschichtsdidaktischen Sektionen zur „Geschichtskultur“ und zum „Geschichtsunterricht und Migration“ war von denkbar größter Weite; zumal er noch ausgeweitet wurde, als in der Sektion zum Geschichtsunterricht mit dem Geschichtswettbewerb des Bundespräsidenten und einer universitären Lehrveranstaltung weitere Lernorte in das Blickfeld traten. Bodo v. Borries wandte sich der subjektiven Betroffenheit durch Migration zu, indem er auf die Verarbeitung von – zumeist vermittelten – Migrationserfahrungen zu sprechen kam, wie sie sich in den eingereichten Wettbewerbsarbeiten niedergeschlagen haben. In diesen Auseinandersetzungen mit der eigenen Vergangenheit geht es mithin nicht um Fremd-, sondern um Selbstverstehen. Dieser Befund lässt die von Vadim Oswald vorgetragene Forderung umso berechtigter erscheinen, in den Geschichtscurricula sollten „Geschichten der Herkunftsländer von Migrantenkindern“ eingebunden werden. Inwieweit über eine Parallelisierung verschiedener Nationalgeschichten hinaus darüber allerdings interkulturelles Lernen zustande kommen kann, blieb unerörtert. Es mag auch bezweifelt werden, dass der Einsatz des Computers und des Internets dafür richtungsweisend sein können, wie Sabine Liebig aufgrund der Durchführung eines hochschuldidaktischen Experiments glauben machen wollte. Ihre Darstellung eines interkulturellen Seminars zum Gegenstand „Migration“, das simultan an einer deutschen und einer USamerikanischen Hochschule durchgeführt wurde, blieb all zu sehr im vordergründigen Beschreiben der Konzeption und der eingesetzten Medien und (Vermittlungs-)Methoden, als dass aufgrund einer von geschichtsdidaktischen Kategorien geleiteten Analyse deutlich hätte werden können, welchen Einfluss Konzeption, Vermittlungsmethoden und Medien auf den Lernprozess und das historische Lernen der Studierenden gewonnen hatten. Gänzlich unbeleuchtet blieb, welche Rolle dabei die Thematisierung des Sachgegenstandes „Migration" eingenommen hatte. Dieser trat umso deutlicher im abschließenden Referat der Sektion zu Tage, in dem Birgit Wenzel am Beispiel der „Völkerwanderung" den Umgang mit Migration im Geschichtsunterricht dokumentierte, um daraus Essentials abzuleiten.

Daran entzündete sich in der Workshop-Debatte eine Kontroverse, in der eingewendet wurde, da (authentische) Migrationserfahrungen aus der Zeit der Völkerwanderung nicht überliefert seien, könnten sie schlechthin nicht zum Gegenstand historischen Lernens im Unterricht werden. Grundsätzlich wurde in Frage gestellt, ob alle Wanderungsbewegungen als „Migration" zu bezeichnen seien; unter anderem mit dem Hinweis darauf, dass Fremdheit ein Begriff sei, der in seiner heutigen Ausprägung erst im 19. Jahrhundert entstanden sei. Dennoch könne man Fremdheitserfahrung als eine anthropologische Konstante betrachten. Nur müsse dann das sich wandelnde Verständnis von Fremdsein Berücksichtigung finden, das die Perzeption von Andersartigkeit und Fremdheit in der jeweiligen historischen Zeit geleitet haben mag.

Nachdem bereits in der Eingangssektion das Fremdverstehen einerseits als Konzept in Frage gestellt wurde, weil mit dem Verstehen des Fremden immer ein Selbstverstehen intendiert ist, andererseits als Verstehen des zeitlich Fremden verstanden wurde, kann aus dem Gespräch im Workshop eine gestufte Historisierung abgeleitet werden. In geschichtsdidaktischer Absicht ist Fremdverstehen demnach zu unterscheiden:

1. Verstehen des zeitlich Fremden (= des Vergangenen) als Fremdes (=Alterität);
2. Verstehen des (aus der Perspektive des heutigen Betrachters) Fremden in der zeitlichen Fremde (= Vergangenheit);
3. Verstehen der Erfahrung des Fremden in der zeitlichen Fremde (= Vergangenheit);
4. Verstehen des Wandels der Erfahrung des Fremden in der zeitlichen Fremde (= Vergangenheit) bis in die Gegenwart.

b) Geschichtskultur

Für eine Aussprache über das Vorgetragene war in der mit fünf Referaten übervollen Sektion zur Geschichtskultur wenig Raum, zumal das inhaltliche Spektrum wiederum breit gestreut war. So befassten sich Waldemar Grosch und Saskia Handro mit der Wahrnehmung von und dem Umgang mit Migration und Fremdheitserfahrungen in der Bundesrepublik respektive der DDR. Während einerseits der „realhistorische"

Umgang mit den „Flüchtlingen“ in Westdeutschland dargestellt wurde, war es andererseits der Umgang mit dem Thema „Flucht und Vertreibung“ in den verschiedenen Medien der Geschichtskultur. Beide Beiträge verharrten auf der Ebene historischer Re-Konstruktion.

Einen geschichtsdidaktischen Bogen schlug dagegen Andreas Urban, der über Erfahrungen mit der niedersächsischen Ausstellung „Hier geblieben“ berichtete, eine Ausstellung, in der die Geschichte der Zuwanderung und der Zugewanderten thematisiert wurde. Erste Befunde aus Interviews und Besucherbüchern, die der Referent mitteilte, gaben zu erkennen, dass die Betroffenen sich sowohl durch das Beisteuern von Exponaten als auch durch ihren Besuch für die Ausstellung engagierten, in der ihnen folglich nicht das Fremde, sondern das Eigene begegnete. Kommt dazu die Beobachtung, dass Migranten kaum Interesse am Schicksal anderer Zuwanderergruppen zeigten, stellt sich nicht nur die Frage, inwieweit eigene Migrationserfahrung mit denen anderer Migrantengruppen abgeglichen und auf diesem Wege verallgemeinert werden. Grundsätzlich wirft sich gar die Frage auf, inwieweit das Museum überhaupt eine geeignete Einrichtung ist, in der Fremdheitserfahrungen gemacht werden können. Ihr wandte sich – indirekt – Arnold Vogt zu, indem er den Umgang mit dem Fremden in völkerkundlichen und missionsgeschichtlichen Sammlungen darstellte. Ausgehend von der These, im Museum finde eine „ungewöhnliche Kommunikation“ statt, sofern die Ausstellungsarchitektur selbst in die Begegnung einbezogen würde, plädierte er dafür, den Eigensinn der Objekte ernst zu nehmen, wenngleich die quellenkritische Methode für dreidimensionale Quellen noch längst nicht ausgefeilt sei. Ideologiekritische Vorbehalte oder ein reflexives Ausstellungsbewusstsein, so betonte er, seien notwendig, um das Potenzial einer Begegnung mit der Völkerkunde auszuschöpfen und so das Eigene im Fremden zu erkennen.

Ein wiederum neues Inhaltsfeld eröffnete Monica Juneja-Huneke, die sich historiografischen Fragestellungen zuwandte. Ein weiteres Mal erschütterte sie herkömmliche Dichotomien wie Eigenes und Fremdes, Identität und Alterität, Europa und Nicht-Europa etc., indem sie einerseits auf den Konstruktionscharakter entsprechender Begrifflichkeiten (bspw. Nation, Europa) hinwies und andererseits akzentuierte, dass Fremdheit keine ontologische Eigenschaft sei, die einer Person oder einem Ding per se anhafte. Vielmehr handelt es sich um Attributierungen, die einer Person oder einem Phänomen von einem Erkenntnissubjekt zugeschrieben werden. Zentral ist mithin die Perspektive des Erkennenden. In der Konsequenz fordert sie, nationale oder europäische Besonderheiten in ihrer transnationalen oder transkontinentalen Verwobenheit zu erforschen und darzustellen, um über die Verwobenheit Fremdverstehen und Selbstverständnis zu befördern. In Hinsicht auf die drängende Frage nach den Konsequenzen, die für Geschichtsdidaktik und Geschichtsunterricht aus der zunehmenden Globalisierung von Wirtschaft und Gesellschaft zu ziehen sind,[7] liegt damit ein bedenkenswerter Hinweis auf dem

7 Abgerundete Überlegungen oder gar Konzepte liegen m.W. dazu bislang nicht vor. Erste Hinweise bieten u. a. Schreiber, Waltraud (Hrsg.): Vom Imperium Romanum zum Global

Tisch, der eine Art multiple Beziehungsgeschichte einfordert.[8] Gleichzeitig macht das Beispiel Europa die Grenzen des Ansatzes deutlich, die wiederum in der Historizität zu suchen sind. Denn während sich das neuzeitliche Europa im ständigen Abgleich mit den außereuropäischen Kulturen herausgebildet hat, gilt dies für das mittelalterliche Europa nur bedingt.[9]

Der Weite des gewählten Titels korrespondierend war das Spektrum unterschiedlicher Beiträge dieser zweiten Sektion breit gefächert. Es fällt einigermaßen schwer, sie durch ein Prisma zu bündeln. Gleichwohl enthalten die einzelnen Beiträge eine Fülle von geschichtsdidaktischen Anregungen, wenngleich diese in den einzelnen Beiträge kaum als solche markiert wurden. Es kommt daher der systematischen Zusammenschau zu, die Ergebnisse zu sichten, um Desiderate und Impulse auszumachen.

II. Tagungsfazit – das Ergebnis

In der Geschichtsdidaktik sind Fremdverstehen[10] und Migration,[11] insbesondere aber die interkulturelle Erziehung im und durch den Geschichtsunterricht[12] immer wieder

Village. „Globalisierung“ im Spiegel der Geschichte (Eichstätter Kontaktstudium zum Geschichtsunterricht 1), Neuried 2000; Pellens, Karl u. a. (Hrsg.): Historical Consciousness and History Teaching in a Globalizing Society, Frankfurt a.M. 2001 u. zuletzt: Popp, Susanne/Forster, Johanna (Hrsg.): Curriculum Weltgeschichte. Globale Zugänge für den Geschichtsunterricht (Forum hist. Lernen), Schwalbach/Ts. 2003.

8 Ähnlich gelagert sind die Hinweise für die stärkere Berücksichtigung europäischer Geschichte im Geschichtsunterricht bei Schönemann, Bernd: Europäische Geschichte als Gegenstand und Problem der Geschichtsdidaktik. In: Seidenfuß, Manfred/Reese, Armin (Hrsg.): Vorstellungen und Vorgestelltes. Geschichtsdidaktik im Gespräch (Festschrift Uwe Uffelmann), Neuried 2002, S. 211-229, insb. S. 224f. u. 226f., der von „Diskursgeschichte“ spricht.

9 Vgl. das viel diskutierte Buch von Mitterauer, Michael: Warum Europa? Mittelalterliche Grundlagen eines Sonderwegs, 2. Aufl., München 2003, der aufgrund umfangreicher Außenvergleiche die historisch gewachsenen Gemeinsamkeiten des europäischen Kulturraums nachzeichnet und gegenüber dem in der Literatur zu findenden Mainstream davon ausgeht, dass die grundlegenden Entwicklungen bereits im Hochmittelalter zum Abschluss gekommen seien (ebd., S. 9).

10 Vgl. neben dem in Anm. 5 genannten Beitrag von Rolf Schörken insb. die Arbeiten von Bergmann, Klaus: Die anderen, in: Geschichte lernen 3/1988, S. 5-9. Ders.: Wir und die anderen – Lernen an und aus der Geschichte, in: ders.: Geschichtsdidaktik. Beiträge zu einer Theorie historischen Lernens (Forum hist. Lernen), 2. Aufl., Schwalbach/Ts. 2000, S. 224-243.

11 Siehe u. a. Pellens, Karl: Migration. Lernchancen für historisch-politischen Unterricht, Schwalbach/Ts. 1998 u. Schreiber, Waltraud (Hrsg.): Kontakte – Konflikte – Kooperation. Der Umgang mit Fremden in der Geschichte (Eichstätter Kontaktstudium 2), Neuried 2001.

12 Alavi, Bettina/Borries, Bodo v.: Geschichte, in: Reich, Hans K./Holzbrecher, Alfred/Roth, Hans Joachim (Hrsg.): Fachdidaktik interkulturell. Ein Handbuch, Opladen 2000, S. 55-91; Alavi, Bettina: Geschichtsunterricht in der multiethnischen Gesellschaft. Eine fachdidaktische Studie zur Modifikation des Geschichtsunterrichts aufgrund migrationsbedingter Veränderungen, Frankfurt a.M. 1998; dies.: Interkulturelles Lernen im Geschichtsunterricht – ein Plädoyer für einen modifizierten Geschichtsunterricht und eine veränderte Lehrerausbildung, in: Internationale Schulbuchforschung 21 (1999), S. 235-248; dies.:

thematisiert worden, ohne dass bislang eine konsequente Zusammenschau dieser drei Teilaspekte geleistet worden wäre. Vielmehr erweckt ein flüchtiger Blick über die vorliegende Literatur den Eindruck, als würden Konzepte interkultureller Erziehung entwickelt, ohne dass die gesellschaftlichen Veränderungen, die zu dieser Forderung führen, hinreichend unter geschichtsdidaktischer Perspektive in den Blick genommen wurden.[13] Womöglich vermögen die vorgelegten Konzepte zum interkulturellen Geschichtslernen und zum interkulturellen Lernen im Geschichtsunterricht (was keineswegs identisch ist!) deshalb noch nicht vollends zu überzeugen.

Wenn es abschließend darum geht, die Resultate, Desiderate und Impulse zu fixieren, die durch die Tagung erbracht wurden, empfiehlt es sich, diese auf der Folie der unterschiedlichen Sektoren geschichtsdidaktischer Forschung zu sichten, d. h. sie danach zu unterscheiden, inwieweit sie in den Bereich des Normativen, der Theorie, der Empirie oder der Pragmatik ausgreifen.[14]

1. Resultate

Im Zuge der Skizze des Tagungsverlaufs sind bereits manche Hinweise zu den Ergebnissen der Sektionen gemacht worden. An dieser Stelle geht es um eine Zusammenschau, die das Resultat der Tagung zu fixieren erlaubt.

Auf *normativem Sektor* sind hinreichend viele Ideen entwickelt worden, die zum Teil in den konstruktiv-pragmatischen Bereich hineinragen, insofern die Begegnung mit dem Fremden im Museum (Arnold Vogt, Andreas Urban), die Thematisierung von Migration und Migrationserfahrungen im Unterricht (Birgit Wenzel) und interkulturelles Lernen im Hochschulseminar (Sabine Liebig) zur Sprache gebracht wurden. Inwieweit die vorgestellten konzeptionellen Überlegungen und Modelle sich

---

Interkulturelles Geschichtslernen, in: Zeitschrift für Geschichtsdidaktik 1 (2002), S. 123 - 137; Erdmann, Elisabeth (Hrsg.): Verständnis wecken für das Fremde, Schwalbach/Ts. 1999; dies.: Geschichte lernen in multikulturellen Klassen, in: Schreiber, Waltraud (Hrsg.): Erste Begegnungen mit Geschichte, Bd. 1, Neuried 1999, S. 105 - 116; Körber, Andreas (Hrsg.): Interkulturelles Geschichtslernen. Geschichtsunterricht unter den Bedingungen von Einwanderung und Globalisierung. Konzeptionelle Überlegungen und praktische Ansätze (Novemberakademie 2), Münster u. a. 2001 u. Strotzka, Heinz: Interkulturelles Lernen für das Fach Geschichte und Sozialkunde, in: Gauß, Rainer/Harasek, Anneliese u. a. (Hrsg.): Interkulturelle Bildung (Lernen kennt keine Grenzen, 2), Wien 1995, S. 71 - 85, und Reeken, Dietmar von: Interkulturelles Lernen im Geschichtsunterricht. In: Günther-Arndt, Hilke (Hrsg): Geschichts-Didaktik, Berlin 2003, S. 33 - 241.

13 In dieser Hinsicht bleibt auch der verdienstvolle Forschungsbericht von Alavi: Interkulturelles Geschichtslernen (Anm. 12) von unzureichender analytischer Tiefenschärfe.

14 Zu dieser Strukturierung des Forschungsfeldes s. Borries, Bodo v.: Geschichtsbewusstsein als Identitätsgewinn? Fachdidaktische Programmatik und Tatsachenforschung (Betr. z. Geschichtskultur 3), Hagen 1990, S. 10. Vgl. dazu auch Hasberg, Wolfgang: Methoden geschichtsdidaktischer Forschung, in: Zeitschrift für Geschichtsdidaktik 1 (2002), S. 59 - 77 u. ders.: Geschichtsbewusstsein – Geschichtskultur – Kulturgeschichte. Geschichtsdidaktik in der Lehrerausbildung, in: Arand, Tobias/Scherberich, Klaus (Hrsg.): Schule – Europa – Technik. Der neue Lehramtsstudiengang Geschichte an der RWTH Aachen, Aachen 2003, S. 19 - 38.

als theoretisch konsistent und in der Praxis als tragfähig erweisen, kann und soll an dieser Stelle nicht beleuchtet werden. Allzu viele theoretische und empirische Desiderate scheinen einer plausiblen Entscheidung einstweilen entgegen zu stehen.

Als evident erweist sich in normativer Hinsicht vielmehr der offenkundige Konsens, dass angesichts der gesellschaftlichen Entwicklung weder die Thematisierung von Migrationsprozessen und Migrationserfahrungen an den verschiedensten Lernorten in Frage gestellt wird, noch Fremdverstehen und interkulturelles Lernen als Zielperspektiven intentionaler Lehr-Lernprozesse in Zweifel gezogen werden; wobei der Hinweis notwendig erscheint, dass der Gegenstand Migration durchaus nicht mit dem Ziel, Fremdverstehen zu fördern, verbunden sein muss, und umgekehrt Fremdverstehen an unterschiedlichsten Inhalten gefördert werden kann. Insofern führt das Tagungsthema in die Irre, wenn es beide Aspekte in ein derart enges Verhältnis setzt und ihre Berücksichtigung in Geschichtskultur und Geschichtsunterricht als notwendige Konsequenz einer multiethnisch strukturierten Gesellschaft zu fordern scheint. Abgesehen von solchen semantischen Sublimitäten sticht ins Auge, dass „interkulturelles Geschichtslernen" im Tagungstitel wie im Tagungsprogramm nicht auftrat, während das Fremdverstehen - offenkundig ein Teilakt desselben[15] - in beiden eine exponierte Stellung einnahm.

Deshalb ist auf theoretischem Sektor hervorzuheben, dass gerade dieser Begriff nachhaltig in Frage gestellt wurde, wobei insbesondere Michael Bommes den Finger in die Wunde legte und die Differenzierung zwischen Verstehen und Fremdverstehen in Zweifel zog, indem er „Fremdverstehen" allein als *reflektierten Modus von Verstehen* verstanden wissen wollte.[16] Gerade die Auftaktsektion hat manche Leerstelle aufgedeckt, für welche die Geschichtsdidaktik bislang blind war, weil sie von einem Konsens ausgehen zu können meinte. Das betrifft neben dem Fremdverstehen auch die Alterität und den Umgang mit ihr. Warum sollte zeitliche Fremdheit, als welche Alterität häufig übersetzt wird, als solche wahrgenommen werden? Inwiefern führt ein solches Fremdverstehen, bei dem es in historistischer Manier darum geht, die historische Zeit in ihren Eigenheiten, in ihrer *Unmittelbarkeit zu Gott* zu verstehen (Leopold v. Ranke), zu historischer Selbstvergewisserung, zu Selbstverstehen? Die Problematik, die geschichtstheoretisch und geschichtslern-theoretisch durchaus plausibel zu klären ist,[17] erscheint nicht nur deshalb relevant, weil sie dazu anregt, die Unterschiede zwischen dem historistischen Verstehensbegriff und dem Begriff des Fremdverstehens neu zu bedenken. Sie hält gleichfalls dazu an, neu zu bedenken, was als Fremdes in der Vergangenheit gelten kann und welchen Sinn es hat, sich in intentionalen historischen Lehr-Lernprozessen

15 Vgl. Borries/Alavi: Geschichte (Anm. 12), S. 70.

16 Ganz ähnlich übrigens Borries, Bodo v. : Interkulturalität beim historisch-politischen Lernen – Ja sicher, aber wie? In: GWU 52 (2001), S. 305-324, hier S. 315f.

17 Vgl. zuletzt den auf Jörn Rüsens Historik aufbauenden Versuch von Hasberg, Wolfgang/Körber, Andreas: Geschichtsbewusstsein dynamisch, in: Körber, Andreas (Hrsg.): Geschichte – Leben – Lernen (Forum hist. Lernen), Schwalbach/Ts. 2003, S. 177-200.

damit zu befassen. Als „fremd“ kann in der historischen Zeit der oder das gelten, wer oder was nicht zur Ingroup des historisch erkennenden Subjekts gehört. Als Gegenstand des historischen Lernens kann das „Fremde“ jedoch auch das sein, was in der historischen Zeit als „fremd“ empfunden wurde. Hier macht sich das bemerkbar, was Johannes Fried einmal die „doppelte Theoriebindung“ des Historikers genannt hat: Er muss sich sowohl seiner eigenen perspektivischen Bindung bewusst sein als auch jener der Zeitgenossen.[18] Auf theoretischem Sektor ist ein Ertrag der Tagung vor allem in der Fülle neuer Fragen zu sehen ist, die sich aufgrund des Dialogs mit Disziplinen wie der Soziologie aufgetan haben, welche sich wesentlich länger und intensiver mit den Folgen von Migration und Globalisierung befasst hat als die Geschichtsdidaktik.

Nur wenige Tagungsbeiträge waren im *Bereich der Empirie* zu verorten. Dabei gilt es zwischen solchen zu trennen, die aus der Durchführung von Lehrveranstaltungen Essentials für die Beschäftigung mit Migration und Migrationserfahrungen, für die Begegnung mit dem Fremden oder dem interkulturellen Lernen zu gewinnen suchten und damit immer der Gefahr ausgesetzt sind, der normativen Kraft des Faktischen zu erliegen, und solchen Beiträgen, die analytisch einen Materialkorpus zu erschließen suchten, um kategoriale Einsichten in dem Umgang mit Migration und Fremdverstehen zu finden. Sowohl die Ausführungen von Andreas Urban als auch die von Bodo v. Borries weisen darauf hin, dass die Beschäftigung mit Migrationsprozessen häufig einem Selbstvergewisserungstrieb entspringt, mithin nicht darauf gerichtet ist, Fremdes zu erfahren, sondern Eigenes zu finden. Die Befunde machen ein weiteres Mal deutlich, wie wenig Migration und Fremdverstehen korrelative Begriffe sind. Vielmehr können Migrationsprozesse in intentionalen historischen Lehr-Lernprozessen Aufnahme finden, um zeitlich überdauernde, gleichwohl in der Zeit sich verändernde Elemente von Migrationsprozessen transparent zu machen, mithin Handlungskategorien zu entwickeln, wie es für die historische Instruktion gang und gäbe ist.

So führten auch die unterrichtspraktischen Beispiele in diese Richtung. Wie bereits an anderer Stelle markiert, fand dabei das Moment der Historizität nicht immer die ausreichende Berücksichtigung. Zu den unhintergehbaren Prinzipien historischen Lehrens und Lernens gehört nicht zuletzt, dass sich vergangene Phänomene, z. B. vergangene Migrationserfahrungen, nicht re-konstruieren lassen, wenn die Überlieferung keinen geeigneten Quellenfundus bereit hält. Ob Langobarden und Vandalen, die im 5. Jahrhundert über Generationen hinweg permanent ihre Wohnsitze änderten – wohlgemerkt als Großgruppe, nicht als Einzelne, die eine fest gefügte Gesellschaft verließen, um in eine andere überzuwechseln – Migrationserfahrungen machten, die mit dem aktuellen Migrationsbegriff zu erfassen sind[19], bleibt im Dunkeln und trotz mangelnder Quellenbasis füglich zu bezweifeln.

18 Fried, Johannes: Wissenschaft und Phantasie. Das Beispiel der Geschichte. In: HZ 263 (1996), S. 291-316, hier S. 298.

19 Es ist bezeichnend, dass noch 1977 in dem renommierten Handbuch von Bernsdorf, Wilhelm (Hrsg.): Wörterbuch der Soziologie, 5.Tb-Aufl., Frankfurt a. M. 1977, Bd. 2, S. 540 unter

2. Desiderate

In *normativer Hinsicht* konnte weder in den geschichtsdidaktischen Sektionen noch in der Auftaktsektion geklärt werden, welche Ziele mit der Thematisierung von Migration in historischen Lehr-Lernprozessen verknüpft werden können und sollen. Als mögliche Zielperspektive nachhaltig in Frage gestellt wurde die Kompetenz des „Fremdverstehens", deren Spezifika im Vergleich zum historischen Verstehen nicht transparent gemacht werden konnten. Angesichts dieser Sachlage ist es bedauerlich, dass das interkulturelle Geschichtslernen an keiner Stelle zum Thema erhoben wurde, wiewohl es in der Geschichtsdidaktik bereits vor dem Hintergrund der neueren Kulturdebatte und der in der Pädagogik und in manchen Fachdidaktiken betriebenen Interkulturalismusdebatte erörtert wurde.[20] In mancherlei Hinsicht fielen die Tagungsbeiträge hinter diesen Diskussionsstand zurück.

In *theoretischer Hinsicht* sind die Lücken, die es aufzuzeigen gilt, bereits überdeutlich markiert worden. Die geschichtsdidaktische Diskussion wird nicht umhin kommen, den Begriff des Fremdverstehen neuerlich zu behandeln und dabei gezielter als bisher an Prinzipien des historischen Lernens anknüpfen müssen. Dazu gehört neben der (Multi-) Perspektivität, die Alterität und die Re-Konstruktivität historischen Denkens, die auf allen Ebenen des historischen Erkennens (Wahrnehmen, Deuten, Orientieren)[21] ihr Recht einfordern. Auch in Bezug auf das interkulturelle Lernen wird zu beachten sein, dass historisches Lernen zunächst zwischen zeitlich fremden Kulturen zu vermitteln hat, wozu die kulturellen Unterschiede auf synchroner Ebene verschiedener historischer Zeiten erst als eine zweite Komponente hinzutreten. Es ist davor zu warnen, sich diesbezüglich allzu vorbehaltlos den Strömungen anzupassen, wie sie in der „interkulturellen Pädagogik" und in manchen Fachdidaktiken anzutreffen sind.

Es heißt in den vielstimmigen Klagechor über das permanenten Empiriedefizit der Geschichtsdidaktik einzustimmen, wenn die Tagungsbeiträge in *empirischer Hinsicht* offenbarten, dass allzu wenig erfahrungsgesättigtes Wissen darüber vorhanden ist, wie interkulturelles historisches Lehren und Lernen in der Praxis vonstatten geht. Diesem Defizit vermochten auch die Praxisberichte, die eher von experimenteller als von alltäglicher Praxis berichteten, nicht abzuhelfen. Grundlegender jedoch ist der Mangel an erfahrungswissenschaftlichen Befunden zu den grundlegenden Kompetenzen, die interkulturelles Geschichtslernen ausmachen. Solange allerdings nicht halbwegs konsistente Theoriemodelle dazu vorliegen, was unter interkulturellem historischem Lernen zu verstehen ist, wird dieser Mangel wohl kaum zu beseitigen sein.

Migration auf das Stichwort „Wanderungsmobilität" verwiesen wird (ebd., Bd. 3, S. 911-914), der Begriff selbst in der deutschen Soziologie also noch keineswegs etabliert war.

20 S. insb. Körber, Andreas: Geschichte und interkulturelles Lernen. Begriff und Zugänge. In: GWU 52 (2001), S. 292-304.

21 So in Anlehnung an Rüsen, Jörn: Erfahrung, Deutung, Orientierung – drei Dimensionen des historischen Lernens. In: ders.: Historisches Lernen. Grundlagen und Paradigmen, Köln/Weimar/Wien 1994, S. 64-73.

Schließlich bleiben grundsätzliche Fragen auch im *Bereich der Pragmatik* unerörtert. Dass es Inhalte gibt, die für interkulturelles historisches Lernen besonders geeignet sind, dürfte unbestritten sein.[22] Ob es indes auch Medien und Vermittlungsverfahren gibt, die besser als andere geeignet sind, interkulturelles historisches Lernen zu fördern, dürfte wesentlich strittiger sein. Nur ganz am Rande der Tagung tauchte diese Problematik auf, als Vadim Oswald die Forderung aufstellte, Curricula sollten Inhalte aus der Geschichte der Herkunftsländer der Schüler in sich aufnehmen, um Identifikationsmöglichkeiten zu schaffen. Tut sich dabei nicht die „Kulturalisierungsfalle" auf, vor der Bettina Alavi verschiedentlich gewarnt hat?[23] Die Addition – eventuell gar das gegenseitige Ausspielen – der Geschichten verschiedener Kulturen macht noch längst kein interkulturelles Lernen aus, ist damit gemeint. Ein ohne Zweifel berechtigter Hinweis. Allein: Ohne die Einbeziehung verschiedener Kulturen in mono- oder multiethnischen Lerngruppen kommt interkulturelles Lernen zweifelsohne nicht zustande. Hier liegt die Crux: Die Thematisierung von Fremdem schwört immer bereits Abgrenzung herauf. Diese Gefahr gilt es, methodisch in den Griff zu bekommen. Tragfähige Lösungsansätze[24] setzen eine grundlegende Verständigung über die Ziele historischen Lehrens und Lernens voraus, wobei die neuerliche Auseinandersetzungen mit der Rolle von Fremdverstehen, Multiperspektivität, Alterität, insbesondere aber mit (historischer) Identität beim historischen Lernen unerlässlich erscheint – in der geschichtsdidaktischen Literatur längst aufgegriffen, spielten diese Prinzipien auf der Tagung eine merkwürdig marginale Rolle.

3. Impulse

Damit sind erste Impulse, die von der Konferenz für den *normativ-theoretischen Sektor* ausgehen können, bereits benannt. Es sind vor allem konzeptionelle Überlegungen zum interkulturellen historischen Lernen, die im Tagungsprogramm nicht als solche aufschienen. Diesbezüglich gilt es eine Diskussion zu initiieren, die über den engen Kreis der bislang am Gespräch Beteiligten hinausgeht. Dabei muss die Kompetenz des interkulturellen Verstehens durch den Rekurs auf Vergangenheit/Geschichte deutlicher konturiert werden als das bislang der Fall ist. Aus welchen Teilkompetenzen setzt sich interkulturelle Kompetenz zusammen? Welche dieser Teilkompetenzen sind durch historisches Lernen zu befördern? – Das sind Fragen, die einer Lösung zugeführt werden müssen.

---

22 Vgl. Alavi/Borries (Anm. 12), S. 74ff. sowie Borries: Interkulturalität beim historisch-politischen Lernen (Anm. 16), S. 314ff.

23 Zuletzt Alavi, Bettina: Von der Theorie zur Praxis interkulturellen Geschichtslernens. Problembereiche bei der Planung und Durchführung von Unterricht. In: GWU 52 (2001), S. 325-331, hier S. 330.

24 Vgl. beispielsweise die stark idealistische Konzeption bei Pantazis, Vassilios: Der Geschichtsunterricht in der multikulturellen Gesellschaft. Das Beispiel der griechischen Migrantenkinder (Heidelberger Studien zur Erziehungswissenschaft, 58), Frankfurt a.M. u. a. 2001, insb. S. 209ff.

Auf *empirischem Sektor* wäre zunächst zu untersuchen, wie interkulturelles Lernen realiter vonstatten geht. Welche Bedeutung messen Richtlinien- und Lehrpläne dem interkulturellen Lernen im Geschichtsunterricht zu? Welchen Stellenwert besitzt es in anderen Institutionen und Medien der Geschichtskultur? Wie beispielsweise wird in Schulbüchern Fremdheit konstruiert, d. h. wie sind Kapitel beschaffen, an denen Fremdheit wahrgenommen und Fremdverstehen eingeübt werden soll? Wie funktioniert – oder misslingt – interkulturelles Lernen in konkreten Vermittlungssituationen, in Schule und Museum, im Geschichtswettbewerb und im Universitätsseminar? – Angesichts der notorischen Ignoranz der Geschichtsdidaktik gegenüber jedweder Form von Unterrichtsforschung scheint es eher unwahrscheinlich, dass solche Fragen in naher Zukunft angegangen werden.

Weiter ist die Grundlagenforschung gediehen, in der immerhin die historische Empathie erkundet wurde.[25] Die vorliegenden Befunde lassen allzu hohe Erwartungen gewagt erscheinen, durch historisches interkulturelles Lernen zu befördern. Wenn es den Probanten kaum möglich ist, sich in das zeitlich Fremde, in Handlungssituationen der historischen Zeit hineinzuversetzen, die Vergangenheit als das Fremde wahrzunehmen, wie sollen sie dann Fremdheitserfahrungen der historischen Akteure als solche wahrnehmen und zu eigenen Fremdheitserfahrungen in Beziehung setzen? Sollte man nicht – zumindest im Geschichtsunterricht – mehr Gewicht darauf legen, zeitlich vergangene Kulturen als solche wahrzunehmen, um darüber kulturelle Toleranz zu entwickeln, die bezüglich synchroner kultureller Differenzen in anderen Fächern in der gesamtpädagogischen Situation nutzbar gemacht werden können? Vielleicht liegt in der Beschränkung auf dieses Proprium historischen Lernens der spezifische Beitrag, den der Geschichtsunterricht zum interkulturellen Lernen leisten kann!

III. Schluss

Die Ausführungen haben deutlich werden lassen, dass weder die Workshop-Arbeit noch die nachträgliche Betrachtung dazu geführt haben, die einzelnen Teile der Tagungsarchitektur passgenau zusammenfügen (vgl. Abb. 1). Allzu stark waren die Verunsicherungen, die von der Auftaktsektion ausgegangen waren, als dass die geschichtsdidaktischen Beiträge darauf hätten reagieren, sie klären und oder gar beseitigen können. Nur vordergründig spricht daraus eine negative *Evaluation* der Konferenz. In der Tat mag gerade dieser Befund die *Nachhaltigkeit* der Tagung zu erhöhen, insofern die nachdrückliche Erschütterung der vermeintlichen Sicherheiten dazu führt, die aufgerissenen Lücken durch intensive und konsistente Forschung zu schließen.

25 Vgl. o. Anm. 6.

Arbeitskreis Hochschulnachwuchs

Geschichtspolitik und Geschichtsunterricht in Bayern im 20. Jahrhundert

Ulrich Baumgärtner

I. Ein Protestbrief aus Bayern

Am 9. August 1922 sandte der damalige bayerische Kultusminister Franz Matt ein zwölfseitiges Schreiben an das Reichsministerium des Innern in Berlin. Darin nahm er ausführlich zu den "Richtlinien für die Mitwirkung der Schulen und Hochschulen zum Schutze der Republik" Stellung, die in einer Besprechung der deutschen Kultusminister am 19. Juli 1922 verabschiedet worden waren. Diese kurzfristig anberaumte Zusammenkunft stand unter dem Eindruck der Ermordung Walter Rathenaus am 22. Juni und den daraufhin erlassenen Notverordnungen zum Schutz der Republik. Angesichts der gespannten aktuellen politischen Situation zielten die Richtlinien auf eine Verstärkung der staatsbürgerlichen Erziehung und kritisierten, in den Geschichtslehrbüchern sei die vorherrschende "politisch-pädagogische Tendenz die Erziehung der Jugend für die monarchische Staatsform". Dies provozierte den entschiedenen Widerspruch des bayerischen Kultusministers. Der geltende bayerische Geschichtslehrplan, so Matt, *"erwähnt nicht mit einem Worte die Fürsten und die Monarchie und verlangt nirgends von dem Lehrer, dass der Unterricht in der Verehrung der Fürsten oder in einer übermäßigen Hervorhebung ihres Anteils an der geschichtlichen Entwicklung gipfeln solle"*. Und er fährt fort mit einem Lob auf die politischen Verhältnisse im - seit fast vier Jahren nicht mehr existierenden - Königreich Bayern:

> "Der geflissentliche Gesinnungsdrill war aber verpönt, die Freiheit des Lehrers in weitgehendem Maße gewährleistet. Dem bayerischen Unterrichtsbetriebe war jeder Byzantinismus fremd und er wurde, wo er sich vielleicht einmal etwa in einem Lehrbuche gezeigt haben sollte, von der Gesamtlehrerschaft und der Öffentlichkeit sehr freimütig beurteilt. Es hängt dies alles mit dem wesentlich freiheitlichen Grundzuge des damaligen bayerischen Staatslebens überhaupt zusammen".[1]

---

1 Bayerisches Hauptstaatsarchiv München (HStAM), MK 14760: Bayerisches Staatsministerium für Unterricht und Kultus an Reichsministerium des Innern, 9.8.1922; im Anhang die zur Diskussion stehenden Richtlinien.

Diese kleine Episode aus dem Jahr 1922 illustriert, wie in einer bestimmten Situation von verschiedenen Seiten versucht wurde, auf das historische Lernen in der Schule politisch Einfluss zu nehmen, mithin mit Hilfe des Geschichtsunterrichts Geschichtspolitik zu treiben.

Anhand des eben dargestellten Beispiels soll zunächst der Begriff "Geschichtspolitik" näher erläutert werden (II.), um dann auf einige Probleme einer Geschichte des Geschichtsunterrichts hinzuweisen (III.). Ausgehend von der daraus sich ergebenden Fragestellung, sind schließlich einige Zusammenhänge von Geschichtspolitik und Geschichtsunterricht in Bayern im 20. Jahrhundert zu skizzieren (IV.).

II. Bemerkungen zum Begriff "Geschichtspolitik"

Der Begriff "Geschichtspolitik" beschreibt gemäß der Definition von Edgar Wolfrum "ein Handlungs- und Politikfeld, auf dem verschiedene Akteure Geschichte mit ihren spezifischen Interessen befrachten und politisch zu nutzen suchen."[2] Da sich in diesem nicht-wissenschaftlichen Umgang mit Geschichte das "Geschichtsbewusstsein in der Gesellschaft" manifestiert, handelt es sich bei der Analyse von Geschichtspolitik um ein genuines geschichtsdidaktisches Anliegen. Allerdings stellt sich die Frage, worin das spezifisch Politische der Geschichtspolitik besteht, worin sie sich von anderen Formen des öffentlichen und privaten Umgangs mit Geschichte unterscheidet.

"Politik" umfasst gemäß einer Differenzierung von Karl Rohe, die er aus dem angelsächsischen Sprechgebrauch ableitet, dreierlei: *policy*, *politics* und *polity*.[3] Umfasst *policy* die "inhaltlichen Handlungsprogramme, die von politischen Akteuren und Instanzen verfolgt werden", steht bei *politics* die "Sammlung und Besorgung von noch fehlender Zustimmung und Einwilligung zu Handlungsprogrammen" im Mittelpunkt; *polity* wiederum umschreibt den "Handlungsrahmen - allgemeine politische Vorkehrungen - Bedingungen, unter denen politisches Handeln stattfindet". Politik - und damit auch Geschichtspolitik - umfasst somit einen programmatischen, einen prozeduralen und einen strukturellen Aspekt. Dies lässt sich an der eingangs erwähnten Episode aus dem Jahr 1922 verdeutlichen.

Die grundsätzliche Stellungnahme des bayerischen Kultusministers Franz Matt lenkt den Blick auf seine politischen Intentionen - auf seine *policy*. Der Politiker der Bayerischen Volkspartei (BVP) orientierte sich an den politischen Zuständen im Königreich Bayern und zielte darauf ab, die Veränderungen der Revolution von 1918/19 rückgängig zu machen und die im Königreich Bayern wurzelnden Traditionen zu bewahren. Dies wird in seinem Schreiben nach Berlin deutlich: "Die Vorschriften der Schulordnung und des Lehrplans der bayerischen höheren

2 Edgar Wolfrum: Geschichtspolitik in der Bundesrepublik Deutschland. Der Weg zur bundesrepublikanischen Erinnerung 1948 - 1990, Darmstadt 1999, bes. S. 25-32, hier S. 25.

3 Vgl. Karl Rohe: Politik. Begriffe und Wirklichkeiten. Eine Einführung in das politische Denken, 2. Aufl. Stuttgart u. a. 1994, bes. S. 61-67; die folgenden Zitate auf S. 62, 62f., 64.

Lehranstalten sind deshalb auch schon früher so freiheitlich gefasst worden, dass kein Wort darin steht, das nicht auch nach der Staatsumwälzung seine Geltung behalten könnte."[4] Das Ziel Matts und der bayerischen Regierung, die Eigenständigkeit Bayerns im Gefüge der Weimarer Republik zu bewahren, erhielt in der aktuellen Situation, als die Notverordnungen des Reiches in die Kompetenzen der Länder eingriffen, einen besonders hohen Stellenwert.[5] So gewann diese allgemeine politische Leitlinie, da es nun um Fragen des Geschichtsunterrichts ging, geschichtspolitische Relevanz: Die für den Geschichtsunterricht geltenden Regelungen, die noch aus dem Königreich Bayern stammten und die Revolution 1918/19 überstanden hatten, sollten unangetastet bleiben.

Dass Matt ein internes Schreiben verfasste, für seine Stellungnahme den nichtöffentlichen Weg des Behördenverkehrs wählte, verweist auf den prozeduralen Aspekt von Geschichtspolitik - auf Politik als *politics*. Allerdings handelte es sich in diesem Fall nicht um eine Routineangelegenheit, da einerseits das Treffen der Kultusminister kurzfristig anberaumt worden war und unter dem Eindruck der innenpolitischen Krise stand. Andererseits war die hier sichtbare Zusammenarbeit von Reich und Ländern in schulpolitischen Fragen grundsätzlich neu, da die Verfassungsordnung der Weimarer Republik die Zentralgewalt auf Kosten der einzelstaatlichen Kompetenzen gestärkt hatte und somit eine Zusammenarbeit auf diesem Gebiet unumgänglich war.

Allerdings waren die politischen Rahmenbedingungen - Politik verstanden als *polity* - zu diesem Zeitpunkt noch nicht geklärt. Denn der schwerfällige Reichsschulausschuss konnte nach der Reichsschulkonferenz von 1920 die Aufgabe der bildungspolitischen Koordination nur unzureichend wahrnehmen, was auch an der Tatsache einer besonderen Zusammenkunft der Kultusminister ablesbar ist. Erst der 1924 installierte Ausschuss für das Unterrichtswesen, gleichsam der Vorgänger der bundesdeutschen Kultusministerkonferenz, etablierte eine geregelte Zusammenarbeit auf diesem Gebiet.[6]

Ohne verschiedene Formen von Geschichtspolitik systematisch beschreiben zu können und zu wollen, erscheinen zwei Unterscheidungen hilfreich: Erstens lässt sich im Hinblick auf das Feld der Geschichtspolitik und ihrer Hauptakteure *etatistische* Geschichtspolitik und *gesellschaftliche* Geschichtspolitik unterscheiden: auf der einen Seite also staatliche Aktivitäten und Maßnahmen, die allerdings nicht auf den Geschichtsunterricht beschränkt sind, sondern sich auch auf andere Bereiche wie z. B. Museumsgründungen, Ausstellungsprojekte, Denkmalerrichtungen, Gedenktage u. v. a. m. erstrecken können; auf der anderen Seite öffentliche Auseinandersetzungen, die die staatlichen Aktivitäten und Maßnahmen erst hervorrufen bzw. begleiten

---

4 HStAM (wie Anm. 1), MK 14760: Bayerisches Staatsministerium für Unterricht und Kultus an Reichsministerium des Innern, 9. 8. 1922.

5 Zu Matt vgl. grundsätzlich Lydia Schmidt: Kultusminister Franz Matt (1920 - 1926). Schul-, Kirchen- und Kunstpolitik in Bayern nach dem Umbruch von 1918, München 2000.

6 Vgl. Christoph Führ: Die Schulpolitik der Weimarer Republik. Darstellung und Quellen, Weinheim u. a. 1970.

oder auch unabhängig davon ausgetragen werden. Parlamentsdebatten, Diskussionen in Fachverbänden, Denkschriften, publizistische Auseinandersetzungen etc. gehören in diesen Bereich. Etatistische und gesellschaftliche Geschichtspolitik sind mithin Elemente öffentlicher Geschichtskultur und zudem eingebettet in das umfassende Geschichtsbewusstsein in der Gesellschaft.[7]

Zweitens lässt sich im Hinblick auf die Langfristigkeit und Stringenz des Handelns der Akteure *konzeptionelle* Geschichtspolitik und *akzidentielle* Geschichtspolitik unterscheiden: auf der einen Seite das sich Situationen zunutze machende oder vielleicht sogar schaffende Verfolgen eines spezifisch geschichtspolitischen Programms; auf der anderen Seite das aus der Situation sich ergebende geschichtspolitische Agieren, das allgemeinen politischen Zielen dienen soll. Das eingangs geschilderte Verhalten Matts wäre ein Beispiel akzidentieller Geschichtspolitik.

III. Probleme einer Geschichte des Geschichtsunterrichts

Wurde an dieser Episode aus dem Jahr 1922 auch deutlich, dass es einen Zusammenhang zwischen - in diesem Fall: staatlicher - Geschichtspolitik und Geschichtsunterricht gibt, so lässt sich dieser nur zum Teil erfassen, da er weit über jene hinausreicht. Das historische Lernen in der Schule berührt viele Bereiche, die jenseits der staatlichen und auch gesellschaftlichen Geschichtspolitik liegen. Die Komplexität des Gegenstands mag die nach wie vor gültige Feststellung Bernd Mütters aus dem Jahr 1985 erklären: "Eine Geschichte des Geschichtsunterrichts in Deutschland existiert bis heute nicht".[8] Dieses oft angemahnte Desiderat geschichtsdidaktischer Forschung offenbart seine Tücken erst bei der konkreten Bearbeitung. So räumten Klaus Bergmann und Gerhard Schneider im Vorwort ihres 1982 herausgegebenen Sammelbandes zur Geschichte des Geschichtsunterrichtes freimütig ein, sie seien "gegenüber ihren ursprünglichen Absichten und Hoffnungen bescheidener" geworden.[9]

---

7 Vgl. zur Abgrenzung von Geschichtsbewusstsein und Geschichtskultur Bernd Schönemann: Geschichtsdidaktik und Geschichtskultur. In: Bernd Mütter / Bernd Schönemann / Uwe Uffelmann (Hrsg.): Geschichtskultur. Theorie - Empirie - Pragmatik, Weinheim 2000, S. 26-58.

8 Vgl. Bernd Mütter: Die Geschichte des Geschichtsunterrichts als Forschungsproblem. Überlegungen zu Hilke Günther-Arndt: Geschichtsunterricht in Oldenburg 1900 - 1930. In: Geschichte in Wissenschaft und Unterricht 36 (1985), S. 642-657, hier S. 642. In den 1980er Jahren entstanden allerdings einschlägige, bis heute aufschlussreiche Sammelbände und Darstellungen: Geschichtsunterricht und Geschichtsdidaktik vom Kaiserreich bis zur Gegenwart, hrsg. v. Verband der Geschichtslehrer Deutschlands durch Paul Leidinger, Stuttgart 1988; Klaus Bergmann / Gerhard Schneider (Hrsg.): Gesellschaft - Staat - Geschichte, Düsseldorf 1982; Mannzmann, Anneliese: Geschichtsunterricht und politische Bildung unter gesellschaftsgeschichtlicher Perspektive. In: dies. (Hrsg.): Geschichte der Unterrichtsfächer, Bd. 2: Geschichte, Politische Bildung, Geographie, Religion, Philosophie, Pädagogik, München 1983, S. 19-73.

9 Bergmann / Schneider (wie Anm. 8), S. 9.

Die dabei zu bewältigenden Probleme liegen nicht nur in der Größe des Themas, sondern auch und vor allem im zu untersuchenden Gegenstand selbst, sind mithin grundsätzlicher Art. Historisches Lernen in der Schule, wie es seit langem tagtäglich auf vielfältige Weise stattfindet, ist, wenn überhaupt, nur fragmentarisch dokumentiert, also direkt kaum erfassbar, sondern allenfalls indirekt erschließbar. Doch bei der "Kernfrage nach der vergangenen Unterrichts*realität*" bleibt offen,[10] wessen Wirklichkeit - genauer: wessen Wahrnehmung von Wirklichkeit - gemeint ist, die des jeweiligen Lehrers, die der Schülerinnen und Schüler, wobei sich sofort die Frage anschließt, ob es überhaupt eine einheitliche Schülerwahrnehmung gibt, oder die des inspizierenden Schulrats oder Direktors. Zum einen die Flüchtigkeit und zum anderen die divergierende Wahrnehmung dessen, was Geschichtsunterricht genannt wird, hat ein gravierendes Quellen- und damit auch ein Forschungsproblem zur Folge.[11] Es stellt sich insofern die Frage, ob eine Geschichte des Geschichtsunterrichts, die auf eine Erfassung der Unterrichtsrealität abzielt, überhaupt geschrieben werden kann.

Gleichwohl lassen sich Teilaspekte des historischen Lernens in der Schule verlässlich erforschen und ertragreich beschreiben, wie dies in einer Reihe von Arbeiten auch schon geschehen ist. Ohne einen Forschungsüberblick geben zu können, lässt sich feststellen, dass dieses Feld in den letzten 30 Jahren immer wieder einmal beackert wurde, der Forschungsertrag jedoch als nicht allzu üppig zu bezeichnen ist, da wichtige Arbeiten aus den 1970er und 1980er Jahren stammen und neuere Darstellungen rar sind.[12] Bei der Durchsicht der einschlägigen Literatur fällt auf, dass zum einen im Rahmen allgemeiner schul- bzw. bildungsgeschichtlicher Fragestellungen die Entwicklung des Schulfaches Geschichte mitunter mitbehandelt wird.[13] Zum anderen ist oft ein Verzicht auf regionale Differenzierung und aufgrund der zweifellos prägenden Wirkung der dortigen schulpolitischen Entwicklung eine starke Preußenlastigkeit festzustellen.[14] Zum dritten beschränken sich viele Arbeiten auf einen kurz bemessenen Zeitraum[15] bzw. auf ein eng umgrenztes Gebiet.[16]

---

10 Mütter (wie Anm. 8), S. 644 (Hervorhebung i. Orig.).

11 Auf diese Probleme weisen z. B. eindringlich hin: Hilke Günther-Arndt: Geschichtsunterricht in Oldenburg 1900 - 1933, Oldenburg 1980, S. 16-18 u. pass. sowie neuerdings Saskia Handro: Geschichtsunterricht und historisch-politische Sozialisation in der SBZ und DDR (1945 - 1961). Eine Studie zur Region Sachsen-Anhalt, Weinheim 2002, S. 27-32, 360f. u. pass.

12 Vgl. Klaus Bergmann / Gerhard Schneider: Geschichte der Geschichtsdidaktik und des Geschichtsunterrichts. In: Klaus Bergmann u. a. (Hrsg.): Handbuch der Geschichtsdidaktik. 5. Aufl. Seelze-Velber 1997, S. 255-260, bes. S. 255; vgl. auch die in Anm. 8 genannten Titel.

13 Vgl. z. B. verschiedene Beiträge in: Christa Berg u. a. (Hrsg.): Handbuch der deutschen Bildungsgeschichte, 6 Bde., München 1991-98; Max Liedtke (Hrsg.): Handbuch der Geschichte des bayerischen Bildungswesens, 4 Bde., Bad Heilbrunn 1991-1997.

14 Vgl. die Hinweise bei Günther-Arndt (wie Anm. 11), S. 20.

15 Vgl. z. B. zum Nationalsozialismus: Helmut Genschel: Politische Erziehung durch Geschichtsunterricht. Der Beitrag der Geschichtsdidaktik und des Geschichtsunterrichts zur politischen Erziehung im Nationalsozialismus, Frankfurt (M) 1980; Horst Gies: Geschichtsunterricht unter der Diktatur Hitlers, Köln u. a. 1992. - Zur Entwicklung in der Bundesrepublik vgl. z. B.: Ulrich Mayer: Neue Wege im Geschichtsunterricht? Studien zur

IV. Überlegungen zum Zusammenhang von staatlicher Geschichtspolitik und Geschichtsunterricht in Bayern im 20. Jahrhundert

Eine Untersuchung zum Thema "Staatliche Geschichtspolitik und Geschichtsunterricht in Bayern im 20. Jahrhundert" erhebt angesichts der grundsätzlichen Probleme und angesichts des aktuellen Forschungsstandes ganz bewusst nicht den Anspruch einer regionalen Geschichte des Geschichtsunterrichts. Das Ziel ist bescheidener. Es soll untersucht werden, wie das historische Lernen in der Schule politisch beeinflusst wurde, ob, inwiefern und auf welche Weise Geschichtsunterricht im 20. Jahrhundert in Bayern Objekt von Geschichtspolitik war. Zumindest drei Fragen bedürfen in diesem Zusammenhang einer Antwort:[17]

1. Warum die regionale Eingrenzung auf Bayern? - Bis zum Ende des Ersten Weltkriegs wurden trotz des seit 1871 bestehenden Nationalstaats wichtige politische Bereiche, insbesondere die Bildungspolitik, durch die im Kaiserreich zusammengeschlossenen Einzelstaaten weitgehend selbstständig bestimmt. Dies änderte sich zwar nach 1918, wirkte aber trotz aller Veränderungen im Lauf des 20. Jahrhunderts bis in die heutige kulturföderalistische Ordnung hinein fort. Angesichts dieser dezentralisierten Entwicklung des Schul- und Bildungswesens ist eine regionale Betrachtung nicht nur möglich, sondern sogar angezeigt. Im Unterschied zu anderen Ländern der heutigen Bundesrepublik, die in ihrer jetzigen Gestalt z. T. erst nach 1945 entstanden, weist Bayern eine mehr oder weniger ungebrochene staatliche Kontinuität mindestens seit Beginn des 19. Jahrhunderts auf und spielte immer wieder eine bedeutende Rolle im Rahmen der deutschen Geschichte. Aufgrund dessen ist es möglich, die geschichtspolitischen Vorgaben für den Geschichtsunterricht in einem wichtigen Teil Deutschlands zusammenhängend und kontinuierlich zu untersuchen.

2. Warum die Beschränkung auf staatliche Geschichtspolitik? - Da Geschichtsunterricht zuerst und vor allem staatlich normiert ist, ist er per se ein Objekt von staatlicher Geschichtspolitik. Deshalb hat jede Untersuchung des historischen Lernens in der Schule den zwar öffentlich diskutierten, aber ministeriell gesetzten normativen Rahmen zu berücksichtigen. Dieser ist - im Unterschied zur Unterrichtswirklichkeit - vor allem aufgrund des amtlichen Schriftgutes, insbesondere

---

Entwicklung der Geschichtsdidaktik und des Geschichtsunterrichts in den westlichen Besatzungszonen und in der Bundesrepublik Deutschland 1945-1953, Köln/Wien 1986; Horst Kuss: Geschichtsdidaktik und Geschichtsunterricht in der Bundesrepublik Deutschland (1945/49 - 1990), Eine Bilanz, 2 Teile. In: GWU 45 (1994), S. 735-758; GWU 46 (1995), S. 3-15.

16 Günther-Arndt (wie Anm. 11); Handro (wie Anm. 11).

17 Vgl. mit dem Schwerpunkt im 19. Jahrhundert Hans-Michael Körner: Staat und Geschichte im Königreich Bayern 1806 - 1918, München 1992, S. 413ff.

der Lehrpläne, einschlägiger Erlasse und der dazu gehörenden Aktenüberlieferung verlässlich rekonstruierbar.

3. Warum die zeitliche Konzentration auf das 20. Jahrhundert? - Bayern konnte im 20. Jahrhundert einerseits seine staatliche und territoriale Kontinuität wahren, war aber andererseits in ganz verschiedene nationalstaatliche Ordnungen eingebunden und wies ganz verschiedene politische Systeme auf: von der konstitutionellen Monarchie des selbstständigen Königreichs im Rahmen des Kaiserreichs über die parlamentarische Demokratie des Freistaats in der Weimarer Republik und über das gleichgeschaltete Land im totalitären NS-Staat bis hin zur parlamentarischen Demokratie des neu gegründeten Freistaats als Bundesland der Bundesrepublik Deutschland. Auf diese Weise ist es möglich, die Veränderungen und die Kontinuitäten des geschichtspolitisch gesetzten normativen Rahmens historischen Lernens in der Schule im von Eric Hobsbawm so genannten "Zeitalter der Extreme" an einem regionalen Beispiel zu untersuchen.[18] Dies eröffnet zudem einen Blick nicht nur auf die unmittelbare Vorgeschichte des jetzigen Geschichtsunterrichts, sondern auch auf die in ihrer Wirkung nicht zu unterschätzenden langfristigen Traditionen.

Wie gestaltete sich nun das Verhältnis von staatlicher Geschichtspolitik und Geschichtsunterricht in Bayern im 20. Jahrhundert? Die folgenden Bemerkungen orientieren sich an der eingangs getroffenen Unterscheidung in *polity*, *politics* und *policy* und skizzieren ohne Anspruch auf Vollständigkeit und unter Absehung von Einzelentwicklungen etwa in den einzelnen Schularten einige langfristige Tendenzen.

Im Hinblick auf den strukturellen Aspekt - Politik als *polity* verstanden -, fällt dreierlei auf. Zunächst: Das bayerische Kultusministerium überdauerte als die für den Geschichtsunterricht entscheidende geschichtspolitische Instanz die verschiedenen Systeme institutionell wie personell vergleichsweise unbeschadet.[19] Diese außerordentliche Kontinuität des Verwaltungshandelns führte zu einer mitunter verblüffenden Konstanz über Jahrzehnte hinweg: So lassen sich die nationalgeschichtliche Perspektive, der chronologische Aufbau, ein zweimaliger Durchgang und eine bestimmte Stoffauswahl und -verteilung in allen Lehrplänen der höheren Schulen im 20. Jahrhundert nachweisen. Dann: Die fortschreitende Einbindung Bayerns in die Weimarer Republik, später in die Bundesrepublik Deutschland, vom "Dritten Reich" ganz zu schweigen, erschwerte zusehends eine eigenständige Gestaltung des Schul- und Bildungswesens, mithin einen bayerischen

18 Vgl. Eric Hobsbawm: Das Zeitalter der Extreme.Weltgeschichte des 20. Jahrhunderts, München 1995.

19 Vgl. Hermann Rumschöttel: Geschichte des bayerischen Kultusministeriums von der Errichtung bis zum Ende des Zweiten Weltkriegs. In: Bayerisches Staatsministerium für Unterricht und Kultus, Wissenschaft und Kunst (Hrsg.): Tradition und Perspektive. 150 Jahre Bayerisches Kultusministerium, München 1997, S. 45-101; Winfried Müller: Gauleiter als Minister. Die Gauleiter Hans Schemm, Adolf Wagner, Paul Giesler und das Bayerische Staatsministerium für Unterricht und Kultus 1933 - 1945. In: Zeitschrift für Bayerische Landesgeschichte 60 (1997), S. 973-1019; ders.: Schulpolitik in Bayern im Spannungsfeld von Kultusbürokratie und Besatzungsmacht 1945 - 1949, München 1995.

Sonderweg. Dementsprechend glichen sich die normativen Vorgaben für den Geschichtsunterricht in Bayern denen im übrigen Deutschland immer mehr an - bis hin zu den zur Zeit diskutierten bundeseinheitlichen Bildungsstandards.[20] Schließlich: Im Zuge fortschreitender Demokratisierung sieht sich das geschichtspolitische Handeln zusehends öffentlichem Rechtfertigungsdruck ausgesetzt.

Diese verstärkte Einbindung in die gesellschaftliche Diskussion hat nachhaltige Wirkungen auf den prozeduralen Aspekt - Politik verstanden als *politics*. Waren z. B. die Lehrpläne zu Beginn des 20. Jahrhunderts Produkte bürokratieinterner Meinungsbildung, wird heute der Entstehungsprozess von öffentlichen Anhörungen begleitet und im Internet dokumentiert. Nach einer Untersuchung von Katja Gorbahn zum gerade verabschiedeten bayerischen Gymnasiallehrplan ermöglicht diese Transparenz die frühzeitige Artikulation divergierender Interessen und verhindert mitunter gerade so nachhaltige Innovationen.[21] Der verstärkte Einfluss öffentlicher Auseinandersetzung veränderte aber nicht nur den Ablauf curricularer Entscheidungen, sondern führte auch dazu, dass Einzelerlasse, die zumeist aus aktuellem Anlass entstanden, die in Lehrplänen niedergelegten normativen Vorgaben ergänzten bzw. interpretierten. Drei Beispiele mögen dies illustrieren.

Erstes Beispiel: Im Oktober 1914 forderte der damalige bayerische Kultusminister Eugen von Knilling in einem Erlass, "die wichtigsten Ereignisse des in der Weltgeschichte einzig dastehenden Kampfes, den unser Volk um Erhaltung seiner Kultur und Macht zu führen hat, in geeigneter Weise auf die Jugend wirken zu lassen. Gelegenheit hierzu bietet vor allem der Unterricht in Geschichte und Erdkunde, im Lesen und Singen."[22]

Zweites Beispiel: Kurz nach seinem Amtsantritt setzte der bayerische Kultusminister Hans Schemm ein Signal, als er Ende März die "Behandlung des Stoffgebietes ‚Aufbruch der deutschen Nation von 1918 bis 1933'" verbindlich machte: "Zu Beginn des neuen Unterrichtsjahres 1933/34 haben in sämtlichen Schulen Bayerns die Lehrkräfte in den ersten Wochen in Geschichte, Heimatkunde, Staatsbürgerkunde, Anschauungsunterricht die Schüler einzuführen in die Bedeutung und Größe des historischen Geschehens der nationalen Revolution".[23]

Drittes Beispiel: Im Januar 1960 forderte der bayerische Kultusminister Theodor Maunz alle Schulen auf, die in der Verfassung festgelegten obersten Bildungsziele Achtung vor religiöser Überzeugung und vor der Würde des Menschen "bei der Behandlung zeitgeschichtlicher Themen im Rahmen des Geschichts- und

---

20 Dies ist, wohlgemerkt, eine historische Feststellung, die vom aktuellen Selbstverständnis des bayerischen Kultusministeriums abweichen mag.

21 Vgl. Katja Gorbahn: "Mutig vorwärts" oder "dankbar rückwärts"? Analytische Zugänge zum Innovationspotential des neuen bayerischen Gymnasiallehrplans für das Fach Geschichte. In: Saskia Handro / Bernd Schönemann (Hrsg.): Geschichtsunterricht auf dem Prüfstand. Eine Bestandsaufnahme zur Lehrplandebatte, Münster 2004 (im Druck).

22 Ministerialblatt für Kirchen- und Schulangelegenheiten im Königreich Bayern (MBl.) 1914, S. 623-625, hier S. 624.

23 Amtsblatt des Bayerischen Staatsministeriums für Unterricht und Kultus (KMBl.) 1933, S. 31-36, hier S. 31.

Sozialkundeunterrichts und darüber hinaus im gesamten Unterricht mit aller Sorgfalt zu erfüllen". Denn: "Alarmierende Vorgänge, die die Öffentlichkeit in der letzten Zeit beunruhigt haben," - gemeint waren die durch die Schändung der Kölner Synagoge in der Weihnachtsnacht 1959 ausgelösten antisemitischen Vorfälle - "zeigen die Dringlichkeit einer eingehenden Unterrichts- und Erziehungsarbeit auf diesem Gebiet."[24]

Dies betrifft nun schon den programmatischen Aspekt von Geschichtspolitik - Politik verstanden als *policy*. Denn an den eben zitierten Beispielen lassen sich einzelne geschichtspolitische Ziele, die im 20. Jahrhundert für den Geschichtsunterricht relevant waren, erkennen: nationale Begeisterung und Bejahung des Krieges 1914; Bekenntnis zum Nationalsozialismus 1933; Toleranz und demokratische Gesinnung 1960. So verschieden die darin zum Ausdruck kommenden politischen Positionen auch sind und so verschieden die Bewertungen vom Standpunkt der freiheitlich-demokratischen Grundordnung der Bundesrepublik Deutschland aus auch ausfallen werden, zeigt sich daran ein grundsätzliches Problem des staatlich normierten Geschichtsunterrichts. Die in den zitierten Erlassen greifbare Funktionalisierung historischen Lernens für aktuelle politische Zwecke blieb nicht auf punktuelle Anlässe beschränkt. Eine genauere Analyse der Lehrpläne lässt vielmehr erkennen, dass den spätestens seit dem frühen 20. Jahrhundert erhobenen Forderungen nach Staatsbürgerkunde in der Schule zusehends im Geschichtsunterricht Rechnung getragen wurde. Da staatsbürgerliche Bildung beides umfasst - nämlich Belehrung *und* Erziehung; kognitive Kenntnisse über die politischen Verhältnissen *und* affektives Bekenntnis zu ihnen -, führte dies zu einer Pädagogisierung des historischen Lernens. Paradoxerweise ermöglichte gerade dieser politische Bildungsauftrag strukturell die Ideologisierbarkeit des Schulfaches Geschichte im "Dritten Reich". Nach 1945 verstärkte die durch die Erfahrung des Nationalsozialismus und später durch die Frontstellung gegen den Sowjetkommunismus bedingte Abwehr totalitärer Versuchungen wiederum die sozialkundliche Engführung des Geschichtsunterrichts. So heißt es im Fachprofil Geschichte des bayerischen Gymnasiallehrplans aus dem Jahr 2003: "Das Wissen um die Entstehung sowie um Chancen und Grenzen demokratischer Strukturen führt zur Wertschätzung der freiheitlich-demokratischen Grundordnung der Bundesrepublik Deutschland und verdeutlicht die Notwendigkeit gesellschaftlichen Engagements. Im Rahmen der Werteerziehung stärkt der Geschichtsunterricht die Fähigkeit und den Willen zur Abwehr von politischem Extremismus in jeder Form".[25]

Dieser sich im Verlauf des 20. Jahrhunderts nicht kontinuierlich, aber langfristig verstärkenden politisch-pädagogischen Zielbestimmung des Geschichtsunterrichts in Bayern korrespondiert eine Enthistorisierung der Lerninhalte. Bei der Auswertung der Lehrpläne im Hinblick auf den Anteil der einzelnen historischen Großepochen am Geschichtsunterricht zeigt sich, dass im Gymnasium, um nur dieses Beispiel zu

24 KMBl. 1960, S. 29f.; Bezug genommen wird auf Art. 131 der bayerischen Verfassung.

25 Bayerisches Staatsministerium für Unterricht und Kultus (Hrsg.): Lehrplan für das Gymnasium in Bayern, München 2003, S. 62.

nennen, der Anteil der Neuesten Geschichte seit der Französischen Revolution von unter 30 % 1914 auf knapp über 60 % 1990 sich mehr als verdoppelt hat. Dieser Anstieg bleibt auch dann bemerkenswert, wenn man in Rechnung stellt, dass die Neueste Geschichte 1914 76 Jahre kürzer war als 1990.[26]

Die hier skizzierten langfristigen Tendenzen waren keine kontinuierlichen Entwicklungen, sondern das Ergebnis verschlungener und in sich widersprüchlicher Prozesse, die sich in bestimmten Zeiträumen verdichteten. In Bayern waren es - grob gesprochen - die Zeit des Ersten Weltkriegs, die Vorkriegsphase des Nationalsozialismus, die unmittelbare Nachkriegszeit und die frühen 1960er Jahre, in denen die geschichtspolitischen Einwirkungen auf den Geschichtsunterricht besonders intensiv waren und die - zugespitzt formuliert - eine Enthistorisierung des historischen Lernens in der Schule zugunsten politischer Pädagogik bewirkten.

Aus dieser Perspektive erscheint die eingangs dargestellte Stellungnahme des bayerischen Kultusministers Matt aus dem Jahr 1922 noch einmal in einem anderen Licht: Seine Skepsis und Zurückhaltung gegenüber geschichtspolitischen Versuchen, den Schutz der Republik mit Hilfe des Geschichtsunterrichts zu gewährleisten, diesen also politisch zu funktionalisieren, wäre als durchaus hilfreich für das historische Lernen in der Schule anzusehen - wenn er nicht selbst versucht hätte, auf diesem Wege lediglich die Eigenständigkeit Bayerns geschichtspolitisch zur Geltung zu bringen.

---

26 Vgl. Ulrich Baumgärtner: Tendenzen der Lehrplanentwicklung in Bayern im 20. Jahrhundert. In: Handro/Schönemann (wie Anm. 21).

Museen zwischen Demokratie und Diktatur. Zur „Gleichschaltung“ der Museumsdidaktik am Beispiel des Verkehrsmuseums in Nürnberg und des Bergbaumuseums in Bochum

Olaf Hartung

Im Unterschied zu anderen Kulturinstitutionen entgingen nach dem 30. Januar 1933 die Museen überraschenderweise einer sofortigen und energischen Gleichschaltung. Die Gründe dafür lagen vermutlich weniger im föderalen Aufbau des Museumswesens oder in der etwaigen Geringschätzung seiner propagandistischen Bedeutung als im Kompetenzstreit zwischen dem Ministerium für Volksaufklärung und Propaganda und dem für Wissenschaft, Erziehung und Volksbildung.[1] Doch auch mit diesen für das NS-Regime nicht untypischen Differenzen zweier Ressorts sind die Ursachen für das relative Desinteresse des Nationalsozialismus an museumsdidaktischen Fragen noch nicht hinreichend erklärt. Auch nachdem der Reichserziehungsminister Rust die Zuständigkeit für das Museumswesen gegen die Ansprüche Goebbels für sein Ressort weitgehend hatte sichern können,[2] wurde kein eigenes Gesetz zur Unterwerfung des gesamten Museumswesens unter die nationalsozialistische Ordnung erlassen, wie es z. B. im Mai 1934 für die Theater der Fall war.[3]

Das Gros der deutschen Museen verfügte folglich auch nach Errichtung der totalitären Diktatur noch über mehr oder weniger große Spielräume für eine eigenständige Museums- und Ausstellungsarbeit. Wie nun diese Spielräume von zwei großen Museen der Weimarer Republik genutzt wurden, ist Gegenstand dieses Beitrags. In welchem Verhältnis standen die noch während der Weimarer Republik entwickelten Ausstellungskonzepte zu den sich abzeichnenden Anforderungen im „Dritten Reich“? Gab es überhaupt grundlegende qualitative Unterschiede zwischen einer ‚demokratischen‘ und einer ‚nationalsozialistischen‘ Museumsdidaktik und wenn ja: Wie sahen diese aus und wie wurden sie von den Ausstellungsmachern vor Ort umgesetzt? Standen die Trägergruppen der Museen anfangs in einer eher oppositionellen Haltung zum neuen Regime oder schalteten sie sich nach der „Machtergreifung“ weitgehend selbst gleich?

1 Vgl. Martin Roth: Heimatmuseum. Zur Geschichte einer deutschen Institution (Berliner Schriften zur Museumskunde, 7), Berlin 1990, S. 83-86.

2 Noch 1945 wartete man – allerdings vergeblich – auf das „Führerwort“ zur Regelung der Museumskompetenzen zwischen Erziehungs- und Propagandaministerium, vgl. Roth 1990 (Anm.1), S. 83.

3 Zum Theatergesetz vgl. Boguslaw Drewniak: Das Theater im NS-Staat. Szenarium deutscher Zeitgeschichte 1933-1945, Düsseldorf 1983, S. 15-18.

Diesen Fragen soll am Beispiel des Verkehrsmuseums in Nürnberg (heute DB-Museum und Museum für Kommunikation) und des Deutschen Bergbaumuseums in Bochum nachgegangen werden. Für diese Auswahl gibt es gute Gründe: Beide Häuser hatten und haben eine überregionale Bedeutung und bieten sich für den diachronen Vergleich zwischen „Weimar" und dem „Dritten Reich" an, da ihre zentralen Ausstellungseinheiten noch zur Zeit der Weimarer Republik konzipiert wurden, ihr weiterer Aus- bzw. Umbau jedoch während der Diktatur erfolgte. Zugleich sind die Trägergruppen beider Einrichtungen im Zusammenhang mit der Frage nach der Durchsetzung der nationalsozialistischen Herrschaft von Interesse: Das staatliche Nürnberger Haus betrieben die konservativen Eliten in der Verwaltung der vormaligen Staatseisenbahnen Bayerns[4] und das ‚privatwirtschaftliche' Bergbaumuseum die Großindustriellen des Ruhrbergbaus sowie ihre leitenden technischen Angestellten. Insbesondere das Letztgenannte sollte schließlich zu einem didaktischen Vorzeigeprojekt des „neuen" Deutschlands ausgebaut werden, so dass sein im Jahre 1937 entwickeltes Ausstellungsprogramm als ein Beispiel für den Typus einer NS-Ausstellungsdidaktik gesehen werden kann. Zur systematischen Untersuchung des Übergangs der beiden Museen in den NS-Staat werden drei ausstellungsdidaktische Entscheidungsfelder einer genaueren Betrachtung unterzogen.

I. Bildungszweck und Zielgruppe

1. Das Verkehrsmuseum: Vom Fachmuseum zur nationalen Erbauungsanstalt

Das ursprünglich aus den Eisenbahnabteilungen der bayerischen Gewerbeausstellungen im Kaiserreich hervorgegangene Verkehrsmuseum konzentrierte sich anfangs fast ausschließlich auf das Sammeln von Utensilien des Eisenbahnbetriebs zum Zwecke der Belehrung eines interessierten Fachpublikums. Insbesondere von Seiten der bürgerlichen Sozialreform verstärkten sich aber im Kaiserreich allgemein die Forderungen nach einem Umbau des in die Jahre gekommenen ‚Gelehrtenmuseums' zu einem ‚Massenmedium' für breite Bevölkerungsschichten.[5] Diesen Ansprüchen versuchte auch das Verkehrsmuseum zu genügen, indem es seine Sammlungen schrittweise einem breiteren Publikum öffnete. Die Erfüllung einer „allgemeinen Bildungsaufgabe" – wie beim 1906 eröffneten Deutschen Museum in München[6] – stand für die staatlichen Eisenbahner und Postbeamten aber auch nach

4 Mit der „Verreichlichung" der bayerischen Staatsbahnen mit dem „Gesetz betreffend den Staatsvertrag über den Übergang der Staatseisenbahnen auf das Reich", 30.4.1920, RGBl. 1920, S. 773, Nr. 95, wurde auch das Bayerische Verkehrsmuseum zu einer gesamtdeutschen Einrichtung. Die Postabteilung verblieb aber weiterhin unter der Hoheit des bayerischen Staates.

5 Vgl. Andreas Kuntz: Das Museum als Volksbildungsstätte. Museumskonzeptionen in der Volksbildungsbewegung zwischen 1871 und 1918 in Deutschland. Marburg 1980.

6 Georg Kerschensteiner: Die Bildungsaufgabe des Deutschen Museums. In: Conrad Matschoss (Bearb.): Das Deutsche Museum. Geschichte – Aufgaben – Ziele, hrsg. v. Verein Deutscher Ingenieure. Berlin/München 1925, S. 39-50, hier S. 42 f.

Neueröffnung des Museums im Jahre 1925 noch nicht an erster Stelle. Sowohl die anlässlich der Eröffnung des Neubaus geladenen Redner als auch die Presse befassten sich in ihren Beiträgen fast ausnahmslos mit der Entwicklung der Verkehrstechnik und der Bedeutung der Sammlungen.[7] Einen auf die Besucher bezogenen Bildungsauftrag erwähnte der Präsident der Eisenbahndirektion Nürnberg in seiner 16-seitigen Festrede mit nur einem Satz: Das Museum sollte „in erster Linie für die Jünger des Verkehrs“ eine Lehrstätte sein und „dann für die übrigen Volksgenossen, die aus ihrem allgemeinen Bildungsbestreben heraus dem Verkehrswesen besonderes Interesse entgegenbringen.“[8]

Nach der „Machtergreifung“ – genauer: im Jahre 1935 – legte die Reichsbahndirektion größeren Wert auf die programmatische Formulierung eines allgemeinen Bildungszwecks. Das Verkehrsmuseum sollte neben seiner bisherigen Aufgabe, „verkehrstechnische Wissenschaften“ zu vermitteln, nun auch als „Bindeglied zwischen dem deutschen Volke“ und der Deutschen Reichsbahn fungieren und als „Ehrenhalle“ die Kenntnis von „'Deutscher Arbeit und Deutschem Erfindergeist' in aller Lande tragen“.[9] Das ‚allgemeine‘ Lernziel lautete nun, die nationale Identität und Integration zu stärken. Die mit diesem Erziehungsziel verbundene stärkere Hinwendung zu einem breiten Massenpublikum manifestierte sich zudem in der Ausdehnung der täglichen Öffnungszeiten um eine Stunde und in der Reduzierung der Eintrittspreise um beinahe die Hälfte.[10]

Hatten sich Reichsbahn und bayerische Postverwaltung bis zum Ende der Weimarer Republik nicht in der Lage gezeigt, ihr ‚Fachmuseum‘ vollständig in eine allgemeine Bildungsanstalt umzuwandeln, so gelang nach 1933 zumindest die programmatische Verständigung auf einen allgemeinen Bildungszweck: die Verbreitung einer nationalen Gesinnung. Dies war möglich, da auf diesem Feld die Anschauungen der leitenden Reichsbahnbeamten mit denen der Nationalsozialisten weitgehend übereinstimmten.[11] Dieser Neuformulierung auf der Ebene der Lernziele folgten jedoch kaum entsprechende Taten in der Praxis. Noch im Oktober 1937 äußerte ein Mitarbeiter des Verkehrsmuseums gegenüber seinen Vorgesetzten den Vorwurf, dass das Haus bloß eine „dem ernsten Fachmann“ vorbehaltene Unterrichtsstätte sei. Dagegen forderte er „im Sinne des 3. Reiches“ eine Umwandlung des Museums in eine „anschauliche, bequeme und billige Bildungsstätte“ für die große „Masse des Volkes“.[12]

Tatsächlich wurde aber das Museum in den 12 Jahren nationalsozialistischer Herrschaft weder zu einer „bequemen und billigen Bildungsstätte“ noch zu einem nationalsozialistischen Erziehungsmuseum ausgebaut. Die Reichsbahn kürzte dem

7 Mappe „Eröffnung des Verkehrsmuseums 1925“, DB-Museum, Verkehrsarchiv, Nr. I R 132.

8 Festrede des Präsidenten der Reichsbahndirektion Nürnberg Kaeppel, S. 16. In: Ebd.

9 Die Sammlungen des Verkehrsmuseums Nürnberg (Katalog). Nürnberg 1935, S. 6 u. 9.

10 Ebd., S. 13, auf 25 Pfennig für Erwachsene und 15 Pfennig für Jugendliche.

11 Kaeppel (Anm. 8) behauptete, dass der „Aufstieg“ im Eisenbahnwesen „fast ausschließlich deutschem Geiste, deutscher Forschung und deutscher Arbeit“ zu verdanken sei.

12 Reichsbahnrat Bauer: Gedanken zur Ausarbeitung eines Nachtrages zum Museumskatalog, 15.10.1937, DB-Museum, Verkehrsarchiv, Akte „Deutsche Reichsbahn [DR], Awa-Archiv“.

Museum vielmehr ab 1936 sukzessive das Personal[13], so dass die Besuchszeiten recht bald wieder eingeschränkt wurden.[14] Bereits 1934 hatte das Museum die bis dahin im Innenhof verkehrende „Liliput"-Eisenbahn an den städtischen Tiergarten abgeben müssen.[15] Im September 1936 musste auch das museumseigene Kino gegen den Willen des verantwortlichen Referenten schließen. Die Besucherstatistiken belegen zwar den großen Erfolg der „Volksbildungs-Lichtspiele"[16], ihr Betrieb erforderte aber zugleich einen hohen Personaleinsatz und war zudem den privaten Kinobetreibern ein Dorn im Auge. Um nach diesen Verlusten weiterhin hohe Besucherzahlen zu erzielen, verschoben sich nunmehr die Arbeitsschwerpunkte auf die Bereiche Werbung und „Dienst am Kunden".[17] Die im Januar 1936 verfügte Einschränkung der Öffnungszeiten nahm die Eisenbahndirektion jedoch nur während der Reichsparteitage zurück.[18] Trotz oder gerade wegen der rückläufigen personellen und materiellen Ausstattung musste das Museum nun verstärkt Anstrengungen im Bereich Öffentlichkeitsarbeit unternehmen, da es seine Arbeit im NS-Staat noch mehr als vorher durch Publikumserfolge zu legitimieren hatte.

2. Der Neu- und Umbau des Bergbaumuseums

Auch die Ausstellungen des Bergbaumuseums waren bei seiner Gründung im Jahre 1930 noch stark fachspezifisch ausgerichtet. Erste Pläne über die Einrichtung eines solchen Museums hatten leitende Angestellte der Westfälischen Berggewerkschaftskasse (WBK)[19] schon 1922 ausgearbeitet. Sie warben unter den Industriellen des Ruhrbezirks für ihre Idee mit dem Argument, dass eine solche Institution wegen ihres „nicht hoch genug anzuschlagenden allgemeinen Bildungswertes [...] von ungeahnter Bedeutung" sein würde.[20] Bei der Gründung im Jahre 1930 erhielt das Haus dann aber nur die Aufgabe, „eine Übersicht über die Entwicklung des Bergbaues bis auf die neueste Zeit" zu geben und den Firmen die Gelegenheit zu bieten, „ihre Erzeugnisse auszustellen".[21] Wichtig blieb aber noch die Funktion als berufsfachliche Ausbildungsstätte: Das Bergbaumuseum war zuerst „dem Fachmann – dem Bergschüler, dem Bergstudenten und dem Bergbeamten" eine „Unterrichtsstätte",

13 Arbeitsverteilungsplan des Museumsbüros, gültig ab 15.9.1936, DB-Museum, Verkehrsarchiv, Akte „DR, Reichsbahndirektion Nürnberg, Awa-Archiv".

14 Erklärung des Museums-Vorstandes, 23.9.1936, DB-Museum, Verkehrsarchiv, Akte „DR, 1. Personal im Verkehrsmuseum, 2. Denkschrift vom Archiv".

15 Vgl. Amtlicher Führer von Nürnberg, DB-Museum, Verkehrsarchiv, Akte „DR, Privat A-Z".

16 Aufstellung der jährlichen Besuchszahlen der im April 1925 eröffneten „Volksbildungslichtspiele", DB-Museum, Verkehrsarchiv, Akt „DR, Awa-Archiv".

17 Weisung betr. „Besuchszahlen des Verkehrsmuseum, hier Werbung", 7.8.1937, DB-Museum, Verkehrsarchiv, Akte „DR, Awa-Archiv".

18 Zeitungsausschnitt mit Anzeige des Verkehrsmuseums für die Zeit des Reichsparteitages vom 4. - 15. September 1937, DB-Museum, Verkehrsarchiv, Akte „DR, Awa-Archiv".

19 Die WBK war eine von den im Oberbergamtsbezirk Dortmund ansässigen Zechen gemeinschaftlich getragene Selbsthilfeeinrichtung mit Sitz in Bochum.

20 Skript „Das Bergbau-Museum zu Bochum (B.M.B.)", o. Dat. [20.1.1922], BBA 112/1407.

21 Vertrag über die Gründung eines Bergbaumuseums, 25.3.1930, BBA 112/1407.

sollte aber gleichzeitig „auch den Anforderungen der Laienbesucher Rechnung“ tragen.[22]

Nach 1933 verlor das dem Berufsverständnis der Ingenieure geschuldete technisch-fachsystematische Übergewicht der Ausstellungen weiter an Ansehen. Dies zeigte eine Auseinandersetzung des Bergbaumuseums mit einem Ausstellungsmacher der Deutschen Arbeitsfront (DAF). Der Leiter des Bergbaumuseums hatte der DAF vorgeworfen, dass ihre Ausstellungsmodelle „nicht ganz der Wirklichkeit“ entsprachen, woraufhin ihm erwidert wurde, dass dies „gar nicht so schlimm“ sei, da es nur darum gehe, „dem Nichtfachmann die Welt des Bergmanns und des Bergbaues in ganz großen Umrissen zu zeigen.“[23] Im Gegenzug musste sich aber das Bergbaumuseum die – aus didaktischer Sicht nicht unzutreffende – Vorhaltung gefallen lassen, dass es sich „nur mit Werkzeugen“ und „Maschinen“ befasse und die „Berücksichtigung der menschlichen Seite“ vernachlässige.[24] In Bochum meinte man zwar, diesem Vorwurf durch „Bildung von figürlichen Gruppen“ zu entgehen[25], letztlich reduzierte diese Vorgehensweise aber die durch Figuren abgebildeten Menschen nur auf die Funktion, die Arbeitsweisen der Maschinen zu demonstrieren.

Dieses Defizit sollte ein im Jahre 1937 neu entwickeltes Ausstellungsprogramm von Grund auf beheben.[26] Danach waren die bestehenden technischen Ausstellungseinheiten in einem neu zu errichtenden monumentalen Museumsgebäude durch umfangreiche nicht-technische Abteilungen zu erweitern. Der Plan sah u. a. eine nationalsozialistisch interpretierte Darbietung von politischen Themen vor, wie z. B. die „Auswirkungen von Streiks und Aussperrungen im Bergbau vor der Machtübernahme“ oder der „deutsche Bergbau im Weltkriege“, „im Friedensdiktat“ und „in der Besatzungszeit“. Dass der NS-Staat in sozialpolitischer Hinsicht die ‚Erlösung‘ gebracht habe, versuchten besonders die Abteilungen zur „Gesundheitspflege“, zum „Versicherungsschutz“ und „bergmännischen Ausbildungswesen“ sowie zu den „Berufsorganisationen“ zu demonstrieren. Gern bemühte man hier eine Präsentationsform, die das ‚Elend‘ der sog. ‚Systemzeit‘ gegen den ‚Glanz‘ des „Dritten Reichs“ auszuspielen trachtete. Die Abteilungen „Die volkswirtschaftliche Bedeutung des Bergmannsstandes und der Bergmann als Glied des Volksganzen“ vermittelten den Besuchern dann die Ideologie der Volksgemeinschaft und die Ausstellungseinheiten zu Themen der DAF-Unterämter „Schönheit der Arbeit“ und „Kraft durch Freude“ ein besonders positives Bild vom „neuen Deutschland“ für die arbeitende Bevölkerung. Hinsichtlich der Geschichte des Bergbaus legte man nun ganz besonderen Wert auf Vorgeschichte und germanische Vergangenheit, weshalb auch die Figuren „vorgeschichtlicher Bergleute“ nicht fehlen durften. Die geologische Abteilung zeigte dann noch neben den „Lagerstätten des Großdeutschen Raumes“ eine

22 Winkelmann: Entwurf für den Dortmunder Generalanzeiger, 19.11.1932, BBA 112/1407.

23 Briefwechsel Winkelmann/Glenz, 11.8.1937 u. 13.8.1937, BBA 112/733.

24 Schreiben Krawehl (WBK-Vorstand) an Bergschuldirektor Herbst, 13.2.1935, BBA 112/1407.

25 Das Geschichtliche Bergbau-Museum Bochum (Katalog), Gelsenkirchen 1931, S. 1.

26 Plan über die Einteilung des Bergbau-Museums, 1937, BBA 112/1777.

„Germanenschau“ mit integriertem Wikingerschiff.[27] Die Umwandlung des Bergbaumuseums in ein nationalsozialistisches Erziehungsmuseum konnte letztlich aber wegen Materialengpässen und Krieg bis zum Zusammenbruch Hitler-Deutschlands nicht mehr fertiggestellt werden.

II. Aspekte der Sammlungspolitik

1. Auch die „neuesten“ Maschinen gehören ins Bergbaumuseum

Bereits in den 1920er Jahren war eine Debatte darüber entbrannt, ob Museen nur historische Gegenstände ausstellen sollten oder ob auch Aktuelles und sogar Alltägliches gezeigt werden dürfe. In dieser Hinsicht vertraten die leitenden Angestellten des Bochumer Museums bereits vor 1933 die Ansicht, dass „Geschichte stets bis zur Gegenwart“ reiche[28] und präsentierten deshalb auch aus grundsätzlichen museumsdidaktischen Erwägungen die neuesten Maschinen. 1934 kam es jedoch in dieser Frage zwischen der Museumsleitung und ihrem Vorstandsvorsitzenden zu einer internen Auseinandersetzung. Im Einklang mit der erhöhten Wertschätzung für ‚moderne‘ propagandistische Methoden im Nationalsozialismus[29] warb der Vorsitzende des WBK-Vorstands unter den Ruhrindustriellen für eine stärkere Beteiligung an ‚neuzeitlichen' Messen und Ausstellungen und den Großausstellungen der DAF.[30] Zusammen mit anderen Industriellen rief er dann sogar 1934 eine ständige Gewerbeschau ins Leben und reklamierte für diese den Alleinanspruch, die neuesten Geräte auszustellen. Das Bergbaumuseum sollte nur noch historische Gegenstände sammeln dürfen.[31] Dies wollte der Museumsleiter aber „unter keinen Umständen“ zulassen, da er befürchtete, dass sein Museum ohne die neuesten Produkte „den Kontakt mit der Industrie und auch mit dem Bergbau“ verlieren und an Lebendigkeit einbüßen würde. Letztendlich konnte er sich mit seiner Auffassung gegen seinen Vorgesetzten durchsetzen und die Zuständigkeit seines Hauses auch für moderne Exponate verteidigen. Als Folge der Auseinandersetzung zog er es fortan aber vor, auf die Bezeichnung ‚geschichtliches' im Museumsnamen zu verzichten.[32]

---

27 Paul Kukuk (Leiter der geologischen Sammlung der Bergschule): Ideenskizze [Zeichnung] betreffend die Neuaufstellung und den Ausbau des Geologischen Museums im Obergeschoss des Museumsneubaus, o. Dat., BBA 112/1777.

28 Schreiben Bergschuldirektor a. D. Heise an Stadtrat Stumpf, 7.12.1934, BBA 112/971.

29 Vgl. Christoph Kivelitz: Die Propagandaausstellung in europäischen Diktaturen. Konfrontation und Vergleich: Nationalsozialismus in Deutschland, Faschismus in Italien und die UdSSR der Stalinzeit. Bochum 1999, S. 51.

30 Ernst Heinson: Ausstellungen und Messen als Werbemittel für die Eisenindustrie. In: Stahl und Eisen, H. 9, 28.2.1935.

31 Schreiben Winkelmann an Heise, 5.12.1934, BBA 112/971.

32 Vgl. Jahrbuch für den Ruhrkohlenbezirk (früher: Jahrbuch für den Oberbergamtsbezirk Dortmund), bearb. u. hrsg. v. Verein für die bergbaulichen Interessen, Jg. 33 (1935), Essen 1935, S. 385. Ab Ausgabe 1935 führte das Jahrbuch das Haus unter der Bezeichnung „Bergbau-Museum“. Davor hieß es in allen Veröffentlichungen „Das geschichtliche Bergbau-Museum“.

2. Die Aktualisierung der Sammlungen des Verkehrsmuseums

Auch das Nürnberger Verkehrsmuseum versuchte sich nach 1933, dem von den ‚neuen Medien' ausgehenden Trend anzupassen. Nicht nur dienten seine Sammlungsbestände immer häufiger als Steinbruch für die großen temporären NS-Ausstellungen;[33] es galt auch, das Museum insgesamt in den „Rahmen von neuzeitlichen Messen und Ausstellungen" einzupassen. Statt nur „‚museumsreife' Schaustücke vergangener Zeitepochen" auszustellen, sollten jetzt auch „die neuesten Errungenschaften auf dem Gebiete des Verkehrs" und die „vielseitigen Verbindungen der Verkehrsunternehmen mit dem Volk, dem Handel, Gewerbe, der Industrie sowie der Landwirtschaft" in einer „lebendige[n] Darstellung" präsentiert werden.[34] Konsequenz dieser Bemühungen um ein ‚modernes' Image war die Vermeidung des Museumsbegriffs „im landläufigen Sinn". Das Ziel, Geschichte zu vermitteln, trat zurück hinter die Werbefunktion für Wirtschaft und ‚Volksgemeinschaft'.

III. Museale Präsentationsformen

1. Der Abschied vom Vollständigkeitsanspruch

Die Einrichtung musealer Sammlungen als eine Art von enzyklopädischem „theatrum mundi"[35] geht bis in die Anfänge des Museumswesens zurück. Verstanden als eine dem Spezialstudium vorausgehende Grundlehre glaubte man in der Museumsdidaktik der Weimarer Republik noch 1930 an die heilende Wirkung des enzyklopädischen Prinzips gegen das „zügellose wissenschaftliche Spezialistentum". Die Hoffnung, damit das Getrennte „auf einer höheren Ebene" wieder zusammenführen zu können,[36] ging jedoch nicht nur beim Verkehrsmuseum nicht in Erfüllung. Als der Leiter des Bochumer Bergbaumuseums 1935 dem Nürnberger Haus einen Besuch abstattete, musste er feststellen, dass es zwar „eine Fülle von guten und recht kostbaren Ausstellungsgegenständen" besaß, diese aber „denkbar schlecht und uninteressant" präsentiert wurden. Im Lokomotivsaal standen etwa 200 Lokomotivmodelle so nebeneinander, dass sie „nur mit grosser Mühe" unterschieden werden konnten. Allerdings hatte man bereits von „höherer Stelle" ein „Missfallen darüber ausgesprochen und eine Neuaufstellung verlangt".[37]

---

33 Wie z. B.: „Die Straße" (München 1934), „Deutsches Volk – Deutsche Arbeit" (Berlin 1934), „Schaffendes Volk" (Düsseldorf 1937), „Deutsche Kolonialausstellung" (München 1938).

34 H. Maag: Das Verkehrsmuseum Nürnberg im Rahmen von neuzeitlichen Messen und Ausstellungen, o. Dat., DB-Museum, Verkehrsarchiv, Akte „Deutsche Reichsbahn (DR), Awa-Archiv".

35 Hans Joachim Klein: Kulturinstitutionen. In: Sabina Misoch (Red.): Handwörterbuch zur Gesellschaft Deutschlands. Opladen 1998, S. 393-405, hier S. 402 f.

36 Wilhelm Waetzoldt: Wandlungen der Museumsidee. In: Preußische Jahrbücher, Bd. 219 (Januar-März 1930). Berlin 1930, S. 235-249, hier S. 248. Waetzoldt war ab 1919 Kunstreferent im Preuß. Kultusministerium und ab 1927 Generaldirektor der Preuß. Staatl. Museen.

37 Bericht Winkelmann, 24.4.1935, BBA 112/1407.

In der Tat verfolgte die bayerische Eisenbahnverwaltung bereits seit 1892 das Ziel, alle jemals auf ihren Gleisen verkehrenden Lokomotiv- und Wagentypen als Modell auszustellen.[38] Auch nach dem Übergang der Länderbahnen an das Reich und bei der Neukonzeption der Ausstellungen im Jahre 1925 hatten sich die verantwortlichen Beamten nicht von diesem Anspruch lösen können. Entsprechende Ziele verfolgte die Postabteilung des Verkehrsmuseums. Hier versuchte der zuständige Referent, die „Entwicklung der Elektronenröhre in möglichst lückenloser Reihenfolge" auszustellen[39] – ein Unterfangen, das – wie sich später zeigte – aufgrund der weiteren technischen Entwicklung auf diesem Gebiet letztlich aussichtslos wurde.[40] Da beide Museen noch nicht zwischen Schau- und Studiensammlungen unterschieden und deshalb auch nicht über ein Sammlungsdepot verfügten, wanderten solche Modell- und Gerätereihen komplett in die Ausstellungen.

Auch wenn der Bochumer Museumsleiter die Aufstellung der Modelle in Nürnberg kritisierte, war er seinerseits von der „Seuche des vollständigen Überblicks"[41] keineswegs geheilt. Auch er zeigte nicht ohne Stolz eine „nahezu lückenlose Sammlung" von Grubenlampen.[42] Die Kritik an der Nürnberger Modellsammlung galt denn auch weniger dem Vollständigkeitsanspruch an sich als der Art der Objektpräsentation. Von einer thematisch orientierten Ausstellung, die sich exemplarisch auf wesentliche Typen der Entwicklung beschränkte, war man auch im Ruhrbezirk noch weit entfernt.

Die Forderung nach einer veränderten Aufstellung der Eisenbahnmodelle in Nürnberg von „höherer Stelle" im Jahre 1935 lässt nun eine Einwirkung im nationalsozialistischen Sinne vermuten. Tatsächlich wurden in diesem Jahr aus Anlass der Feier zum einhundertjährigen Jubiläum der ersten Deutschen Eisenbahn die Ausstellungen im Verkehrsmuseum umgestaltet. Das Problem der zahlreichen Fahrzeugmodelle in der Eisenbahnabteilung wurde jedoch nicht im Sinne einer verbesserten Rezeptivität gelöst. Anstatt die Modelle thematisch geordnet aufzustellen, zeigte man sie jetzt getrennt voneinander in „einem Lok- und einem Wagensaal", was die Besucher jedoch nicht minder „rasch ermüden" ließ.[43] Auch der neue und bereits 353 Seiten umfassende Ausstellungskatalog blieb „ein verwirrendes und ermüdendes, meist nummernmäßiges Aneinanderfügen möglichst aller Ausstellungsgegenstände".[44] Am 30. September 1939 musste dann das Museum im

38 Vgl. Rainer Mertens: Das Verkehrsmuseum Nürnberg – Vorgeschichte, Gründung und Anfangsjahre. In: Weichenstellungen. Eisenbahnen in Bayern 1835-1920, hrsg. vom Bayer. Hauptstaatsarchiv. München 2002, S.446 – 463, S. 458, Anm. 17.

39 Schreiben an Fa. Telefunken, 22.11.1929, und Serienbrief an die Firmen Siemens u. Halske, Telefunken GmbH, Radioröhrenfabrik Hamburg, Lorenz AG, 9.12.1931, Museum für Kommunikation Nürnberg (MKN Nbg.), Akte „OPD Nbg. Bay. Postmuseum", Bde. V u. VI.

40 Der letzte Eintrag in das Verzeichnis der Röhren im Postmuseum erfolgte am 1.12.1933, MKN Nbg., D 112, Akte „Postmuseum Nürnberg, Einlieferungsbücher, Verzeichnisse Schröder".

41 Kerschensteiner (Anm. 6), S. 49.

42 Ausführungen Heises, 25.04.1930, BBA 112/1407.

43 Bahndirektor Thiel: Situationsbericht des Verkehrsmuseums Nürnberg, 8.12.1975, S. 4, MKN Nbg., 1240-D, „Allgemeines".

44 Bauer (Anm. 12), S. 1.

Vollzug der „Anordnungen des Führers über Einstellung jeder nicht kriegswichtigen Arbeit während der Dauer des Krieges" schließen.[45] Eine genuin nationalsozialistische Ausstellungsdidaktik war bis dahin in Nürnberg nicht zu erkennen.

IV. Schluss: Nationalsozialismus als Ausweg aus der (Museums-)Krise?

Zurückkehrend zu den eingangs formulierten Fragen kann festgestellt werden, dass die beiden untersuchten Museen ihre Ausstellungsdidaktik – wenn auch in unterschiedlichem Maße – an die nationalsozialistischen Verhältnisse anzupassen versuchten. Dies wurde jedoch weder von außen diktiert noch gegen den Willen der Trägergruppen durchgesetzt, so dass von einer von außen erfolgten Gleichschaltung tatsächlich keine Rede sein kann. Auch wenn es keine einheitliche NS-Museumsdidaktik gegeben hat, zeichneten sich aber doch einige charakteristische Elemente einer nationalsozialistischen Ausstellungsdidaktik ab: die Stärkung des Nationalbewusstseins bei einem Massenpublikum, die Verabschiedung vom Anspruch, Sachverhalte vollständig und exakt abbilden zu wollen, sowie das Zurückdrängen von Historischem zugunsten von Aktualität oder aber Vorgeschichtlichkeit. Die Anpassung der beiden untersuchten Museen an die neuen Verhältnisse erfolgte – was wenig überrascht – zuerst auf den didaktischen Entscheidungsfeldern, auf denen die Vorstellungen der Trägergruppen mit denen der Nationalsozialisten am deutlichsten übereinstimmten. Dies galt besonders hinsichtlich der programmatischen Ausrichtung der Häuser auf eine nationalistische Erziehung und der Überwindung der historistischen Konzepte zugunsten einer Aktualisierung der Sammlungen. Eben dies gehörte beim Bochumer Bergbaumuseum schon zur Zeit der Weimarer Republik zum Standard, wie sich auch beide Häuser schon vor 1933 weitgehend für ein breiteres Publikum geöffnet hatten. Damit waren aber bereits für die konservativen Eliten – insbesondere in der Eisenbahnverwaltung – die Grenzen des Zumutbaren erreicht.

Zum Ende der Weimarer Republik schien sich die Institution Museum symptomatisch für viele Bereiche der Gesellschaft in einer Krise zu befinden. Nicht nur die Spezialisierung der Museen und das Bedürfnis nach kultureller Einheit standen in zunehmendem Widerspruch zueinander. Die Krise äußerte sich auch im relativen Bedeutungsverlust der Museen gegenüber den ‚neuen Medien' wie Messen und temporären Propagandaausstellungen. Dass sich – wie im Falle des Bergbaumuseums – in der Frage, ob ein Museum auch moderne Objekte ausstellen sollte, ein Angestellter gegen seinen Vorgesetzten durchsetzen konnte, zeigt jedoch, dass ein Zurückfallen hinter den erreichten Entwicklungsstand nicht mehr möglich war. In Bochum erarbeiteten die leitenden Angestellten schließlich ein Ausstellungsprogramm, das in weiten Teilen den Anforderungen der nationalsozialistischen

45 Schreiben der Reichbahndirektion Nbg., Dez 22 Mus 1, an W. Belzner, 3.3.1943, betr. Vorbildersammlung ü. Eisenbahngeschütze, DB-Museum, Verkehrsarchiv, Akte „DR, Privat A-Z".

Ideologie genügte. Die wissenschaftlich-technischen Angestellten gingen dabei sogar so weit, ihren ansonsten hohen Anspruch auf fachliche Exaktheit zu relativieren. Anstelle der einst dominierenden technisch-fachsystematischen Ausrichtung der Ausstellungskonzepte traten nun soziale und politische Themen in den Vordergrund, die jedoch ganz im Sinne der Ideologie der neuen Machthaber dargeboten wurden. Wenn auch hier als Motiv die Kritik an der überkommenen Ausstellungspraxis eine gewisse Rolle gespielt haben dürfte, mag gleichwohl das hohe Potenzial zur Anpassung an die neuen Verhältnisse überraschen.

Wie erklären Jugendliche historischen Wandel? Eine empirische Untersuchung zu Schülervorstellungen

Achim Jenisch

„*Die Entwicklung ist weiter fortgeschritten und man hat die Dampfmaschine entwickeln können. Und damit ging das alles schneller.*“[1] Dies ist die Erklärung eines 15-jährigen Realschülers zum Wandel der Produktionsformen in der Textilindustrie zur Zeit der frühen Industrialisierung. Ein Großteil der anderen interviewten Jugendlichen argumentiert ähnlich. Die Vorstellung, dass sich mit der Erfindung einiger bahnbrechender technischer Neuerungen sämtliche gesellschaftlichen Verhältnisse schlagartig ändern, scheint bei Schülern weit verbreitet zu sein. Anders sieht das die neuere historische Forschung.[2]

Welche Konsequenz soll man nun daraus ziehen? Die Vorstellungen der Lerner zu ignorieren oder sie als Fehlvorstellungen zu interpretieren, ist der falsche Weg; das haben zahlreiche empirische Untersuchungen gezeigt. Es kommt vielmehr darauf an, geschichtswissenschaftliche Inhalte und Schülervorstellungen aufeinander zu beziehen. Vorstellungen beziehungsweise *conceptions* sind lebensweltliche Begriffe, Konzepte und Theorien, die einen Sachverhalt erklären und sich im Alltag bewährt haben.[3] Die Erhebung und Analyse von Schülervorstellungen zu historischem Wandel steht im Mittelpunkt meiner Dissertation.[4]

I. Theoretische Grundlagen

Der Arbeit liegt das Modell der Didaktischen Rekonstruktion zugrunde, bei dem drei wechselwirkende Teile aufeinander bezogen werden: fachliche Klärung, Erfassung von Schülervorstellungen und didaktische Strukturierung. Das methodische Vorgehen ist bei der fachlichen Klärung hermeneutisch-analytisch, bei der Erfassung der Lernerperspektive empirisch und bei der didaktischen Strukturierung konstruktiv.

---

1 Auszug aus dem Transkript des Interviews mit dem Realschüler Peter (Der Name wurde aus Datenschutzgründen geändert.).

2 Vgl. Toni Pierenkemper: Umstrittene Revolutionen. Die Industrialisierung im 19. Jahrhundert, Frankfurt a.M. 1996, S. 11-12.

3 Hilke Günther-Arndt: Historisches Lernen und Wissenserwerb, in: dies. (Hrsg.): Geschichtsdidaktik. Praxishandbuch für die Sekundarstufe I und II, Berlin 2003, S. 27.

4 Der Titel der Dissertation lautet: „Implizite Theorien zu Verursachungsfaktoren von historischem Wandel“. Sie wird durch das Promotionsprogramm „Fachdidaktische Lehr- und Lernforschung - Didaktische Rekonstruktion“ der Carl von Ossietzky Universität Oldenburg (Graduate School - finanziert durch das MWK Niedersachsen) gefördert.

Grundlegend für das Modell ist ein Verständnis von Fachdidaktik als Metawissenschaft, als Teil und Gegenüber der jeweiligen Fachwissenschaften.[5] Den Fachdidaktiken kommt demnach eine zentrale Bedeutung in Forschung und Lehrerbildung zu, nicht nur die Aufgabe, fachwissenschaftliche Erkenntnisse für den Unterricht zu reduzieren, zu transformieren oder effektiv und motivierend aufzubereiten.

Das Modell der Didaktischen Rekonstruktion

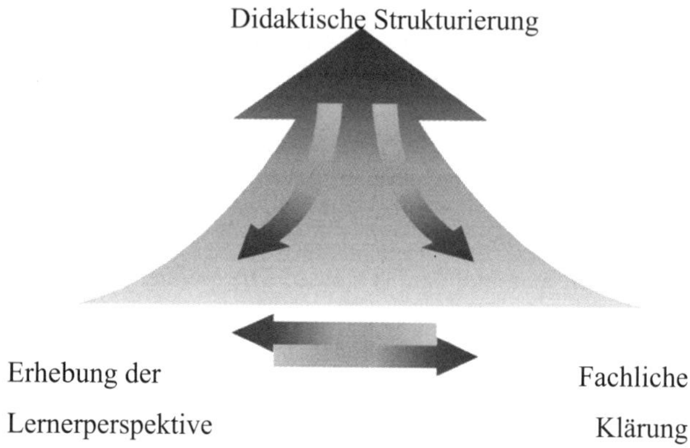

Abb. 1: Fachdidaktisches Triplett: Beziehungsgefüge der Teilaufgaben im Modell der Didaktischen Rekonstruktion (nach Kattmann/Gropengießer) [6].

Das Modell kann hier nicht in seiner ganzen Breite entfaltet werden, sein besonderes Merkmal ist es, dass im Mittelpunkt die fachlichen Unterrichtsgegenstände stehen: „Fachliche Klärung ist ein wichtiger Teil fachdidaktischer Arbeit, wenn es gilt, Unterricht über einen bestimmten Inhalt ... zu entwickeln. Nicht selten aber ist dieser Klärungsprozess vorwiegend oder gar vollständig von fachlichen Aspekten bestimmt. Weitere zentrale Bestimmungsstücke des Unterrichts wie seine Ziele oder die Perspektiven der Lernenden ... werden bestenfalls in Betracht gezogen, wenn die fachliche Klärung abgeschlossen ist. Im Modell der Didaktischen Rekonstruktion ... werden alle zentralen Bestimmungsstücke des Unterrichts in eine Balance gebracht.“[7] Wegen der Konzentration auf das fachliche Lernen könnte dieser Ansatz auch für die

5 Ulrich Kattmann/Reinders Duit/Harald Gropengießer/Michael Komorek: Das Modell der Didaktischen Rekonstruktion – Ein Rahmen für naturwissenschaftliche Forschung und Entwicklung. In: Zeitschrift für Didaktik der Naturwissenschaften, 3.Jg. (1997), S. 3.

6 Ebd., S. 4.

7 Ebd., S. 3.

Geschichtsdidaktik interessant sein. Dabei ist jedoch vor zwei Missverständnissen zu warnen:

- Das Modell der Didaktischen Rekonstruktion ist kein ‚neues' Modell für die konkrete tägliche Unterrichtsplanung von Lehrerinnen und Lehrern, es ist ein Modell für die fachdidaktische Forschung. Deren Ergebnisse müssen allerdings für den konkreten Unterricht fruchtbar gemacht werden, z. B. in Form von Leitlinien oder von curricularen Bausteinen.
- Das Modell der Didaktischen Rekonstruktion ist keine Unterrichtsforschung im engeren Sinne, d. h. es wird nicht empirisch überprüft, welchen Wissenszuwachs eine bestimmte Unterrichtsanordnung bei den Lernenden hervorruft. Das geschieht in der Regel durch das Messen der Kenntnisse vor dem Unterricht und nach dem Unterricht, z. B. durch Tests. Im Modell der Didaktischen Rekonstruktion wird nicht das Schülerwissen gemessen, sondern die Schülervorstellungen zu einem bestimmten Inhalt werden erhoben und analysiert.

Epistemologisch basiert das Modell auf dem Konstruktivismus[8], wobei Konstrukte von Wissenschaftlern und von Schülern als gleichwertig angesehen werden.[9] Schülervorstellungen werden nicht als Fehlvorstellungen betrachtet, die durch wissenschaftliche Vorstellungen ersetzt werden müssen. Dies wäre ohnehin nicht ohne weiteres möglich. Schülervorstellungen, die aus der Perspektive der Wissenschaftler als defizitär oder falsch angesehen werden, erweisen sich als erstaunlich belehrungsresistent, wenn sie sich in Alltagssituationen bewährt haben.[10] Für diesen Zusammenhang ist es sinnvoll von impliziten Theorien zu sprechen. Der Begriff implizite Theorie ist eng verwandt mit naiver beziehungsweise alltäglicher Theorie.[11] Ebenfalls ergeben sich Gemeinsamkeiten mit dem Begriff subjektive Theorie[12], jedoch sind subjektive Theorien „von der Begriffsbestimmung her zumindest partiell intentional und bewusst verfügbar"[13]. Dagegen werden implizite Theorien theoretisch als weniger bewusstseinsverfügbar angesetzt. „Unter impliziten Theorien versteht man naive oder laienhafte Theorien, die den expliziten Theorien

8 Das Modell der Didaktischen Rekonstruktion stützt sich vor allem auf sogenannte moderate Formen des Konstruktivismus, z. B. von Roth und Gerstenmaier/Mandl. Vgl. Gerhard Roth: Das Gehirn und seine Wirklichkeit. Kognitive Neurobiologie und ihre philosophischen Konsequenzen, Frankfurt a.M. 1994; Jochen Gerstenmaier/Heinz Mandl: Wissenserwerb unter konstruktivistischer Perspektive, in: Zeitschrift für Pädagogik, 41. Jg. (1995), Heft 6, S. 867-888.

9 Vgl. Kattmann u. a. (Anm.5), S. 6.

10 Vgl. Werner Jank/Hilbert Meyer: Didaktische Modelle, 5. Aufl., Berlin 2002, S. 339.

11 Vgl. Uwe Laucken: Naive Verhaltenstheorie, Stuttgart 1974.

12 Vgl. Norbert Groeben/Diethelm Wahl/Jörg Schlee/Brigitte Scheele: Forschungsprogramm Subjektive Theorien. Eine Einführung in die Psychologie des reflexiven Subjekts, Tübingen 1988.

13 Hartmut-A. Oldenbürger: Lehrerkognitionen über Schülereigenschaften – Theoretische und methodologische Perspektiven, in: Unterrichtswissenschaft 15. Jg. (1987), S. 262.

der Experten gegenüber gestellt werden."[14] Implizite Theorien sind für ein Individuum plausibel, gleichwohl sind sie aus einer wissenschaftlichen Perspektive häufig unvollständig und unangemessen.

II. Fragestellungen und Forschungsdesign

Ziel meiner Studie ist es herauszufinden, wie Schüler historischen Wandel erklären und welche Verursachungsfaktoren sie dabei für wichtig erachten. Bei den qualitativ erhobenen Verbaldaten interessiert, welche konkreten historischen Erklärungsmuster Jugendliche heranziehen, ob diese Ähnlichkeiten mit fachwissenschaftlichen Theorien aufweisen oder ob sie andere Kontexte zur Erklärung nutzen.

Die Erhebung der impliziten Theorien zu Verursachungsfaktoren von historischem Wandel soll nicht auf einer abstrakten Ebene erfolgen und bedarf deshalb einer Exemplifikation. Der thematische Schwerpunkt ist die Industrialisierung, was nicht ausschließt, dass sich die Jugendlichen auch zu anderen Themenbereichen äußern. Die mit Hilfe von zwölf leitfadengestützten problemzentrierten Interviews erhobenen Schülervorstellungen werden mit geschichtswissenschaftlichen Erklärungen verglichen. Umgekehrt sind geschichtswissenschaftliche Erklärungen Ausgangspunkt für die Interviewfragen.

Das Sample besteht aus Neuntklässlern der Hauptschule, der Realschule und des Gymnasiums. Außerdem wird nach Geschlecht und Regionen differenziert. Die Auswertung basiert auf der qualitativen Inhaltsanalyse nach Mayring.[15] In der Pilotstudie wurden verschiedene qualitative Methoden erprobt und ein Interviewleitfaden entwickelt. Bildimpulse, Schülerzeichnungen sowie Beschriften und Anordnung von Begriffen ergänzten die problemzentrierten Interviews. Außerdem wurde mit den gesamten Klassen der Interviewpartner eine schriftliche Begleitbefragung durchgeführt, um bestimmte Teilaspekte auf eine breitere Datenbasis zu stellen. Aufgrund der relativ geringen Zahl der durchgeführten Interviews kann es nicht Ziel der Studie sein, eine Typenbildung oder Ähnliches anzustreben. Im Zentrum des Interesses stehen die jeweiligen Einzelfallanalysen.

Die Wahl für das Interview als grundlegender Erhebungsmethode ergibt sich aus dem Erkenntnisinteresse, der Analyse von Schülervorstellungen zu einem historischen Gegenstand. In Vorstellungen fließt das Wissen von Schülerinnen und Schülern aus dem Unterricht ein, ebenso z. B. Medienerfahrungen oder Erfahrungen aus Familiengesprächen. In der Vorstellungsforschung interessieren die vom Individuum gebildeten Erklärungen zu einem Sachverhalt, vereinfacht gesagt, der Prozess des Wissens, nicht das Produkt des Wissens. Das Interview ist eine adäquate Methode für diesen Zweck, weil es Prozessanalysen erlaubt. In weiteren

---

14 Birgit Schlangen/Joachim Stiensmeier-Pelster: Implizite Theorien über Intelligenz bei Schülerinnen und Schülern, in: Zeitschrift für Entwicklungspsychologie und Pädagogische Psychologie, 29. Jg. (1997), S.301 – S.329, S. 302.

15 Philipp Mayring: Qualitative Inhaltsanalyse. Grundlagen und Techniken, 8. Aufl., Weinheim 2003.

Untersuchungen, die aus Zeitgründen für dieses Vorhaben nicht realisiert werden können, sollen auch Schülervorstellungen, die in Gruppengesprächen oder in Unterrichtssituationen entwickelt werden, analysiert werden.

III. Einzelfallanalyse

Die zwölf leitfadengestützten problemzentrierten Einzelinterviews liefen alle nach dem selben Muster ab. Anhand des Interviews mit der Realschülerin Melanie[16] werde ich im Folgenden das methodische Vorgehen sowie vorläufige Teilergebnisse präsentieren.

Als erstes wurde den Schülern ein Stich aus dem 18. Jahrhundert gezeigt, der Frauen bei der Heimarbeit abbildet. Zwei Frauen spinnen, eine kocht das Garn und eine spult es auf. Melanie sagte, dass man hier drei Frauen sieht, die weben und eine, die kocht. Die beiden Tätigkeiten wurden nicht als zusammenhängende Produktionsabläufe gedeutet, sondern als unabhängige häusliche Arbeiten. Wie die meisten Interviewpartner datierte die Schülerin den Stich ins Mittelalter. Dazu Melanie: *„Das wird wahrscheinlich irgendwann im Mittelalter oder so gewesen sein. Ich weiß nicht, wie ich darauf komme, dass das im Mittelalter war. Das schätze ich einfach so, weil die so aussehen, als wären die aus dem Mittelalter. Von der Kleidung her und halt so von allem sieht das so aus."*[17] Die Analyse des Interviews ergab, dass die Schülerin keine zeitliche Vorstellung zu dieser Epoche hatte. Mittelalter wurde vielmehr als Synonym für etwas Altmodisches und Rückständiges verwendet. Kleidung wurde im Übrigen von den meisten Jugendlichen an irgendeiner Stelle des Interviews angesprochen, was auf die Dominanz von jugendlichen Alltagserfahrungen hindeutet.

Danach wurde der Neuntklässlerin ein Bild einer Spinnerei aus dem Jahre 1835 gezeigt. Sie stellte fest, dass der Raum und die Geräte nun moderner seien. Außerdem sei alles größer und man könne jetzt mehr Wolle herstellen als auf dem ersten Bild und benötige dafür weniger Leute. Die zeitliche Differenz zwischen den beiden Bildern vermutet Melanie auf 50 Jahre.

Auf die Frage, welches ihrer Meinung nach die Ursachen für den Wandel in der Verarbeitung von Wolle sind, nannte sie zweierlei. Erstens sagte die Realschülerin: *„Das hat sich verändert, weil das wahrscheinlich so die Zeit war, wo sich vieles verändert hat. ... Ja, das war halt so die Entwicklungszeit, wo die sich alle gedacht haben, dass sie mal was ändern sollten. Heute wird da bestimmt keiner mehr irgendwie so etwas machen."* Als zweite Ursache für den Wandel nannte Melanie folgendes: *„Die haben das wahrscheinlich auch verändert, dass es schneller geht,*

16 Der Name wurde aus Datenschutzgründen geändert.

17 Die folgenden kursiv gedruckten Zitate sind Paraphrasen aus dem Transkript des Interviews mit Melanie. Die Aussagen wurden zum Zwecke der besseren Verständlichkeit sprachlich etwas geglättet, indem einige Füllwörter weggelassen wurden und die Syntax an manchen Stellen leicht verändert wurde. Inhaltliche Veränderungen wurden nicht vorgenommen. Die Paraphrasen orientieren sich so eng wie möglich am Originaltext.

dass man immer mehr davon herstellen kann. Mit die, meine ich die Leute, die da halt so gelebt haben. Die Frauen, die das gemacht haben, die haben sich wahrscheinlich gedacht, dass das nicht so weiter gehen kann, weil das zu anstrengend ist. Weil man dafür zu lange gebraucht hat, um so ein bisschen herzustellen. Und da haben die sich gedacht, da müssen wir doch was anderes erfinden. Und dann haben sie da diese Maschinen erfunden, wie weiß ich auch nicht." Als Ursache für den Wandel in der Produktionsform sieht Melanie das Motiv der Frauen, sich ihre Arbeit zu erleichtern. Die Schülerin hat offensichtlich ein personenbezogenes Erklärungskonzept herangezogen, das den historischen Kontext ausblendet. Wahrscheinlich hat sich Melanies Erklärungskonzept aufgrund lebensweltlicher Schemata und Scripts gebildet. Persönliche Motive, zum Beispiel sich Arbeit zu erleichtern oder sich etwas angenehmer zu gestalten, sind in der Lebenswelt von Jugendlichen häufig die Ursachen für Veränderungen. Dieses aus Erfahrungen gebildete Erklärungskonzept wird von Melanie auf das geschichtliche Ereignis übertragen. Ähnliche Phänomene konnten auch bei der Analyse anderer Transkripte festgestellt werden. So glaubt beispielsweise eine der interviewten Gymnasiastinnen, dass jeder Veränderung ein Missstand vorausgehen müsse. Die Absicht diesen Missstand zu beseitigen, führe dann zu vielfältigen Veränderungen in allen möglichen Lebensbereichen.

Als nächstes wurden den Interviewpartnern drei Abbildungen von Dortmund gezeigt, die zunächst in eine chronologische Reihenfolge gebracht werden sollten. Es handelte sich um einen Kupferstich aus dem 16. Jahrhundert, ein Aquarell aus der Mitte des 19. Jahrhunderts und eine Lithographie aus dem späten 19. Jahrhundert.[18] Danach beschrieben die Interviewpartner die Bilder und erklärten die Veränderungen.

Melanie gehörte zu den wenigen Jugendlichen, welche die Bilder in der chronologisch korrekten Reihenfolge anordneten. Die Mehrheit der Schüler vertauschte die beiden ersten Abbildungen. Die Schülerin nimmt deutliche Veränderungen zwischen den Bildern wahr, sieht diese jedoch nicht unbedingt als Fortschritt an. Auch darin unterscheidet sie sich von den meisten Interviewpartnern. Auf die Frage, ob sie diese Veränderungen als Fortschritt für die Menschen ansieht, antwortete sie: *„Nicht so wirklich, also die denken das wahrscheinlich, weil das viel mehr Fabriken sind und das ist alles viel leichter jetzt für die. Aber für die Umwelt ist das nicht unbedingt gut, würde ich sagen. Weil die ganzen Schornsteine und Fabriken das verschmutzt die Umwelt auch ziemlich und wenn die da jetzt nur noch Häuser haben und Beton und kein Grün mehr, das ist überhaupt nicht gut. Und das ist auch nicht gut für die Ozonschicht und so weiter. Und deshalb würde ich das nicht unbedingt so als Fortschritt bezeichnen. Es hat sich verändert, aber es ist nicht unbedingt ein Fortschritt."* Insgesamt beurteilt die Neuntklässlerin die Veränderungen recht differenziert und nimmt deren Ambivalenz wahr. Sie hat kein naives Fortschrittskonzept, wie es bei vielen anderen Schülerinnen und Schülern festgestellt wurde. Einen entscheidenden Fortschritt sieht Melanie in der Situation der

18 Hilke Günther-Arndt/Jürgen Kocka (Hrsg.): Geschichtsbuch 3. Die Menschen und ihre Geschichte in Darstellungen und Dokumenten. Ausgabe Niedersachsen: Von der Französischen Revolution bis zum Ende des Ersten Weltkrieges, Berlin 1988, S. 86.

Frauen, wie folgender Textauszug belegt: *„Wenn ich mir das aussuchen könnte, würde ich am liebsten in der zweiten Stadt leben. Aber ich möchte eigentlich auch nicht zu weit früher leben, weil da waren die Frauen ja noch ziemlich unten, also schlecht dran. Die Männer waren höher. Und das fände ich nicht so nett. Also da hat sich schon was getan und das finde ich auch gut, dass das jetzt anders ist."*

Als zentralen Verursachungsfaktor für die Veränderung der Stadt nannte die Schülerin wieder persönliche Motive der Menschen. *„Die sind dann bequemer geworden, die Menschen, und deshalb haben sie sich wahrscheinlich auch Autos angeschafft, weil sie bequemer geworden sind halt und nicht mehr so viel laufen wollten und Fahrrad fahren oder so was, da haben sie sich gedacht, da müssen wir was erfinden, wo wir ohne uns zu bewegen durch die Gegend fahren können. Und deshalb haben sie ja dann auch Straßen gebaut. Und dann waren sie halt auch nicht mehr so gläubig ... und dann haben sie die ganzen Kirchen abgerissen."* Auch an dieser Stelle wird deutlich, dass Melanie lebensweltliche Erklärungsmuster, die ihr plausibel erscheinen, auf die historische Situation überträgt.

Nachdem ausführlich über die Bilder gesprochen wurde, bat ich die Schülerin, eigene Beispiele aus der Vergangenheit zu nennen, die etwas mit Veränderung zu tun haben. Sie zählte verschiedenes auf : *„Vielleicht wie man so wohnt. Das man viel luxuriöser wohnt und mehr so Fernsehen und so was hat. Das hatten die früher nicht, da hatten die meistens so ziemlich normal gewohnt, also in so einem Raum mit Tieren zusammen. Das macht heute keiner mehr. Was hat sich noch verändert? Der Umwelt geht es schlechter, wegen den ganzen Autos und Fabriken und so was."* Ausführlicher äußerte sich Melanie zu dem Wechsel der Regierungsform. Sie wählte sich die beiden Zeitpunkte 1800 und 2000 aus und entwickelte dazu dieses Schaubild.

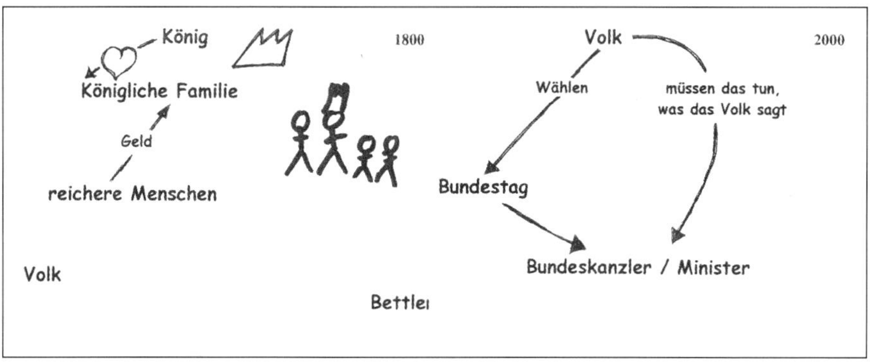

Abb. 2: Schülerzeichnung

Die Neuntklässlerin kommentierte ihre Darstellung zum Jahr 1800. *„So, da war der König ganz oben und dann war da so das Volk, ziemlich unten, ne? Und dann hier so die Familie von dem. ... So, jetzt kriegt der noch eine Krone, das soll jetzt mal der König sein, mit seiner Frau. Und dann haben die ja auch bestimmt noch ein paar Kinder. Mehrere, zwei oder so. ... Und die Bettler, die waren ganz unten. Die hatten* *eigentlich keine Rechte. Ja, so war das da eigentlich. Also der König, der hatte die meisten Rechte, der hat gemacht, was er wollte und die Familie von dem auch. Und die reicheren Menschen, die haben dem König wahrscheinlich irgendwas bezahlt oder so und deshalb durften sie dann auch machen, was sie wollten. ... Das Herz male ich, weil er seine Familie ja eigentlich lieben müsste. Obwohl? Haben die denn damals schon geliebt? Eigentlich wurden die doch verheiratet, oder? Na ja, jedenfalls hat er mit seiner Familie regiert und deshalb durften die da machen, was sie wollten."*

Für die gegenwärtige Regierungsform stellt Melanie das Volk, das den Bundestag wählt ganz oben dar. Der Bundestag wählt den Bundeskanzler, der zusammen mit seinen Ministern regiert. Anders als der König darf der Bundeskanzler jedoch nicht machen, was er will, sondern muss das tun, was das Volk sagt.

Wie kommt es nach Melanies Überzeugung zu dieser gravierenden Veränderung? Auch dieses Erklärungskonzept ist stark personenbezogen. Der zentrale Verursachungsfaktor für den Wandel der Regierungsform ist nach Melanie der Wille des Volkes. Dazu die Schülerin: *„Die Gründe für den Wandel sind wahrscheinlich, dass sich das Volk irgendwann mal gedacht hat, dass es so nicht weiter gehen kann, weil wir uns ja nicht unterdrücken lassen müssen, weil eigentlich sind das ja viel mehr. Und dass der König irgendwas macht, was die gar nicht wollen und dann haben die wahrscheinlich irgendwann gedacht, dann machen wir doch mal was gegen. ... Dann haben sie halt irgendwann mal einen Aufstand gemacht und das geändert, den König gestürzt, um selbst an die Macht zu kommen. Und da die ja nicht alle regieren können, haben sie sich dann einen überlegt, den sie wählen oder mehrere und die regieren dann."*

Die Erklärungen der Realschülerin zum historischen Wandel waren bei allen drei Beispielen stark personenbezogen. Es handelt sich dabei weder um eine Personalisierung in dem Sinne, dass die großen Persönlichkeiten die Geschichte machen, noch um eine Personifizierung, also um „namenlose" handelnde und leidende „Normal"-Personen.[19] Die Akteure in Melanies Erklärungsmuster sind Fabrikarbeiterinnen, Stadtbewohner und das Volk. Diesen anonymen Personengruppen werden Motive unterstellt, welche die Schülerin vermutlich aufgrund vielfältiger Erfahrungen aus ihrer Lebenswelt für plausibel hält. Man möchte sich Arbeit erleichtern, man möchte es bequem haben oder man möchte nicht ungerecht behandelt werden. Diese Motive aus der eigenen Gegenwart werden genutzt, um Veränderungen in der Vergangenheit zu erklären, ohne gesellschaftliche Rahmenbedingungen und historische Kontexte zu berücksichtigen. Melanie erklärt historischen Wandel analog zu lebensweltlichen Veränderungen aus der Gegenwart. Dies deckt sich auch mit Befunden aus quantitativen Studien. Ein Ergebnis der groß

19 Vgl. Klaus Bergmann: Personalisierung und Personifizierung, in: ders: Geschichtsdidaktik. Beiträge zu einer Theorie historischen Lernens, Schwalbach/Ts. 1998, S.158-161.

angelegten europäischen Vergleichsstudie *Youth and History* war beispielsweise, dass Jugendliche eigentlich nicht „geschichtlich", sondern „aktualistisch" denken.[20]

Ebenfalls lassen sich Bezüge zu den Arbeiten des Schweden Ola Halldén herstellen.[21] Seine qualitativen Studien ergaben, dass 18-jährige Schülerinnen und Schüler Veränderung hauptsächlich mit Alltagskategorien und -erfahrungen erklären. Dabei spielen personenbezogene Erklärungsmuster eine besondere Rolle. Selbst Institutionen wie Kirche oder Staat werden persönliche Motive zugeschrieben.[22]

IV. Schlussbemerkungen

Ergebnisse aus qualitativen Einzelfallstudien sind nicht repräsentativ, aber nach der Analyse mehrerer Transkripte lassen sich verallgemeinerbare Denkmuster erkennen. Das von Seiten mancher Kritiker qualitativer Forschung hin und wieder angeführte Argument, es gäbe ebenso viele Schülervorstellungen zu einem Thema wie Schüler in einer Klasse, trifft nicht den Kern. Es ist auffällig, dass sich bestimmte Schülervorstellungen, etwa Melanies personenbezogene Erklärungen, auch bei anderen Interviewpartnern finden lassen. Eine andere Denkfigur, die häufiger auftaucht, ist ein technisch orientiertes Fortschrittskonzept, dass zur Erklärung von historischem Wandel herangezogen wird.[23]

Im Sinne des Modells der Didaktischen Rekonstruktion kommt es darauf an, die erhobenen Konzepte von Schülerinnen und Schülern mit wissenschaftlichen Vorstellungen in Beziehung zu setzten. Dies geschieht in einer fachlichen Klärung. „Es sind sowohl die geschichtswissenschaftlichen Erklärungen auf dem aktuellen Forschungsstand zu rekonstruieren wie die zeitgebundenen Vorstellungen, die hinter diesen Erklärungen stehen. Darüber hinaus sind auch ältere Erklärungsmodelle der Industrialisierung zu analysieren, weil sich diese in Schülervorstellungen finden. ... Die fachliche Klärung erfolgt dabei iterativ: Zum einen ergeben sich aus den fachwissenschaftlichen Theorien, Modellen und Konzepten Fragen für die Schülerinterviews, zum anderen aus diesen Fragen für die fachliche Klärung."[24] Im Anschluss daran sollen bei der didaktischen Strukturierung Leitlinien oder curriculare

20 Bodo von Borries: Jugend und Geschichte. Ein europäischer Kulturvergleich aus deutscher Sicht, Opladen 1999, S. 216.

21 Ola Halldén: Conceptual change and the learning of history, in: International Journal of Educational Research 27, 1997, S. 201-210.

22 Hilke Günther-Arndt: Historisches Lernen und Wissenserwerb, in: dies. (Hrsg.): Geschichtsdidaktik. Praxishandbuch für die Sekundarstufe I und II, Berlin 2003, S. 28.

23 Vgl. das Fallbeispiel des Hauptschülers Jochen, in: Achim Jenisch: Erhebung von Schülervorstellungen zu historischem Wandel und curriculare Konsequenzen, in: Saskia Handro/Bernd Schönemann (Hrsg.): Geschichtsunterricht auf dem Prüfstand. Eine Bestandsaufnahme zur Lehrplandebatte, Münster 2004 (im Druck).

24 Hilke Günther-Arndt/Achim Jenisch: Fachliche Klärung zum Thema „Ursachen der Industrialisierung", in: Harald Gropengießer/Marc Gerhard/Ulrich Kattmann: Fachliches Lernen erforschen. Handbuch zur fachdidaktischen Lehr-Lernforschung – Didaktische Rekonstruktion, im Druck.

Bausteine entwickelt werden, die nicht nur vom Gegenstand aus gedacht werden, sondern auch im Hinblick auf historische Lernprozesse und den Wissenserwerb empirisch gehaltvoll sind.

Für die empirische Forschung innerhalb der Disziplin Geschichtsdidaktik wäre es wünschenswert, qualitative und quantitative Forschung stärker aufeinander zu beziehen, um die jeweiligen Schwächen zu kompensieren und die Stärken zu nutzen. Viele Anhänger der quantitativen Empirie sahen lange Zeit den Sinn der qualitativen Forschung lediglich darin, Explorationsstudien zu betreiben, um beispielsweise sinnvolle Items für Fragebögen zu entwerfen. Das ist nach wie vor eine wichtige Aufgabe. Es wäre beispielsweise interessant quantitativ zu überprüfen, ob Melanies personenbezogene Denkfigur typisch weiblich ist oder das technisch orientierte Fortschrittskonzept typisch männlich. Bei der repräsentativen Studie zum Geschichtsbewusstsein Jugendlicher in Ost- und Westdeutschland stellte Bodo von Borries Geschlechterunterschiede fest.[25] Ob dies hier auch zutrifft, kann bei nur zwölf Einzelinterviews freilich nicht belegt werden. Andererseits wird der Eigenwert qualitativer Untersuchungen immer mehr betont. Genauere Einblicke in die Gedankenwelt von Schülerinnen und Schülern kann man durch standardisierte Fragebögen nicht gewinnen. Dazu ist es notwendig Einzelfallanalysen durchzuführen. Am Beispiel der Realschülerin Melanie habe ich versucht, dies deutlich zu machen.

25 Bodo von Borries: Das Geschichtsbewusstsein Jugendlicher. Eine repräsentative Untersuchung über Vergangenheitsdeutungen, Gegenwartswahrnehmungen und Zukunftserwartungen von Schülerinnen und Schülern in Ost- und Westdeutschland, Weinheim und München 1995, S.361ff.